Handbuch der Floristik

Gestaltung • Technik • Materialkunde

1.100 Fachbegriffe • über 500 Abbildungen

von A-Z

OM'S
ESSIONAL

Liebe Floristinnen und Floristen, liebe Leser!

Die Floristik als eigenständiger Wirtschaftszweig und vom Gärtnerischen konkret abgrenzbarer Beruf ist inzwischen mehr als einhundert Jahre alt. Nun endlich bekommt dieser durch seine Vielfalt und Kreativität so außergewöhnliche Beruf eine Fachwörtersammlung, die alle wichtigen Fachbegriffe aus den Bereichen Gestaltungslehre inkl. Stilkunde, Materialkunde und Technik enthält, deren Bedeutungen erklärt und häufig erläuternd illustriert.

Eine Vielzahl von relevanten Begriffen ist in den vergangenen Jahrzehnten entstanden, gefunden und definiert worden. Dabei bestehen zuweilen sich überschneidende Bedeutungen. Manchmal existieren begrifflich verwirrende Sinninhalte und auch einige inzwischen überholte Bezeichnungen sind hier und da noch üblich. Verschiedene Floristik-Schulen verwenden teils voneinander abweichende Bezeichnungen, regionale Unterschiede sind zu finden.

Das vorliegende Handbuch der Floristik soll dazu beitragen, genaue Begriffsabgrenzungen zu bestimmen, es soll Mehrfachverwendungen und Doppelbedeutungen von Wörtern oder Wortteilen vermeiden helfen. Letztlich soll damit ein großer Schritt zu einer einheitlichen Fachsprache getan werden.

Ich hoffe, der Floristik mit diesem Handbuch ein wirksames Werkzeug zur Ausbildung und Verständigung zu geben. Mein Dank gilt diesbezüglich meinen Lehrern und vor allem meinen Schülern, die durch ihr über Jahre anhaltendes und interessiertes Fragen einen wesentlichen Beitrag dazu geleistet haben.

Karl-Michael Haake

Hinweise zur Benutzung des Floristik-Lexikons

In der Regel finden Sie alle Begriffe in der unter Floristinnen und Floristen gewohnten Schreibweise. Vieles ist demnach in verschiedenen Schreibweisen aufgenommen worden, wobei der Verweis auf den jeweils vollständigen bzw. unseres Erachtens korrekten Begriff erfolgt. Hier finden Sie dann die Begriffserläuterung. Teilweise haben wir uns dabei für eine bestimmte Schreibweise entschieden oder eine unserer Ansicht nach günstige entwickelt. Diese Benennungen verstehen wir selbstverständlich nicht als verbindlich, schlagen sie jedoch im Sinn einer Vereinheitlichung der Fachsprache vor. Oft finden Sie bei solchen Begriffen Hinweistexte, die die Gründe unserer Entscheidung für oder gegen einen Begriff darlegen.

Suchen Sie Begriffe auch in alternativen oder in verkürzten Schreibweisen. Zum Beispiel sind viele Einträge ohne manche sich oft wiederholenden Wortanfänge verzeichnet. Dies gilt für Wortteile wie Pflanzen-, Farben-, Formen- und ähnliche Begriffe. Auch der umgekehrte Fall kommt vor und Sie finden ein Wort nur mit dem vorangestellten Wortteil.

Nahezu alle Einträge enthalten Verweise (→), die auf verwandte, zusätzlich interessante und mit dem definierten Begriff sinngemäß eng verbundene, weitere Eintragungen hinweisen. Diese Verweise stehen im Text, wenn die Schreibweise dem des Verweiseintrags entspricht. Sie stehen in alphabetischer Reihenfolge unter dem Text, wenn sie zusätzlich sinnvoll sind oder die Schreibweise im vorhergehenden Text vom Begriffseintrag abweicht. Worte, die in Texten besonders oft vorkommen, z. B. Werkstoff, stehen meist ohne Verweispfeil, da sonst die Lesbarkeit leiden würde.

Im Zusammenhang mit der Farbenlehre ist darauf hinzuweisen, dass eine originalgetreue Wiedergabe von Farben nicht möglich ist. Papiereigenschaften, Eigenschaften der im Vierfarbendruck verwendeten Druckfarben und das Licht, unter dem die Darstellungen betrachtet werden, nehmen Einfluss auf die Wahrnehmung der Farben. Aus diesen Gründen entspricht die Farbendarstellung nicht den theoretisch idealen Farben. Eine weitergehende Annäherung wäre mit dem Siebenfarbendruck nach H. Küppers möglich. Dieser wurde jedoch nicht eingesetzt, da sonst die Produktionskosten um ein Vielfaches höher gelegen hätten.

Haben Sie Anregungen, Kritiken und Verbesserungsvorschläge?

Teilen Sie uns diese bitte mit:
info@blooms.de oder **kmh@blooms.de** oder
Tel. +49 (0)2102 9644-35 oder **Fax +49 (0)2102 896073**
Wir freuen uns auf Ihre Mitwirkung bei der Optimierung unseres Lexikons und unserer gemeinsamen Fachsprache. In Neuauflagen werden wir soweit möglich sinnvolle Verbesserungen gerne berücksichtigen.

A

abbinden

Beim Begriff des Abbindens liegt in der Floristik die Bedeutung der Vorsilbe „ab" meist in der Beendigung des Bindevorgangs. Das Abbinden eines Straußes bezeichnet demnach das letztendliche Umschlingen mit Bindebast bzw. die schließlich fixierende Knotung.
Abbinden kann jedoch auch als das Lösen einer Bindung verstanden werden, d. h. etwas zuvor Angebundenes wird nun abgebunden. Außerdem wird der Begriff im Zusammenhang mit Verletzungen in der Bedeutung des Zubindens und Verschließens von Adern verwendet. In diesem Sinn hat er, bezogen auf die Stiele eines Straußes mit den darin befindlichen Leitbahnen, sogar eine negative Bedeutung. Im Übrigen bindet z. B. ⇢ Beton ab, wenn er erhärtet.
Mit dem Ziel, eine eindeutige und damit besseren Fachterminologie zu erreichen, ist daher der Begriff des Bindens ohne die Vorsilbe „ab" bei der Werkstückherstellung in den meisten Fällen vorzuziehen.

⇢ abwickeln

Abdunklung

Ungenauer Begriff, der sich auf das Farbqualitätsmerkmal Helligkeit bezieht, jedoch meist für den Vorgang der ⇢ Verschwärzlichung verwendet wird.

⇢ Farbqualitätsmerkmal ⇢ Helligkeit

Absorption, absorbieren

Absorption bedeutet Aufnahme, Aufsaugen, Verschlucken. Der Begriff wird in vielfältiger Hinsicht verwendet, also sowohl materiell als auch immateriell und im übertragenen Sinn.
Für das Verständnis der Farbenlehre muss die immaterielle Absorption von Licht bzw. Lichtwellen durch Körper bzw. Materie bekannt sein.
Die Übernahme gestalterischer Ideen, Trends und Vorstellungen aus anderen Kulturkreisen und Gestaltungsberufen in die aktuelle Floristik kann als geistige Absorption bezeichnet werden.
Botanisch-gärtnerisch ist das materielle Absorbieren von Stoffen (Nährstoffe, Gase) durch die Pflanze zu nennen.

⇢ Körperfarbe

Abstraktion

Abstraktion nennt man das gedankliche Herausfiltern des Wesentlichen und Allgemeingültigen aus den vielfältig verschiedenen Merkmalen einzelner Erscheinungen. Als abstraktbezeichnet man auch Gestaltungen, die statt realistischer Abbildung die Wiedergabe einer Sache auf das Wesentliche reduzieren. Das Wesentliche wird somit betont und sichtbar gemacht, die Nebensächlichkeiten werden abstrahiert, also abgezogen. Je mehr abgezogen und damit oft auch vereinfacht wird, umso höher ist der Abstraktionsgrad.

Stufen von Abstraktion bei der Zeichnung einer Sonnenblume. Übrig bleibt schließlich der Kreis als Abstraktion der Form „Sonnenblume".

abwickeln

Mit dem Begriff Abwickeln kann einerseits das Zufügen einer Sache im Sinn von bewickeln gemeint sein. Draht wird z. B. mit Band abgewickelt, um ihn zu bedecken, also zu verbergen.

Umgekehrt kann auch ein Entfernen gemeint sein, wie z. B. beim Abwickeln eines Kranzes, dessen Unterlage noch verwendbar ist. Hier ist also das Lösen der Wicklung und das Entfernen der verwelkten oder vertrockneten Grünwerkstoffe gemeint.

Mit dem Ziel, eine eindeutige und damit besseren Fachterminologie zu erreichen, ist daher im ersten Fall der Begriff des Bewickelns in den meisten Fällen vorzuziehen.

→ abbinden

Accessoire

Allgemein bezeichnet man mit dem Begriff Accessoire ein modisches Zubehör. In der Floristik versteht man darunter gestalterische Materialien, die stilistisch, anlassbezogen oder zweckbetont ein Werkstück sinnvoll ergänzen und/oder seine Bestimmung verdeutlichen. Accessoires sind in der Regel nichtflorale Hinzufügungen. Gängige Beispiele sind Weihnachtskugeln, Ostereier, Bänder, Kerzen, Federn, Zierdrähte und Figürliches bis hin zu stilistischen Schmuckornamenten.

Achsensymmetrie

Die Ausprägungen der Achsensymmetrie gehören zur → Ordnungsart Symmetrie und zeigen als mittige, gedachte Bezugselemente eine oder mehrere Achsen. Die Gleichheit der Seiten rechts und links der jeweiligen Achse stellt sich als Spiegelung an dieser Achse dar. Auch wenn es sich um räumliche → Spiegelgleichheit handelt, also eigentlich eine mittige Spiegelungsebene, d. h. eine Fläche, vorliegt, spricht man meist von der Symmetrieachse. Je nach Anzahl der Symmetrieachsen unterscheidet man im Allgemeinen:

⇢ Monosymmetrie mit einer Achse.

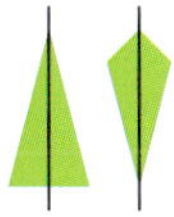

⇢ Disymmetrie mit zwei sich rechtwinklig kreuzenden Achsen.

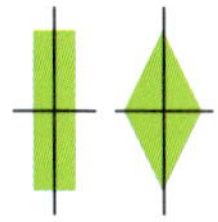

⇢ Radiärsymmetrie mit mehr als zwei Achsen. Die jeweiligen Kreuzungswinkel sind hierbei von der Menge der Achsen abhängig. Drei Symmetrieachsen bedingen sechs Winkel von je 60°, vier ergeben acht Winkel von je 45° usw. Mehrachsige Symmetrien können auch als Dreh- oder ⇢ Rotationssymmetrie verstanden werden, wobei der Dreh- oder Mittelpunkt der Achsenschnittpunkt ist.

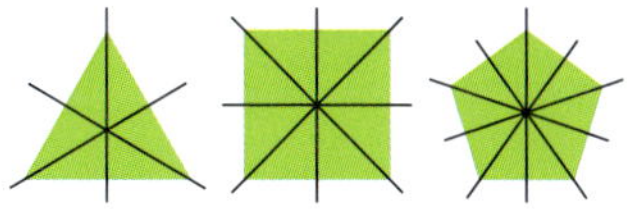

Botanisch sind Blatt- und Blütensymmetrien achsensymmetrisch. In der Gestaltungslehre stellen Achsensymmetrien Unterarten der ⇢ Ordnungsart Symmetrie dar und tauchen z. B. bei Sargschmuck und Tischschmuck auf. Bezüglich der ⇢ Stilkunde herrschen vor allem bei den historischen Baustilen vielfach Achsensymmetrien vor.

⇢ Symmetrieachse ⇢ Symmetrieebene

Advent

Advent bedeutet soviel wie Ankunft. Als Adventszeit bezeichnet man die Zeit vom ersten Adventssonntag, dem Beginn des Kirchenjahres, bis Heiligabend. Die Christen gedenken in diesen Wochen der heidnischen Zeit vor der Geburt Jesu. Der Advent wird als Wartezeit auf die Ankunft des Erlösers angesehen. Interpretiert man diese Zeit als dunkle und von Gottes Gegenwart noch nicht erleuchtete Heidenzeit, wird sie als Trauer- oder Fastenzeit angesehen. Dazu passt die Kirchentrauerfarbe Violett als liturgisch übliche und früher auch im Alltag häufige Adventsfarbe. Überwiegend wird der Advent allerdings als Zeit freudiger Erwartung der Geburt Christi gedeutet. Kerzenschein und die Hoffnungsfarbe Grün sowie warmes Rot sind heute daher traditionell vorwiegend.
Oft tritt der religiöse Ursprung des adventlichen Brauchtums jedoch in den Hintergrund. Die damit verbundenen Traditionen und die entsprechenden Erwartungen an passenden floristischen Schmuck sind auch bei einer eher weltlichen Auffassung dieser Zeit vielfach erhalten geblieben. In der Floristik gehört die Adventszeit zu den umsatzstärksten Zeiten des Jahres, so dass sie nicht nur im Bezug auf passende Gestaltungen, sondern auch organisatorisch und betriebswirtschaftlich besonders wichtig ist. Zum floristischen ⇢ Adventsschmuck gehören z. B. ⇢ Adventskranz und ⇢ Adventsgesteck.

Adventsgesteck

Adventsgestecke sind in der Technik des Steckens hergestellte und mit winterlich-weihnachtlichen Werkstoffen und Materialien gestaltete Werkstücke, die eine oder mehrere Kerzen enthalten. Da von Kerzen in ihrer Funktion immer auch eine Brandgefahr ausgeht, müssen Adventsgestecke technisch entsprechend sorgfältig gearbeitet werden. Adventsgestecke enthalten in der Regel vielfältig symbolhafte Formen bzw. Werkstoffe oder zeigen an sich eine symbolbezogene Gestalt.

→ Advent → Adventsschmuck, floristischer → Kerzenbefestigung → Kerzenbehandlung → Symbol

Adventskranz

In der Form eines Holzkranzes mit 19 kleinen roten Kerzen für die Werktage und vier größeren weißen Kerzen für die Sonntage der Adventszeit wurde der Adventskranz von J. H. Wichern, einem Hamburger Pädagogen und Theologen, Mitte des 19. Jahrhunderts für die Kinder seines Waisenhauses entwickelt. Schon bald wurde der Kranz mit grünen Zweigen bewickelt und schließlich die Kerzenzahl auf vier Kerzen für die Adventssonntage reduziert. Nach und nach verbreitete sich dieser Brauch, einen Adventskranz zu gestalten, im deutschen Sprachraum. In Deutschland, Österreich und der Schweiz ist er eines der wichtigsten adventlichen Werkstücke und findet allmählich eine weitere Verbreitung. Während zum Teil heute Varianten in Adventskalender-Form mit 24 Kerzen für jeden Tag des Dezembers bis zum Heiligen Abend gearbeitet werden, finden sich im Bereich der orthodoxen Ostkirchen wegen der sechswöchigen Adventszeit auch Gestaltungen mit sechs Kerzen. Der auf kirchliche Farbensymbolik zurückzuführende Einsatz von Violett für die Kerzen der ersten drei Adventssonntage und Rosa als Kerzenfarbe freudiger Erwartung Christi für den letzten Adventssonntag ist inzwischen mehrheitlich durch einheitlich rote Kerzen verdrängt worden.

Die Symbolik des Adventskranzes ist vielfältig. Die Ringform deutet auf die Unendlichkeit ewigen Lebens, die zunehmende Zahl angezündeter Kerzen versinnbildlicht das göttliche Licht, das mit Christus in die Welt kommt. Auch die vier Himmelsrichtungen und damit der Weltenkreis werden dargestellt. Immergrüne Werkstoffe zeigen die Hoffnung auf Auferstehung. Wärme und Licht der Kerzen sowie Nahrung in Form von Nüssen, Äpfeln und Gebäck helfen, die kalte und lebensfeindliche Zeit des Winters zu überstehen. Viele dieser Sinninhalte haben in der modernen Welt an Bedeutung verloren. Als werkstückbezogenes Wissen bleiben sie jedoch in der Floristik vor allem für Kundengespräche wichtig.

→ Advent → Adventsschmuck, floristischer

Adventsschmuck, floristischer

Floristisch gestalteter Adventsschmuck bzw. → Weihnachtsschmuck ist eine der älteren Formen des Gestaltens mit floralen Werkstoffen. Bereits vor Jahrhunderten waren immergrüne Zweige, Zapfen, Äpfel, Nüsse und Gebäck zusammen mit Kerzen die Gestaltungsmittel, die immer auch symbolische Bedeutung hatten. Hinzu treten adventlich-weihnachtliche Accessoires, oft in metallisch-edler Ausführung. All diese Werkstoffe und Materialien haben im Adventsschmuck eine Symbolik, die im Ursprung teils heidnische und schließlich christlich-religiöse Aussagen vermittelt, heute jedoch vielfach in den Hintergrund tritt. Eine anheimelnde Atmosphäre, Geborgenheit, Erinnerungen an die Kindheit, familiäres Zusammengehören sind jedoch auch in einem eher weltlich ausgerichteten Umfeld Faktoren, die ihren Ausdruck in entsprechender Adventsfloristik finden. Diese Werte und Sehnsüchte sind wichtige Kaufgründe, die die Adventszeit zu einer der bedeutenden Zeiten des Jahres für floristisches Gestalten und Verkaufen machen. Vor allem → Adventskranz, → Adventsgesteck, adventlicher Türschmuck, Leuchter- und Kerzenschmuck sowie ausgeschmückte Zweige sind wichtige Werkformen.

→ Advent → alle mit Kerze zusammenhängenden Einträge

Akanthusblatt

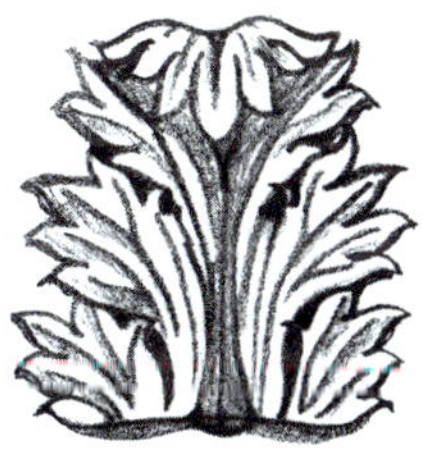

Das in Stein gemeißelte Akanthusblatt (griech.: Akanthos) ist ein → Stilelement, das ursprünglich an antiken, korinthischen und später römischen Säulenkapitellen verwendet wurde. In späteren Epochen, die sich auf die Antike beziehen, hauptsächlich → Renaissance, → Barock, → Klassizismus und → Historismus, findet man es wieder. Hier wird das stilisierte Akanthusblatt auch vielfach über die Kapitelle hinaus als Fries-Ornament an Giebeln, Fenstern, Zierrahmen, Konsolen usw. verwendet. Das natürliche Vorbild bieten die Disteln *Acanthus spinosus*.

→ Antike → Fries → Kapitell → Säule

Aktivitätskontrast

Als Aktivitätskontrast wird in der Regel ein subjektiver Farbkontrast bezeichnet, bei dem Farben aus dem Rot- und dem Grünbereich ein jeweils gegensätzlicher Aktivitätsausdruck zugeschrieben wird. Aktivität leitet man dabei

z. B. aus den orangeroten Flammen eines Feuers ab. Passivität gehört zu den grünen, unbeweglich am Ort verharrenden Pflanzen. Der subjektiv empfundene Aktivitätskontrast entspricht demnach einem objektiven → Farbnuancenkontrast, der nicht exakt aus komplementär sich ergänzenden Farbnuancen besteht, jedoch eine nahezu komplementäre Wirkung beinhaltet. Der Aktivitätskontrast kann verstärkt werden, indem man die als aktiv empfundene Farbe in möglichst reiner Ausprägung wählt und die passiv erscheinende in getrübter Nuance.

Andererseits kann auch der eine oder andere → Formkontrast als Aktivitätskontrast verstanden werden. Die passive Rolle übernehmen hier die lagernd-sammelnden Formen, während alle bewegt erscheinenden Formen Aktivität ausstrahlen.

→ Bewegungsform → Farbe, reine → Farbe, trübe → Farbharmonie der Gegensätze → Farbkontrast, objektiver → Farbkontrast, subjektiver → Komplementärkontrast

Aktiv-Passiv-Kontrast

→ Aktivitätskontrast

Akzent

Ein Akzent ist z. B. in der Mode und ähnlich auch in der Floristik ein sparsam eingesetztes, betonendes → Gestaltungselement, das sich durch seine Farbe, Struktur oder Form abhebt und ein Werkstück belebt. Ein kompakter Strauß aus roten Rosen kann z. B. durch ein kleines Band oder eine überspielende Ranke akzentuiert werden. Sowohl Werkstoffe als auch Accessoires können Akzente bilden. Damit ein Akzent als solcher wahrgenommen wird, muss er im Vergleich zur Gesamtgröße des Werkstücks deutlich klein ausgeführt sein. Es können → Farbakzent und → Formakzent unterschieden werden.

Akzent-Kranzschmuck

Unter einem Akzent-Kranzschmuck versteht man eine Form des Kranzschmucks, bei der ein Kranzkörper durch einen farblich und/oder formal sich abhebenden, relativ kleinen Schmuck betont wird. Die Gestaltung des Kranzkörpers selbst sollte dabei so ausgefallen, hochwertig und/oder vom Werkstoff her ungewöhnlich sein, dass ein größerer Schmuck als der kleine Akzent nicht infrage kommt, damit dieser Kranzkörper mit seiner Wirkung nicht mehr als nötig verdeckt wird.

→ Akzent → Kranzschmuck

Alabaster

Alabaster kommt in der Floristik selten als Material von sehr hochwertigen Steingefäßen und eventuell Kerzenleuchtern oder Ähnlichem vor. Es handelt sich um eine kristalline Art von Gips, die dem Marmor relativ ähnlich ist. Allerdings ist Alabaster im Vergleich weicher, weshalb er gut geschnitzt und gedrechselt werden kann. Das Gestein ist nicht witterungsfest. Daher sollte es nicht unnötig mit Wasser in Verbindung kommen und ausschließlich in Innenräumen verwendet werden. Sehr dünn geschnittener Alabaster ist → transluzent.

Allegorie

Unter einer allegorischen Darstellung versteht man die Wiedergabe eines an sich geistigen, abstrakten, nicht materiellen Inhalts durch Personen oder Figuren. Häufig wird hierbei auf die allbekannten Eigenschaften einer Person zurückgegriffen (z. B. Herkules für Stärke) oder eine bekannte Figur symbolisiert z. B. einen Staat (Freiheitsstatue für die USA). Wappentiere haben ebenso oft allegorisch-symbolische Bedeutung (z. B. der starke Löwe für Herrschaft).

Allegorie einer unbeschwerten (Flügel, Über-den-Wolken-Schweben) Friedenszeit (Palmwedel) mit Wohlstand und Ruhe (gut genährtes, schlafendes Kind) nach einem Sieg (Siegerkranz) über einen Feind bzw. nach einerschweren Zeit.

→ Symbol

Alpaka

Veralteter Begriff für → Neusilber. Auch Name einer südamerikanischen Lama-Art.

Altarschmuck, floristischer

Floristischer Altarschmuck zählt als Kirchenschmuck zum → Raumschmuck. Er kann auch als → Tischschmuck verstanden werden, da der Altar ursprünglich den Opfertisch darstellt und oft als Volksaltar Tischform hat. Hochaltäre sind dagegen meist künstlerisch-architektonisch gestaltet und schließen den Altar oder Chorraum rückwärtig ab. Gestalterisch muss die eingesetzte Floristik zunächst zur Gestaltung des Altars und seines unmittelbaren Umfelds passen. Farbigkeit, stilistische Form, Größe des Altars und sein

Material, oft wertvolles Gestein, sind die Kriterien. In zweiter Linie muss ein Altarschmuck zum umgebenden Kirchenraum und zu seinem Baustil passen. Generell darf bei der Erarbeitung nicht auf allzu kleinteilige Werkstoffe zurückgegriffen werden, da in den meist großen Kirchenräumen eine gewisse

Fernwirkung erreicht werden muss. Außerdem sind die Farbigkeit im Raum, besonders im Hinblick auf die Kirchenfenster, sowie die Beleuchtungsintensität zu berücksichtigen.

→ Chor

Altertum

Als Altertum bezeichnet man die Zeit vom Entstehen der ersten Hochkulturen und der ersten Schriften (Sumerer, Babylonier, Assyrer, Ägypter) bis zum Ende der Spätantike mit dem Untergang Westroms im 5. Jahrhundert n. Chr. und der Übergangszeit zum Mittelalter. Der Begriff ist somit europäisch-mediterran-vorderasiatisch geprägt und bezieht andere Weltgegenden nicht ein. Gestalterisch ist die klassische griechisch-römische → Antike als Basis vieler Entwicklungen späterer Stilepochen von besonderer Bedeutung. Zahlreiche → Stilelemente, die bis heute weite Verbreitung finden, sind auf diese Zeit zurückzuführen.

→ klassisch → Stilepoche

Alu-Maus, Gemeine Europäische Alu-Maus 😉

Ausschließlich in europäischen, wahrscheinlich sogar nur in deutschen Floristik-Werkräumen anzutreffende „Deko-Tier-Unterart" aus der Familie der Drahtmäuse.

Botanischer, ach nein, zoologischer Name: *Mus musculus* 'Aluminensis'. Wie bei den so genannten Weißen Mäusen existieren Farbvarianten, z. B. *Mus musculus* 'Aluminensis Rubrum' und *Mus musculus* 'Aluminensis Golden Wonder'. Möglicherweise besteht eine Verwandtschaft zur Westlichen Hausmaus *Mus musculus domesticus,* worauf zumindest die Ähnlichkeit im grauen Farbton der Stammform hinweist.

Auftreten und Verbreitung: vermehrt im floristischen → Advents- und → Weihnachtsschmuck, allerdings oft getarnt durch Veränderung der Form, daher bisher von der wissenschaftlichen Zoologie übersehen.

Vermehrung: ausschließlich in Zierdraht-Fabriken.

Ernährungsweise: unbekannt. In der Regel entwickeln sich Alu-Mäuse durch umgekehrtes Wachstum, d. h. sie nehmen ab bis zum völligen Verschwinden. Der zugrunde liegende Mechanismus ist noch nicht bis ins Letzte geklärt. Man geht zurzeit von Schneide- und Kürzungs- bzw. Teilungsvorgängen aus.

Die Abbildung zeigt rechts die Schlafform, in der die Tiere besonders im Sommer lange Zeit in Kartons oder in Plastiktüten verbringen (dem Winterschlaf anderer Tierarten vergleichbar). Links die sehr selten zu beobachtende aktive Form. Wir sind besonders stolz, dass uns diese Aufnahme in unseren Werkräumen mit Hilfe einer Nachtkamera gelungen ist, um sie hier erstmals präsentieren zu können.

Hinweis: Die Alu-Maus zählt zu den Fachsprach-Schädlingen und ist teils als biotischer (belebter) Schadorganismus, teils als abiotische (unbelebte) Schadursache anzusehen. Bekämpfung: Fachsprachlich richtig ist die Bezeichnung als Aluminium-Zierdraht oder als Zierdrahtspirale.

→ Aluminium → Deko-, -deko → Schmuckdraht → Zierdraht

Aluminium

Das chemische Element Aluminium (chem. Zeichen Al) ist ein silbrig-graues Leichtmetall. Es ist relativ weich, so dass es sich leicht biegen lässt. Durch Bildung einer matt-stumpfen, beständigen Oxidationsschicht an der Oberfläche ist das Metall gegen weiteres Oxidieren gut geschützt. Floristisch ist Aluminium als Grundstoff für → Zierdraht, Accessoires und für Gefäße von Bedeutung. Aluminium-Gefäße sind relativ pflegeleicht, jedoch kratz- und biegeempfindlich.

Hinweis: Die vielfach übliche Verkürzung auf den Wortrest „Alu", z. B. in Alu-Draht und Alu-Schale, ist fachsprachlich im Sinn einer korrekten technischen Terminologie abzulehnen. Vergleiche auch → Alu-Maus 😉.

Ambiente

Mit Ambiente bezeichnet man ein Lebens- bzw. Wohnumfeld mit einer typischen Atmosphäre bzw. Ausstrahlung. Diese Ausstrahlung wird bestimmt durch Formen und Farben, durch Licht und Schatten, durch den Stil und die Zusammenstellung der eingebrachten Gegenstände. Bildet die Anordnung aller Elemente in einem Umgebungsraum eine sinnvolle Gesamtheit, so entsteht ein charakteristisches Gepräge, das dem Betrachter ein entsprechendes Lebensgefühl vermitteln kann. In diesem Sinn ist Ambiente in verschiedenen Ausprägungen der jeweilige Ausdruck der → Lebenswelten entsprechender Kundengruppen. Die Floristik soll das Ambiente in seiner Wirkung unterstützen. Dabei helfen Stilkenntnis, Formensicherheit und bewusstes Farbempfinden. Das floristische Angebot gestalterisch auf ein bestimmtes Ambiente und die passende Lebenswelt des Kunden einzustellen, ist ein wichtiges Vorgehen im werkstückbezogenen Marketing.

Ambo

Der Ambo ist in christlichen Kirchen der erhöhte Ort, von dem aus biblische Lesungen erfolgen und das Evangelium verkündet wird. Dies findet zuweilen auch von der Kanzel aus statt, deren Funktion sich eigentlich nicht auf die Verkündigung des Wortes Gottes, sondern auf die Predigt bezieht. Der Begriff Ambo ist demnach gleichzeitig eine Funktionsbeschreibung des Ortes der Lesung. Heute ist das im Altarraum seitlich stehende, in besonderer Weise gestaltete Lesepult meist als Ambo zu bezeichnen. Es ist eine der besonders zu schmückenden Bereiche bzw. Einrichtungsgegenstände im floristischen Kirchenschmuck. Ein floristisches Werkstück kann auch auf der dem Ambo gegenüberliegenden Seite des Altars die optische Ergänzung zum Ambo bilden. Eine vollständige Symmetrie entsteht dabei nicht, da Ambo und Werkstück nicht als Nebenmotive identisch sind.

Amphore

Amphora ist die griechische Bezeichnung einer antiken Gefäßform. Amphoren waren ursprünglich Aufbewahrungs- und Transportgefäße. Meist wurden sie aus Ton, als Geschirr- und Ziergefäße auch aus Metall gefertigt. Die ursprüngliche Form von Amphoren ist am unteren Ende spitz zulaufend, so dass sie in den Bogen eingesenkt werden konnten. Formen mit Standfuß heißen genauer z. B. Pelike oder Pithos. Im Laufe der Jahrhunderte wurde die ursprüngliche Form vielfach variiert und es ergaben sich Vermischungen mit anderen Gefäßformen. Häufig werden daher auch Gefäße als Amphoren bezeichnet, die eigentlich auf die antiken Gefäßformen Krater und Hydria zurückzuführen sind. Als floristisch dekorativ zu füllende Gefäße sind Amphoren zu finden, wie sie in → Renaissance, → Barock und → Klassizismus entstanden.

→ Gefäßformen, antike

anbrennen, ankochen

Werkstoffe wie Weihnachtsstern, Mohn und Sonnenblumen geben bei Verletzungen und beim Ab- bzw. Anschneiden Milchsaft ab. An den Schnittflächen kann er die Leitbahnen verkleben, so dass die Wasseraufnahme gehemmt wird. Im Übrigen verschmutzt er das Vasenwasser und fördert die Bakterienvermehrung. Anbrennen und Ankochen sind entsprechende Schnittblumenbehandlungen. Allerdings erzielt man im Durchschnitt die beste Haltbarkeit durch kurzes Eintauchen der unteren zwei bis fünf Zentimeter der Stiele in 60 °C heißes Wasser, wodurch der Milchsaft gerinnt. Danach stellt man die Ware in normales Vasenwasser. Eine erneute Behandlung ist nur erforderlich, wenn ein Anschnitt oberhalb des behandelten Bereichs erfolgt. Regelrechtes Kochen und das Anbrennen sind im Vergleich ungünstiger, da hierbei Gewebe zerstört wird. Allenfalls einzelne, erneut angeschnittene Stiele in einem Strauß können kurz angebrannt werden, da der gesamte Strauß ja nicht in heißes Wasser getaucht werden darf.

andrahten, Andrahttechnik

Andrahten von geschichteten Efeublättern

Mit dem Andrahten von Werkstoffen verlängert man ihren Stiel oder ersetzt diesen ganz durch den leichteren, dünneren Draht. Dadurch werden Biegungen und das Einstecken in eine Basis möglich. Auch Werkstoffe ohne Stiel, z. B. Blütenblätter und Zapfen, werden zum Verarbeiten angedrahtet. Das Andrahten mehrerer Stiele mit einem Draht kann sinnvoll sein, um Zeit und Drähte zu sparen. Schließlich muss → Material, z. B. → Kerze, → Schmuckband und → Papier, vor dem

Verarbeiten angedrahtet werden. Die Drahtstärke richtet sich nach dem Gewicht des Werkstoffs oder Materials. Der Draht ist zu schwach, wenn er sich verbiegt, sobald man den angedrahteten → Werkstoff daran waagerecht hält. Zu starker Draht erschwert dagegen das Andrahten und führt zu unnötigem Gewicht des fertigen Werkstücks. Eine besondere Form des Andrahtens ist das → Angabeln.

Andrahtmaschine

Eine Andrahtmaschine dient dazu, das kräftezehrende und bei dauerhafter Ausführung Handmuskeln und -sehnen stark beanspruchende Andrahten zu erleichtern, besonders bei Verwendung stärkerer Drähte. Vor allem, wenn viele Werkstoffe vor einer Weiterverarbeitung angedrahtet werden müssen, z. B. in der Allerheiligen-, Advents- und Weihnachtsfloristik, ist der Maschineneinsatz sinnvoll. Allerdings lassen sich nicht alle Andrahtvorgänge und ebenso nicht alle Werkstoffe damit bewältigen. Vorrangig sind harte und hartstielige Trockenfloralien geeignet.

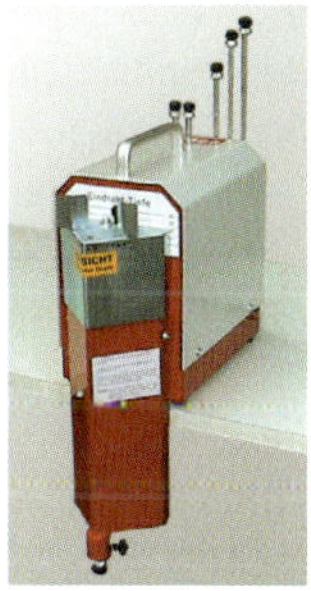

Andrahtmaschine der Marke Fäco

angabeln

Vom Angabeln als einer Form des Andrahtens spricht man, wenn der Draht so angebracht wird, dass beide Drahtenden unten gleich lang stehen bleiben. Bei dieser Technik kann der verwendete Draht dünner sein, da die beiden Enden zusammen stark genug sind, den Werkstoff zu halten. Durch die entstehenden zwei Einsteckdrähte wird eine Drehung im Werkstück erschwert, da die beiden mit wenig Abstand nebeneinander fixierten Drahtenden sich kaum gegeneinander verdrehen lassen, während ein Einzeldraht zwar länger, aber drehbar bleibt.

→ andrahten

angießen

→ umtopfen

anklopfen

Holzige Stiele von Schnittwerkstoffen wurden früher statt eines Anschnitts vielfach angeklopft. Dabei wurde der untere Stielbereich durch wenige, nicht zu starke Hammerschläge aufgespalten. Das anstrengende und nicht leicht auszuführende Anschneiden, fast ein Schnitzvorgang, wurde so vermieden.
Der Nachteil ist, dass durch die in ihrer Stärke nur eingeschränkt zu kontrollierende Wucht der Hammerschläge das getroffene pflanzliche Gewebe zu stark zerstört wird, so dass so genannter Zellschutt entsteht. Dieser setzt die Leitbahnen zu und fault recht schnell. Daher wird heute statt des Anklopfens ein Aufspalten durch kreuzweises Einschneiden des Stielendes mit einer scharfen Rosenschere vorgenommen. Das Einschneiden mit einem Messer ist keine Alternative, da die den Stiel haltende Hand dabei durch Schnittverletzungen gefährdet ist.

Anlassgerechtigkeit

Anlassgerecht nennt man eine Sache, wenn sie in ihrer Gestaltung voll und ganz auf den Anlass, für den sie bestimmt ist, ausgerichtet ist. Dies gilt für alle floristischen Werkstücke, sei es ein → Trauerkranz, ein → Tischschmuck für eine betriebliche Feier, ein → Brautstrauß oder ein → Raumschmuck in einem Konzertsaal. Neben den äußeren, technischen, farblichen, stilistischen und formbezogenen Bedingungen, die das Umfeld vorgibt, muss demnach auch und vor allem der Anlass mit seiner Bedeutung, Sinnhaftigkeit und den für ihn typischen Gegebenheiten beachtet werden. Vor allem ist die Frage wichtig, wie sich die Kunden bzw. Nutzer die Unterstützung des Anlasses durch einen passenden floralen Schmuck vorstellen. Folgende Beispiele belegen die Bedeutung: Ein → Trauerschmuck muss würdevoll und in der Regel eher in zurückhaltender Farbharmonie gefertigt sein. Ein weihnachtliches Gesteck soll eine anheimelnde, Wärme und Glanz ausstrahlende → Anmutung haben. Ein Raumschmuck zu einer Preisverleihung muss festlichen Charakter haben.

→ Funktionsgerechtigkeit → Wahrhaftigkeit → Zweckmäßigkeit

Anmutung

Die Anmutung eines Werkstücks meint dessen Ausdrucksinhalt und/oder thematische Ausstrahlung. Die Wahl der gestalterischen Mittel und des Werkstoffs weckt beim Betrachter Erinnerungen, stellt symbolische Bezüge her oder vermittelt ein Lebensgefühl. Beispiele: Ein Adventskranz in traditionellen Farben kann anmuten wie aus behüteten Kindertagen; ein Olivenbaum im edlen Terrakottatopf hat sommerlich-mediterrane Anmutung. Eine gelungene, ansprechende Anmutung stellt im Bezug auf den Betrachter als Kunden einen emotionalen Kaufgrund dar. Für floristische Werkstücke ist deren Anmutung ein wichtiges Kennzeichen als individuelles Produkt. Anmutungen in Werkstücken zu entwickeln, die die entsprechenden Kundengruppen ansprechen, ist demnach ein Kriterium der Vermarktungsstrategie für floristische Produkte. Hier hilft das Denken in → Lebenswelten als Kundengruppenbeschreibung.

Olive und Lavendel in Terrakottatöpfen haben eine sommerlich-mediterrane Anmutung.

Anordnungsart

Die Anordnungsart bezeichnet die Ausrichtung der Werkstoffstiele zueinander und ihre Ausrichtung auf den Wuchspunkt in einem Werkstück.

→ Anordnungsart, flächige → Anordnungsart, frei-ungeregelte
→ Anordnungsart, parallele → Anordnungsart, radiale

Anordnungsart, flächige

Bezieht sich eine Gestaltung hauptsächlich auf die Erfassung einer Fläche, ohne die Höhe wesentlich mit einzubeziehen, spricht man von → Flächengestaltung. Eine flache Wandgestaltung und ein → Fries sind Beispiele. Oberflächen von Körpern wie Kranz und Kugel kann man ebenfalls als Flächen auffassen. Enthält die Gestaltung plastische Elemente, die jedoch nicht stark hervortreten, bekommt sie Reliefcharakter. Sie wird dennoch als Flächengestaltung betrachtet, da das Flächige wesentlich überwiegt. Als → Gestaltungsmittel eignen sich naturgemäß Werkstoffe wie Blätter, Stoffe, Fasermatten usw. Flächiges Gestalten kann als eigene → Anordnungsart aufgefasst werden. Die Kriterien lauten:

- Stiele sind nicht sichtbar. Der Verzicht auf Stiele als wesentliche Teile der Gestaltungsmittel ist typisch.
- Lagernde Bewegungsformen und flächige Werkstoffe herrschen vor.
- Schichtungen bzw. nur geringe Staffelungen in kleinen Höhenunterschieden werden eingesetzt.
- Umbildungen des Werkstoffs zu flächigen Formen, z. B. durch Zerschneiden, Aufrollen etc., sind häufig.
- Werkstoffe werden dicht aneinandergefügt.
- Die Betonung der Werkstoffeigenschaft → Textur liegt vor.
- Wuchspunkte sind von untergeordneter Bedeutung.

→ Bewegungsform, lagernd-sammelnde → Relief → Staffelung
→ Wuchspunkt

Anordnungsart, frei-ungeregelte

Der Begriff der frei-ungeregelten Anordnungsart bedeutet keine völlige Regelfreiheit. Gemeint sind vielmehr weniger strenge Bedingungen bei der Anordnung der Stiele sowie als Resultat das Entstehen von Unregelmäßigkeit in der Stielführung. Die festen, unumgänglichen Grundbedingungen der Anordnungsart lauten:

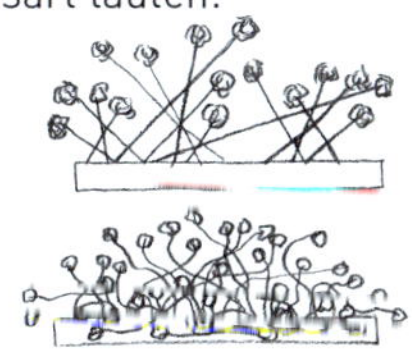

- Jeder → Werkstoff hat einen eigenen → Wuchspunkt.
- Die Stiele werden so positioniert, dass es zu Überschneidungen kommt.
- Die entstehenden Kreuzungspunkte sind wesentliche, bewusst entwickelte Gestaltungselemente.

Je unruhiger die frei-ungeregelte Anordnung der Stiele ist, umso wichtiger ist ein deutliches Herausarbeiten anderer Gestaltungskriterien, z. B. eine klare Farbgestaltung oder das Gruppieren der Werkstoffe. So wird ungestaltete Beliebigkeit vermieden. Asymmetrie ist typisch, Symmetrie kann allenfalls die Umrissform des Werkstücks bestimmen. Vegetative Arbeiten mit Beachtung der Geltungsansprüche und formal-lineare Gestaltungen sind in dieser Anordnungsart gut zu realisieren. Gestecke, teils auch Pflanzungen sind möglich. Sträuße können dagegen wegen der notwendigen Bindestelle allenfalls im oberen Bereich, z. B.

durch kreuz und quer eingearbeitete Ranken, frei-ungeregelt erscheinen. Freie Werkstückformen, z. B. mit mehreren Bindestellen, sind häufig frei-ungeregelt. Als Gefäße eignen sich flache Schalen und Gefäße mit unregelmäßigen Formen.

→ Geltungsanspruch → Gestaltungsart, formal-linear → Gestaltungsart, vegetative → Gestaltungselement → Gruppierung → Ordnungsart Asymmetrie → Ordnungsart Symmetrie → Überschneidung

Anordnungsart, parallele

Der parallele Verlauf der Mehrheit der Werkstoffstiele in einem Werkstück ist das wesentliche Merkmal der parallelen Anordnungsart. Die Kriterien lauten:

- Jeder → Werkstoff eines Werkstücks hat seinen eigenen → Wuchspunkt.
- Die Linien der meisten Stiele verlaufen im Wesentlichen bzw. über den größten Teil ihrer Länge parallel zueinander.
- Es sind verschiedene Ausrichtungen der Stiele im Raum denkbar: horizontal, vertikal, diagonal.
- Auch gebogene und geknickte Werkstoffformen können parallel zueinander verlaufen.
- Eine Kombination mehrerer Richtungen ist möglich, allerdings dürfen es nur wenige sein, damit gestalterische Klarheit erhalten bleibt.
- Parallelität bedingt die Sichtbarkeit der Stiele.

Wenn Stiele zwar parallel aneinandergelegt sind, vom optischen Eindruck her aber eine radiale Gestaltung entsteht, weil sich die Stiele im oberen Werkstückbereich voneinander weg entfalten, spricht man besser von einer → Paralleltechnik statt von der parallelen Anordnungsart.

→ Parallelwerkstück

Anordnungsart, radiale

Bei der radialen Anordnung kommt dem → Wuchspunkt oder den Wuchspunkten besondere Bedeutung zu. Die Kriterien der Anordnungsart lauten:

- Alle Stiele eines Werkstücks entspringen in der Regel einem gemeinsamen Wuchspunkt und entwickeln sich ähnlich den Speichen eines Rades von diesem weg.

- Bei mehrteiligen Gestaltungen, also mehreren Gruppen oder Motiven, kann jeder Teil einen eigenen Wuchspunkt aufweisen.

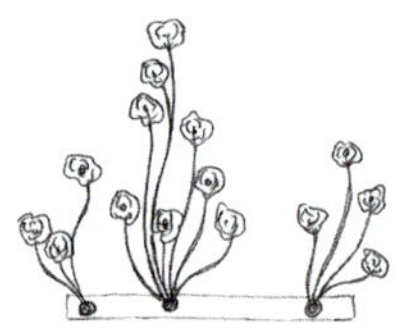

Bei Sträußen liegt der Wuchspunkt in der Bindestelle, bei radialen Gestecken werden die Werkstoffstiele auf den Wuchspunkt ausgerichtet eingesteckt. Hier kann man vom technischen Vorgang her auch von einer → Radialtechnik sprechen, da alle Stiele beim Einstecken auf den gedachten Wuchspunkt hin eingesteckt werden.
Meist liegt bei radialen Gestecken der Wuchspunkt innerhalb des Gefäßes und somit im eingefügten Steckschaumblock. Wenn jedoch die Stiele so eingesteckt sind, dass sie sich nicht aus einem Wuchspunkt im Gefäß, sondern aus einem Punkt heraus zu entwickeln scheinen, der unterhalb des Gefäßbodens liegt, spricht man von einem imaginären Wuchspunkt.

→ Wuchspunkt, imaginärer

Anschneidemaschine

Um das Anschneiden von größeren Werkstoffmengen zu vereinfachen und zeitsparend zu ermöglichen, ist eine Anschneidemaschine einsetzbar. Sie enthält elektrisch angetriebene, rotierende Messerscheiben, die zur Vermeidung von Unfällen abgedeckt in einem Schacht sitzen. Die Abdeckung lässt sich durch einen mit dem Fuß zu betätigenden Mechanismus öffnen. Ganze Stielbündel, die je nach Stieldicke und -härte aus zehn bis zwanzig Stielen bestehen können, werden durch den schmalen Schacht schräg an die Schneidevorrichtung gehalten. Vor allem harte Stiele sind so Kräfte sparend anzuschneiden. Allerdings ist ein dem jeweiligen Stiel angepasster Schnitt so nicht möglich. Vor allem empfindlichere Werkstoffe lassen sich daher nicht mit dieser Maschine anschneiden. Meist ist die Anschneidevorrichtung in eine → Blumenstielputzmaschine integriert.

anschneiden, Anschnitt

Schnittblumen und Schnittgrün müssen angeschnitten und sofort in Wasser gestellt werden, um sie so gut wie möglich zu versorgen. Das Anschneiden erfüllt mehrere Funktionen: Der Teil des Sprosses, in den seit dem Abschneiden Luft eingedrungen ist, wird entfernt, damit in den Leitbahnen wieder ein ununterbrochener Wasserfaden entsteht. Die evtl. schon von Bakterien befallene, alte Schnittfläche wird entfernt. Die Leitbahnen werden durch den frischen Anschnitt soweit wie möglich geöffnet. Dazu ist ein scharfes Messer erforderlich, mit dem ein schräger Schnitt durch den ganzen Stiel geführt wird. So werden die Leitbahnen so wenig wie möglich zusammengedrückt. Große Öffnungen sind wichtig, denn das pflanzliche Gewebe zieht sich in geringem Umfang bei einer Verletzung zusammen und durch im Wasser befindliche Bakterien, die sich an die Öffnungen setzen, entsteht ohnehin eine Verengung.

Der Daumen der Hand, die das Messer führt, wird als Gegenlager etwas oberhalb der Höhe der Messerschneide hinter den Stiel gehalten.

Mit einer → Rosenschere statt eines Messers kann ein guter Anschnitt nur bedingt erfolgen, da hierbei oft ein Zusammenquetschen der Stiele bzw. der Leitbahnen erfolgt. Harte, holzige Stiele sind jedoch damit anzuschneiden und generell muss die Schere so scharf wie möglich sein.

⇢ Floristenmesser

Anstecker, Ansteckblume

Ein Anstecker wird als florales Schmuckstück für ein Kleid oder für das Revers eines Jacketts gefertigt. Heute wird in der Floristik der Anstecker auch als ⇢ Korsage bezeichnet. Die Herstellung von Ansteckern ist mit Hilfe von Anstecknadeln, Sicherheitsnadeln oder T-förmigen Ansteckhilfen möglich. Auch Klebe-, Wickel-, Fädeltechniken usw. kommen zum Einsatz. Grundsätzlich ist bei diesen kleinen Werkstücken auf hohen Tragekomfort zu achten. Sie dürfen die Kleidung weder verschmutzen noch beschädigen und müssen auch z. B. einen Hochzeitstanz überstehen.

Antike

Säulenreihe eines antiken griechischen Tempels

Als Antike bezeichnet man die Zeit des griechisch-römischen Altertums ca. 1000 v. Chr. bis ca. 500 n. Chr. Die wichtigste stilbildende Zeit ist die klassische Antike ab etwa 500 v. Chr. Damals entstanden wichtige Bau- und Schmuckformen sowie Ornamente, wie sie heute noch vielfach zu finden sind: Kapitell- und Säulenformen, Gesims, Gebälk, Dreieckgiebel, Friese und römischer Rundbogen. Gärten und Blumenschmuck sind in der Antike schon bekannt. Thyrsosstab, ⇢ Girlande, ⇢ Kranz sind als Reliefs überliefert und viele Blumen waren den Gottheiten geweiht (die Rose der Aphrodite bzw. Venus stand schon damals für die Liebe). Auf die Antike beziehen sich auch viele spätere Stilepochen: ⇢ Romanik, ⇢ Renaissance, ⇢ Barock, ⇢ Klassizismus, ⇢ Empire und in jüngerer Zeit manche Schöpfung der ⇢ Postmoderne.
Über den Epochenbegriff hinaus werden kunsthandwerkliche Gegenstände aus alter Zeit oft ganz generell als antik bezeichnet, auch wenn sie, wie meist, gar nicht der Antike entstammen.

⇢ Altertum ⇢ Fries ⇢ Kapitell ⇢ klassisch ⇢ Ornament ⇢ Relief
⇢ Säule ⇢ Stilepoche ⇢ Tempel ⇢ Thyrsos

Applikation, applizieren

In der Mode versteht man unter einer Applikation eine aufgesetzte Verzierung. Floristen können dementsprechend die zusätzlich auf ein Werkstück aufgebrachten Werkstoffe so bezeichnen. Man appliziert z. B. einige Blüten auf ein Zierdrahtgespinst, das einen Brautstrauß überspielt. Techniken wie Aufnähen oder Anbinden, Drahten und ⇢ Kleben können eingesetzt werden. Auch ein floraler ⇢ Anstecker kann als Applikation aufgefasst werden.

Appretur, appretieren

Mit Appretur oder Appreturmittel bezeichnet man ein Stoffbehandlungsmittel oder Stoffpflegemittel, mit dem Stoffen eine elastische Steife verliehen wird, evtl. auch eine Imprägnierung. Man unterscheidet auswaschbare Appreturen, wie die pflanzliche Stärke, und Dauerappreturen, wie sie z. B. verwendet werden, um einem Stoff eine Plissee-Optik zu verleihen.

Apsis

Eine Apsis ist ursprünglich eine halbrunde oder mehreckige, annähernd rund wirkende Altarnische. In der römischen ⇢ Basilika befand sich der Thron des Herrschers oder der Amtssitz eines Marktvorstehers in einer halbkreisförmig an der Schmalseite des rechteckigen Hauptraums angesetzten Apsis. Entsprechend wird damit in Kirchen späterer Zeiten (Romanik, Gotik usw.) der hintere Abschluss des Chorraums bezeichnet. Auch Nebenschiffe können Apsiden aufweisen, oder ein Chorraum in einer großen gotischen Kathedrale kann zusätzlich von einem Kranz von Apsiden umgeben sein. Apsiden sind im floristischen Raumschmuck bedeutend, da sie die nach hinten abschließenden Teile von Altarräumen sind. Mit ihrer Form und Gestaltung bilden sie also den Hintergrund, vor dem die Werkstücke wahrgenommen werden.

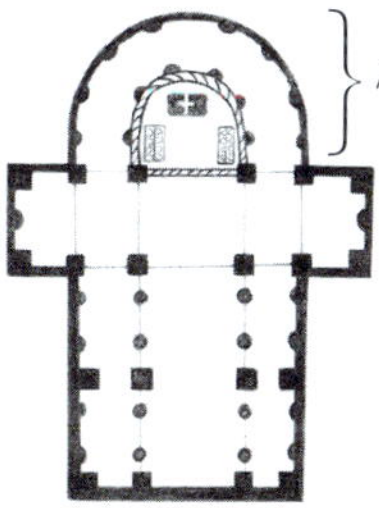

⇢ Chor

Arabeske

Eine Arabeske ist ein Ornament, das auf die islamische Kunst zurückzuführen ist. Es handelt sich um stilisierte Pflanzenranken und -blätter, die oft zusammen mit arabischen Schriftzeichen verwendet werden. Zu den Schriftzeichen besteht eine Formverwandtschaft. Arabesken sind in Stoff und Bandmustern zu finden, werden als Stuckornamente gearbeitet, dienen als Tapetenmuster usw. In Räumen mit Arabesken als Wandmalereien kann der floristische Raumschmuck unmittelbar durch Ranken als Gestaltungsmittel Bezug zur Raumgestaltung herstellen.

Schmuckband mit Arabesken-Muster

Arbeitstisch

Ein Arbeitstisch in der Floristik muss für das Arbeiten im Stehen die richtige Höhe haben, eine wasserunempfindliche, leicht zu säubernde Oberfläche aufweisen und, neben ausreichendem Platz für das Anfertigen floristischer Werkstücke, Platz für Werkzeuge und Hilfsmittel bieten. Diese müssen in Ständern bzw. Schubladen aus ergonomischen Gründen für einen direkten Zugriff am oder auf dem Arbeitstisch verfügbar sein. Schließlich ist die mögliche Abfallentsorgung in Arbeitstischnähe bzw. unter der Arbeitsfläche sinnvoll.
Je nach spezieller Bestimmung und passender Ausstattung kann man den für die meisten Arbeiten geeigneten Bindetisch und den → Pflanztisch unterscheiden.
Zum näheren Umfeld des Arbeitstischs gehören ein sicher angebrachter und vor allem gegen Wasser geschützter Stromanschluss und eine gute Ausleuchtung. Die ergonomisch sinnvolle und nach Sicherheitsaspekten überlegte Ausstattung des Arbeitstischs ist ein wichtiger Beitrag zur Arbeitssicherheit und dient der Vermeidung von Arbeitsunfällen.

→ Arbeitsunfallgefahren → Ergonomie

Arbeitsunfallgefahren

Arbeitsunfallgefahren in der Floristik ergeben sich aus der Verwendung von Schneidewerkzeugen und elektrischen Maschinen bzw. Werkzeugen, vor allem in Bezug auf Wasser und Feuchtigkeit. Außerdem ist die Rutsch- und Sturzgefahr durch Wasser und Werkstoffreste auf dem Boden relativ hoch. Unter den Hilfsmitteln sind es vorrangig Drähte, die eine Gefahrenquelle durch Stichverletzungen darstellen. Im Bezug auf Pflanzenschutzmittel, Klebstoffe und Farbsprays sind Giftwirkungen zu beachten. Hinzu kommen weitere Gefahren, wie die von Wegeunfällen, Stürzen von Leitern und Ähnliches. Diese sind jedoch nicht nur in der Floristik gegeben, sondern in vielen Berufen und Arbeitsgebieten.

→ Draht → Werkzeug, floristisches

Arkade

Unter einer Arkade versteht man eine Reihe von Bögen (lat.: arcus = Bogen), die von Säulen oder Pfeilern getragen werden. Wechseln diese einander ab, spricht man vom → Stützenwechsel in der Arkade. Oft bezeichnet man auch einen Gang, der einseitig oder beidseits von einer bzw. zwei Bogenreihen begrenzt wird, als Arkade. Arkaden finden sich als architektonisches Fassadenelement oft außen an einem Bau. In Kirchenräumen sind sie ebenfalls vielfach anzutreffen, z. B. als Begrenzung zwischen Mittel- und Seitenschiffen. Ist eine Arkade geschlossen, d. h. finden sich unter den Bögen keine Maueröffnungen, spricht man von Blendarkaden. Arkaden sind in vielen Baustilen seit der römischen → Antike zu finden und bilden oft Teile von floristisch zu schmückenden Räumen. Vergleiche auch → Kolonnade.

→ Pfeiler → Säule

Armstrauß

Als Armstrauß wird ein Strauß bezeichnet, der so gestaltet ist, dass er schräg und quer vor dem Körper in der Armbeuge bequem getragen werden kann. Diese Straußform wird nahezu ausschließlich als Brautstrauß gefertigt.

→ Brautstrauß

Arrangement

Etwas zu arrangieren bedeutet gestalterisch, aus mehreren, meist verschiedenen Teilen bzw. Elementen ein neues Ganzes, z. B. ein Werkstück, zusammenzufügen. In diesem allgemeinen Sinn führt jedes floristische Gestalten zu einem Arrangement. Häufig und vorrangig wird der Begriff floristisch für Gestecke oder, vor allem von Laien, für formal-linear gestaltete Solitärsträuße verwendet, die von einem besonders herausgestellten Werkstoff beherrscht werden, z. B. ein Orchideen-Arrangement.

→ Gestaltungsart, formal-lineare → herrschend → Solitär

Art deco

Unter Art deco (franz.: arts décoratifs = verzierende Künste) versteht man eine Strömung bzw. Bewegung in der Geschichte und der Entwicklung von → Design in der Zeit zwischen den Weltkriegen. Vom Jugendstil stark beeinflusst, bezogen Gestalter des Art deco auch Formen und Anregungen aus vielen anderen Stilen bis hin zur Moderne ein, die sich etwa zeitgleich entwickelte. Der reduzierten, auf die Funktion und das Wesentliche konzentrierten Moderne des Bauhauses stehen Art deco-Gestaltungen im Grunde gegensätzlich gegenüber. Eleganz, Betonung wertvoller Materialien, Ornamentik und teilweise sogar Verspieltheit der Formen sind typisch. Plakative, flächige Gestaltungen sowie klare, satte Farben gehören ebenfalls dazu. Eine einheitliche Stilistik mit klar benennbaren und abgrenzbaren Merkmalen besteht letztlich nicht. Architektur, Möbel, Gebrauchsartikel, Autos und Mode sind Beispiele für Bereiche, in denen Art deco-Design zu finden ist. Bezogen auf die Floristik finden sich Gegenstände mit diesem Design gelegentlich im Bereich von Gefäßen und Wohnaccessoires.

Art nouveau

Bezeichnung für den → Jugendstil in Frankreich und England.

Artefakt

Als Artefakt bezeichnet man einen Gegenstand, der nicht natürlich entstanden ist, sondern künstlich, d. h. artifiziell von Menschen geschaffen wurde. Floristische Werkstoffe sind vom Ursprung her natürlich, ihre gärtnerisch-züchterischen

Formen können bereits zumindest ansatzweise als Artefakte angesehen werden. Werden sie vom Floristen verarbeitet und dabei verformt, beschnitten, zurechtgebogen usw., nimmt der artifizielle Anteil an der Form der Werkstoffe noch zu. Das Werkstück selbst und alle Materialien, wie Gefäße, Bänder etc., sind in vollem Sinn Artefakte, auch wenn sie eine natürliche Ausstrahlung haben.

→ Form, künstliche → Formenarten → Formeneigenschaft

Ästhetik

Ästhetik bezeichnet im Allgemeinen die Philosophie des Schönen. Durch sinnliche Erkenntnis wird dabei das Ideal-Schöne auch im geistigen und übertragenen Sinn erfasst. Häufig wird der Begriff in der Kunstkritik verwendet, aber er ist auf alle Gestaltung anwendbar. Ästhetisch ist eine Sache in der Regel dann, wenn eine innere Einheit zwischen Eigenschaften wie Funktion, Form, Farbe, Sinnausdruck, Klang, Rhythmus usw. entsteht. Ästhetik ist aber auch eine Frage der Herkunft, des Blickwinkels, des Geschmacks des Betrachters. In wie weit übergeordnet gültige Kriterien des Ästhetischen gelten, kann demnach bis zu einem gewissen Grad diskutiert werden und ist nicht abschließend zu beantworten.
Für die Floristik als schmückende Tätigkeit sind die Regeln der Gestaltungslehre und der Bezug auf das zu Schmückende solche feststehenden Kriterien. Erst wo Floristik zum unabhängigen Selbstzweck und damit zu eigenständiger Gestaltung wird, kann eine vom floristischen Gestalter frei bestimmte Ästhetik entwickelt werden. Diese Floristik zählt oft zur beruflichen → Avantgarde.

→ Wahrhaftigkeit

Asymmetrie

→ Ordnungsart Asymmetrie

Atlas, Atlasbindung

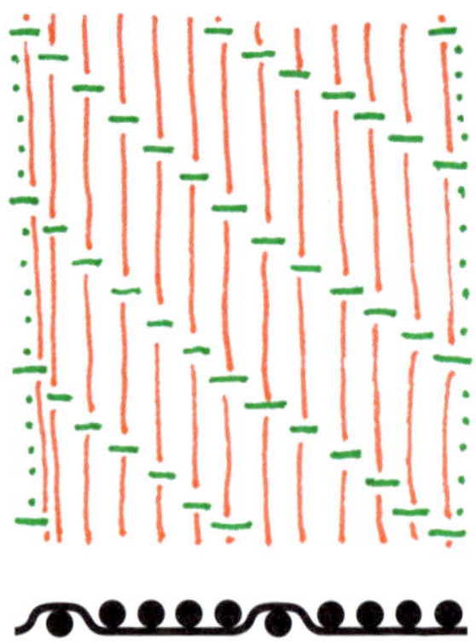

Mit dem Sammelbegriff Atlas oder Atlasstoff werden Gewebe bezeichnet, die in Altasbindung, einer der drei grundlegenden textilen Bindungsarten, gefertigt sind. Es sind zweiseitig unterschiedliche → Gewebe: durch die Art der Über- und Unterkreuzungen entsteht eine sehr glatte Oberseite und eine rauere Unterseite des Stoffs. Satin ist ein typisches Beispiel, so dass man auch von Satinbindung spricht. Insgesamt sind Atlasstoffe besonders weich fallend. Die Besonderheit der Atlasbindung liegt darin, dass z. B. die Kettfäden mehrere, mindestens jedoch vier Schussfäden überkreuzen, bevor sie einen unterkreuzen, um dann wiederum mehrere zu überkreuzen. Die Fäden liegen daher sehr dicht beieinander, wodurch die glatte Oberflächentextur entsteht. Die Rolle der Kett- und Schussfäden kann vertauscht werden, so dass man bei entsprechenden Atlasstoffen vom Kett- oder Schusseffekt spricht. Deutlich wird dies bei Damaststoffen, die einfarbige Musterungen enthalten, die lediglich durch solche Wechsel zwischen den jeweils unter- oder überkreuzenden Fäden entstehen.

→ Bindung, textile → Textur

aufbinden

Der Begriff des Aufbindens beschreibt das aufwertende, gestalterische Binden von Blumen, die meist zunächst relativ unbearbeitet als Bundware vorliegen. Der Begriff wird also im Grunde als Synonym zum Begriff des Bindens verwendet.
Da auch das Auseinandernehmen einer gebundenen Sache bzw. das Lösen einer Bindung als Aufbinden im Sinn von Öffnen bezeichnet werden kann, ist der einfache Begriff des Bindens fachsprachlich vorzuziehen.

Auffädelung

Ob tatsächlich auf einen Faden, ein Band oder, wegen der Formbarkeit weit häufiger, auf einen Draht, meist spricht man beim Aufziehen oder Aufstecken von geeigneten Werkstoffen und Materialien vom Auffädeln. Beeren, Blätter und kompakte Blüten sind Werkstoffbeispiele. Perlen, Folien- und Papierschnipsel sind entsprechende Materialien. Zierdrähte, schlanke Peddigrohrstränge, Bänder und Kordeln sind die tragenden und haltenden Hilfsmittel, die in aller Regel ihrerseits Schmuckwert haben. Auffädelungen haben gestalterisch die Form und Funktion von Reihen. Meist liegt der besondere zusätzliche Reiz darin, sie in ein bereits fertiges Werkstück zu integrieren. Sie können jedoch auch eine eigene, schmückende Werkform bilden, wie z. B. Frucht- und Blattspieße als aufgefädelter Tellerschmuck innerhalb einer Tischschmuckgestaltung.

Aufhellung

Ungenauer Begriff, der sich auf das Farbqualitätsmerkmal Helligkeit bezieht, jedoch meist für den Vorgang der → Verweißlichung verwendet wird.

→ Farbqualitätsmerkmal → Helligkeit

Aufriss

Mit Aufriss bezeichnet man in einer Planzeichnung die parallelperspektivische Darstellung einer Sache von ihrer Haupt- oder Schauseite aus. Man spricht auch von der Vorderansicht. Die zur vollständigen Wiedergabe eines Körpers wenigstens notwendigen weiteren Ansichten sind der ⇢ Seitenriss, der dem Aufriss ähnlich ist, jedoch eine andere, meist weniger wichtige Seite des Gegenstandes zeigt, und der ⇢ Grundriss, der die Draufsicht wiedergibt.

⇢ Axonometrie ⇢ Parallelperspektive ⇢ Perspektive ⇢ Planzeichnen

Auge, Anpassungen des Auges

Die Aufgabe des Sehsinns ist nicht, Farben konstant gleich bleibend wahrzunehmen, sondern deutliche Unterschiede zu erkennen. Daher gehört zur Funktionsweise des Auges auch seine Eigenschaft, in möglichst jeder Beleuchtungs- und Wahrnehmungssituation optimale Farbunterschiede herzustellen. Das Auge passt sich den Wahrnehmungsbedingungen laufend durch zwei wesentliche Vorgänge an, die man Adaptation nennt.

Die erste Form dieser Adaptation ist eine Anpassung an die Lichtintensität. Sie wird bis zu einem gewissen Grad von der Veränderung der Pupille geleistet. Darüber hinaus wird sie durch Erhöhung oder Absenkung der Reizempfänglichkeit aller Sehzellen in gleichmäßiger Übereinstimmung erzielt.

Die zweite Form der Adaptation liegt in der Anpassung der jeweiligen Zapfen-Sehzellen an unterschiedliche spektrale Zusammensetzungen des Lichts, bei dem die Umwelt wahrgenommen wird. Im Laufe des Tages ist das Sonnenlicht aufgrund des sich ändernden Weges durch die Luftschichten unterschiedlich. Die verschiedenen Zapfen-Sehzellen stellen sich jedoch um, ändern ihre Empfänglichkeit und ihre Reizschwelle. Sie pendeln sich jeweils auf ein mittleres Empfindungsniveau ein. Daher wird derselbe Gegenstand zu allen Tageszeiten subjektiv als farblich gleich wahrgenommen, es besteht Farbkonstanz. Diese Anpassungsfähigkeit heißt Umstimmung und ist nicht nur für die gesamten Sehzellen gemeinsam möglich, sondern auch für Teilbereiche der Netzhaut. Starrt man z. B. auf eine gelbe Fläche, so werden die zugehörigen Sehzellen im Bereich der entsprechenden Bildfläche auf der Netzhaut besonders angeregt. Damit in Folge ein möglichst ausgeglichenes, mittleres Reizniveau erreicht wird, passen sich die zunächst nicht angeregten Sehzellen für Violettblau an und erhöhen ihr Reizniveau, während die Zapfen für Grün und Orangerot, die die Gelb-Wahrnehmung bewirken, ihre Reizempfänglichkeit herabsetzen. Diese physiologischen Vorgänge verursachen den ⇢ Sukzessiv- und den ⇢ Simultankontrast. Die Wirkung von ⇢ Umgebungsfarben ist daraus zu erklären und die Wichtigkeit dieser Erkenntnisse für farbgestalterische Arbeiten wird deutlich.

⇢ Auge, Bau des Auges ⇢ Auge, Funktionsweise des Auges

Auge, Bau des Auges

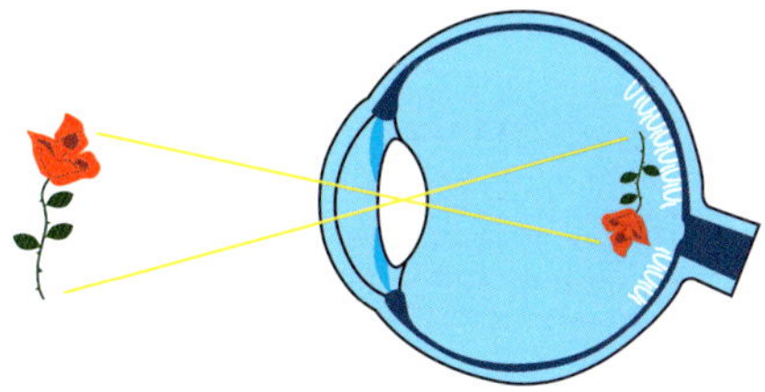

Das ballförmige menschliche Auge besitzt eine auf die Entfernung des wahrgenommenen Bildes einstellbare Linse und eine je nach Lichtverhältnissen blendenartig veränderbare Öffnung, die Pupille. An der Rückseite des Auges, auf die das Bild von der Linse um 180° gedreht projiziert wird, befindet sich die Netzhaut. Sie ist aus zwei grundlegend verschiedenen Nerven- bzw. Sehzellentypen aufgebaut, den Stäbchen und den Zapfen. Diese sammeln die Photonen der Lichtenergie und dienen so als Reizempfänger.

→ Auge, Anpassungen des Auges → Auge, Funktionsweise des Auges

Auge, Funktionsweise des Auges

Das Auge als optisches Aufnahmeorgan nimmt mit seinen zwei grundsätzlich verschiedenen Arten von Sehzellen, den Stäbchen und Zapfen, die farblosen Lichtwellenlängen oder Lichtenergiepotenziale wahr. Die Sehzellen vermitteln den entsprechenden Reiz an den Sehnerv, der ihn an die passende Region im Gehirn überträgt. Erst hier wird aus den gesammelten Energiepotenzialen bzw. aus den jeweiligen Photonenmengen die entsprechende Wahrnehmung, die → Farbempfindung, meist vereinfachend als → Farbe bezeichnet.

Stäbchen dienen der optischen Wahrnehmung bei schwachem Licht. Graunuancen sind damit noch erkennbar, wenn ein farbiges Sehen durch die Zapfen wegen der zu geringen → Lichtstärke nicht mehr möglich ist. Nachts erscheinen daher auch alle sonst farbig wahrgenommenen Gegenstände grau.

Zapfen ermöglichen bei ausreichender Lichtintensität farbiges Sehen und sind in drei Formen im menschlichen Auge zu finden. Sie können jeweils Lichtenergie aus unterschiedlichen Wellenlängenbereichen des sichtbaren Lichts sammeln. S-Zapfen (S für short = kurz) haben ihr Aufnahmemaximum im kurzwelligen Bereich um 420 Nanometer (nm) und bewirken die Farbwahrnehmung → Violettblau. M-Zapfen (M für medium = mittel) sind für mittellange Lichtwellen um 530 nm zuständig und verursachen → Grün als Reizreaktion. L-Zapfen (L für long = lang) nehmen langwelliges Licht auf und reichen bis in den als → Orangerot empfundenen Bereich um 700 nm. Die drei weiteren möglichen extremen bunten Farbempfindungen entstehen durch gleichzeitige Anregung von je zwei Zapfenarten im entsprechenden Lichtwellenlängenbereich, da sich die Empfindungskräfte der Zapfen hier überlappen und gemeinsam wirken. S- und M-Zapfen bewirken die Farbempfindung → Cyanblau, M- und L-Zapfen führen zu → Gelb, L- und S-Zapfen ergeben den Farbreiz → Magentarot. Bei der Empfindung → Weiß werden alle Zapfen gleichmäßig und in vollem Maße angeregt, bei → Schwarz erfolgt dagegen keinerlei Anregung. Graunuancen werden, außer durch die Stäbchen, bei ausreichender Lichtstärke auch durch gleichmäßige, jedoch nur teilweise Anregung aller Zapfen ausgelöst.

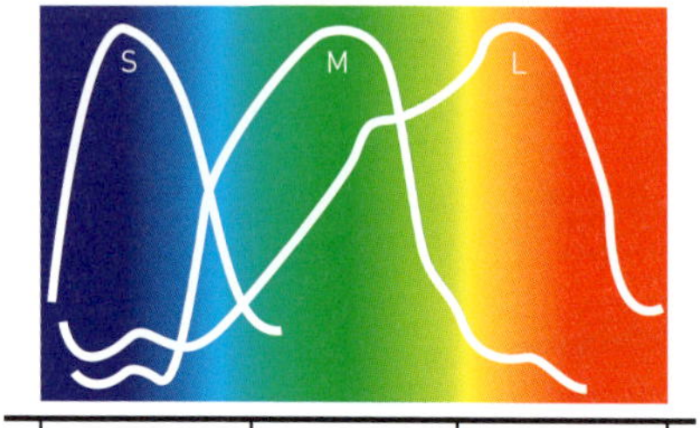

Die auf dem natürlichen Lichtspektrum eingezeichneten Kurven stellen die Empfindungsbereiche der drei Zapfen-Sehzellentypen dar. Die jeweiligen Höhepunkte liegen etwa im Bereich der maximalen Farbempfindungskraft jedes Zapfentyps und decken sich mit den Urfarben Violettblau, Grün und Orangerot. Die Überschneidungsbereiche zeigen die Farbreizentstehung von Cyanblau und Gelb durch Anregung von je zwei Zapfentypen. Magentarot kommt im Spektrum nicht vor. Denn zwischen den Empfindungsbereichen für kurzwellige und für langwellige Strahlen gibt es, wie man in der Abbildung sieht, keine Überschneidungsmöglichkeiten.

Welche Wellenlängen jeweils wahrgenommen werden und welche Farbeindrücke dabei als Reizreaktion im Gehirn entstehen, hängt demnach von der Zusammensetzung des ins Auge einfallenden Lichts ab. Außerdem ist die Wahrnehmung oder Empfindungskraft von Lebewesen zu Lebewesen verschieden. Nicht nur viele Tierarten sehen andere Lichtwellenlängen als Menschen, auch individuell können die Farbempfindungen verschieden sein. Zwar scheinen die Farbwahrnehmungen der meisten Menschen weitgehend übereinzustimmen, ob sie sich genau decken, ist aber letztlich nicht zu beweisen. In wenigen Fällen bestehen Defekte von Zapfentypen, die zu Farbenblindheit oder Fehlsichtigkeit führen.
Zur Funktionsweise des Auges gehören des Weiteren seine Anpassungsfähigkeiten an die spektrale Zusammensetzung des Beleuchtungslichts und an seine Intensität.

→ Auge, Anpassungen des Auges → Auge, Bau des Auges

Augpunkt

In einer zentralperspektivischen Darstellung werden alle Gegenstände und Räume so dargestellt, wie sie vom zentralen Blickpunkt eines Betrachters aus wahrgenommen werden. Der Blickpunkt liegt dabei auf der gedachten waagerechten Horizontlinie und in der Bildebene exakt dem Auge des Betrachters gegenüber. Er wird demgemäß als Augpunkt bezeichnet. Der Augpunkt deckt sich mit dem → Fluchtpunkt aller parallel zur Blickrichtung des Betrachters in die Raumtiefe verlaufenden Linien.

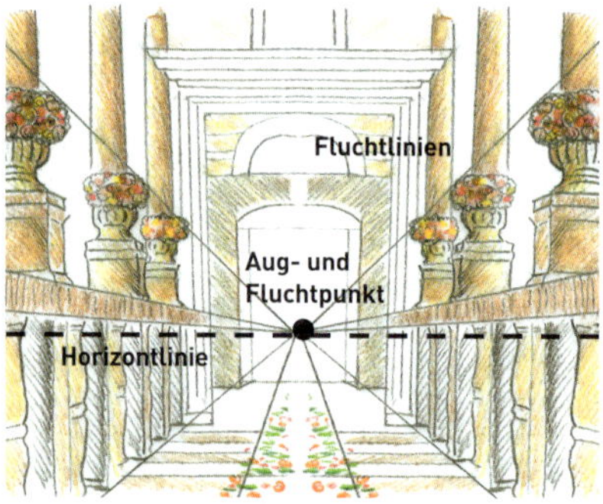

→ Zentralperspektive

ausschleimen, ausschleimen lassen
Manche Werkstoffe, vor allem Zwiebel- und Knollenpflanzen, enthalten in ihrem Leitgewebe Schleim. Dieser Schleim tritt, sobald der Spross zur Gewinnung der Schnittblume abgeschnitten wird, an der Schnittstelle aus. Narzissen und Hyazinthen sind Beispiele für solche Pflanzen. Der Schleim ist einerseits hautunverträglich und führt zu allergischen Reaktionen mit oft starkem Juckreiz. Hier hilft nur vorsichtiges Hantieren und unverzügliches Händewaschen. Andererseits ist der Schleim für alle Schnittblumen, die mit dem Schleim z. B. im gemeinsamen Vasenwasser in Berührung kommen, giftig und beeinträchtigt deren Haltbarkeit. Er setzt die Leitbahnöffnungen an den Schnittstellen zu und erhöht als Bakteriennahrung deren Vermehrung im Wasser. Daher muss man alle entsprechenden Schnittblumen nach dem Schnitt bzw. einem erneuten Anschnitt zunächst ausschleimen lassen, ehe man sie ins Wasser stellt. Im Übrigen sind für Zwiebelpflanzen entwickelte ⇢ Blumenfrischhaltemittel auf diese Gegebenheiten abgestimmt und helfen bei der die Haltbarkeit verlängernden Behandlung.

Autoschmuck, floristischer
⇢ Fahrzeugschmuck, floristischer

Avantgarde
Ursprünglich im militärischen Sinn die Vorhut einer Truppe. In der Kunst und den gestaltenden Berufen versteht man darunter Vorkämpfer und Wegbereiter für neue Entwicklungen und Tendenzen. Ob das Neue sich durchsetzt oder ob es provokant den Handlungsspielraum erweitert und neue Sichtweisen ermöglicht, ohne selbst Bestand zu haben, zeigt sich häufig erst viel später. Vieles, was heute gewohnt, gebräuchlich, zuweilen sogar veraltet erscheint, war zur Zeit seines ersten Auftauchens erstaunlich, sensationell, schockierend, aufrüttelnd oder wurde zuweilen als bedrohlich empfunden. Es war avantgardistisch.

⇢ Ästhetik

Axonometrie
Die Axonometrie ist ein geometrisches Verfahren, räumliche Gebilde durch Parallelprojektion auf einer Ebene, z. B. einem Skizzenblatt, darzustellen. Dabei bleiben alle in der Realität parallelen Linien auch in der Darstellung parallel. Sie laufen also nicht auf Fluchtpunkte zu. Jedoch werden die Winkel teils verzerrt wiedergegeben und ein oder zwei Raumrichtungen, d. h. Breite, Länge oder Höhe, werden maßstäblich verkürzt. Man unterscheidet verschiedene Axonometrien. Vergleiche dazu ⇢ Parallelperspektive.

⇢ Planzeichnen

B

Baldachin

Der Begriff Baldachin geht auf baldacco, den mittelalterlichen, italienischen Namen der Stadt Bagdad zurück, von wo der Brokatstoff importiert wurde, der zur Anfertigung von Baldachinen verwendet wurde. Es sind von vier Stangen gehaltene Tuchschirme, die z. B. als Thron-, Altar- oder Betthimmel eingesetzt wurden und werden. Bei Prozessionen gehen darunter z. B. hohe Würdenträger. Auch die Monstranz mit der Hostie, dem Leib Christi, wird darunter, vor Sonne und Wetter geschützt, getragen.
In der Architektur findet man reich verzierte, aus Stein und/oder Holz gefertigte Baldachine, die auf Säulen ruhen, in Kirchen als Tabernakel das Allerheiligste überdecken oder den Altar überwölben. Floristisch können diese Baldachine als Raumschmuck-Gestaltung zusätzlich geschmückt werden. Im Übrigen können sie auch an sich vollständig als floristische Werkstücke angefertigt werden.

→ Brokat

Balkonpflanze

Der Begriff Balkonpflanze ist eine relativ ungenaue Verwendungsbezeichnung. Sie bezieht sich, vor allem klimatisch gesehen, auf die Eignung der entsprechenden Pflanzen für einen Standort im Freien. Außerdem müssen die Pflanzen mit dem Einsetzen in die auf Balkonen und Terrassen verwendbaren Kästen und Kübel gut zurechtkommen, also einen relativ beschränkten Wurzelraum tolerieren. Meist wird der Begriff kombiniert und man spricht von Beet- und Balkonpflanze.

→ Beetpflanze

ballieren

Unter Ballieren versteht man das Herstellen bzw. Heranziehen dichter Wurzelballen von Pflanzen und hierbei insbesondere das Formen und Einbinden des Erd- und Wurzelbereichs der ausgegrabenen Pflanzen. Das Verfahren ist erforderlich bei Baumschulware, die nicht in Töpfen bzw. Containern angeboten werden soll. Beim so genannten Verschulen in Abständen von einem bis mehreren Jahren werden diese Pflanzen aus dem Erdreich ausgestochen, wobei ein ausreichend großer ballförmiger Erd-Wurzel-Ballen an der Pflanze verbleibt. Dieser wird nun mit → Ballierleinen oder Ballierdrahtnetz zum eigentlichen Wurzelballen geformt und fest zusammengebunden. Wird weiter verschult, werden die Pflanzen wieder eingegraben und das Verfahren nach einem oder mehreren Jahren wiederholt. Das Verfahren regt einerseits die Neubildung von Wurzeln an, so dass beim mehrmaligen Verschulen Pflanzware mit starkem Wurzelballen zur Verfügung steht, die später beim Kunden gut anwächst. Andererseits sind ballierte Pflanzen gut transportierbar und eine gewisse Zeit vor dem endgültigen Einpflanzen lagerfähig. Dabei dürfen die Ballen allerdings nicht austrocknen.

Ballierleinen, Ballierdrahtnetz

Ballierleinen ist ein grobes, relativ weitmaschiges Leinengewebe aus Flachsfasern, das beim → Ballieren zur Erzeugung von festen Wurzelballen verwendet wird und diesen einen ausreichenden Halt gibt. Das → Gewebe kann nach dem Einpflanzen von neuen Wurzeln gut durchwachsen werden und verrottet mit der Zeit.

Ballierdrahtnetze sind technische Basis für die Kreisscheiben.

Für größere Pflanzen mit großen und schweren Wurzelballen wird Ballierdrahtnetz verwendet. Es erfüllt dieselben Aufgaben, ist jedoch wesentlich tragfähiger. Statt des Verrottens erfolgt ein für den Boden bzw. die Umwelt ebenfalls unbedenkliches Verrosten. Beide technischen Hilfsmittel sind in der Floristik auch zu gestalterischen Zwecken einsetzbar. Besonders die noch nicht zur Ballform geschlossenen Ballierdrahtnetze sind als große Kreisformen mit Fernwirkung im Raumschmuck gut zu verwenden.

Baluster, Balustrade

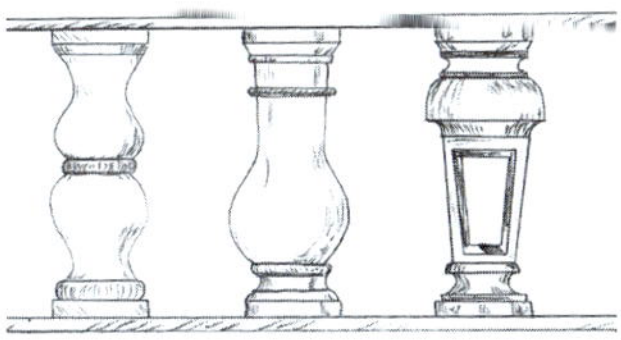

Baluster sind kurze, säulenartige Stützen mit stark profilierter Form. Man findet sie z. B. an Geländern, als Möbelbeine oder als Fuß eines Gefäßes. Der Baluster zeigt in der Regel einen runden Querschnitt, hat eine bauchige Mitte und oft Übergänge zu einer eckigen Deckplatte und eckigem Fuß. Er kann jedoch auch vollständig eckig geformt sein. In manchen Regionen nennt man den Baluster auch Docke. Die Bezeichnung Balustrade benennt Geländer an Treppen, Terrassen oder Balkonen, die unter Verwendung von Balustern als Stützen gestaltet sind. In den Stilepochen → Renaissance, → Barock, → Rokoko, → Klassizismus bis zum → Historismus sind Baluster häufig zu finden.

Gefäße (Vasen, Krüge) haben zuweilen im Ganzen eine Baluster-Form.

Band

→ Schmuckband

Band-Kranzschmuck

Als Band-Kranzschmuck bezeichnet man einen → Kranzschmuck, der in der Hauptsache aus schmückendem Band besteht, unter Umständen auch in Verbindung mit Schmuckkordel. Das Band soll dabei möglichst um den Kranzkörper geschlungen sein oder doch zumindest so wirken. Damit ergeben sich mehrere trauersymbolische Aussagen. Die Verbundenheit mit dem Verstorbenen und auch mit den Hinterbliebenen wird ausgedrückt. Das unlösbare miteinander Verschlungensein von Leben und Tod wird symbolisiert. Und nicht zuletzt ist die Verbindung bzw. der erhoffte Übergang hinüber in ein Leben nach dem Tod sinnhaft enthalten. Wenn man sich diese Bedeutungen bewusst macht, wird deutlich, dass das vielfach übliche, einfache, gestalterisch nahezu unmotiviert erscheinende Hinzustecken von zwei beschrifteten Bandabschnitten keinen Band-Kranzschmuck im eigentlichen Sinn darstellt. Dennoch ist eine Kombination anderer Kranzschmuckarten insbesondere mit dem Bandschmuck gut möglich. Technisch ist auf eine sichere Anbringung und auf mögliche → Verrottbarkeit der verwendeten Bänder zu achten.

→ Schmuckband

Bandschere

→ Papierschere

Barock

Das Barock ist die europäische Stilepoche des 17. und 18. Jhs. Mit seiner Weiterentwicklung der Renaissanceformen ins Geschwungen-Dekorative steht das Barock für den Repräsentationswillen der weltlichen und geistlichen Herrscher. In Lebensfreude und theatralischer Geste wurden Malerei, Architektur, Bildhauerei und, bei gegebenen Anlässen, Musik zum barocken Gesamtkunstwerk mit ungeheurer Pracht und Verschwendung vereinigt. Auf der anderen Seite gehen Armut, Inquisition, Unterdrückung, Ausbeutung, Aberglaube usw. jedoch damit einher und führen schließlich in der Revolution zum Ende dieser Epoche. Das → Rokoko als Schlussphase des Barock bildet schon Übergänge zum → Klassizismus.

Typische Merkmale sind, neben vielen, aus der Antike weiterentwickelten Stilformen, zwingende → Symmetrie, elliptische Grundrisse, achsenbetonte Baugliederung und monumentale Bauweise. Die Architektur wird ornamental teilweise nahezu überwuchert. Stuckplastiken, marmorierte Säulen, Putten gehen über in illusionistische Deckenfresken. Repräsentative Fassaden und Treppenhäuser, Doppelsäulen, Tonnen- und Spiegelgewölbe künden von Macht. Die Gärten zeigen durch → Formschnitt eine geschwungene, künstlich geformte Pflanzenarchitektur. Sie bilden die Fortsetzung der Formen eines barocken Innenraums ins Freie mit Wasserspielen, Statuen und bunten Kiesflächen. Orangerien werden als repräsentative Pflanzensammlungen angelegt. Typische Farben sind Purpur, Gold, Weiß und Königsblau. Dekorative Gestaltungsart, Blumen, die prunken wollen, → Formbinderei und antike → Gefäßformen floristisch-gestalterisch gut zu barocken Räumen.

→ Fassade → Gestaltungsart, dekorative → Orangerie
→ prunkend → Putte → Stilepoche → Stuck

Basilika

Die Bauform der Basilika entstand, aus der ursprünglich griechischen Königshalle, im antiken Rom als Markt-, Gerichts- und Versammlungshalle. Als Ursprungsform findet man einen Raum mit rechteckigem Grundriss, der an einer der schmalen Seiten, der Stirnseite, eine Erhöhung mit Sitz für den Amtsinhaber, den Marktaufseher, den Statthalter eines Herrschers oder den Herrscher selbst aufweist. Oft ist dieser Sitz in einer mittig in der Wand befindlichen, halbkreisförmig sich nach außen wölbenden → Apsis positioniert. Der Sitz ist auch als Herrscherthron, später als Altar zu verstehen. Aus dieser Grundbauform entwickelte sich die eigentliche Basilika mit hohem und großem → Mittel- oder Hauptschiff und den niedrigeren und schmaleren Seitenschiffen. Die Seitenschiffe sind zu zweit, in fünfschiffigen Basiliken auch zu viert zu finden. Die Schiffe sind durch Pfeiler und/oder Säulen voneinander getrennt, die die darüber befindlichen Wände und schließlich das Dach tragen. Als das Christentum sich durchsetzte, waren es zunächst vorhandene Basiliken, die zu Kirchen geweiht wurden. Die Bauform wurde im Übrigen für neue Kirchenbauten übernommen. Mit vielen der somit überlieferten und weiter genutzten Stilelemente, wie → Säule, → Kapitell, → Rundbogen etc. entstand im Laufe der Zeit die später als → Romanik bezeichnete → Stilepoche bzw. der entsprechende → Baustil. Zu Hauptschiff und Seitenschiffen kamen ein bzw. zwei Querschiffe, wodurch sich symbolisch die Kreuzform in den Kirchengrundrissen widerspiegelt. Auch heute werden entsprechende Kirchen als Basiliken bezeichnet, von deren Bauform vor allem die → Hallenkirche mit mehreren gleich hohen Schiffen und die einschiffige → Saalkirche zu unterscheiden sind.

→ Bogen → Querschiff → Seitenschiff

Basis, attische

Steht eine Säule nicht einfach nur auf einer Fläche, sondern ist ein besonders gestalteter Übergang vorhanden, bezeichnet man diesen als Säulenbasis. Eine weit verbreitete Form ist die im antiken Griechenland als Teil der attisch-ionischen Säulenordnung entstandene attische Basis mit zwei nach außen gewölbten Teilen und einem dazwischen befindlichen, nach innen gewölbten Teil. Diese Säulenbasis findet sich in vielen Bauwerken und allen Stilepochen, die sich auf antike Vorbilder beziehen. Die Bezeichnung ist auf Attika, die mittelgriechische Landschaft um Athen, zurückzuführen.
Floristisch bietet sich hier eine Raumschmuck-Gestaltung in Girlandenform an. Eine kompakte → Girlande entspricht dabei den nach außen gewölbten Teilen der Basis und lässt sich gut in den nach innen gewölbten Teil einfügen.

→ Antike → Säule → Stilepoche

Basis, gestalterische, Basisgestaltung

Mit Steinen und Blättern gestaltete Basis eines vegetativen Gestecks.

Im gestalterischen Sinn bezeichnet die Basis den inneren bzw. unteren Bereich eines Werkstücks von dem ausgehend alle Werkstoffe angeordnet sind. Diese Basis muss sorgfältig und im Einklang mit der Gesamtgestaltung des Werkstücks angefertigt werden. Darüber hinaus muss die gestaltete Basis den optischen Halt für die herausragenden Werkstoffe bieten und in vielen Fällen eventuelle technische → Hilfsmittel, z. B. die Steckschaumbasis, verdecken. Betriebswirtschaftlich ist ein sehr kleinteiliges, gestalterisch eventuell sogar wertvolles Ausarbeiten einer Basis wegen des hohen Zeitaufwands meist zu teuer. Hier sind zeitsparende Vorgehensweisen, z. B. Abdecken mit Moos und Bestreuen mit → Granulat, oft vorzuziehen. Die gestalterische Einheit zwischen Basis und Gesamtgestaltung muss aber erhalten bleiben, so dass sinnvolle Kompromisse zu entwickeln sind. Bei Pflanzungen spricht man besser von einer → Bodengestaltung statt von der Basisgestaltung.

→ Basis, technische

Basis, technische

Im technischen Sinn ist eine Basis das → Hilfsmittel, in dem die Werkstoffe ihren Halt finden. Ein Beispiel ist der → Steckschaum, die Steckbasis, in den die Blumen gesteckt werden. Auch eine Unterlage, auf die die Werkstoffe aufgewickelt werden, z. B. der → Strohrömer für Kränze, kann als technische Basis verstanden werden. Als Hilfsmittel muss jede Basis verdeckt werden, die rein technisch eingesetzt wird und nicht gestalterisch mitwirken kann bzw. soll.

→ Basis, gestalterische

Basisschema der Farbenlehre

Das Basisschema der Farbenlehre wurde von H. Küppers aus den physikalischen Gegebenheiten der Lichtwellen und der Funktionsweise des Auges entwickelt.

In den Ecken eines Sechseckrings sind die sechs bunten → Grundfarben → Gelb, → Grün, → Cyanblau, → Violettblau, → Magentarot und → Orangerot angeordnet. Zwischen je zwei benachbarten Farbecken finden sich auf der Verbindungsgeraden je drei Abstufungen. Dieses äußere Sechseck repräsentiert die → Buntarten, also die reinen bunten Farben. In diesen Ring ist ein sechszackiger Stern eingezeichnet, der die sechs bunten Grundfarben zeigt. Im Zentrum befindet sich ein weiterer Stern aus drei weißen und drei schwarzen Rauten, die somit die zwei unbunten Grundfarben darstellen. Die drei schwarzen Rhomben weisen auf die drei additiven Grundfarben Orangerot, Grün und Violettblau hin. Denn bei der additiven Mischung ist → Schwarz die benötigte Basisfarbe, repräsentiert durch die Dunkelheit im Raum oder im Monitorkasten. Die drei weißen Rhomben weisen auf die drei subtraktiven Grundfarben Gelb, Cyanblau und Magentarot hin. Jetzt wird als Basisfarbe → Weiß benötigt, wie das weiße Papier oder eine weiße Projektionswand. Unten im Basisschema befindet sich eine von Weiß nach Schwarz siebenfach abgestufte Grauleiter, die die unbunten Mischnuancen repräsentiert. Insgesamt steht das Basisschema auf neutral grauem Grund, damit die unbunte Grundfarbe Weiß erkennbar wird.

→ Auge, Anpassungen des Auges → Auge, Funktionsweise des Auges → Farbabstufung → Farbmischung, additive → Farbmischung, subtraktive

Bast, Bindebast

Als Bast oder Bastteil (Phloem) bezeichnet man botanisch den Teil des Leitbündels, der von langen Siebzellen und/oder von miteinander zu Siebröhren verbundenen Zellen gebildet wird. Hier sind außerdem Bastfaserzellen zu finden, die diesem Leitbündelteil eine hohe Zug- bzw. Reißfestigkeit verleihen. Der Bastteil findet sich unter der Rinde von Pflanzen, aber auch in den Leitbahnen von Blättern. Er zeigt jedoch keine Verholzung, bleibt also biegsam und teils elastisch. Aus dem Bastteil vieler Pflanzen gewinnt man Fasern, z. B. Hanffaser und Flachslein.

Binden eines Straußes mit Naturbast

In der Floristik wird vor allem der aus den Blättern der Raffiapalme *(Raphia farinifera)* gewonnene Naturbast verwendet. Als natürliches technisches → Hilfsmittel kann dieser Naturbast auch mit gestalterischer Wirkung eingesetzt werden, weshalb er auch eingefärbt angeboten wird.
Als rein technisch einsetzbares Produkt ist aus Kunstfasern hergestellter Kunstbast erhältlich. Er ist, je nach konkretem Produkt, weniger elastisch, dafür teils reißfester, jedoch nicht in jedem Fall verrottbar.

→ Bindehilfsmittel

Bauhaus

Das Bauhaus ist die bedeutendste Kunst-, Design- und Architekturschule der Moderne von 1919 bis 1933. Der dort entwickelte Stil wird damit gleichgesetzt und ist eigentlich als Funktionalismus, Klassische Moderne, Neue Sachlichkeit, Rationalismus oder Internationaler Stil zu bezeichnen. Außerdem sind mit dem Begriff die Gebäude, in denen das Bauhaus arbeitete, gemeint: Kunstgewerbeschule Weimar und Bauhaus in Dessau. Der Gründer W. Gropius konzipierte das Bauhaus als eine Arbeitsgemeinschaft von Druckern, Malern, Glasmalern, Metallern, Tischlern, Webern, Fotografen, Buchbindern, Töpfern, Architekten, Bühnen- und Ausstellungsgestaltern. Hierbei war die Unterscheidung zwischen Kunst und Handwerk vollkommen aufgehoben. Das Bauhaus erwuchs aus den technischen Möglichkeiten und gesellschaftlichen Erfahrungen in und nach der industriellen Revolution. Gestaltung im Sinn des Bauhauses sollte zur Beseitigung gesellschaftlicher Unterschiede und zum Verständnis zwischen den Völkern beitragen. Sein Einfluss war so bedeutend, dass der heutige Beruf des Designers durch das Bauhaus begründet wurde. Die wichtigsten Bauhaus-Prinzipien lauten:

Bauhaus in Dessau

- Gestaltung entsprechend dem Wesen des Gegenstands, woraus seine Schönheit erwächst.
- Gestaltung mit dem Ziel der Zweckerfüllung, Praktikabilität und Funktionalität.
- Wirtschaftlich und technisch optimale Herstellung, die sich zur qualitativ guten und preiswerten Massenproduktion eignet.
- Vermeidung ausschließlich schmückender Ornamente und Beschränkung auf typische, verständliche Form- und Farbgebung.

→ Design → Moderne → Stilepoche

Baumschere

→ Rosenschere

Baumwolle

Mit Baumwolle bezeichnet man die aus → Zellulose bestehenden Samenfasern von Pflanzen der Gattung *Gossypium*. Die Fasern ermöglichen die Verbreitung des Samens durch Wind. Im Übrigen handelt es sich trotz des Namens nicht um Bäume, sondern um Stauden. Baumwollfasern sind als → Textilfaser Basis für → Stoff, → Schmuckband, → Kordel und Watteprodukte. In der Floristik wird die Baumwolle zusätzlich als → Trockenwerkstoff verarbeitet, wobei die Herkunft der Fasern deutlich erkennbar ist.

Baustil

Als Baustil bezeichnet man in der Architektur eine für eine Zeitepoche und für eine Region oder auch international typische Art des Bauens. Diese Art wird durch bestimmte → Stilelemente gekennzeichnet. Die Ausformung der Stilelemente und die Art des Bauens an sich basieren dabei auf einheitlichen Formvorstellungen und vor allem auf einem einheitlichen gedanklichen Hintergrund, so dass ein einheitlicher gestalterischer Ausdruck entsteht. Der Stil versinnbildlicht somit gesellschaftliche Vorstellungen, politische Gegebenheiten, philosophische und/oder religiöse Überzeugungen. Die historischen Baustile und ihre noch heute wirksamen Schöpfungen und Entwicklungen sind in der Floristik in Form der → Stilkunde Basis für die Gestaltung floralen Raumschmucks.

→ Raumschmuck, floristischer → Stil → Stilelement → Stilepoche

Beetpflanze

Der Begriff Beetpflanze ist eine relativ ungenaue Verwendungsbezeichnung. Sie bezieht sich, vor allem klimatisch gesehen, auf die Eignung der entsprechenden Pflanzen für einen Standort im Freien. Hier werden diese Pflanzen in Beeten,

d. h. in abgegrenzten Flächenbereichen von Gartenanlagen, eingesetzt. Meist pflanzt man sie zu mehreren in regelmäßiger Reihung oder im Pflanzverband, also in mehreren, auf Lücke gegeneinander versetzten Reihen hintereinander. Dementsprechend dürfen solche Pflanzen keinen allzu großen bzw. zu schnellen Wuchs aufweisen, der über das Platzangebot des Beetes hinausgeht. Andernfalls müssen sie ein Nachschneiden tolerieren. Meist wird der Begriff kombiniert und man spricht von Beet- und Balkonpflanzen.

→ Balkonpflanze → Reihe

Beiwerk

Unter Beiwerk wird → Werkstoff verstanden, der in der Gestaltung eines Werkstücks eine eher untergeordnete Rolle spielt. Im Allgemeinen werden hiermit die grünen Werkstoffe, meist Blätter und Zweige, im Gegensatz zu den verwendeten Blumen bezeichnet.

Die *Calathea*-Blattmanschette zeigt, dass Beiwerk keineswegs nebensächlich sein muss, sondern vollwertiger Werkstoff mit eigener gestalterischer Funktion ist.

Eine genaue Zuordnung fällt jedoch schwer, da einerseits viele grüne Werkstoffe einen großen Stellenwert im Werkstück einnehmen können. Andererseits werden grüne Blüten, z. B. von *Alchemilla,* und grüne Früchte, z. B. von *Hypericum,* häufig eingesetzt und teils als Beiwerk angesehen. Hinzu kommt noch, dass auch nicht grüne, feine Blütentriebe wie *Gypsophila* oder *Chamelaucium uncinatum* oft dazu gezählt werden. Genauere Bezeichnungen sind dementsprechend vorteilhaft. Bezieht man sich ausschließlich auf grüne Werkstoffe, kann man gezielter die Begriffe → Schnittgrün und → Grünwerkstoff verwenden. Nicht blühende und nicht fruchtende Werkstoffe kann man oft noch konkreter als → Blattwerk bezeichnen. Umgekehrt verzichtet man für Fruchtstiele und blühende Werkstoffe auf den Begriff Beiwerk besser ganz, auch wenn diese Werkstoffe in einem Werkstück die untergeordnete Rolle spielen.

beizen

Werden Gegenstände bzw. deren Oberflächen mit festen, flüssigen oder gasförmigen Mitteln, der Beize, chemisch behandelt, so dass sie sich verändern, spricht man vom Beizen. Farbveränderungen und Betonungen von Maserungen bei Holz, Veränderungen der Faserstruktur von Leder, Schutzschichtbildung bei Metallen, Imprägnierungseffekte sind Ergebnisse des Beizens. Die Beize dringt dabei entweder bis zu einer gewissen Tiefe in das Material ein oder sie reagiert mit den Oberflächen. In der Regel bildet sie an sich keinen deckenden Überzug wie Lack. In der Landwirtschaft und im Gartenbau wird Saatgut gegen Schädlingsbefall gebeizt. In der Floristik werden einerseits viele bereits gebeizte Werkstoffe und Materialien, z. B. Trockenblumen und Holzfurnier, eingesetzt. Andererseits können z. B. Dekorationsmittel eigens für die beabsichtigten gestalterischen Effekte kurz vor der Verwendung gebeizt werden.

Beschränkung

Eine wichtige gestalterische Forderung ist es, sich bei jeder Gestaltung auf das Wesentliche zu beschränken. Man kann von einem Gesetz der Beschränkung oder einer Forderung nach Entschiedenheit sprechen.
Gemeint ist, dass man nur so viel einsetzen darf, wie zur Erreichung des gestalterischen Zwecks erforderlich ist. Alles Weitere wäre zu viel, es würde andere, bereits eingefügte Gestaltungsmittel stören oder ganz verdecken und letztlich würde das Gesamtergebnis beeinträchtigt. Jedenfalls führen alle zu viel eingesetzten Mittel und Elemente zu einer Verwässerung, einer Schwächung des Ergebnisses. Der entsprechende Merksatz lautet: Weniger ist Mehr!
Was nun das wirklich Erforderliche und was das Überflüssige ist, ist in jedem Einzelfall zu entscheiden. Hierfür ein Gefühl und ein gutes Auge zu entwickeln, gehört zum Wesentlichen jeder gestalterischen Ausbildung. Es muss lebenslang weiter geübt und entwickelt werden, zumal andererseits ja auch nicht zu viel bzw. Wesentliches weggelassen werden darf. Deutlich wird die Komplexität der Zusammenhänge an der dekorativen und der formal-linearen Gestaltungsart. Bei der ersten sind Fülle, Opulenz und Üppigkeit gefragt, so dass Beschränkung einen weniger wichtigen Aspekt darstellt. Jedoch könnte auch hier z. B. ein zum Schluss über die Blüten gelegtes Band unter Umständen zu viel sein. Bei der zweiten Gestaltungsart ist Beschränkung eine der wichtigsten Forderungen überhaupt. Sie deckt sich z. B. mit dem Kriterium eines großen Freiraums für die eingesetzten Gestaltungsmittel.
Schließlich hat Beschränkung auch eine technische und eine betriebswirtschaftliche Seite. Jede Technik, die zum Erreichen eines handwerklich optimalen Ergebnisses überflüssig ist, muss unterbleiben. So benötigt man z. B. für den festen Halt von Steckschaum in schmalen, zylindrischen Gefäßen keinesfalls auch noch eine Fixierung mit Pinholdern. Hier würden sowohl materiell als auch zeitlich unnötige, also betriebswirtschaftlich unbedingt zu vermeidende Kosten verursacht. Die oben genannte Entschiedenheit erfordert demnach ein gutes technisches und gestalterisches Fachwissen und ein die Gegebenheiten erkennendes, geschultes Auge. Dazu muss ein Gefühl für Werkstoffe und Materialien sowie die damit erreichbaren gestalterischen Effekte ausgebildet werden. Nur so sind die zu treffenden Entscheidungen zielführend möglich.

→ Funktionsgerechtigkeit → Gestaltungsart, dekorative
→ Gestaltungsart, formal-lineare → Materialgerechtigkeit → Reduktion
→ Werkgerechtigkeit → Werkstoffgerechtigkeit → Zweckmäßigkeit

Beton

Beton besteht aus relativ grobkörnigen Stoffen, Bindemitteln, z. B. Zement, Gips und Asphalt, sowie Wasser. Dieses Gemenge ist zunächst formbar bzw. gießfähig.

Nach einer gewissen Zeit reagieren die Bestandteile chemisch miteinander, binden ab und härten aus. Je nach Zusammensetzung werden Schwerst-, Schwer- und Leichtbeton unterschieden. Letzterer enthält zur Porenbildung Gase als Treibmittel. Stahlbeton enthält zur Verstärkung Stahlstäbe und/oder Gitter. Beton, der grobe, teils farbige Kiesel enthält, ist als Waschbeton bekannt, wenn die feineren Betonanteile an der Oberfläche heraus gewaschen werden, so dass die Kiesel aus der eigentlichen Betonmasse herausragen und die Oberflächenerscheinung bestimmen. Wird ein solcher Beton nach dem Erhärten geschnitten und poliert, entsteht Terrazzo. Die Oberfläche von Terrazzo-Platten zeigt zwischen füllendem Zementteil und den Kieselanschliffen entsprechend vielgestaltige Muster.

Beton-Bohrkerne mit Terrazzo-Oberflächenoptik als haltgebende Fuß-Elemente

In der Floristik findet man Beton als Material von Gefäßen, meist Pflanzschalen z. B. aus Waschbeton. Leicht- oder Gasbeton ist in Form entsprechender Bausteine im → Raumschmuck und z. B. bei der Schaufenstergestaltung einsetzbar. Da er leicht zu schneiden ist, können auch Grundformen oder technische Unterlagen für skulpturartige Werkstücke daraus gefertigt werden. Anstriche sind dabei ebenfalls möglich. Schließlich sind Betonbaustoffe in vielen Varianten als Fußboden bzw. Fußbodenbelag in der Floristik häufig. Unempfindlichkeit, gute Reinigungseigenschaften und, je nach Ausführung, hohe Rutschsicherheit sind die entscheidenden Kriterien für diesen Einsatz.

→ abbinden → Gefäßmaterial → Pflanzschale

Bewegungsform, abfließende

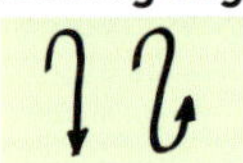

Werkstoffe oder Materialien, die eine abfließende Bewegungsform haben, weisen in ihrer Ausrichtung eindeutig nach unten. Triebe, z. B. von *Asparagus asparagoides*, Blütenstände, Blätter oder → Schmuckband scheinen wie ein Wasserfall herabzufließen. Zeigt auch die unterste Spitze senkrecht zur Erde, benötigt die Bewegung in dieser Richtung einen gewissen Freiraum und darf nicht gegen eine Standfläche stoßen. Hat sie dagegen an ihrem Ende einen seitlich oder zurück nach oben weisenden Schwung, kann der Werkstoff bzw. das Material an der Biegung aufliegen.

Asparagus asparagoides

→ Bewegungsform, aktive → Bewegungsform, floristische

Bewegungsform, abwärts-rückschwingende

Werkstoffe oder Materialien, die eine abwärts-rückschwingende Bewegungsform haben, weisen zunächst in ihrer Ausrichtung schräg nach unten, biegen sich aber im weiteren Verlauf allmählich zurück nach oben. In Bewegungsrichtung verlangen entsprechende Gestaltungsmittel in Werkstücken den nötigen Freiraum. Die Zweige vieler Gehölze, z. B. *Cedrus atlantica,* zeigen natürlicherweise diese Wuchsbewegung, obwohl sie oft genau umgekehrt, also ausschwingend, verarbeitet werden. In Gestecken, und hier vor allem beim vegetativen Gestalten, ist die natürliche Bewegungsform allerdings vorzuziehen.

Cedrus atlantica

→ Bewegungsform, aktive → Bewegungsform, ausschwingende
→ Bewegungsform, floristische → Gestaltungsart, vegetative

Bewegungsform, aktive

Folgt man mit den Augen der jeweiligen Richtung einer Bewegungsform, so lassen sich dynamisch in den Raum hinein wirkende von statisch in sich selbst ruhenden Formen unterscheiden. Die dynamisch und aktiv erscheinenden Werkstoffe und Materialien benötigen in ihrer wesentlichen Bewegungsrichtung ausreichenden Freiraum, was durch die Pfeile in den schematischen Zeichen angedeutet wird. Unterschieden werden:

- aufstrebend
- aufstrebend-einseitig-entfaltend
- aufstrebend-allseitig-entfaltend
- aufstrebend-lagernd-endend
- ausschwingend
- allseitig-entfaltend
- brüchig
- spielend
- abfließend
- seitwärts-strebend
- abwärts-rückschwingend

Hinweis: Zuweilen wird die abfließende Bewegungsform als passiv bezeichnet. Vergleiche dazu den Hinweis unter → Bewegungsform, passive

→ Bewegungsform, floristische → Bewegungsform, jeweils mit den hinzugefügten, oben genannten Einzelbegriffen

Bewegungsform, allseitig-entfaltende

Werkstoffe oder Materialien, die eine allseitig-entfaltende Bewegungsform haben, verzweigen oder entfalten sich unmittelbar an ihrer Basis und enthalten Bewegungslinien zu vielen/allen Seiten hin. In Richtung der Spitzen aller einzelnen Verzweigungen und

Entfaltungen verlangen entsprechende Gestaltungsmittel in Werkstücken den nötigen Freiraum. In der Regel sind es ganze Pflanzen, z. B. *Guzmania* Cultivar, die hier einzuordnen sind, während ihre einzelnen Teile durchaus andere Bewegungsformen aufweisen. Beim genannten Beispiel sind dies die ausschwingenden Blätter und der aufstrebend-allseitig-entfaltende Blütenstand.

Guzmania Cultivar

→ Bewegungsform, aktive → Bewegungsform, floristische

Bewegungsform, aufstrebend-allseitig-entfaltende

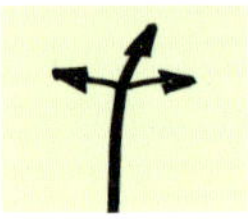

Werkstoffe oder Materialien, die eine aufstrebend-allseitig-entfaltende Bewegungsform haben, weisen zunächst in ihrer Ausrichtung mehr oder weniger senkrecht nach oben. In einer gewissen Stielhöhe verzweigen sie sich und entfalten Bewegungslinien zu vielen/allen Seiten hin. In Richtung der Spitze dieser Verzweigungen verlangen entsprechende Gestaltungsmittel in Werkstücken den nötigen Freiraum, um sich voll entfalten zu können. Auch unmittelbar über ihnen darf nichts positioniert werden, damit die Aufwärtsbewegung gestalterisch nicht zu sehr eingeschränkt wird. Die Blütenstiele z. B. von *Iris* Cultivar zeigen diese Wuchsbewegung ebenso wie viele Hochstamm-Pflanzen, die eine lockere Zweigkrone tragen.

Iris Cultivar

→ Bewegungsform, aktive → Bewegungsform, floristische → Hochstamm

Bewegungsform, aufstrebende

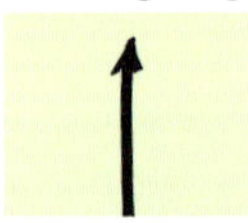

Werkstoffe oder Materialien, die eine aufstrebende Bewegungsform haben, weisen in ihrer Ausrichtung mehr oder weniger senkrecht nach oben. In diese Richtung verlangen entsprechende Gestaltungsmittel in Werkstücken den nötigen Freiraum. Keinesfalls darf unmittelbar über ihnen ein anderer Werkstoff positioniert werden, damit die Aufwärtsbewegung gestalterisch nicht eingeschränkt wird. Diese Bewegungsform haben z. B. *Eremurus* Cultivar und Spitzkerzen, bei denen die Wachstumsbewegung noch durch die Verjüngung zur Spitze hin verstärkt wird. Eine stumpf endende, aufstrebende Bewegungsform zeigen z. B. schlanke Stabkerzen und *Liatris spicata.*

Eremurus Cultivar

Liatris spicata

→ Bewegungsform, aktive → Bewegungsform, floristische

Bewegungsform, aufstrebend-einseitig-entfaltende

Werkstoffe oder Materialien, die eine aufstrebend-allseitig-entfaltende Bewegungsform haben, weisen zunächst in ihrer Ausrichtung mehr oder weniger senkrecht nach oben. In einer gewissen Stielhöhe knickt die Bewegungslinie ab und entfaltet sich zu einer Seite hin. In diese Richtung verlangen entsprechende Gestaltungsmittel in Werkstücken den nötigen Freiraum, um sich voll entfalten zu können. Auch unmittelbar über ihnen darf nichts positioniert werden, damit die Aufwärtsbewegung gestalterisch nicht zu sehr eingeschränkt wird. Die Entfaltung muss nicht unbedingt eine starke, fast lineare Bewegung aufweisen wie beim Blütenstand von *Strelitzia reginae*. Sie kann auch eher flach, in einer Art Gesicht beinhaltet sein, wie bei der Spatha von *Narcissus* Cultivar.

Strelitzia reginae

Narcissus Cultivar

→ Bewegungsform, aktive → Bewegungsform, floristische

Bewegungsform, aufstrebend-lagernd-endende

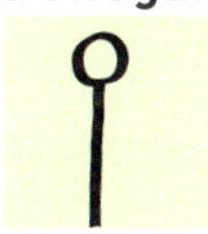

Werkstoffe oder Materialien, die eine aufstrebend-lagernd-endende Bewegungsform haben, weisen zunächst in ihrer Ausrichtung mehr oder weniger senkrecht nach oben und tragen schließlich eine flach runde oder kugelig runde Form an ihrer Spitze. Daher wird auch der Begriff der aufstrebend-rund-endenden Bewegungsform verwendet. An ihrem lagernd runden Ende verlangen entsprechende Gestaltungsmittel in Werkstücken nur wenig Freiraum, da sie sich kaum entfalten. Beispielsweise können halbkugelige *Dianthus caryophyllus*-Blüten und kugelige Rosenblüten eng oder sogar dicht an dicht stehen und erfordern, im Vergleich zur aufstrebenden Bewegungsform, nur relativ wenig Raum direkt über den Blütenköpfen. Der flache Blütenstand z. B. einer *Gerbera jamesonii* braucht zusätzlich lediglich den kreisförmigen, schmalen Freiraum um die strahlig stehenden Zungenblüten.

Dianthus caryophyllus

Gerbera jamesonii

→ Bewegungsform, aktive → Bewegungsform, floristische

Bewegungsform, aufstrebend-rund-endende

→ Bewegungsform, aufstrebend-lagernd-endende

Bewegungsform, ausschwingende

Werkstoffe oder Materialien, die eine ausschwingende Bewegungsform haben, weisen zunächst in ihrer Ausrichtung schräg nach oben und biegen sich im weiteren Verlauf in bogenförmigem Schwung allmählich seitlich und eventuell weiter nach unten. In Richtung ihrer

Spitze verlangen entsprechende Gestaltungsmittel in Werkstücken den nötigen Freiraum. Beispiele bieten die Blätter von *Xerophyllum tenax* und die Blütenstände von *Euphorbia fulgens.*

Euphorbia fulgens

→ Bewegungsform, aktive
→ Bewegungsform, floristische

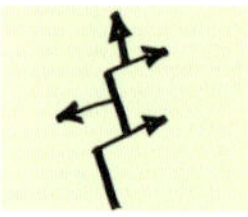

Bewegungsform, brüchige

Werkstoffe oder Materialien, die eine brüchige Bewegungsform haben, weisen in ihrer Gestalt vielfache Richtungsänderungen auf, die in engen Bögen oder winkeligen Knicken verlaufen. In Richtung ihrer durch Verzweigung oft mehrfach vorhandenen Spitzen verlangen entsprechende Gestaltungsmittel in Werkstücken den nötigen Freiraum. Im Übrigen muss der gesamte Bewegungsverlauf gut erkennbar sein, damit die Wirkung dieser lebhaften Bewegungsform voll ausgeschöpft wird. Ein Beispiel für eine wie geknickt aussehende Bewegungsform bieten Zweige von *Euonymus alatus. Corylus avellana* 'Contorta' zeigt enge Windungen und kann ebenfalls hier eingeordnet werden, wirkt aber zuweilen auch spielend. Hier ist ein fließender Übergang zwischen den Bewegungsformen brüchig und spielend feststellbar.

Euonymus alatus

→ Bewegungsform, aktive → Bewegungsform, floristische
→ Bewegungsform, spielende

Bewegungsform, floristische

Floristische Bewegungsformen sind von den Wuchsformen pflanzlicher Werkstoffe abgeleitet, die sich aus der Wachstumsbewegung und der Wuchsrichtung ergeben. Dabei werden oft nicht die ganzen Pflanzen betrachtet, sondern die jeweils davon verwendeten Teile, also Blütenstiele, Zweige, Blätter usw. Für jede Bewegungsform wird ein entsprechendes schematisches Zeichen verwendet, das verschiedene, in ihrer Wuchsform vergleichbare Werkstoffe vereinfachend darstellt. Namen und Zeichen der Bewegungsformen geben Hinweise, wie und mit welchem Freiraum die Werkstoffe innerhalb eines Werkstücks optimal eingearbeitet werden. Siehe dazu die einzelnen Bewegungsformen.

Besonders zu beachten sind diese natürlichen Bewegungsformen in der vegetativen Gestaltungsart. Bewegungsformen von Gestaltungsmitteln können jedoch auch verändert werden. Außerdem kann man diese als Formbeschreibungen auf nichtpflanzliche Materialien, z. B. Bänder, Kerzen- und Gefäßformen, übertragen. In dieser allgemeinen und über den Werkstoff hinausgehenden Hinsicht sind Bewegungsformen für formal-lineares Gestalten von besonderer Bedeutung. Unterschieden werden aktive, dynamisch wirkende Bewegungsformen und passive, statisch wirkende Bewegungsformen. In diesem Sinn handelt es sich letztlich um eine ⇢ Formwirkung.

⇢ Bewegungsform, aktive ⇢ Bewegungsform, passive

Bewegungsform, lagernd-sammelnde

Werkstoffe oder Materialien, die eine lagernd-sammelnde Bewegungsform haben, liegen ohne oder nahezu ohne Stiel dem Boden bzw. der Basis eines Werkstücks auf. Sie zeigen keine nach außen bzw. von ihnen weg führende Bewegung, sondern ruhen in sich selbst. Viele Früchte, z. B. *Cucumis myriocarpus,* und runde Blattformen ohne Stiel, z. B. *Galax urceolata,* gehören ebenso dazu wie ganze Pflanzen, z. B. kuglige Kakteenarten. Sie benötigen keinen oder nur einen ganz geringen Freiraum um sich herum. Flache, rosettenartige Pflanzen, die durch ihre Blattpositionen Spirallinien aufweisen, beinhalten, wenn ihre Blätter nicht zu strahlig-spitz sind, ebenfalls eine sammelnde Bewegung. Die Spiralen kann man zwar als nach außen gerichtet verfolgen, jedoch ist ebenso eine zum Pflanzenmittelpunkt zurück führende Bewegung zu entnehmen. Viele Werkstoffe mit aufstrebend-lagernd-endender Bewegungsform kann man als lagernde Bewegungsformen verarbeiten, wenn man ihnen den Stiel nimmt.

Cucumis myriocarpus

Echeveria Cultivar

⇢ Bewegungsform, floristische ⇢ Bewegungsform, passive

Bewegungsform, passive

Folgt man mit den Augen der Richtung einer Bewegungsform, so kann man statisch in sich selbst ruhende Formen von dynamisch in den Raum hinein wirkenden Bewegungen unterscheiden. Die statisch ruhend und passiv erscheinenden Werkstoffe und Materialien benötigen keinen oder kaum Freiraum, da ihre wesentliche Bewegungsrichtung nach innen auf ihren eigenen Mittelpunkt ausgerichtet ist. In diesem Sinn ist lediglich eine Bewegungsform als passiv zu bezeichnen:

lagernd-sammelnd

Hinweis: Zuweilen wird auch die abfließende Bewegungsform als passiv bezeichnet, weil kein aktiv gegen die Schwerkraft erfolgendes Wachstum vorliegt, sondern ein Nachgeben zur Erde hin. Abfließende Bewegungsformen sind jedoch ebenso aktiv wie aufstrebende Formen. Allerdings ist die Aktivität räumlich entgegengesetzt zu diesen ausgerichtet, so dass solche Werkstoffe ebenfalls einen Freiraum in Richtung ihrer Bewegungsspitze benötigen. Im Gegensatz dazu benötigen die passiven, sammelnden Formen keinen bzw. kaum Freiraum, da sie in sich selbst ruhen.

⇢ Bewegungsform, aktive ⇢ Bewegungsform, floristische

Bewegungsform, seitwärts-strebende

Werkstoffe oder Materialien, die eine seitwärts-strebende Bewegungsform haben, weisen in ihrer Ausrichtung mehr oder weniger gerade und horizontal zur Seite. Sie können sowohl schlank und linear geformt sein als auch flächig, dann jedoch eher länglich als breit. In Richtung ihrer Spitze verlangen entsprechende Gestaltungsmittel in Werkstücken den nötigen Freiraum. Jedoch lassen sich solche Werkstoffe auch dicht auf einer Unterlage aufliegend verarbeiten, so dass von einer seitwärts-strebend-flach-aufliegenden Bewegungsform die Rede sein kann. Bezüglich der Unterlage ist selbstverständlich kein Freiraum erforderlich und ein solcher Werkstoff kann in gleicher Bewegungsrichtung sogar dicht an dicht fortgesetzt werden, wie dies beim Bewickeln eines Kranzkörpers z. B. mit Zweigspitzen von *Abies nordmanniana* erfolgt. Auch viele Blattwerkstoffe sind hier einzuordnen, z. B. *Quercus rubra.*

Quercus rubra

→ Bewegungsform, aktive → Bewegungsform, floristische

Bewegungsform, spielende

Werkstoffe oder Materialien, die eine spielende Bewegungsform haben, weisen in ihrer Gestalt vielfache Richtungsänderungen auf, die in weichen und teils weiten Bögen verlaufen und/oder durch relativ feine und dünne Triebe erfolgen. In Richtung ihrer durch Verzweigung oft mehrfach vorhandenen Spitzen verlangen entsprechende Gestaltungsmittel in Werkstücken den nötigen Freiraum. Im Übrigen muss der gesamte Bewegungsverlauf gut erkennbar sein, damit die Wirkung dieser sowohl lebhaft erscheinenden als oft auch zarten Bewegungsform voll ausgeschöpft wird. Beispiele für diese Bewegungsform bieten *Limonium tetragonum*-Sprosse und Zweige von *Salix matsudana* 'Tortuosa'. Letztere verdeutlichen im Vergleich zu *Corylus avellana*-Zweigen, die eher der brüchigen Bewegungsform zuzurechnen sind, einen fließenden Übergang zwischen diesen beiden Bewegungsformen.

Limonium tetragonum

Salix matsudana 'Tortuosa'

→ Bewegungsform, aktive → Bewegungsform, brüchige → Bewegungsform, floristische

Bewegungsmittelpunkt

Statt der Begriffe → Wuchspunkt bzw. Wachstumspunkt verwendet man teilweise den Begriff des Bewegungsmittelpunkts. Damit wird ausgedrückt, dass von diesem Punkt alle Wuchsbewegungen ausgehen. Bezogen auf ein Werkstück entspringen aus diesem Punkt die radial angeordneten Werkstoffe mit ihren Bewegungsformen. In diesem Sinn kann man auch vom Bewegungsausgangspunkt sprechen.

→ Anordnungsart, radiale → Bewegungsform, floristische → Wuchsbewegung

Biedermeier

Biedermeiermöbel

Mit Biedermeier bezeichnet man den Lebens- und Wohnstil vor allem in Deutschland und Österreich zwischen 1815 und 1848. Die beschauliche bürgerliche Lebensweise, die die harten Realitäten der Zeit vielfach nicht wahrnehmen wollte und mit einer Abkehr vom Politischen reagierte, wurde durch die Karikaturfiguren „Biedermann und Bummelmeier" parodiert. Hieraus entstand später der Stilbegriff. Eine eigene Architektur brachte das Biedermeier nicht hervor, die Bauwerke sind klassizistisch und teils historisierend, also auf historische Stile zurückgreifend. Es entstanden jedoch ein eigener Malerei-Stil, eine typische Mode und kunsthandwerklich hochwertige, aus edlen Hölzern gefertigte Möbel mit leichtem, weichem Schwung und oft mit gestreiften oder geblümten Stoffen. Dazu passt die floristische → Formbinderei, vor allem der damals entstandene → Biedermeierstrauß, wie er heute noch gebunden wird.

→ Historismus → Klassizismus → Stilepoche

Biedermeierstrauß

Der Biedermeierstrauß entstammt dem → Biedermeier als → Stilepoche und gehört mit seiner dichten, geschlossenen Oberfläche zur → Formbinderei. Diese Oberfläche ist entweder kegelförmig oder zeigt eine halbkugelige Aufwölbung. Die Blüten können gestreut oder gereiht in konzentrischen Kreisen positioniert sein (Ringel-Biedermeierstrauß). Zum historischen Biedermeierstrauß gehört eine umfassende Manschette aus Spitzenstoff oder, in der preiswerteren Variante, eine Papiermanschette, die den Spitzenstoff nachbildet. Heute werden auch Werkstoffe und Materialien anderer Art für die Manschette eingesetzt. Blätter, Federn, Folienstücke, Fasermatten und Furnierholzstücke sind Beispiele. Bis zu einem gewissen Grad sind auch Auflockerungen der Oberfläche möglich, so dass man vom aufgelockerten Biedermeierstrauß spricht. Allerdings muss eine relative Dichte erhalten bleiben, sonst handelt es sich nicht mehr um einen Biedermeierstrauß, sondern um einen lockeren, rundgebundenen Strauß.

Hinweis: Oft spricht man verkürzend lediglich vom Biedermeier und meint, da er so typisch ist, den entsprechenden Strauß. Das Biedermeier ist jedoch die Epochenbezeichnung. Daher ist fachsprachlich der vollständige Begriff vorzuziehen, zumal auch Gestecke in einer biedermeierartigen Gestaltung problemlos möglich sind.

→ Strauß → Tellerstrauß

Bienenwachs
Bienenwachs, der Stoff aus denen Bienen ihre Waben fertigen, wird als Kerzengrundstoff verwendet. Das Wachs ist honigfarben bzw. gelblich bis bräunlich und hat einen Honigduft. Da es sich um einen relativ teuren Grundstoff handelt, wird er bei vielen Kerzenherstellungsverfahren durch andere Fette bzw. Kohlenstoffverbindungen ersetzt. Siehe hierzu → Kerzenrohstoffe.

Bindehilfsmittel
Mit dem Begriff Bindehilfsmittel bezeichnet man alle technischen und teils auch gestalterisch mitwirkenden Hilfsmittel, die zum Binden verwendet werden:
Naturbast, Kunstbast, → Kordel, Faserstrick, Faden, → Schmuckband, → Kabelbinder, Drahtclips, → Wickeldraht, Klebefilm, Gummiband usw. Der Begriff darf nicht mit dem Begriff der → Bindemittel verwechselt werden.

→ Bast

Bindematerialien

→ Bindehilfsmittel

Bindemittel
Im Gegensatz zur häufigen, aber unpräzisen Verwendung des Begriffs Bindemittel für die → Bindehilfsmittel, sind genau genommen chemische, mineralische oder organische Mittel gemeint, die zur Bindung, Verkittung und/oder Verklebung von Stoffen oder Teilen führen. Leim und Mörtel, Zement im Betongemisch, Gips, Teer und einige Öle sind solche Bindemittel. Der Begriff darf demnach nicht mit dem Begriff der → Bindehilfsmittel verwechselt werden.

binden, Bindetechnik
Binden ist ein technisch-handwerklicher Vorgang, bei dem Werkstoffe mit Hilfe von Bindehilfsmitteln wie → Bast, Schnur oder Ähnlichem zusammengefügt werden. Diese Technik bestimmt die → Werkform → Strauß, bei der die → Bindestelle sichtbar ist. Auch das Bewickeln eines Strohrömers z. B. mit Koniferengrün und die Girlandenherstellung werden als Binden bezeichnet, da hierbei Werkstoffe auf einer Unterlage mit Hilfe von → Draht oder → Kordel festgebunden werden.

Vergleiche zur Klärung auch die Begriffe ⇢ Aufbinden und ⇢ Abbinden.

⇢ Bindehilfsmittel ⇢ Binderei ⇢ Girlande ⇢ Strohrömer

Binderei

Das Binden von Blumen zu Kränzen, Sträußen usw. ist eine der ursprünglichsten floristischen Techniken und führte in diesem Sinn zu der alten Berufsbezeichnung des Blumenbinders. Als Binderei wird daher auch heute zuweilen jedes floristische Tun allgemein bezeichnet. Ähnlich bezeichnet man bestimmte Arbeitsfelder der Floristik z. B. als Trauerbinderei, Adventsbinderei usw. Es sind Bereiche der Floristik, in denen die Technik des Bindens mit Draht oder Schnur besonders häufig angewandt wird, z. B. bei Kränzen und Girlanden. Vieles davon wird heute zwar durch moderne, auf Steckschaum basierende Techniken ersetzt, der Begriff jedoch hat sich gehalten.

Bindestelle

Gestaltete Bindestelle

In der Bindestelle laufen beim ⇢ Strauß alle Stiele zusammen und werden mit ⇢ Bast oder anderen ⇢ Bindehilfsmitteln so fixiert, dass der Strauß zusammenhält. Die Bindestelle muss zwar fest sein, jedoch gleichzeitig noch so locker bleiben, dass die Blumenstiele nicht gequetscht werden. Beim gängigen, radialen Strauß bildet die Bindestelle den schmalsten Teil des Werkstücks, beim Parallelstrauß ist die Bindestelle jedoch breiter. Die Stiele eines fachlich korrekt gebundenen Straußes sind im Bereich der Bindestelle und von hier an abwärts frei von Blättern, Stacheln und Seitentrieben.
Sträuße haben in aller Regel nur eine einzige Bindestelle. Allenfalls bei Parallelsträußen kommen mehrere, im Verlauf der parallelen Stiele übereinander befindliche Bindestellen vor, von denen eine als Hauptbindestelle den eigentlichen Halt gibt. Bei mehreren Bindestellen, die innerhalb eines Werkstücks verteilt positioniert sind und immer wieder andere Stiele miteinander verbinden, spricht man zur Abgrenzung genau genommen nicht mehr von einem Strauß, sondern, allgemeiner formuliert, von einem gebundenen Werkstück.

⇢ Anordnungsart, parallele ⇢ Anordnungsart, radiale
⇢ Paralleltechnik ⇢ Radialtechnik ⇢ Werkstück, gebundenes

Bindetisch

⇢ Arbeitstisch ⇢ Pflanztisch

Bindung, textile

Unter Bindung versteht man die Art des Verwebens von Fäden zu einem Stoff bzw. Band. Die lang laufenden Kettfäden werden in bestimmter Weise vom quer laufenden, hin und her geführten Schussfaden in unterschiedlicher Weise unter- und überkreuzt, so dass verschiedene Oberflächentexturen entstehen. Im Wesentlichen unterscheidet man:

- → Leinen-, Leinwand- oder Taftbindung (gleiche Vor- und Rückseite)
  Gewebequerschnitt: 
- → Atlas- oder Satinbindung (Vorderseite glänzend-glatt, Rückseite rau-matt)
  Gewebequerschnitt: 
- → Köperbindung (mit gleichmäßig versetzten Kreuzungspunkten)
  Gewebequerschnitt: 

Variiert man Farbigkeit, Dicke oder Anzahl der beteiligten Fäden, so entstehen viele weitere Stoffdesign-Möglichkeiten mit entsprechenden Mustern, Texturen, Festigkeiten, Fließverhalten usw. Beispiele sind → Rips, → Molton und → Samt.

→ Schmuckband → Stoff, textiler → Taft

Biolit®

Als Biolit® bezeichnet man eine von Smithers-Oasis entwickelte feste Masse aus Altpapier und Torf, die zum Stabilisieren von → Kranzunterlagen oder als Material zur Herstellung von bepflanzbaren Schalen für das Grab eingesetzt wird. Biolit® hat den Vorteil der vollständigen → Verrottbarkeit und ist daher beim → Trauerschmuck weit verbreitet.

Steckschale aus Biolit® mit Steckschaum

Biotop

→ Lebensraum

Blähton

Blähton wird floristisch als Pflanzsubstrat in der → Hydrokultur und zur → Dränung eingesetzt. Im Übrigen ist er bei Dachbegrünungen und als Baustoffzuschlag (z. B. in → Beton) verbreitet. Blähton wird aus kalkarmem → Ton hergestellt und kugelförmig mit Durchmessern von ca. 2 bis 16 mm oder gebrochen und granuliert angeboten. Die Rohtonmasse enthält organische Bestandteile, die beim Brand bei etwa 1100 °C verbrennen und durch gasförmige Ausdehnung zur Porenbildung im Innern der Tonkugeln führen. Die Wasseraufnahme beträgt 7 bis 12 % des Volumens und die Porenkapillarität ergibt nach 24 Stunden in den dicht geschichteten Tonkörnern eine Steighöhe von 7 bis 10 cm über dem Wasserspiegel, wenn dieser in einem mit Blähton gefüllten Gefäß konstant bei 5 cm liegt. Durch den hohen Gas- bzw. Porenanteil (ca. 80 %) ist Blähton sehr leicht.

Er verrottet nicht, ist chemisch neutral und hat nur eine schwache → Pufferung. Daher ist in der Hydrokultur ein → Ionenaustauschdünger erforderlich. Die für Blähton gebräuchliche Bezeichnung Lecaton kommt vom englischen lightweight expanded clay aggregates und bedeutet leichter, geblähter Ton-Zuschlag.

→ Düngemittel → düngen → Sinterung → Substrat

Blattglanz

Blattglanz, ein ölhaltiges Spray, wird als Pflanzenpflegeprodukt angeboten. Es wird auf die Oberseiten ledriger Blätter gesprüht und sorgt für eine glänzende Erscheinung der Oberfläche. Die Blattunterseiten sollten nicht mit Blattglanz benetzt werden, da hier ein Verstopfen oder Verkleben der Spaltöffnungen die Folge sein kann, so dass der Gasaustausch behindert würde. Viele Pflanzen mit empfindlichen, eher zarten Blättern, z. B. Farne, sowie grundsätzlich alle Blüten vertragen keinerlei Blattglanzbehandlung. Im Übrigen dürfen Blätter, die von Natur aus keine glänzende Oberfläche zeigen oder z. B. behaart sind, ohnehin nicht damit besprüht werden, denn so würde das natürliche Aussehen gestört.
Blattglanz ersetzt nicht die Säuberung der Blätter durch Abduschen oder feuchtes Abwischen. Verbleibt der Staub nämlich auf dem Blatt, wird er durch Aufsprühen von Blattglanz noch zusätzlich klebrig verfestigt. Auf Dauer bildet sich so eine die Lichtaufnahme und damit die Fotosynthese dämpfende Schmutzschicht. Allerdings kann das ölige Präparat statt Wasser auf ein weiches Tuch gesprüht werden, mit dem die Blätter vorsichtig abgewischt werden. Richtig, d. h. auf ein sauberes Blatt aufgetragenes Blattglanzspray kann durch die Glättung der Oberfläche sogar die erneute Staubablagerung in gewissem Maße vermindern.
Blattglanz wird, neben dem Einsatz bei Pflanzen, teils auch zur optischen Verbesserung von Blättern in Sträußen und Gestecken eingesetzt. Geschieht dies bei Werkstücken, die mit Stoffen in Berührung kommen können, muss mit Vorsicht gesprüht werden. Ölflecken, z. B. durch Brautstraußwerkstoffe auf dem Brautkleid sowie durch Tischschmuck an der Tischwäsche, dürfen jedenfalls nicht verursacht werden. Eventuell muss man auf den Blattglanz verzichten.

Blattgold, Blattsilber, Blattkupfer, Blattmetall

→ Schlagmetall

Blattkapitell

Ein Blattkapitell ist ein durch Blattformen gekennzeichnetes → Kapitell. Korinthische Kapitelle sind Blattkapitelle mit Akanthusblatt-Nachbildungen. In der → Gotik bilden Blattformen, die stilistisch → Krabbe und → Kreuzblume entsprechen, oft die Kapitelle der Säulen und → Bündelpfeiler.

→ Akanthusblatt → Säule

Blattwerk

Der Begriff Blattwerk bezeichnet Werkstoffe, die botanisch die Blätter von Pflanzen darstellen. Er wird als alternativer, vor allem aber genauerer Begriff für den allgemein üblichen, aber unpräzisen Begriff → Beiwerk verwendet.

→ Grünwerkstoff → Schnittgrün

Blau

Der → Farbname Blau fasst vereinfachend viele verschiedene Farbnuancen unter einem Begriff zusammen und ist damit eine für farbtheoretische und farbgestalterische Überlegungen meist nicht ausreichende Farbbezeichnung. Genauer sind daher wenigstens → Cyanblau und → Violettblau als → Grundfarben zu unterscheiden.

→ Basisschema der Farbenlehre → Farbname → Grundfarbe → RGB

blauglühen

Das Blauglühen von Draht dient der Biegefähigkeit des fertigen Drahts, es vermindert seine Elastizität. Die ursprünliche Elastizität des Ausgangsmaterials wäre für → Steck-, → Stütz- und → Wickeldraht nicht wünschenswert, da eine einmal gegebene Biegung dann zum Teil wieder zurückfedern würde.

Blei

Blei ist ein relativ weiches → Metall, das in Form von Bleiplatten oder -streifen leicht geformt werden kann. Auch Gefäße aus gegossenem Blei sind zuweilen erhältlich, wobei meist andere Metalle hinzulegiert sind, damit eine ausreichende Festigkeit der Gefäßwandung besteht. Bleigegenstände sind sehr biege- und kratzempfindlich. Bleioxid ist gesundheitsschädlich bzw. giftig, so dass Bleigegenstände nicht mit Lebensmitteln in Berührung kommen dürfen. Allenfalls in geringen Mengen ist Blei in Gefäßen aus → Zinn enthalten.

→ Metalllegierung

Bleikristall

Bleikristall ist eine Bezeichnung für Bleiglas. Es enthält in der Glasmasse einen hohen Anteil an Kalium und Bleioxiden (bis 33 %). Dadurch wird die Lichtbrechung der entstehenden Glasprodukte erhöht. Bleikristall wird daher, z. B. für den Kristallbehang von Kronleuchtern verwendet und für wertvolle Trinkgläser. Aus Bleikristall tritt das an sich gesundheitsschädliche Bleioxid nicht bzw. nur in sehr geringen Mengen aus. Vergleiche dazu → Blei. Besonders bei einem Schliff solcher Gläser tritt das Funkeln im Licht schön hervor.

Damit dieser Effekt nicht verloren geht, dürfen solch hochwertige Gläser von einer floristischen Füllung nicht allzu sehr verdeckt werden. Im besten Fall bleibt die Gestaltung filigran und sehr → transparent, so dass Licht und Blick hindurch fallen können.

→ Glas

Blühpflanze

Eine Pflanze, deren wesentlicher Zierwert in ihren Blüten liegt, bezeichnet man als Blühpflanze in Unterscheidung zur → Grünpflanze.

Blumenbinderei

→ Binderei

Blumenfrischhaltemittel

Blumenfrischhaltemittel erfüllen durch verschiedene Inhaltsstoffe bei der Pflege von Schnittblumen mehrere Funktionen:

- Ernährung und Energiezufuhr durch zuckerartige Inhaltsstoffe
- Entwicklungsunterstützung bzw. Blühverstärkung durch pflanzenhormonelle Inhaltsstoffe
- Verbesserung der Lösung von Nährstoffen im Wasser und damit der Nährstoffaufnahme durch Mittel, die den pH-Wert regulieren
- Erleichterung der Wasseraufnahme durch Stoffe, die die Wasserhärte herabsetzen
- Verminderung des Bakterienwachstums im Vasenwasser durch bakterizide Inhaltsstoffe

Um eine optimale Wirkung von Blumenfrischhaltemitteln zu ermöglichen, ist vom Schnitt bzw. von der Erstversorgung an bis zum Verbraucher ein lückenloser Einsatz erforderlich. Wird diese Kette unterbrochen, geht die Wirkfähigkeit weitgehend verloren. Außerdem ist die richtige Dosierung wichtig und, statt eines Wasserwechsels, das jeweilige Auffüllen von Wasser.
Die genaue Zusammensetzung verschiedener Blumenfrischhaltemittel richtet sich nach den Erfordernissen bestimmter Frischwerkstoffe. Im Angebot sind Präparate für Werkstoffe mit jeweils ähnlichen oder gleichen Eigenschaften, z. B. für Schnittgehölze, Zwiebelblüher, für Nelken usw.

Blumensteckigel

Als Blumensteckigel (jap.: Kenzan) bezeichnet man ein immer wieder verwendbares, technisches → Hilfsmittel, auf das Blumen mit ihren Stielen aufgesteckt werden können. Es besteht aus einer haltgebenden Bleiplatte von etwa 0,5 cm Dicke, in die Messingnägel mit ihren Köpfen eingegossen sind, so dass die Spitzen freistehend nach oben weisen. Kreisförmige, ovale, quadratische und rechteckige Formen verschiedener Größe sind erhältlich. Blumensteckigel werden vorrangig im Ikebana eingesetzt, der japanischen Blumensteckkunst mit philosophisch-religiösem Inhalt bzw. entsprechender Symbolik.

Blumenstielputzmaschine

Eine Blumenstielputzmaschine ermöglicht eine rationelle, d. h. Zeit sparende und Kräfte schonende Vorbereitung von → Schnittblumen in größeren Mengen. Neben einer technischen Einrichtung zum Anschneiden (→ Anschneidemaschine), werden die Stiele hiermit im unteren Bereich von Laub und eventuell Dornen bzw. Stacheln befreit. Dazu sind je zwei rotierende Walzen mit Reihen von drei bis fünf Zentimeter langen Noppen so angebracht, dass die Noppenspitzen sich knapp überlappen. Jede Walze trägt kreuzförmig vier Noppenreihen, die bei jedem Walzenpaar gegeneinander versetzt liegen. Man hält ganze Stielebündel, je nach Stieldicke und -härte aus zehn bis zwanzig Stielen, in den Walzenzwischenraum und betätigt einen Fußschalter. Die Walzen rotieren dann miteinander so, dass sie Blätter und Stacheln von den haltenden Händen weg zu den Stielenden hin abstreifen.

Blumenstielputzmaschine der Marke Fäco

Vor allem harte Stiele sind so Kräfte sparend zu säubern. Allerdings sind empfindlichere Werkstoffe nicht mit diesen Maschinen zu bearbeiten, da es leicht zum Bruch der Stiele kommt. Andererseits müssen vor allem starke Stacheln von Rosen oft noch nachträglich von Hand entfernt werden. Auch Verletzungen der Stängelepidermis sind nicht selten. Insgesamt ist die Qualität einer Bearbeitung per Hand nicht zu erreichen. Betriebswirtschaftlich ist der Maschineneinsatz aufgrund der eingesparten Zeit für entsprechende, in größeren Mengen zu verarbeitende Werkstoffe dennoch sinnvoll, zumal sich mit etwas Übung die Nachbehandlung der Werkstoffe durchaus in Grenzen halten lässt.

Bodengestaltung

Die Gestaltung des Bodenbereichs einer Pflanzung ist durch Formung der Erdoberfläche (Bodenmodulation) im Pflanzgefäß sowie durch Einfügen von Boden bedeckenden Materialien und Werkstoffen möglich. Steine, Sand, Wurzelknorren, trockenes Laub sind Beispiele für → Gestaltungsmittel, die in vegetativ gestalteten Pflanzungen oft Verwendung finden. Farbige Streugranulate und gefärbte Kiesel können in Pflanzungen eingesetzt werden, die keine vorrangig natürliche Ausstrahlung haben sollen. Während die Bodengestaltung in einer vegetativen Pflanzung in der Regel unerlässlich ist, kann man bei dicht und dekorativ bepflanzten Schalen auf eine Gestaltung des Bodenbereichs verzichten, da dieser nicht sichtbar ist.

→ Basis, gestalterische → Gestaltungsart, dekorative
→ Gestaltungsart, vegetative → Granulat

Bogen

In der Architektur ist ein Bogen eine gewölbte Konstruktion zur Überspannung einer Öffnung (Fenster, Tür, Tor, Säulendurchgang). Beim echten Bogen aus keilförmigen Steinen werden alle auftretenden Druckkräfte entlang der Bogenlinie über die seitlichen Lager nach unten abgeleitet. Bei unechten Bögen sind die Steine nicht keilförmig, d. h. nicht entsprechend dieser Kräfteverteilung geformt, so dass diese Bogenart weniger gut trägt. Die grundlegende Halbkreisform des antiken Bogens wurde von den Römern technisch perfektioniert (z. B. in den Aquädukten). Später entstanden weitere Formen aufgrund neuer Erkenntnisse. Sie brachten teils technischen Fortschritt, wie der Spitzbogen, der statisch günstiger ist als der Rundbogen und der die großen Fenster und Räume gotischer Kirchen ermöglichte. → Gewölbe kann man als fortgesetzt aneinander gefügte Bögen verstehen. Bögen und entsprechende Gewölbe sind vielfach typische, historische → Stilelemente. Heute entstehen Bögen oft in Stahlbeton-Gusstechnik.

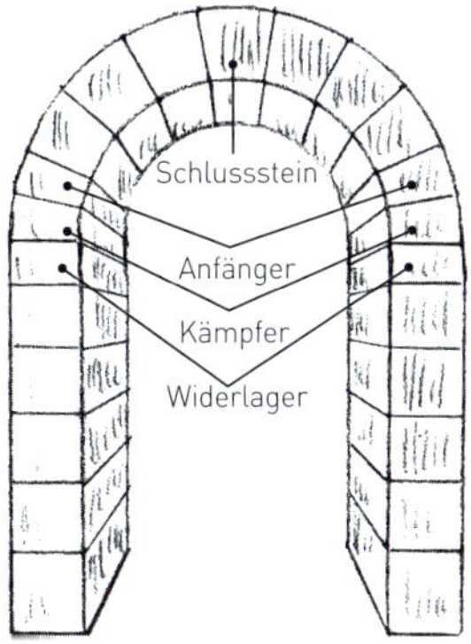

Antike, römische sowie romanische Rundbogen-Form

Beispiele für Bogenformen mit zugehörigen Stilepochen:

Segmentbogen, Romanik

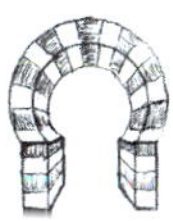

Hufeisenbogen, islamisch-maurisch-arabisch

Spitzbogen, Gotik

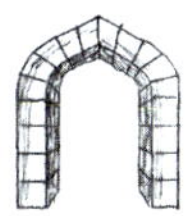

Tudorbogen, engl. Spätgotik

Kielbogen, Spätgotik

Korbbogen, Renaissance, Barock

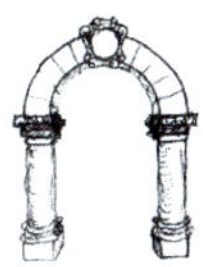

Rundbogen Barock, Klassizismus

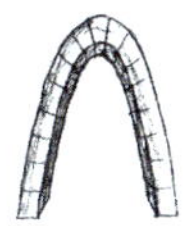

Parabolbogen, Jetztzeit

Bogenstrauß

Zeigt ein Strauß die Form eines geschwungenen Bogens, spricht man vom Bogenstrauß. Er ist technisch-handwerklich anspruchsvoll, da die Spreizungen der Stiele in der → Bindestelle sowohl sehr stark als auch, je nach Position des einzelnen Stiels, in unterschiedlichen Winkeln erfolgen müssen. Im Übrigen müssen für die Bogenarme ausschwingende Werkstoffe gewählt und so im Strauß positioniert werden, dass ein gleichmäßiger Schwung der über den Strauß führenden Bogenlinie erreicht wird. Hier sind nur wenige Werkstoffe geeignet, die der ausschwingenden Bewegungsform zuzuordnen sind. Gelegentlich kann man durch Einarbeiten eines z. B. aus entsprechenden Zweigen geformten Gerüsts die Bogenform technisch unterstützen. Dabei muss das Gerüst jedoch auch gestalterisch in Erscheinung treten und einen eigenen gestalterischen Wert besitzen.

→ Bewegungsform, ausschwingende → Bogen → Gerüst
→ Strauß

Böttcherware

Unter Böttcherware sind die Produkte eines Böttchers, also eines Herstellers von Fässern und Bottichen aus Holzdauben und haltenden Metallreifen, zu verstehen. In der Floristik ist Böttcherware in Form von Pflanzkübeln üblich, die zumeist aus imprägniertem Eichenholz für den Einsatz im Freien gefertigt sind und eine jahrelange Haltbarkeit aufweisen.

Bouillondraht

Unter dem zum → Zierdraht zählenden Bouillondraht versteht man einen feinen Draht, der wie eine Metallfeder spiralig aufgedreht ist. Dieser Draht hat jedoch kaum Elastizität und die Windungen können entsprechend lang auseinander gezogen werden. Vorsichtige Behandlung und Lagerung ist wichtig, da sich die Schlaufen der einzelnen Drahtspiralen leicht verheddern und dann nahezu unentwirrbar sind.

Bouquet

→ Bukett

Braktee

→ Hochblatt

Brauchtumsbinderei

Floristische Arbeiten, die in Form und Technik traditionellen, historischen Vorbildern entsprechen, können als Brauchtumsbinderei bezeichnet werden. Adventskränze in überlieferter Gestaltung, Türgirlanden, auf Holzgestelle gebundene Leuchterformen und Erntekronen sind Beispiele.

Brautfächer

Floristischer Brautschmuck in Form eines Fächers für die Hand der Braut.

→ Brautschmuck, floristischer

Brautführerstrauß

Eine kleinere und einfacher gestaltete Variante des Brautschmucks, den die Braut selbst in der Hand trägt, wird oft für die Begleiter bzw. Führer der Braut oder für die Trauzeugen gefertigt. Dieses Werkstück, das oft in der Form von dichten oder leicht aufgelockerten Biedermeiersträußen gearbeitet wird, bezeichnet man als Brautführerstrauß. Bei Hochzeiten, die in großem Rahmen gefeiert werden, folgen Brautjungfern der Braut in die Kirche und tragen zuweilen je mit einer Hand den lang nachgeschleppten Schleier oder die Brautkleidschleppe. Die andere Hand hält in diesem Fall einen Brautführerstrauß.

→ Biedermeierstrauß

Brautkleid, Grundformen von Brautkleidern

Neben der Person der Braut selbst bestimmen Schnitt und Stil des Brautkleids bzw. der Brautgarderobe als wesentliche Kriterien die Gestaltung des Brautschmucks. Daher sind in der Floristik die typischen, grundlegenden Brautkleidformen von Bedeutung. Die Grundformen werden selbstverständlich in vielfältigen Variationen angeboten, so dass hier nur ein allgemeiner Überblick folgt.

A-Linien-Form

Der Schnitt des Kleids erinnert in seiner Außenform an den spitzen Großbuchstaben A. An das Figur betonende Oberteil schließt ohne Taillennaht ein leicht ausgestelltes, langes Unterteil an. Der Brautschmuck soll entsprechend klar in der Form, abfließend und nicht zu üppig gearbeitet sein.

Duchesse-Form

Duchesse bedeutet Herzogin und diesem Hoheitstitel entspricht das große, prächtige Brautkleid. An ein Figur betonendes, meist mit → Applikation und Stickerei verziertes Oberteil ist in Taillenhöhe ein weites, langes Unterteil angesetzt. Diese Brautkleidform hat oft eine Schleppe oder ist als Reifrock weit ausgestellt. Hier sind die großen Brautschmuckformen angebracht.

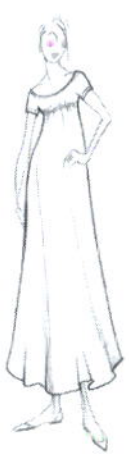

Empire-Form

Der Kleidermode des französischen Kaiserreiches (→ Empire) unter Napoleon nachempfundene Kleidform mit kurzem Oberteil, so dass sich die Taillennaht unter der Brust befindet. Der Rock ist schmal fließend mit schlichtem Schnitt. Hier passen klassische insgesamt schlanke Brautschmuckformen aber auch Zepter und Spindel.

Schmale Form
Die schmale Form zeigen eng anliegende Brautkleider, die die Figur betonen. Die gerade, schmal geschnittene Linie wirkt dezent. Zuweilen bildet eine Schleppe dazu einen gewissen Kontrast. Für eine Braut in diesem Kleid müssen entsprechend schmale Brautschmuckformen gestaltet werden.

Kostüm-Form
Kombinationen aus einem Oberteil, z. B. einer → Korsage oder einer Jacke, und einem kurzen oder langen Rock werden als Kostüm bezeichnet. Die Wirkung reicht von sportlich über frech-unkonventionell bis extravagant oder gar gewagt. Hier passen, neben traditionellen Brautsträußen, vor allem alternative Brautschmuckformen am besten.

Anzug-Form
Der Hosenanzug ist eine sportliche, zuweilen fast maskulin wirkende Form der Brautgarderobe. Er ist meist schmal und schlank geschnitten. Die Brautfloristik muss entsprechend sportlich wirken und geradlinig oder reduziert gestaltet sein und darf keinesfalls verspielt bzw. romantisch erscheinen. Hier eignen sich sowohl formbinderische Varianten als auch alternative Formen.

Brautkranz

Floristischer Brautschmuck in Form eines Kranzes für die Hand der Braut. Im Kranz ist die Ringform mit ihrer bei der Hochzeit bedeutenden → Symbolik enthalten.

→ Brautschmuck, floristischer → Farbsymbolik → Kranzform, symbolische

Brautkugel

Floristischer Brautschmuck in Form einer Kugel für die Hand der Braut. In der Kugel ist die → Symbolik der Vollkommenheit wegen der allseitig gleichermaßen perfekten Form einer Kugel enthalten.

→ Brautschmuck, floristischer → Farbsymbolik → Kugelform

Brautmuff

Floristischer Brautschmuck in Form eines Muffs für die Hände der Braut. Der Muff ist eine in früherer Zeit häufiger anzutreffende, röhrenförmige Tasche aus wärmendem Pelz oder Stoff für die Hände. Diese Form wird mit floralen Mitteln nachgebildet und oft zusätzlich mit abfließenden, über den eigentlichen Muff gelegten Elementen erweitert.

→ Brautschmuck, floristischer → Bewegungsform, abfließende

Brautschmuck, floristischer

Zum floristischen Brautschmuck im engeren Sinn gehört jedes Werkstück, das unmittelbar von der Braut getragen wird, sie in ihrer Erscheinung schmückt bzw. ihre Einmaligkeit unterstreicht. Hierzu zählen Brautsträuße und alle floralen Schmuckformen, die von der Braut in der Hand gehalten werden, jedoch keine Sträuße darstellen, z. B. → Brautfächer. Hinzu kommen → Anstecker, → Haar-, → Schleier- und → Kopfschmuck allgemein sowie spezielle Brautschmuckformen, wie z. B. eine → Brautstola oder Blüten, die auf das Brautkleid appliziert sind.
Brautschmuck ist Teil des Hochzeitsschmucks. Dieser Begriff ist vorzuziehen, wenn das gesamte Leistungsspektrum der Floristik zu einer Hochzeit gemeint ist, also → Tischschmuck, → Kirchenschmuck, → Fahrzeugschmuck usw.

→ Brautführerstrauß → Brautkleid → Brautstrauß
→ Hochzeitsschmuck, floristischer

Brautspindel

Floristischer Brautschmuck in Form einer → Spindel für die Hand der Braut.

→ Brautschmuck, floristischer

Brautstola

Eine Stola ist ursprünglich ein Teil katholisch-priesterlicher Kleidung während der Liturgiefeier. Heute bezeichnet man alle entsprechenden Kleidungsstücke so. Es handelt sich um eine breite, lange Bandform, die besonders aufwändig z. B. durch das Aufsticken von Motiven oder Aufnähen von Applikationen gestaltet ist oder im Ganzen aus wertvollem Material besteht (z. B. Pelz). In der Regel wird sie um Hals und Schultern getragen.
Floristische Werkformen, die einer Stola ähneln, sind in der Brautfloristik in Form von langen Schals zu finden. Eine Stola trägt die Braut um den Körper oder den Nacken gelegt oder hält sie in den Armbeugen. Sie kann auch im Ganzen über den Arm gelegt gehalten werden. Die Floralien können z. B. auf Stoffbahnen aufgebracht sein, aber auch in Draht- oder Rankengeflechten verankert werden.

→ Brautschmuck, floristischer

Brautstrauß, englischer

Klassische englische Brautsträuße sind formbinderische Werkstücke in Tropfen- und Bogenform mit dicht gefügten Werkstoffen. Darauf wird die Technik ausgerichtet, so dass man eigentlich von englischer Brautstraußtechnik sprechen muss. Alle Werkstoffe werden nahezu ohne Stiel mit feinen, dünnen Drähten angedrahtet, um dann mittels → Tape auf eine starke Drahtachse aufgewickelt zu werden.

→ Brautstrauß → Technik, englische

Brautstrauß, Brautstraußformen

Unter einem Brautstrauß versteht man ein gebundenes Werkstück für die Hand der Braut. Im Zuge technischer Neuerungen werden jedoch auch Steck- und Drahtungstechniken zur Herstellung dieses Brautschmucks eingesetzt und man spricht dennoch vom Brautstrauß. Allerdings darf dieser Begriff nicht mehr verwendet werden, wenn die äußere Erscheinung von einer Straußform deutlich abweicht, z. B. beim → Brautzepter und der → Brautkugel. Hier hört man oft den Begriff des alternativen Brautstraußes, der jedoch sachlich falsch ist. Besser trifft in diesen Fällen der allgemein gehaltene Begriff → Brautschmuck zu.
Die wesentlichen Anforderungen an einen Brautstrauß sind, neben einer guten gestalterischen Abstimmung auf die Person der Braut und ihr Brautkleid, eine feste Verarbeitung, angenehme Tragbarkeit und die Vermeidung von Verschmutzungen bzw. Beschädigungen des Brautkleids.
Häufige Brautstraußformen sind: Glamelienform, Biedermeierform, runde, aufgelockerte Form, dichte Tropfenform, aufgelockerte Tropfenform, Bogenform, Wasserfallform. Siehe dazu unter den Einzelbegriffen.

Brautstraußhalter

Als Brautstraußhalter werden Kunststoffformteile bezeichnet, mit deren Hilfe Brautsträuße gefertigt werden können. Der obere, annähernd kugelige Teil ist ein mit → Steckschaum gefülltes Gitterkörbchen, der untere Teil ein unten geschlossenes Griffrohr. Der Brautstrauß wird auf dieser technischen Basis faktisch als Gesteck gearbeitet. Wird diese Steckbasis in einer Laborklemme fixiert, so hat man beide Hände frei und Arbeitsunterbrechungen werden, im Gegensatz zur Bindetechnik, möglich. Der Brautstraußhalter dient damit der Arbeitsrationalisierung. Je nach gestalterischer Absicht stehen verschiedene Größen, Körbchenformen und Griffe, auch mit Abwinkelung, zur Verfügung.

Hinweis: Im Grunde ist die genannte Laborklemme funktional der eigentliche Brautstraußhalter. Das üblicherweise als Brautstraußhalter bezeichnete technische → Hilfsmittel ist genauer als Steckbasis für Brautsträuße zu benennen.

Brautstraußtechnik

Brautsträuße sind im Wesentlichen mit folgendenTechniken herstellbar:

- Straußbindetechnik mit den natürlichen Stielen der Werkstoffe
- Straußbindetechnik mit vorherigem → Andrahten der Werkstoffe, wobei die natürlichen Stiele oberhalb der Bindestelle erhalten bleiben

- Englische Brautstraußtechnik mit vollständigem Ersatz der Stiele durch Andrahten der Blüten und Blätter, Aufwickeln auf eine Drahtachse und abschließendem Binden
- Mischtechnik aus dem Binden der natürlichen Stiele und den Drahttechniken, damit weit außen angefügte und vor allem abfließende Werkstoffe besser positioniert werden können
- Stecken in einen ⇢ Brautstraußhalter

Die Auswahl der einzusetzenden Technik richtet sich nach der beabsichtigten Gestaltung und nach betriebwirtschaftlichen, d. h. kostenbezogenen Gesichtspunkten. Jede der genannten Techniken hat handwerkliche und/oder gestalterische Vor- und Nachteile, die entsprechend dem jeweiligen Kundenauftrag gegeneinander abgewogen werden müssen.

⇢ Bewegungsform, abfließende
⇢ Brautstrauß, englischer ⇢ Technik, englische

Brauttypologie

Als Basis für die typgerechte Gestaltung von Brautschmuck kann eine die Vielfalt menschlicher Persönlichkeit stark vereinfachende Brauttypologie dienen. Sie umfasst Kategorien wie mädchenhafte Braut, sportliche Braut, elegante Braut, extravagante Braut, klassische Braut, romantische Braut und ähnliche Begriffe. Ist der jeweilige Brauttyp im Einzelfall deutlich erkennbar, lässt sich leicht auch der passende Brautschmuck finden. Klassische Formen für die klassisch-elegante Braut, Verspieltes für romantische oder mädchenhafte Bräute, alternative Brautschmuckformen für Extravagante usw.
Das Make-up am Tag der Trauung spielt hier zusätzlich eine Rolle. Farbliche Bezüge lassen sich aus den verschiedenen in der Kosmetik üblichen Typologien für Frauen ableiten.

Man spricht dabei häufig vom Frühlings-, Sommer-, Herbst- und Wintertyp. Diesen Begriffen entspricht jeweils der Teint, die Haarfarbe, der Hauttyp etc. Dementsprechend betont eine gute Kosmetik die jeweilige persönliche Ausstrahlung, so dass die Kosmetiktypen im Grunde eine andere Sicht auf den Aspekt der Brauttypen darstellen.

Frühlingstyp

Sommertyp

Herbsttyp

Wintertyp

Brautzepter
Floristischer Brautschmuck in Form eines Zepters für die Hand der Braut.

⇢ Brautschmuck, floristischer ⇢ Zepter

Brokat, Brokatstoff
Brokat (ital.: broccare = sticken) bzw. Brokatstoff ist ein fester und schwerer, reich gemusterter Seiden- oder Kunstseidenstoff, in den Gold- oder Silberfäden eingewoben sind.
Zuweilen wird in der Floristik brokatartiges Schmuckband eingesetzt. Im Übrigen dient der Begriff zur Bezeichnung einer Texturerscheinung in der floristischen Gestaltungslehre.

⇢ Textur, brokatartige

brokatartig

⇢ Textur, brokatartige

Bronze
Bronze ist eine Metalllegierung aus mindestens 60 % ⇢ Kupfer und 40 % ⇢ Zinn mit eventuell weiteren metallischen Zusätzen. Meist wird Bronze zur Formgebung gegossen, zuweilen auch gehämmert. Bronze ist dem ⇢ Messing relativ ähnlich, jedoch dunkler, eher bräunlich in der Farbe. Es ist relativ biegefest, aber kratzempfindlich. Bronze ist Grundstoff für die Glockenherstellung. In der Floristik findet man Gefäße und Leuchter aus Bronze.

Büfett, Buffet
Ein Büfett, auch Buffet (franz.) geschrieben, ist eine Art der Präsentation von Speisen bei Festen, Empfängen etc. Hierbei werden alle Speisen gleichzeitig auf einem separaten Büfett-Tisch aufgestellt, statt am Esstisch serviert zu werden. Meist erfolgt Selbstbedienung, zuweilen wird an einem Büfett jedoch auch jeder Gast wunschgemäß bedient. Das Arrangieren der Speisen erfolgt bereits in gestalteter Art und Weise, worauf sich der Büfettschmuck aus Blüten und Blattwerk beziehen muss. Er gehört zum floristischen ⇢ Tischschmuck, hat bei großen Ausführungen jedoch auch den Effekt von ⇢ Raumschmuck. Im Übrigen darf der Blumenschmuck die Selbstbedienung oder Bedienung der Gäste nicht behindern und die Speisen in keiner Weise beeinträchtigen oder gar verderben.

Bukett, Bouquet
Der Begriff Bukett wird im Französischen und teils auch im Deutschen Bouquet geschrieben und bedeutet Blumenstrauß. In diesem Sinn verwendet man den Begriff meist für größere, prächtig und üppig gestaltete Sträuße.

Zur Abgrenzung von gängigen Straußformen wird der Begriff des Buketts im Deutschen allerdings häufig für spezielle, in der Regel gebundene Werkstücke verwendet, z. B. für das Trauerbukett. Dieses ist technisch zwar oft als Gesteck gefertigt, zeigt jedoch eine streng symmetrische, liegende Straußform, so dass der Begriff beibehalten wird.

→ Strauß → Trauergesteck

Bündelpfeiler

Der Bündelpfeiler ist ein → Stilelement der → Gotik. Er erscheint wie ein Bündel, das aus mehreren, dicht um einen zentralen → Pfeiler gestellten Säulen gebildet ist. Dabei können die Säulen alle gleich dick, jedoch auch in verschiedenen Durchmessern gehalten sein. Aus floristischer Sicht erinnern die Stiele von dicht gefügten Parallelsträußen an Bündelpfeiler.

→ Parallelwerkstück → Säule

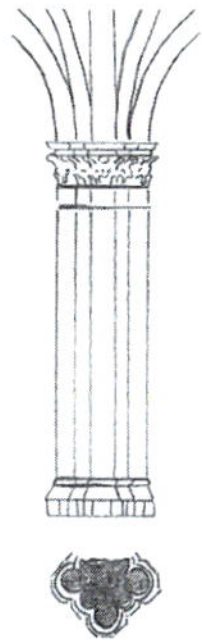

Aufriss und Querschnitt eines Bündelpfeilers

Bündelung, bündeln

Schnittwerkstoffe zu Bündeln zusammenzufassen, ist zunächst ein Vorgang der Warenkonfektionierung zur Vermarktung von → Schnittblumen und → Schnittgrün. Diese Art und Weise des Zueinanderordnens kann jedoch auch als eine sehr ursprüngliche und einfache Form des Gestaltens eingesetzt werden. Die Werkstoffe werden dabei dicht an dicht und mit tatsächlich oder annähernd paralleler Anordnung der Stiele aneinander gelegt. So kann ein ganzes Werkstück den gestalterischen Charakter eines Bündels zeigen, wie z. B. ein Parallelstrauß, oder es werden Bündelungen von Werkstoffen, z. B. kurze Zweigabschnitte, in ein Werkstück eingefügt. Mit der zuletzt genannten Vorgehensweise sind Strukturierungen mit unterschiedlichen Texturen der Oberfläche eines Werkstücks gut zu realisieren. Das Bündeln an sich kann auch als → Paralleltechnik aufgefasst werden.

→ Parallelwerkstück → Textur

Buntart

Unter Buntart versteht man einerseits jede reine bunte → Farbnuance an sich. Andererseits bezeichnet der Begriff eines der vier → Farbqualitätsmerkmale jeder Farbnuance. Die Buntart einer Farbnuance ist die konkrete Art des Buntseins dieser Farbe, also das Merkmal, das z. B. Gelb von Rot oder Blau unterscheidet. Das Merkmal Buntart in diesem Sinne wird teils auch als → Farbton bezeichnet.

→ Farbe, bunte → Farbmischung, integrierte

Buntgrad, Unbuntgrad

Buntgrad und Unbuntgrad bilden gemeinsam eines der vier → Farbqualitätsmerkmale. Sie bezeichnen das Ausmaß des Buntseins oder des Unbuntseins einer → Farbnuance. Buntgrad und Unbuntgrad sind reziproke (wechselseitig umkehrbare) Werte desselben Farbqualitätsmerkmals, d. h. ein hoher Buntgrad bedeutet einen niedrigen Unbuntgrad und umgekehrt. Die Begriffe spiegeln das Mengenverhältnis der Teilmengen von bunten und unbunten Farben zueinander wider, die in einer Farbnuance als Farbmischung enthalten sind. Das Merkmal Buntgrad oder Unbuntgrad wird auch als Farbsättigung bezeichnet.

→ Farbe, bunte → Farbe, reine → Farbe, trübe → Farbe, unbunte
→ Farbmischung, integrierte → Verschwärzlichung → Verweißlichung

Bunt-Unbunt-Kontrast

Bunt-Unbunt-Kontraste sind objektive Farbkontraste. Sie entstehen durch Kombinationen von bunten Farben mit → Weiß, → Schwarz oder Graunuancen. Der ebenfalls übliche, von J. Itten geprägte Begriff Farbe-Nichtfarbe-Kontrast ist als Fachbegriff unzutreffend, da die Bezeichnung der unbunten Farben als Nichtfarben sachlich wie sprachlogisch falsch ist.

→ Farbe, bunte → Farbe, unbunte → Farbkontrast, objektiver → Grau

C

Cellophan

→ Folie → Zellulose

Charakter, Charakterausdruck einer Pflanze

→ Geltungsanspruch → Wesen

Chor, Chorgestühl, Chorraum, Chorschranke

Der Chor bzw. Chorraum bezeichnet ursprünglich den Bereich in einer Kirche, wo der Chor der Geistlichen sich versammelte. Hier steht in der Regel der Altar. Laien war der Zutritt nicht erlaubt, sie mussten jenseits der → Vierung im Hauptschiff der Kirche bleiben. Der Chor ist daher durch Chorschranken vom Bereich für die Laien abgetrennt. Innerhalb des Chorraums befindet sich rechts und links an den Seiten das meist reich geschnitzte Chorgestühl für die Geistlichen bzw. Mönche. Der Chorraum ist nach hinten oft durch eine halbrunde → Apsis geschlossen und liegt häufig einige Stufen höher als der übrige Kirchenraum. Unter dem Chor befindet sich zuweilen, vor allem in romanischen Kirchen, die → Krypta.

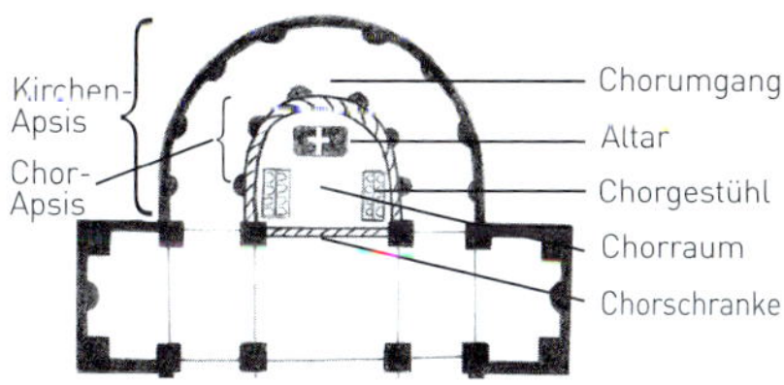

→ Gotik → Kirche → Romanik

CMYK

Die Buchstabenfolge CMYK repräsentiert den Vierfarbendruck und steht für die Farben → Cyanblau (C), → Magentarot (M), → Gelb (Y) und → Schwarz (K).

Y bedeutet hierbei Gelb (von englisch: yellow), damit eine Unterscheidung von G für Grün möglich wird. K (von englisch: key) meint die Farbe Schwarz und bezieht sich auf den Kontrast in der Bildwiedergabe. Schwarz entsteht zwar bei subtraktiver Farbmischung aus der Mischung der Farben C, M und Y, jedoch ist das Ergebnis drucktechnisch unbefriedigend. Daher wird im Vierfarbendruck diese vierte Farbe zur Unterstützung der Unbuntstufen und zur Verstärkung der

Bildtiefenwirkung eingesetzt. Die Farbe → Weiß wird beim Vierfarbendruck durch das weiße Papier repräsentiert.
Für Floristen ist das Wissen um diese Farben und ihre technische Verwendung einerseits wichtig, weil es hilft, Farbwahrnehmungen theoretisch zu verstehen. Außerdem kann es z. B. bei der Entwicklung eigener Werbemittel (Plakatdruck), der Schaufenstergestaltung (farbige Hintergrundgestaltung) und der Verwendung von Bildprojektionen nützlich sein.

→ Basisschema der Farbenlehre → Farbmischung, subtraktive → Farbname

Corsage

→ Korsage

Craquelé, Krakelee

Craquelé (franz.: rissig, gesprungen) bezeichnet eine Keramikglasur, die von netzartigen Haarrissen durchzogen ist. Dabei wird der Fehler des Glasurrisses durch bewusst hervorgerufene Spannungsrisse zur Verzierung erzeugt. Einfärbung macht die Risse in der → Glasur sichtbar. Die Glasurparzellen bleiben zwar mit dem Scherben fest verbunden, die Dichte der Gefäße wird jedoch erst durch eine zweite, dünne Überglasur bewirkt. In ähnlicher Technik entstehen auch Gläser mit Craquelé-Optik.

crashen

Crashen (engl.: to crash = zusammenstoßen) bedeutet mit gestalterischer Absicht etwas zu zerknüllen und wieder zu entfalten, damit die ursprünglich glatte Oberfläche durch Knicklinien eine natürlichere, weniger technische Wirkung erhält. Durch das Crashen entstehen die Knicke und Falten als zufällige Formen. Seide und Kunstseide oder Papier und Folie werden dadurch dauerhaft geknittert, so dass eine entsprechend texturierte bzw. strukturierte Oberfläche entsteht.

→ Form, zufällige → Oberflächenstruktur → Textur

Cyanblau

Cyanblau (C) ist eine der sechs bunten Grundfarben. Diese Farbempfindung entsteht durch gleichzeitiges Anregen der Sehzellen im menschlichen Auge, das die Urfarben → Violettblau und → Grün hervorbringt. Diese Sehzellen sammeln quasi die Energie der Lichtwellenlängen, die diesen Urfarben entsprechen, und geben den Reiz an die Nervenzellen des Gehirns weiter, wo die Farbempfindung Cyanblau entsteht.

→ Basisschema der Farbenlehre → Blau → CMYK → Grundfarbe → Urfarbe

D

Dauerfloristik

Jede Form von Floristik, die im Vergleich mit dem verarbeiteten, zumeist frischen → Werkstoff eine erhöhte Haltbarkeit aufweist, wird als Dauerfloristik bezeichnet. Es sind einerseits Werkstücke aus trockenen Werkstoffen gemeint, die eventuell zusätzlich einige, auch in frischem Zustand langlebige oder attraktiv eintrocknende Werkstoffe enthalten. Die Gedenk- und die Trockenfloristik bieten passende Beispiele. Andererseits zählen Gestaltungen aus Nachbildungen frischer Werkstoffe dazu. Diese Nachbildungen sind als → Textilblumen oder als Blumen aus → Kunststoff erhältlich.
Bepflanzte Schalen, die verglichen mit Werkstücken aus Schnittware zwar ebenfalls länger halten, sollten im Sinn einer klaren Abgrenzung nicht als Dauerfloristik bezeichnet werden.

→ Gedenkfloristik → Pflanzschale → Trockenwerkstoff

Deichform, Deichprofil

Als Deichform werden Profile von Kranzkörpern bezeichnet, deren Querschnitt an den eines Deichs erinnert, der zum Wasser hin vergleichsweise lang und in flachem Winkel abfällt, während die Landseite einen steilen Winkel aufweist. Es entstehen → Kranzkörper, die sich besonders eng an den Untergrund anschmiegen.

→ Goldener Schnitt → Kranzprofil

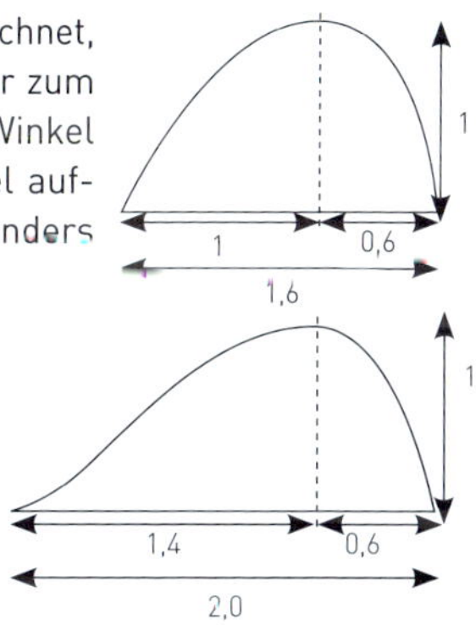

Proportionen beim Deichprofil: nach Goldenem Schnitt und mit flacher Kranzaußenseite

Deko-, -deko

Die Wortverkürzung „Deko" wird meist an Stelle des vollständigen Begriffs Dekoration eingesetzt. Im Sinn einer genauen und sinnvollen Fachsprache ist diese Vorgehensweise bzw. der verkürzte Begriff abzulehnen.
Zum einen erfolgt in der Floristik fachsprachlich in vielen Fällen eine falsche Verwendung, da → Dekorieren und → Schmücken unterschiedlich definiert sind. Zum anderen ist im Sinn einer korrekten Fachsprache auch und vor allem im Umgang mit Kunden eine Wortverstümmelung nicht vertretbar. Schließlich wird diese Wortsilbe in so unterschiedlichen Wortzusammensetzungen verwendet, dass sie keine eindeutige Aussage darstellt. Zur Verdeutlichung einige Beispiele mit fachsprach-

licher Alternative: Deko-Elemente – Dekorationselemente / Deko-Draht – Zierdraht / Deko-Kordel, Deko-Band – Schmuckkordel, Schmuckband / Deko-Nadeln – Perlkopfnadeln / Tischdeko – Tischschmuck, Tischdekoration

Hinweis (als Negativ-Beispiel): Die Tisch-Deko ist mit Deko-Chrysanthemen gefertigt. Deko-Nadeln halten die Deko-Bänder an der dekorativen Tischdecke, die zusätzlich mit Deko-Steinen bestreut ist. Als weiteres Deko-Element fasst Deko-Kordel die Tischdecke an den Ecken knotenartig zusammen.

Dekor

Unter dem Dekor versteht man im Allgemeinen die Verzierung eines Gegenstands bzw. den zusätzlich auf eine Sache aufgebrachten Schmuck. So ist das ⇢ Relief auf einem Terrakotta-Gefäß ebenso als Dekor zu bezeichnen, wie die Bemalung eines Keramikgefäßes oder das Muster eines Schmuckbands. Insofern ist der Begriff eng verwandt mit dem Begriff ⇢ Ornament. Allerdings wird hiermit meist die einzelne schmückende Form, mit Dekor dagegen die Gesamtheit des Schmucks eines Gegenstands bezeichnet. Die Grundform eines Dekors wird auch als ⇢ Motiv bezeichnet.

Vasen mit Blatt-Dekor. Die einzelnen Blattformen sind die Ornamente.

⇢ Keramik ⇢ Schmuckband ⇢ Terrakotta

dekorativ

Der Begriff wird auch mit der Bedeutung „schmückend" verwendet.

⇢ Gestaltungsart, dekorative

dekorieren

Unter Dekorieren versteht man in der Floristik eine zwar schmückende, aber zugleich den Charakter und die Bedeutung einer Sache verändernde Gestaltung. In diesem Sinn kann man z. B. von Tischdekoration sprechen, da aus einem herkömmlichen Tischmöbel mit Stoffen, Gedecken und Blumenschmuck eine Festtafel wird. Eine Raumdekoration schafft jedoch allenfalls der Raumausstatter bzw. Dekorateur mit Farben, Tapeten, Zierleisten, Gardinenstoffen etc. Die Floristik kann einen Raum dagegen meist nur schmücken, schon wegen der im Vergleich zum Raum oft nur geringen Werkstückgrößen.
⇢ Schmücken bedeutet dagegen, eine Person oder eine Sache in ihrer Art, ihrem Aussehen, ihrer Stilistik zu betonen und zusätzlich zu verzieren.
Vergleiche dazu auch die Erläuterungen unter ⇢ Raumschmuck, floristischer und ⇢ Tischschmuck, floristischer.

Delfter Fayence

Eine Weichkeramikart, die oft wegen der weißen Grundfarbe der Glasur den technisch falschen Namen „Delfter Porzellan" trägt.

→ Fayence → Keramik → Porzellan → Weichkeramik

Design

Unter Design (lat.: designare = bezeichnen, nachbilden) versteht man sowohl den Prozess der Gestaltung als auch die fertige Form- und Farbgebung einer Sache, z. B. den aus einem → Motiv bestehenden Schmuck eines Gegenstands. Jede Gestaltung ist letztlich als Design zu bezeichnen.

Der Begriff wird seit etwa 50 Jahren immer häufiger verwendet (z. B. Webdesign, Genfood-Design). Für die Designentwicklung ausschlaggebende Kriterien richten sich sowohl nach der Funktion des Gegenstands als auch nach kulturellen, emotionalen, ästhetischen und stilistischen Gesichtspunkten. Bei funktionalem Design steht die Funktion im Vordergrund. Mit entsprechenden Begriffsbildungen lässt sich auch von emotionalem, nostalgischem, modernem, futuristischem Design, Retro-Design usw. sprechen. Der Florist kann sich in diesem Sinn als Floral-Designer verstehen, seine Kreationen haben vom Werkstoff her ein Natur-Design.

→ Ästhetik → Bauhaus → Stil

Desinfektion

Desinfektion erfolgt in der Floristik bei Vasen und Werkzeugen. Diese müssen generell sauber sein und gelegentlich desinfiziert werden, denn Schmutzbeläge auf den Flächen sind eine ideale Entwicklungsbasis für Bakterien. Vasenwasser würde verunreinigt bzw. die Bakterien würden direkt auf die Schnittstellen der Blumen übertragen, wo sie in die Leitungsbahnen der Stiele eindringen und die Haltbarkeit der Schnittblumen wesentlich mindern. Desinfektion erfolgt mit Handschuhen, denn das Mittel darf nicht auf die Haut gelangen, die es sofort aufnehmen würde, so dass es im Körper schädlich wirken kann. Beim Einsprühen ist außerdem darauf zu achten, dass das Mittel keinesfalls eingeatmet wird. Besser ist das Aus- bzw. Abwischen mit einem Schwamm. Generell müssen Desinfektionsmittel vor der Weiterverwendung von Vasen und Werkzeugen eine Weile einwirken, um ihren Effekt voll zu entfalten.

→ anschneiden, Anschnitt → Schnittblume

Diadem

Mit dem Begriff Diadem (griech.-lat.: Umgebundenes) ist ursprünglich eine Stirnbinde gemeint, die zunächst aus Bändern, später aus Metall gefertigt wurde und schließlich zur Entwicklung von Kronen geführt hat. Heute versteht man, im Gegensatz zum vollständigen → Kopfkranz, oft den halben Haarreif bzw. eine Halbkrone darunter, der bzw. die zuweilen frontal über der Stirn höher und damit prächtiger gestaltet ist. Vom bandartigen Ursprung her ist eine flache Form wichtig, wiederum im Gegensatz zum vollrunden Kopfkranz. Während ein Diadem früher ein Herrscherzeichen war, ist es heute lediglich Schmuckstück und wird vorrangig als ···> Brautschmuck getragen. Hier ist es in floristischer Ausführung gebräuchlich.

Dimension

···> Formdimension ···> Formeigenschaft

Display

Unter einem Display (engl.: to display = zeigen, zur Schau stellen) versteht man Hilfsmittel, mit denen Ware werbe- und verkaufswirksam präsentiert werden kann. In der Regel sind vom Hersteller an den Einzelhandel mitgelieferte Verpackungen, besonders Großpackungen, z. B. aus Pappe und Kunststoff, damit gemeint, die die enthaltene Ware in attraktiver, kundenorientierter, zuweilen auch erläuternder Weise präsentieren. Solche Displays helfen, die Ware optimal darzustellen, sie zugriffsgünstig zu positionieren, die Funktion der Ware zu verdeutlichen und zum Kauf anregende Emotionen zu wecken.

Disymmetrie

Die Disymmetrie ist eine ···> Achsensymmetrie und als Unterart der ···> Ordnungsart Symmetrie anzusehen. Eine disymmetrische Ordnung zeigt zwei ···> Symmetrieachsen, die sich im rechten Winkel kreuzen. Durch diese Achsenkreuzung wird ein Mittelpunkt hervorgehoben. Er ist gleichzeitig ···> Waagepunkt eines disymmetrischen Werkstücks. Ein ···> Hauptmotiv ist im Bereich dieses Punkts zu finden. Die ···> Nebenmotive müssen sich an beiden Achsen ausrichten. Liegen sie auf den Achsen, müssen sie wenigstens paarig vorhanden sein, liegen sie in den Bereichen zwischen den Achsen, sind sie wenigstens vierfach zu finden. Die Disymmetrie kann wegen des Mittelpunkts auch als ···> Punktsymmetrie und sogar als ···> Rotationssymmetrie aufgefasst werden. Dann stellt man sich die Motivwiederholung nicht als Spiegelung an einer Achse, sondern als viermalige 90°-Drehung um den Mittelpunkt vor. Disymmetrische Gestaltungen werden in der Floristik oft bei ···> Tischschmuck, ···> Sargschmuck, Grabgestecken und auch beim ···> Adventskranz entwickelt. Bezüglich der Baustile findet man Disymmetrie oft in großen Sälen z. B. des ···> Barock und ···> Klassizismus.

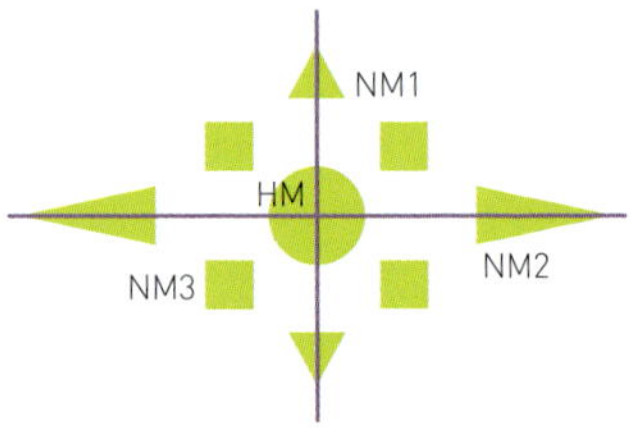

Das Schema disymmetrischer Ordnung lässt sich mit folgenden Elementen entwickeln: mittiges Hauptmotiv (HM), wenigstens paarige Nebenmotive (NM1, NM2) in Richtung jeweils einer Achse und schließlich vierfache Nebenmotive (NM3) in den zwischen den Achsen gelegenen Bereichen.

Docht

Der Docht einer Kerze ist ein meist mittiger, geflochtener Faden, der das geschmolzene Wachs aufsaugt und so dessen Verbrennung in der Flamme ermöglicht. Dochte sind in ihrer Stärke der jeweiligen Kerzendicke und der Wachsart angepasst. Sie bestehen aus Baumwollfasern, die durch strammeres Spannen eines Fadens so verflochten werden, dass sich der Docht beim Abbrennen zur Spitze hin leicht krümmt. So wird ein weitgehend rückstandsfreies Verbrennen des Dochts an der Grenze der Flamme zur umgebenden Luft ermöglicht, denn nur hier steht der dazu nötige Sauerstoff zur Verfügung. Ein guter, auf die jeweilige Kerze abgestimmter Docht ist ein wichtiges Qualitätsmerkmal von Kerzen. Zu starke Dochte führen zum Abschmelzen des Wachses und zum Tropfen der Kerzen, zu dünne Dochte ertrinken schließlich im verflüssigten Wachs. Sich unzureichend krümmende Dochte führen zum Rußen der Flamme.

→ Kerze → Kerzenbehandlung

dominieren, dominierend

→ Geltungsanspruch → herrschend

dorisch

Bezeichnung einer antiken, griechischen Bauordnung.

→ Antike → Säule → Tempel

Draht

Das technische → Hilfsmittel Draht besteht in der Regel aus → Eisen und wird durch Walzen und Ziehen hergestellt. Das → Blauglühen, bei dem das Eisen einen leicht bläulichen Schimmer annimmt, bestimmt die Biegefähigkeit. Gegen → Rost ist der Draht leicht geölt, dennoch muss er trocken gelagert werden. Einige Sorten werden verzinkt (→ Zink) oder, wie Stützdraht, lackiert angeboten. Auch dies bewirkt Korrosionsschutz. Grüner Lack macht den Draht darüber hinaus im Werkstück unauffälliger. Man unterscheidet je nach Form bzw. Anwendung:

Drahtprodukte, bereitgelegt zum Einsatz

- Drahtstäbe/-stücke (→ Steck-, → Stütz-, → Silberdraht, auch Schweißdraht)
- lang laufender Draht auf Rollen (→ Wickeldraht, → Myrtendraht, → Spanndraht)
- Drahtformteile (→ Hafte, → Drahtring, Drahtstern etc.)
- Drahtmatten (→ Drahtgeflecht bzw. → Drahtgitter)

Drahtgeflecht

Drahtgeflecht, auch als Maschendraht bezeichnet, ist in verschiedenen Ausführungen erhältlich. In der Floristik wird Sechseckgeflecht (Hasen-, Kükendraht) mit unterschiedlichen Maschengrößen eingesetzt. Lackierungen machen das Geflecht zum Gestaltungsmittel. Zum Schutz gegen Rost sind ein grüner Kunststoffüberzug oder Verzinkung üblich. Drahtgeflecht kann demnach sowohl als rein technisches als auch als gestalterisches ⇢ Steckhilfsmittel dienen. Vielfach wird es zur Verstärkung von ⇢ Steckschaum verwendet, indem dieser mit dem Geflecht umlegt wird. Aus Drahtgeflecht lassen sich außerdem Formteile, z. B. Füllhörner, zurecht biegen. Aus stärkerem Draht sind Zaundrahtgeflecht und ⇢ Ballierdrahtnetz erhältlich und floristisch verwendbar.

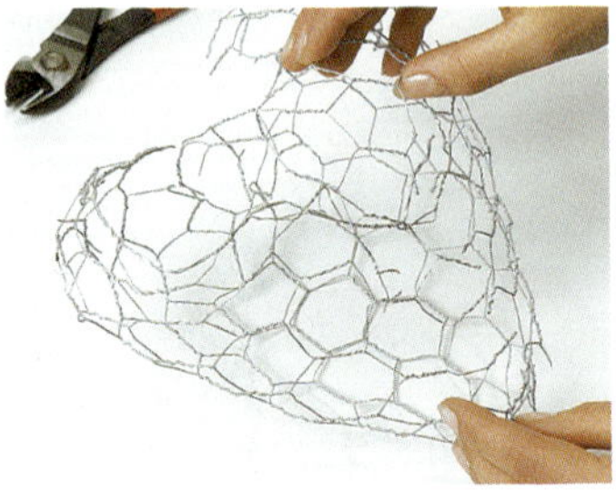
Biegen einer Herzform aus verzinktem Sechseckgeflecht

⇢ Ballierleinen ⇢ Drahtgitter ⇢ Kunststoff ⇢ Zink

Drahtgitter

Drahtgitter werden in Form von ⇢ Drahtgeflecht oder als Gitter, deren Drähte rechtwinklig aufeinander geschweißt sind, angeboten. Letztere stellen eigentlich keine Geflechte dar, da die sich kreuzenden Drähte nicht miteinander verflochten sind. Sie sind demnach weniger stabil, da sich die Verschweißungen lösen können, dienen jedoch den gleichen Aufgaben wie Drahtgeflechte.

Drahtmatte

⇢ Drahtgeflecht ⇢ Drahtgitter

Drahtring

Drahtringe dienen in der Floristik als technische ⇢ Hilfsmittel bzw. Unterlagen für kranz-, reifen- oder ringförmige Gestaltungen, z. B. Türkranz, ⇢ Adventskranz, ⇢ Kopfkranz und Myrtenring. Sie sind aus rundem oder flachem sowie aus glattem oder gewelltem Draht erhältlich. Die flache und leicht gewellte Form ist griffiger und hilft, das Verrutschen von aufgewickeltem ⇢ Werkstoff zu verhindern.

Welldrahtringe als stabile technische Unterlage für einen Kranz aus Koniferenzweigen.

⇢ Türschmuck, floristischer

Drainage

⇢ Dränung

Dränung

Die Dränung dient dem Entwässern des Substrats in einer Pflanzung. In der Floristik ist insbesondere das Dränieren von Pflanzschalen mit passendem Dränmaterial von Bedeutung. Dazu wird im unteren Bereich der Schale z. B. → Blähton eingefüllt und mit wasserdurchlässigem → Vlies bedeckt, damit die Erde nicht nach und nach in das Dränmaterial eingeschlämmt wird. Bei Schalenbepflanzungen für das Freiland muss zur Dränung außerdem wenigstens ein → Wasserabflussloch im Boden der Pflanzschale vorhanden sein. Bei Zimmerpflanzschalen ist dies nicht möglich. Umso großzügiger muss hier die Dränschicht sein und es muss entsprechend vorsichtiger gegossen werden.

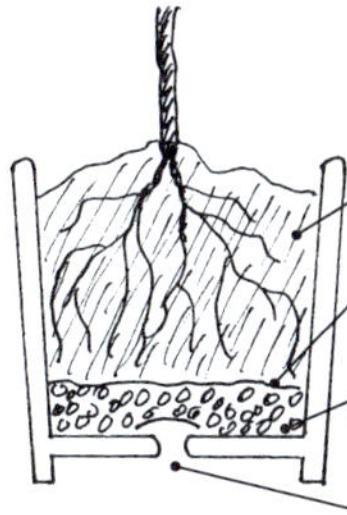

→ Gießen → Substrat → umtopfen

Draufsicht

→ Grundriss

Drehsymmetrie

→ Ordnungsart Symmetrie → Rotationssymmetrie

Duchesse

→ Brautkleid → Seide

Düngemittel

Düngemittel enthalten Nährstoffe für die Pflanze und dienen ihrer Entwicklung. Sie werden dem → Substrat zugefügt, um die von den Pflanzen entnommenen Nährstoffe zu ersetzen. Man unterscheidet nach unterschiedlichen Gesichtspunkten:

- Flüssigdünger
- Dünger in fester Form (Granulate, Stäbchen, Salzkristalle)
- anorganische (mineralische) Dünger
- organische Dünger, wie Hornspäne und Mist
- Sofortdünger, bei denen die Nährstoffe sofort für die Pflanze verfügbar sind
- Langzeit- bzw. Depotdünger, die nach und nach die Nährstoffe frei geben
- Volldünger, die alle wichtigen Nährstoffe (N, P, K plus wichtige Elemente und Spurenelemente) enthalten
- Dünger, die nur einen Einzelnährstoff (z. B. Phosphat) oder wenige, ausgewählte Nährstoffe enthalten
- Dünger für bestimmte Pflanzengruppen, z. B. Blüh- und Grünpflanzen, Orchideen, Kakteen und Sukkulenten

Die meisten Mineraldünger müssen verdünnt bzw. aufgelöst und mit dem Gießwasser verabreicht werden. Organische Dünger, wie Hornspäne, werden unter die Erde gemischt. Langzeitdünger sind so eingestellt, dass sie die Nährstoffe nach und nach abgeben, wodurch die Überdüngungsgefahr vermindert ist. Beim ⇢ Ionenaustauschdünger, der in der ⇢ Hydrokultur eingesetzt wird und als Nährstoffdepot wirkt, besteht diese Gefahr nahezu gar nicht.

⇢ düngen ⇢ Kernnährelement ⇢ Nährelement

düngen

Unter Düngen versteht man das Zufügen der für die Entwicklung von Pflanzen notwendigen Nährstoffe, die diese zuvor dem ⇢ Substrat entzogen haben. Dabei sind folgende Kriterien zu beachten:

- Pflanzenart mit entsprechendem Nährstoffbedarf
- Entwicklungszustand der Pflanze
- Wurzelballenbeschaffenheit (nie auf trockenen Ballen düngen)
- Vegetationsperiode bzw. Ruhezeit der Pflanze
- Art des Düngers
- Formulierung des Düngers (flüssig, granuliert, pulverig, konzentriert, usw.)
- ausreichende Dünge-Intervalle
- Düngerkonzentration bzw. -menge

Eine Überdüngung, die durch Beachtung der obigen Kriterien vermeidbar ist, führt durch die Umkehrung der Osmose und die folgende Plasmolyse in den Wurzelzellen schnell zu so genannten Salzschäden an den Pflanzen.

⇢ Düngemittel ⇢ Nährelement ⇢ Kernnährelement

Dynamik, dynamisch

Der Begriff der Dynamik wird in der Floristik in gestalterischem Sinn verwendet. Wenn eine Gestaltung durch lineare Bewegungsformen und durch spannende Positionierung von Werkstoffen den Eindruck von Bewegtheit macht, bezeichnet man sie als dynamisch. Die Bewegung bzw. Dynamik wird einerseits durch das Verfolgen der Linien der Werkstoffe mit dem Auge vermittelt. Andererseits empfindet der Betrachter durch die optischen Gewichte eine Spannung oder mögliche Bewegung, die diese bewirken würden, sobald der technisch notwendige Halt nicht gegeben wäre. Der Halt wird gestalterisch oft von lagernden Formen bewirkt.

Positionierung der Formen und optische Gewichte erzeugen Dynamik

⇢ Bewegungsform, floristische ⇢ Form, lineare ⇢ Gewicht, optisches ⇢ Schwerpunkt ⇢ Statik

E

easy, Lebenswelt Easy

Im von der Firma BLOOM's GmbH entwickelten Marketing-Konzept der ⇢ Lebenswelten wird mit Easy die Lebenswelt für unkomplizierte Optimisten beschrieben.

In diese Lebenswelt werden meist junge Familien mit Kindern eingeordnet. Die Einrichtung ihrer Wohnung oder des Reihenhaues ist unkompliziert, praktisch und in jedem Fall kindgerecht. Die Materialien sind pflegeleicht, Kunststoff beherrscht neben hellen Holzmöbeln die Räume. Pflanzen gehören genauso dazu wie fröhlich wirkende Accessoires. Grünpflanzen hauchen den Räumen Leben ein, bunte Blütenpflanzen passen zum farbigen Interieur. Beliebt sind Pflanzen, die auch von Kindern gepflegt und beobachtet werden können. Übertöpfe sind bunt, schlicht in der Form, kariert oder gestreift. Liebenswerte Sträußchen gehören auf den Tisch, sind ebenfalls bunt und erinnern an von Kindern gepflückte Wiesensträuße. Vasen weisen meist einfache Formen auf, sind z. B. aus klarem Glas, Porzellan oder Kunststoff. Der helle, fröhliche Stil setzt sich im Garten, auf dem Balkon oder der Terrasse fort. Dazu gehören neben Zierpflanzen auch die eine oder andere Gemüsepflanze und Kräuter. Holz- und Terrakotta-Kübel oder Kunststoffgefäße sind mit Kletterpflanzen sowie blühenden Stauden bepflanzt.

Soll die Easy Lebenswelt mit Produkten angesprochen werden, sind helle Farben und klare Warenpräsentationen wichtig. Zu Pflanzen müssen z. B. die passenden Gefäße präsentiert werden. Die Floristik ist eher klein, dekorativ rund, symmetrisch und unkompliziert-charmant.

⇢ Marketing

edel, Edelform

Es handelt sich um einen der fünf Geltungsansprüche. Da der Form-Begriff nicht in vollem Sinn zutrifft bzw. unpräzise ist, verwendet man besser die Bezeichnung „Werkstoffe, die edel wirken". Sie wirken entweder durch ihre Besonderheit im Vergleich zu gewohnten und häufiger zu sehenden Blumen oder sie strahlen aufgrund ihrer allgemein bekannten Symbolik etwas Edles aus oder ihre Form bzw. farbliche Erscheinung ist besonders außergewöhnlich. Sie stellen an die Verarbeitung ähnliche Anforderungen wie Blumen, die herrschen wollen. Allerdings sind sie nicht nur als Solitäre, sondern auch in größerer Zahl verwendbar, ohne ihre edle Wirkung einzubüßen. Darin gleichen sie den geltenden oder vermittelnden Blumen. Beispiele sind Edelrosen, kleinere Orchideen und Christrosen. Es zeigt sich, dass ein generelles Einfügen zwischen den Rangstufen der herrschenden und der geltenden Werkstoffe nicht immer sinnvoll ist, da edelwirkende Werkstoffe gleichzeitig auch herrschend oder, in einem anderen Fall, evtl. geltend und vermittelnd wirken.

→ Geltungsanspruch → herrschend

Efeunadel

→ Krampe

Eierstab

Als Eierstab oder Kymation bezeichnet man ein stabförmig langes Zierornament, das sich aus Ei-Formen zusammensetzt. Als zierende Gesimskante oder als Friesform ist es schon

in der griechischen → Antike zu finden und taucht in Baustilen, die sich auf die Antike beziehen, z. B. → Renaissance, → Klassizismus und → Empire, vielfach wieder auf.

→ Fries → Stilkunde

Einfarbigkeit, variierende

→ Farbakkord → Gleichklang → Harmonie variierender Einfarbigkeit

Einstellhilfe

Einstellhilfen dienen in der Floristik dazu, Schnittblumen zum Verkauf in einer Vase in Position zu halten. Vor allem bei Ware mit empfindlichen, großen Blüten, die ihre ganze Wirkung verkaufsfördernd entfalten sollen und möglichst nicht aneinander stoßen dürfen, sind Einstellhilfen einzusetzen, z. B. in verschiedenen Größen vorgefertigte Drahtgestelle oder Flaschenbürsten. Aus → Drahtgeflecht geformte Einstellhilfen lassen sich an verschiedene Gefäßformen anpassen. Im Übrigen können Einstellhilfen auch als alternative Steckhilfen betrachtet werden und als solche bei der Werkstückerstellung, vor allem bei großen Gefäßfüllungen, zum Einsatz kommen. Einstellhilfen sind dauerhaft verwendbar und müssen regelmäßig gesäubert werden.

Eisen

Das chemische Element Eisen (chem. Zeichen Fe) ist ein Metall, das gegen den Oxidationsvorgang des Verrostens geschützt werden muss. Ölen, Lackieren und Verzinken sind gängige Verfahren gegen das Rosten. Lediglich als Edelstahl ist Eisen relativ rostunempfindlich, floristisch aber, mit Ausnahme mancher Gefäße, kaum von Bedeutung.

Gusseisengefäß mit rostiger Oberfläche

In der Floristik ist Eisen im Wesentlichen als Grundstoff für → Draht als technisches Hilfsmittel und als Gefäßmaterial wichtig. Oft sind verzinkte Eisenblech-Gefäße zu finden. Auch gusseiserne Gefäße werden in der Floristik eingesetzt. Sie sind dickwandig und werden teils geölt, teils auch gar nicht gegen Oxidation geschützt. Der in diesem Fall entstehende Rostüberzug verleiht den Gefäßen eine antike Anmutung und eine eher natürlich als technisch wirkende Oberfläche.

→ blauglühen → Rost → Zink

Emaille

Unter Emaille versteht man anorganische, glasähnliche Schmelzen, die aus Mineralien und eventuell zugefügten, färbenden Metalloxiden bestehen. Sie sind der → Glasur bei → Keramik relativ ähnlich. Die Emaille (auch das Email) kann lichtundurchlässig oder leicht lichtdurchlässig sein. Emaille wird auf Trägermaterialien, meist Metallbleche, durch Tauchen, Spritzen oder Bemalen aufgetragen. Durch Schmelzen und anschließendes Erkalten entsteht eine glasartig harte Beschichtung, die fest mit dem Untergrund verbunden ist. Dies bewirkt sowohl einen Rostschutz als auch einen schmückenden Überzug, teils mit farbigen Mustern, der zudem leicht zu reinigen ist. Bevor Edelstahl und Kunststoffe ihre weite Verbreitung fanden, waren z. B. preiswerte Schüsseln, Tassen, Krüge, Teller usw. aus emailliertem Eisenblech häufig. Sie werden in traditioneller Anmutung vielfach auch heute noch angeboten. Allgegenwärtig ist Emaille bei Straßenschildern und als weißer Schutzüberzug von Gehäusen von Waschmaschinen, Herden etc. Als schmückende Oberflächengestaltung werden verschiedene Emaille-Arten bzw. Emaillierungsarten unterschieden, je nachdem, wie das Emaille aufgebracht ist, vom Trägermaterial gehalten wird oder gestalterisch wirkt. Einige Beispiele: Fensteremaille ähnelt bleiverglasten Fenstern und der Tiffany-Technik. Beim Grubenschmelz ist die Emaille in Vertiefungen des Trägermaterials eingeschmolzen. Beim Zellenschmelz (franz.: email cloisonné) werden die emaillierten Bereiche durch schmale Metallstege voneinander getrennt. Freie Emaille-Malerei gibt es ebenfalls. Werden Emaille-Gegenstände, z. B. Gefäße, Windlichtgefäße und Accessoires, in der Floristik verarbeitet, muss

technisch ihre Bruch- und Kratzempfindlichkeit beachtet werden. Gestalterisch haben vor allem Form und Farbigkeit der jeweiligen Emaille-Flächen Einfluss auf die floristische Gestaltung.
Aus Preisgründen und wegen der geringeren Bruchempfindlichkeit wird Emaille heute oft durch farbigen → Kunststoff bzw. Kunststoffüberzüge oder Lacke ersetzt, die jedoch wesentlich kratzempfindlicher sind und unter Sonnenbestrahlung auf Dauer ihre Farbigkeit und Konsistenz verändern können.

Empire

Das Empire (franz.: Kaiserreich) ist nach der Herrschaft Napoleons I. benannt. Als Endphase des → Klassizismus breitete sich dieser Stil zwischen 1800 und 1830 von Paris über ganz Europa als Stilform des Adels aus, während das Bürgertum die beschaulicheren, einfacheren Biedermeierformen bevorzugte. Es entstanden repräsentative Bauten (z. B. Arc de Triomphe in Paris) mit geradlinig-flächigen Wänden und einer an die römisch-griechische und ägyptische → Antike erinnernden Ornamentik. → Mäander, → Palmette, Fackelform, → Girlande und → Feston sind auch auf Möbeln, Vasen, Leuchtern usw. zu finden. Antike → Gefäßformen wurden in → Bronze gegossen. Ebenholz oder schwarz gefärbtes Holz wurde zur Verzierung der Einrichtung verwendet. → Sphinx und → Obelisk waren beliebte Motive.

Empiregefäß mit Deckel

→ Biedermeier → Stilepoche

Empore

Als Empore bezeichnet man eine erhöhte Galerie oder eine Art Tribüne, die sich an einer oder mehreren Seiten eines Raums befindet und zum Haupt- oder Zentralraum hin offen ist. In Kirchen finden sich Emporen häufig über den Seitenschiffen oder als Orgelempore. In Theaterbauten werden Emporen auch als Ränge oder Logen bezeichnet.

en vogue

Vogue ist der französische und englische Begriff für Mode. Daraus leitet sich der Name einer der führenden Zeitschriften im Modebereich ab: die VOGUE, in den USA seit 1892, in Deutschland seit 1979 erhältlich. Ihre Veröffentlichungen haben erheblichen Einfluss auf Trends, nicht zuletzt in der Floristik, z. B. bei den aktuellen Farben. Wenn etwas en vogue ist, bedeutet dies, dass es zurzeit in Mode ist.

→ Trend

englisch

→ Brautstraußtechnik → Landschaftsgarten → Technik, englische

Engobe
Eine Engobe ist ein dünnflüssiger Tonbrei. Er wird zur Bemalung oder durch Tauchen bzw. Aufspritzen zur Beschichtung von Keramikprodukten verwendet. Das Engobieren erfolgt entweder auf den noch ungebrannten, vorgetrockneten, lederharten ⇢ Scherben oder auf den bereits in einem ersten Brand (⇢ Rohbrand) gehärteten Scherben. Der folgende Brand (End- oder ⇢ Glattbrand) verbindet Scherben und Engobe fest miteinander. Engoben zeigen im Vergleich zur ⇢ Glasur normalerweise eher raue, stumpfe Oberflächen. Als so genannte Sinter-Engoben können sie durch Metalloxide und glasierende Inhaltsstoffe auch zu leicht glänzenden, glatteren und entsprechend gefärbten Oberflächen führen.

⇢ Keramik

Entdorner

⇢ Rosenentdorner

Entfernungskontrast
Der Entfernungskontrast ist ein subjektiv empfundener Farbkontrast. Er wird auch als Nah-Fern-Kontrast bezeichnet und beruht auf alltäglichen Seherfahrungen. Bei der Wahrnehmung weiter entfernt liegender Bereiche oder Gegenstände stellt man ein allmähliches Verschwimmen der Konturen und eine Abnahme der Farbintensität fest, während Naheliegendes klar und deutlich wahrgenommen wird. Weit entfernte Landschaftsteile z. B. erscheinen gegenüber ihrer eigentlichen Farbigkeit etwas heller und vergraut. Außerdem wird mit hellen Blaunuancen, wie sie der weite Himmel zeigt, eine große Entfernung verbunden, während der oft braune Erdboden, auf dem man steht, sich in unmittelbarer Nähe befindet. Darüber hinaus erfahren die als rot einerseits und als blau andererseits empfundenen Lichtwellen in der Linse des Auges den stärksten Unterschied in der Ablenkung durch Lichtbrechung. Deshalb werden rote und blaue Gegenstände leicht verschieden auf die Netzhaut projiziert, die roten werden dabei unbewusst als geringfügig näher liegend wahrgenommen als die blauen.

Entsprechend bewirkt eine Farbkombination aus hell getrübten, bläulich grauen Farbnuancen mit reinen Orange- und Rottönen einen Entfernungskontrast. Diese Wirkung ist allerdings innerhalb eines Werkstücks kaum umsetzbar, sondern wird bei größeren Arbeiten, z. B. im Raumschmuck, eingesetzt. Der subjektiv empfundene Entfernungskontrast ist, wie das genannte Beispiel zeigt, meist gleichzeitig ein objektiver Qualitätskontrast aus reinen und trüben Farben sowie außerdem ein objektiver Komplementärkontrast.

⇢ Farbharmonie der Gegensätze ⇢ Farbkontrast, objektiver
⇢ Farbkontrast, subjektiver

Entwicklungspunkt

→ Wuchspunkt

Entwurfszeichnen

Als Entwurfszeichnen bezeichnet man das Skizzieren von gestalterischen Ideen und Überlegungen vor der eigentlichen, dinglichen Ausführung der floristischen Werkstücke und Gestaltungen. Mit zeichnerischen Mitteln werden dabei die Gegebenheiten zu Raum, Möbeln etc. einerseits und der Floristik andererseits festgehalten und im Wesentlichen verdeutlicht. Solche Skizzen können einem Kunden Aussehen und Wirkung einer Gestaltungsidee vor Augen führen und daher die Kaufentscheidung beeinflussen und erleichtern. Als floristisches Hilfsmittel sind Skizzen insbesondere bei größeren und aufwändigeren Arbeiten wie → Braut-, → Tisch- und → Raumschmuck sowohl verkäuferisch als auch gestalterisch von Bedeutung. Ähnlich ist der Begriff → Planzeichnen zu verstehen. Die folgenden Verweisbegriffe verdeutlichen die vielfältigen Ausführungsmöglichkeiten des Entwurfszeichnens.

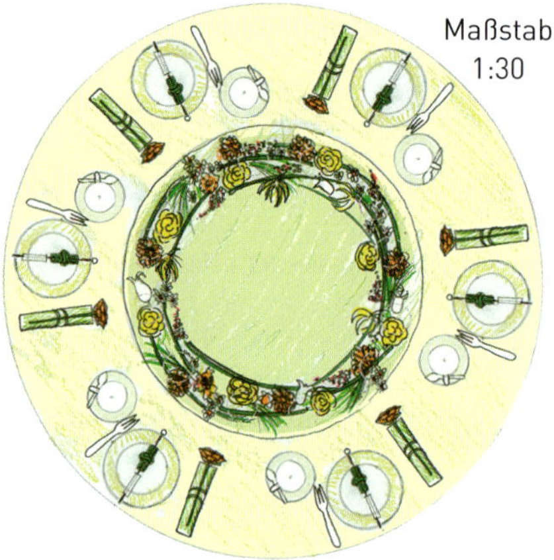

Entwurfszeichnung für einen Tischschmuck in Draufsicht

→ Aufriss → Axonometrie → Frontalperspektive → Froschperspektive → Grundriss → Parallelperspektive → Seitenriss → Skizze → Übereckperspektive → Vogelperspektive → Zentralperspektive

epiphytisch

Der Begriff Epiphyt stammt aus dem Griechischen und bedeutet „auf einer anderen Pflanze wachsend". Epiphyten siedeln auf anderen Pflanzen, um die höher gelegenen und damit lichtreicheren Zonen dichter Wälder zu erreichen. Sie entziehen ihren Wirten jedoch keine Nährstoffe, sind also keine Schmarotzer. Um an Nährstoffe zu gelangen, haben sie spezielle Anpassungen entwickelt. Saugschuppen nehmen Wasser und Nährstoffe aus dem Regen auf, Blattzisternen sammeln Regenwasser und herunterfallende Stoffe wie Blätter, die hier in der Folgezeit zu Humus zerfallen. Die Wurzeln haben häufig eine spezielle, besonders aufnahmefähige Außenhaut. Auch Speicherorgane und die Reduktion des Stoffwechsels in Trockenphasen kommen vor. Insgesamt kommen Epiphyten ohnehin durch ihre Anpassung an den Lebensraum bzw. Standort mit Wasser- und Nährstoffmangel relativ gut zurecht. Beispiele sind Geweih- und Nestfarn, tropische Orchideen, die meisten Bromelien-Arten, manche Kakteen-Arten und auch Flechten und Moose. Epiphytisch wachsend ist eine → Werkstoffeigenschaft, die zunächst bei ganzen Pflanzen pflegetechnisch beachtet werden muss. Auch gestalterisch ist das epiphythische Vorkommen von Pflanzen wichtig, wenn vegetativ und naturhaft wirkend gestaltet wird.

→ terrestrisch

Ergänzungssymmetrie

→ Komplementärsymmetrie → Ordnungsart Symmetrie

Ergonomie

Ergonomie ist die Wissenschaft von der Anpassung der Arbeit an den Menschen mit seinen grundlegenden Eigenschaften und Fähigkeiten. Vorrangig geht es dabei um eine weniger belastende und ermüdende Arbeitsweise, die fehlerfreie Abläufe ermöglicht. Insofern ist die Ergonomie Teil des Arbeitsschutzes und der Arbeitssicherheit. Außerdem wird eine rationelle, also Zeit, Energie und Material sparende Vorgehensweise beim Arbeiten angestrebt. Dazu sind gut handhabbare und komfortabel zu nutzende Werkzeuge und Maschinen sowie gut geplante und aufeinander abgestimmte Arbeitsabläufe erforderlich. Damit hat die Ergonomie große betriebswirtschaftliche Bedeutung. In der Floristik sind die Serienfertigung für größere Mengen relativ gleichartiger Werkstücke, eine überlegte Einrichtung der Werkräume und ein gut durchdachtes, die Kundenberatung vereinfachendes Präsentationskonzept im Ladengeschäft Beispiele für ergonomische Ansatzpunkte.

Erntekranz, Erntekrone

Eine Erntekrone wird traditionell in Form einer Bügelkrone aus Getreide gearbeitet und oft mit bunten Bändern verziert. Beim Erntekranz verzichtet man auf die senkrechten Bügel, die die mittige Öffnung bei der Krone überspannen. Diese schon in historischer Zeit gebräuchlichen, floristischen Werkstücke werden heute noch zu Erntedank im Herbst mit modernen Werkstoffen und Materialien, z. B. exotischen Früchten und textilen Blüten, jedoch in enger Anlehnung an die überlieferte Form gearbeitet.

Ethno-

Die Vorsilbe „Ethno-" (griech.: ethnos = Volk) bezeichnet Fakten, Gegenstände, Verhaltens- und Vorgehensweisen etc., die sich auf Völker (Ethnien) bzw. auf Völkerkunde (Ethnologie) beziehen. Bei der Definition einer Ethnie, also dem, was ein Volk ausmacht, sind kulturelle Gegebenheiten und Traditionen wichtig, aber auch Religion und Geschichte spielen eine Rolle.

Benutzt man die Vorsilbe bei Gestaltung und → Design, z. B. in Begriffen wie Ethno-Look oder Ethno-Design, so ist damit eine Ausrichtung auf volkskulturell erkennbare Traditionen gemeint. Dabei wird keine ethnologische Exaktheit verfolgt, sondern es werden allgemein bekannte Vorstellungen von Gestaltungen aus dem Kulturkreis eines Volkes eingearbeitet. Das kann sogar dazu führen, dass die entwickelte „Ethno-Gestaltung“ im wissenschaftlichen Sinn falsch ist, weil das Bild, das man von den Gestaltungen eines Volkes hat, auf unrichtigen Vorstellungen beruht. Das liegt neben fehlendem Wissen oft auch daran, dass heute ethnische Begrifflichkeiten häufig auf Bevölkerungen angewandt werden, die außerhalb der westlichen oder ihr ähnlichen Zivilisationen stehen, z. B. Reste der indianischen Völker.

Moderne Einrichtung mit Ethno-Elementen, die auf Afrika verweisen. Proteen sind eine passende florale Ergänzung.

Für den Floristen als Gestalter ist entscheidend, dass die beabsichtigte Aussage für Konsumenten erkennbar ist. Beispiele sind ein Gesteck mit afrikanischer ⇢ Anmutung oder eine Schale mit Australien-Touch, die jeweils Formelemente enthalten, die an afrikanische Stammes-Kunst oder die Gestaltungen der australischen Aborigines erinnern. Die Gestaltung muss also den ethnologischen, in der Regel in Medien erworbenen Vorstellungen von Kunden entsprechen. Letztlich wird durch Blumenwahl und eingefügte Accessoires nur der Eindruck eines ethnischen Einflusses bewirkt.

⇢ Folklore

experimentell

Experimentell bedeutet so viel wie „versuchend, ausprobierend“. In der Floristik werden damit ungewohnte, weit über die normalen Formen floristischen Gestaltens hinausgehende Arbeiten bezeichnet, die sowohl den Versuch beinhalten, die Floristik technisch und vor allem gestalterisch weiterzuentwickeln, als auch einen Test darstellen, wie die entsprechende Gestaltung bei Kunden ankommt. Insofern zählt experimentelle Floristik immer auch zu den Entwicklungen der ⇢ Avantgarde.

F

Fahrzeugschmuck, floristischer

Floristischer Fahrzeugschmuck umfasst florale Gestaltungen auf oder an allen Arten von Fahrzeugen. Dazu gehören neben PKW und Kutschen auch Motorräder, Fahrräder und Boote. Für alle Varianten gilt vorrangig, dass durch den Schmuck die sichere Fahrzeugführung nicht beeinträchtigt werden darf und vor allem die Sicht des Fahrers in alle Richtungen erhalten bleiben muss. Ein ebenso wichtiges Kriterium ist ein sicherer Halt des Schmucks bei angemessener Fahrgeschwindigkeit, die für PKW 50 km/h nicht überschreiten sollte. Der dritte Aspekt betrifft die Vermeidung jeglicher Beschädigung des Fahrzeugs. Erst dann folgen die gestalterischen Gesichtspunkte wonach der Schmuck sowohl in Farbe und Stil dem Fahrzeug entsprechen, als auch zum Anlass für die Fahrt passen muss.

→ Hochzeitsschmuck, floristischer

Farbabstufung

Jede in Stufen erfolgende Änderung einer Farberscheinung kann als Farbabstufung bezeichnet werden.
Meist wird darunter eine Abstufung im → Unbuntgrad nur einer → Farbe verstanden, also Stufen der → Verweißlichung und/oder → Verschwärzlichung. So entstehen Farbleitern, die gleichzeitig Reinheitsabstufungen darstellen. Zusammen mit dem Unbuntgrad verändert sich dabei auch die → Helligkeit der Farberscheinung.

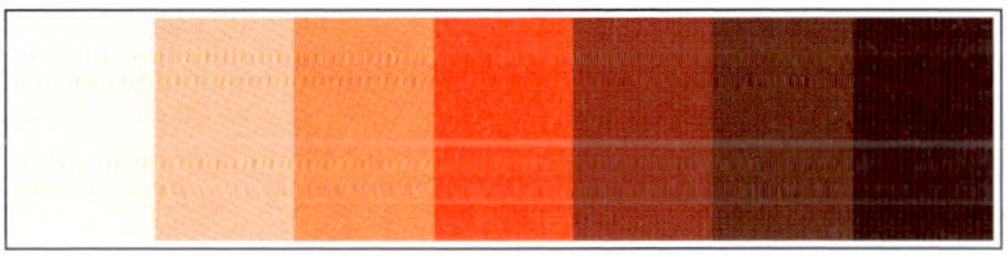

Eine ähnliche Farbabstufung bildet die Grauleiter, wobei Abstufungen zwischen der → Unbuntart → Weiß und der Unbuntart → Schwarz stattfinden.

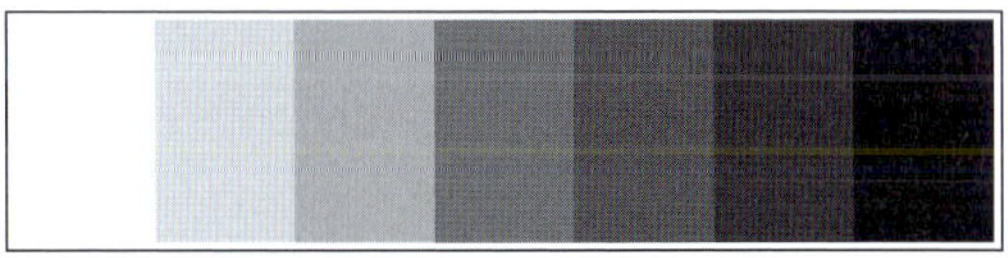

Dem vergleichbar kann auch der Übergang von einer ⇢ Farbnuance zur benachbarten Farbnuance als Farbabstufung aufgefasst werden.

Gleichmäßige Übergänge, die nicht stufig stattfinden, werden im Gegensatz zu Farbabstufungen besser als Farbverläufe bezeichnet.

⇢ Farbe, reine ⇢ Farbe, trübe ⇢ Farbreinheit ⇢ Harmonie benachbarter Farben ⇢ Harmonie variierender Einfarbigkeit ⇢ Nachbarschaftsfarbe

Farbakkord

Farben sowie ihre Erscheinungen und Wechselwirkungen werden vielfältig mit musikalischen Begriffen beschrieben. Entsprechend kann eine Mehrzahl von Farbtönen, die in einer Farbgestaltung zusammenwirken, als Farbakkord aufgefasst werden, da ein Akkord das Zusammenklingen unterschiedlicher Töne bezeichnet. Sinnvoll zu unterscheiden sind ⇢ Farbzweiklang, ⇢ Farbdreiklang und ⇢ Farbvierklang. Bei Fünf- und Sechsklang spricht man bereits vereinfachend vom ⇢ Farbvielklang. Völlige Buntheit, also ein Zusammentreffen von vielen Farbtönen, kann man ⇢ Farbcluster nennen. Zu den genannten Begriffen passt scheinbar auch der ⇢ Gleichklang bzw. die variierende Einfarbigkeit. Da hierbei jedoch nur eine ⇢ Buntart, also ein Farbton in seiner Reinheit bzw. dem ⇢ Buntgrad verändert wird, liegt kein Akkord im eigentlichen Sinn vor.

⇢ Farbharmonie ⇢ Farbton ⇢ Harmonie variierender Einfarbigkeit

Farbakzent

Ein ⇢ Akzent, der sich vorrangig aufgrund abweichender Farbigkeit von seiner Umgebung abhebt, wird als Farbakzent bezeichnet. Jeder Farbakzent ist notwendig mit der Form der Farbfläche verbunden und beinhaltet daher einen ⇢ Formakzent.

Farbcluster

Ein Cluster stellt physikalisch ein aus vielen Teilen zusammengesetztes Ganzes dar. In der Musik ist damit das gleichzeitige Erklingen von vielen, teils nur wenig voneinander abweichenden Tönen gemeint, also eine spezielle Form eines Akkords. Als Farbcluster kann man daher eine vieltönige Buntheit, d. h. die Zusammenstellung von vielen Farbtönen bezeichnen.

⇢ Farbakkord

Farbdisharmonie, Farbdissonanz

Farbdisharmonie und Farbdissonanz sind Gegensatzbegriffe zur ⇢ Farbharmonie. Auch eine im Allgemeinen als farbliche Dissonanz angesehene Farbkombination kann jedoch als harmonisch wirkend gelten. Das ist einerseits erklärbar durch eine gegenüber dem allgemein üblichen Geschmack gewandelte, spezielle Farbauffassung des Betrachters. Diese kann durch im Lebensumfeld vorhandene Sehgewohnheiten sowie durch Medieneinflüsse oder Modetrends bedingt sein. Schließlich entsteht dabei eine veränderte Empfindung und Beurteilung von Farbharmonie. Andererseits kann durch Verwendung verbindender Farben, d. h. durch Zwischentöne und neutrale Farben, die Dissonanz gemildert oder sogar völlig aufgelöst werden.

Hinweis: Der Begriff Farbkontrast ist als Gegensatzbegriff zur Farbharmonie falsch, da Farbkontraste vielfach sogar besonders harmonisch wirken.

⇢ Farbe, neutrale ⇢ Farbe, verbindende ⇢ Farbharmonie
⇢ Farbkontrast, objektiver ⇢ Farbkontrast, subjektiver ⇢ Mode

Farbdreiklang

Besteht eine Farbkombination aus drei verschiedenen, bunten Farbnuancen oder Farbtönen, bezeichnet man diesen ⇢ Farbakkord als Farbdreiklang. In der ⇢ Farbensonne lassen sich harmonische Dreiklänge in vielerlei Weise durch Einzeichnen von gleichseitigen oder gleichschenkligen Dreiecken finden. Unregelmäßige Dreiecke sind möglich, ergeben jedoch Dreiklänge, die nicht immer im uneingeschränkten Sinn als harmonisch empfunden werden. Wegen der Unterschiedlichkeit der Buntarten und deren Abständen zueinander in der Farbensonne sind Dreiklänge aus jeweils gleichweit voneinander entfernten ⇢ Grundfarben besonders deutlich. Sie wirken als laute Farbakkorde und es entstehen gleichseitige Dreiecke als Bezugsfiguren in der Farbensonne. Möglich sind unter anderem ⇢ Orangerot, ⇢ Violettblau und ⇢ Grün, deren Kombination auch als Urfarben-Dreiklang bezeichnet werden kann, sowie ⇢ Magentarot, ⇢ Gelb und ⇢ Cyanblau. Dreiklänge, die aus einer ⇢ Farbnuance und zwei nahezu komplementär gegenüberliegenden Farbnuancen bestehen, bilden gleichschenklige Dreiecke in der Farbensonne und bewirken einen ⇢ Komplementärkontrast. Dreiklänge aus relativ nah beieinander liegenden Farbnuancen sind, bis hin zu enger Nachbarschaftsfarbigkeit, ebenfalls möglich und ergeben flache, gleichschenklige Dreiecke in der Farbensonne. Im Übrigen können Farbdreiklänge auch aus anderen Farbnuancen als den reinen Buntarten bestehen.

⇢ Farbharmonie

Farbe
Der Begriff Farbe ist im allgemeinen Sprachgebrauch nicht eindeutig definiert und muss daher in unterschiedlichen Zusammenhängen mit jeweils anderer Bedeutung betrachtet werden.
Im naturwissenschaftlichen Sinn ist Farbe eine immaterielle (nichtgegenständliche) Erscheinung. Sie ist die Reaktion des Wahrnehmungssystems Auge-Gehirn von Lebewesen auf die aufgefangenen Lichtstrahlen verschiedener Wellenlängen. Farbe ist demnach physiologische → Farbempfindung.
Farbe von Körpern oder Gegenständen ist eine Eigenschaft der Oberfläche. Der molekulare Aufbau der jeweiligen Oberfläche bewirkt, dass Lichtwellen bestimmter Wellenlängen reflektiert, die übrigen dagegen absorbiert werden. Die reflektierten Lichtwellen werden vom Betrachter in der oben beschriebenen Weise als Farbe des Gegenstands wahrgenommen. Diese Definition von Farbe bezeichnet man entsprechend als → Körperfarbe.
Farbe im technischen Sinn bezeichnet zum einen feste → Farbmittel, die man → Pigmente nennt. Lackier- und Malfarben sind Beispiele, die Farbpigmente enthaltende Dispersionen darstellen, Flüssigkeiten also, in denen feinste, feste Farbteilchen verteilt sind. Hiermit können Körper bemalt und so farblich verändert werden. Wie oben beschrieben, erfolgt eine Veränderung der Reflexions- und Absorptionseigenschaften des Körpers bzw. seiner Oberfläche. Außerdem gibt es flüssige bzw. in verschiedenen Flüssigkeiten lösliche → Farbstoffe, die aufgrund ihrer chemischen Eigenschaften zum ein- bzw. durchdringenden Färben von Materialien geeignet sind.
Farben als Pflanzenfarbstoffe sind floristisch besonders von Interesse. Sie sind ebenfalls löslich. Anthozyane und Flavonole sind im Wasser der Vakuole gelöst, fettlöslich sind Chlorophylle, Karotine und Karotinoide in den Plastiden.
Farbe im gestalterischen Sinn ist, neben der Form, die wesentliche Eigenschaft aller materiellen Gestaltungsmittel. Sie wirkt dabei als Körperfarbe und ist von der Zusammensetzung des auftreffenden Lichts ebenso abhängig wie von der Farbreizempfänglichkeit und dem Anpassungszustand des betrachtenden Auges.

→ Farbname

Farbe, achromatische

→ Farbe, unbunte

Farbe, bunte
Als bunte Farbe bezeichnet man eine aufgrund ihres Buntseins konkret unterscheidbare Farbempfindung, die das Auge als Reaktion auf einen ausreichend starken Lichtreiz von bestimmter Wellenlänge hervorbringt. Die sechs maximal voneinander verschiedenen bunten Farben werden von H. Küppers als Grundfarben bezeichnet und heißen → Orangerot, → Gelb, → Grün, → Cyanblau, → Violettblau und → Magentarot. Verschiedene Mischungen dieser Grundfarben

ergeben weitere bunte Farben. Verweißlichungen und Verschwärzlichungen von Buntarten gehören ebenfalls zu den bunten Farben. Allerdings sind sie in ihrem → Buntgrad schwächer als die reinen Buntarten. Bunte Farben sind insbesondere von den unbunten Farben → Schwarz, → Weiß und → Grau zu unterscheiden.

→ Farbe, reine → Farbe, unbunte → Grundfarbe → Küppers, Harald → Verschwärzlichung → Verweißlichung

Farbe, chromatische

→ Farbe, bunte

Farbe, gebrochene

→ Farbe, trübe

Farbe, neutrale

Farben, die in Kombination mit anderen Farben die Wahrnehmung dieser Farben nicht oder nur unwesentlich beeinflussen, bezeichnet man als neutrale Farben. Die Anpassung des Auges an die jeweiligen Wahrnehmungsbedingungen ist bei neutralen Farben im Bezug zu einer oder mehreren anderen Farben demnach nur gering oder sie entfällt ganz. Mittleres Grau ist in diesem Sinn neutral und im Grunde die einzige grundsätzlich neutrale Farbe, da es gleichmäßige Anteile aller Farben besitzt.
Gestalterisch sind weitere Arten von Farbneutralität zu unterscheiden. → Weiß und → Schwarz werden häufig als neutral empfunden, da sie nicht das Buntsein einer Farbnuance beeinflussen. Jedoch wird die Strahlkraft der bunten Farben in entsprechenden Kombinationen durch diese beiden unbunten Farben verändert. Graubraune Farbnuancen zeigen eine relative Farbneutralität, da sie die Wahrnehmung von hinzukombinierten Farbnuancen nur wenig beeinflussen. Enthält eine konkrete Graubraun-Nuance jedoch deutliche Anteile einer → Grundfarbe, z. B. Rotbraun, und entfernt sich so zu weit vom mittleren Grau, ist die Neutralität aufgehoben.
Schließlich haben alle Farbnuancen eine neutrale Wirkung in Bezug auf ähnliche, also unmittelbar benachbarte und verwandte Farben. Die Unterschiede sind gering, so dass eine Beeinflussung der Wahrnehmung allenfalls in der Verminderung der Unterscheidungsfähigkeit besteht.

→ Auge, Anpassungen des Auges → Farbe, unbunte → Farbe, verbindende → Farbe, verwandte → Nachbarschaftsfarben

Farbe, reine

Als reine Farbe bezeichnet man jede weder durch Weiß noch durch Schwarz oder einen Grauton getrübte Farbe. Es sind die sechs bunten Grundfarben und alle Farbnuancen, die sich aus der Mischung von je zwei benachbarten, bunten Grundfarben ergeben. Die reinen Farben heißen auch Buntarten. Der Buntgrad reiner Farben beträgt hundert Prozent, der Unbuntgrad demnach null Prozent. Reines → Weiß und reines → Schwarz kommen als reine unbunte Farben hinzu.

→ Buntart → Buntgrad → Grundfarbe

Farbe, trübe

Jede Farbnuance, die keine reine Farbe oder Buntart darstellt, ist als getrübte oder gebrochene Farbe zu bezeichnen. Trübungen können Verweißlichungen oder Verschwärzlichungen sein, die man, weniger genau, auch Hell- oder Dunkeltrübungen oder → Aufhellung und → Abdunklung nennt. Außerdem sind Trübungen bunter Farben durch Grauabstufungen möglich und die Graunuancen selbst sind als trübe Farben zu bezeichnen. In welcher Weise die Farbtrübungen entstehen, hängt von der jeweiligen Farbmischung ab. Prozentual ausgedrückt, liegt der → Buntgrad einer trüben bunten Farbe unter hundert Prozent, umgekehrt beträgt der Unbuntgrad mehr als null Prozent.

→ Verschwärzlichung → Verweißlichung

Farbe, unbunte

Als unbunte Farben bezeichnet man → Weiß und → Schwarz sowie die dazwischen liegenden Grauwerte. Es werden entweder keinerlei Lichtwellen wahrgenommen (Schwarz) oder alle sichtbaren in voller Intensität (Weiß) oder alle in gleicher, jedoch nicht voller Stärke (Grauwerte).

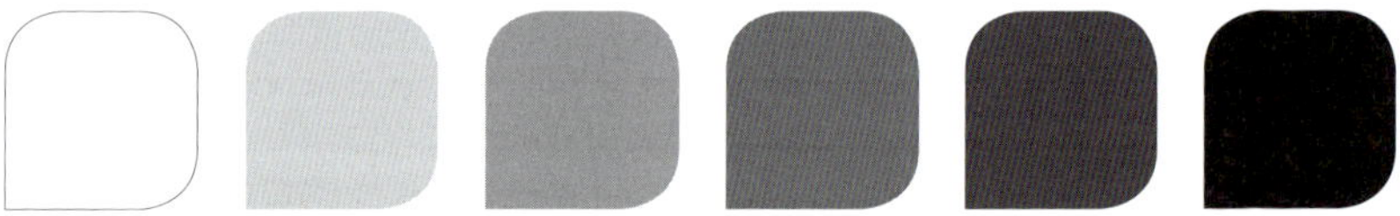

→ Auge, Anpassungen des Auges → Auge, Funktionsweise des Auges

Farbe, verbindende

Verbindende Farben sind Farben, die einen als harmonisch empfundenen Übergang zwischen zwei unterschiedlichen Farben schaffen können. Ihre Wirkung erklärt sich aus den Aussagen zu neutralen Farben außer Weiß und Schwarz, da diese beiden Farben auch eine trennende Funktion zwischen unterschiedlichen Farbflächen haben können. Besonders Grau und dunkle Graubraun-Nuancen zeigen verbindende Wirkung. Im Übrigen sind alle Farbnuancen dann verbindend, wenn sie in einer konkreten Farbenkombination farblogisch bzw. farbsystematisch zwischen zwei stärker voneinander verschiedenen Farben stehen, also Anteile dieser beiden Farbnuancen aufweisen.

→ Farbe, neutrale → Farbe, unbunte

Farbe, verwandte

Farben bezeichnet man als miteinander verwandt, wenn sie in deutlich erkennbarem Ausmaß Anteile der gleichen, sozusagen zentralen Farbe enthalten. Sinnvoll ist die Bildung solcher Verwandtschaften bezüglich der sechs bunten Grundfarben, zu denen man jeweils benachbarte Nuancen sowie verweißlichte und verschwärzlichte Stufen der beteiligten reinen Farben gesellt. Man spricht auch von Farbfamilien.

→ Grundfarbe → Harmonie benachbarter Farben
→ Harmonie verwandter Farben → Verschwärzlichung → Verweißlichung

Farbe-an-sich-Kontrast

→ Farbkontrast, objektiver → Farbnuancenkontrast

Farbempfindung

Ähnlich der Empfindung von Wärme auf der Haut, wie sie von Sonnenstrahlen ausgelöst wird, ist Farbwahrnehmung eine Empfindung. Denn die scheinbare Farbigkeit von Gegenständen oder von Licht ist keine Eigenschaft dieser Gegenstände oder der Lichtwellen selbst, sondern eine physiologische Reaktion des Sehsinns auf unterschiedliche Reize, die von unterschiedlichen Wellenlängen des sichtbaren Lichts ausgelöst werden. Farbempfindung dient den dazu fähigen Lebewesen als Unterscheidungskriterium bei der Wahrnehmung der Umwelt. Die Sinnesfähigkeit zur Farbwahrnehmung wird als Empfindungskraft bezeichnet. Menschen besitzen acht maximal voneinander verschiedene, als extrem zu bezeichnende Farbempfindungsmöglichkeiten. Es sind die unbunten Farben → Weiß und → Schwarz, die den Sehzellentypen entsprechenden Urfarben → Orangerot, → Grün und → Violettblau sowie die jeweils zwischen zwei Urfarben anzuordnenden Farben → Gelb, → Magentarot und → Cyanblau. Diese acht Farbempfindungen sind nach H. Küppers als Grundfarben zu bezeichnen.

→ Auge, Anpassungen des Auges → Auge, Bau des Auges
→ Auge, Funktionsweise des Auges → Grundfarbe
→ Küppers, Harald → Urfarbe

färben

Werkstoffe und Materialien in der Floristik werden zuweilen für bestimmte gestalterische Effekte gefärbt oder bereits in gefärbter Ausführung eingekauft. Das Färben erfolgt sowohl bei Frischware als auch bei Trockenwerkstoffen. Die verwendeten Färbemittel müssen auf die jeweilige zu färbende Ware abgestimmt sein. So sind für Schnittblumen Tauchfarben und Farben erhältlich, die, in Wasser gelöst, von den Blumen aufgenommen werden können. Trockenwerkstoffe sind oft holzartig und können entsprechend durch Lasieren, → Beizen oder Lackieren verändert werden. Bei allen Färbungen ist aus floristischer Sicht insbesondere auf den Erhalt einer möglichst natürlichen Wirkung zu achten.

→ Lasur → Trockenwerkstoff

Farbenlehre, floristische

Die floristische Farbenlehre umfasst:

Grundlagenwissen
- Bau und Funktionsweise (Physiologie) des Auges
- physikalische Eigenschaften von Lichtstrahlung verschiedener Lichtquellen
- Reflexions- und Absorptionsverhalten von Oberflächen
- Filtereigenschaften von Materialien, durch die Lichtstrahlung fällt

Kenntnisse der wichtigsten Farbmischgesetze
- subtraktive Farbmischung
- additive Farbmischung
- integrierte Farbmischung

Kenntnisse zu Farbordnungen und Farbsystemen
- Basisschema der Farbenlehre und seine Erweiterung zur Farbensonne und zum Rhomboeder-Farbenraum von H. Küppers
- Farbkreis und Farbstern nach J. Itten und Farbkugel nach P. O. Runge als Farbenraum (diese Systeme sind wissenschaftlich überholt)

Kenntnisse über Farbharmonien
- Harmonien der Ähnlichkeiten
- Harmonien der Gegensätze

Kenntnisse zu Bedeutung und Wirkung von Farben
- Farbsymbolik
- Farbpsychologie
- Farbbedeutung im Bezug auf Anlässe

Kenntnisse zur Farbigkeit der Werkstoffe
- Botanik der Pflanzenfarbstoffe
- Farbigkeit von bzw. Farbverfügbarkeit bei den Werkstoffarten und -sorten

Definition und Verwendung von Fachbegriffen
- Farbbegriffe, Farbnamen
- Farbeigenschaftsbegriffe
- Farbbezeichnungen, Farbgruppenbezeichnungen

→ siehe Einzeleinträge zu nahezu allen oben genannten Begriffen

Farbenordnung

Unter Farbenordnung versteht man die nach logischen Gesichtspunkten aufgestellte Ordnung von Farben und ihre entsprechende Anordnung in einem ⇢ Farbsystem. Die Gesichtspunkte ergeben sich aus den physiologischen Voraussetzungen der menschlichen Farbwahrnehmung und den physikalischen Gegebenheiten des Lichts und der Oberflächenreflexion von Körpern. Sie beziehen zum Teil technische Umstände der Farbmittelherstellung, des Drucks usw. mit ein. Die Farbenordnungen können linear (⇢ Farbabstufung), flächig (⇢ Basisschema der Farbenlehre, ⇢ Farbensonne) oder körperhaft (⇢ Farbenraum) sein. Sie finden in entsprechenden Darstellungen als Farbsysteme ihren unmittelbaren Ausdruck. Die Begriffe Farbenordnung und Farbsystem werden dabei häufig als gleichbedeutend verwendet. Farbenordnungen können auch in Form von ⇢ Farbrangstufen entwickelt werden.

⇢ Itten, Johannes ⇢ Küppers, Harald ⇢ Runge, Philipp Otto

Farbenraum

Ein Farbenraum ist die systematische, geometrische Ordnung der Farbenvielfalt. Unterschiedliche Theorien führen dabei zu verschiedenen Farbraummodellen. Die ⇢ Farbkugel von P. O. Runge ist ein historisches Beispiel. Computerdarstellungen nutzen den Farbenraum ⇢ RGB. ⇢ CYMK ist der Farbenraum, der im Druckfarbenbereich verwendet wird. Der ⇢ Rhomboeder-Farbenraum von H. Küppers, der die Komplexität von Farberscheinungen logisch korrekt darstellt, ist leicht verständlich und entspricht den neuesten wissenschaftlichen Erkenntnissen.

⇢ Küppers, Harald ⇢ Runge, Philipp Otto

Farbensonne

Die Farbensonne von H. Küppers ist eine Erweiterung seines Basisschemas der Farbenlehre. Zusätzlich zu den reinen Buntarten im Basisschema sind auch Verweißlichungsstufen und Verschwärzlichungsstufen der zwölf wichtigsten Buntarten in Form von Strahlen bzw. Farbleitern enthalten. Die Farbensonne bietet eine flächige und vereinfachende Darstellung der Vielfalt von Farbnuancen. Die Vereinfachung dient der Übersichtlichkeit und ermöglicht gut nachvollziehbare

Überlegungen zur → Farbharmonie. Durch Einzeichnen von Verbindungslinien zwischen den gewählten Farben sind geometrische Formen wie Quadrate, verschiedene Dreiecke, Rechtecke, Trapeze, Rauten, Fünfecke usw. zu entwickeln. Diese Formen verdeutlichen die Beziehungen von Farben zueinander und ermöglichen Rückschlüsse auf die resultierenden Harmonieverhältnisse.

→ Basisschema der Farbenlehre → Buntart → Farbleiter → Farbnuance → Küppers, Harald → Verschwärzlichung → Verweißlichung

Farbenspektrum

Das für Menschen sichtbare Farbenspektrum entsteht, wenn ein Strahl weißen Lichts, in der Natur Sonnenlicht, durch ein Glasprisma fällt. Der Lichtstrahl wechselt dabei zwischen Medien unterschiedlicher Dichte, hier Glas und Luft, wodurch Strahlen mit verschiedenen Wellenlängen unterschiedlich stark abgelenkt bzw. gebrochen werden. Als Spektrum ergibt sich ein farbiges Band mit fließenden Übergängen von Violettblau, Cyanblau, Grün, Gelb, Orange bis Orangerot. Die angrenzenden Wellenlängenbereiche von Infrarot und Ultraviolett sind für den Menschen unsichtbar. Die vom Menschen empfundene Farbe → Magentarot ist im natürlichen Spektrum nicht vorhanden. Ein Regenbogen entsteht dadurch, dass sich in den Regentropfen, wie bei einem Glasprisma, die Lichtstrahlen brechen.

→ Auge, Bau des Auges → Auge, Funktionsweise des Auges

Farbfamilie

→ Farbe, verwandte

Farbgruppen

Farben bzw. Farbnuancen lassen sich unter verschiedenen Gesichtspunkten zu Farbgruppen zusammenstellen, die jeweils mindestens ein gemeinsames Merkmal aufweisen. Beispiele bieten die folgenden Verweise.

→ Farbe, bunte → Farbe, neutrale → Farbe, reine → Farbe, trübe → Farbe, unbunte → Farbe, verwandte → Farbfamilie → Grundfarben → Pastellfarben → Urfarben

Farbharmonie

Jede als angenehm empfundene Kombination von Farben (Farbakkorde, Farbklänge) bezeichnet man als harmonisch. Dies ist individuell unterschiedlich. Im Allgemeinen werden jedoch als harmonisch empfunden:

- Farbkombinationen, deren Farben insgesamt die Farbempfindungskräfte in etwa gleichmäßig anregen und gemischt ein mittleres Grau ergeben
- Farben, die einander ähnlich sind
- Farbkombinationen, die sich in der Farbensonne durch Einzeichnen von Verbindungslinien als regelmäßige oder nur leicht unregelmäßige geometrische Figuren darstellen lassen
- Kombinationen von bunten Farben mit unbunten Farbnuancen
- Kombinationen aus vielen bunten Farbnuancen, wenn sie in ihrer Ausprägung wenigstens ein gemeinsames Merkmal, also Buntgrad, Helligkeit, Buntart oder Unbuntart, aufweisen

In der Theorie der Farbenlehre lässt sich die Farbharmonie im weiteren Sinn in zwei grundsätzliche Möglichkeiten unterteilen:

- Farbharmonie der Ähnlichkeiten bzw. der kleinen Abstände, auch als Farbharmonie im engeren Sinn bezeichnet
- Farbharmonie der Gegensätze oder Kontraste bzw. der großen Abstände

Die floristische Farbharmonie muss insbesondere von den gegebenen Farben der Werkstoffe aus betrachtet werden. Siehe dazu unter → Farbharmonie, floristische.

Hinweis: Der Begriff Farbkontrast ist als Gegensatzbegriff zur Farbharmonie falsch, zumal Farbkontraste vielfach sogar besonders harmonisch sind. Vergleiche dazu → Farbdisharmonie, Farbdissonanz.

→ siehe Einzeleinträge zu vielen der oben genannten Begriffen

Farbharmonie der Ähnlichkeiten

Farbharmonie der Ähnlichkeiten entsteht, wenn Farbnuancen miteinander kombiniert werden, die sich nur wenig voneinander unterscheiden, also keine Kontrastwirkung beinhalten. Die Benennung als Harmonie kleiner Kontraste ist daher irreführend. Bezogen auf die Positionen der beteiligten Farben im → Basisschema der Farbenlehre und in der → Farbensonne spricht man auch von der Farbharmonie der kleinen Abstände. Da hier die → Farbharmonie wegen der Übereinstimmungen besonders offensichtlich und ausgeprägt ist, wird sie außerdem als Harmonie im engeren Sinn aufgefasst. Man unterscheidet:

- → Harmonie variierender Einfarbigkeit
- → Harmonie benachbarter Farben
- → Harmonie verwandter Farben

Farbharmonie der Gegensätze

Farbharmonie der Gegensätze oder Kontraste entsteht aus Farben, die sich in einem oder mehreren Merkmalen stark voneinander unterscheiden und sich in ihrer Wirkung wechselseitig betonen oder steigern. Bezogen auf die Positionen der beteiligten Farben im → Basisschema der Farbenlehre und der → Farbensonne spricht man auch von der Harmonie der großen Abstände. Man unterscheidet:

Objektive Farbkontraste

- → Helligkeitskontrast
- → Quantitätskontrast
- → Bunt-Unbunt-Kontrast
- → Qualitätskontrast
- → Komplementärkontrast
- → Farbnuancenkontrast

Subjektive Farbkontraste

- → Temperaturkontrast
- → Gewichtskontrast
- → Aktivitätskontrast
- → Entfernungskontrast

→ Farbdisharmonie → Farbharmonie → Farbkontrast, objektiver
→ Farbkontrast, physiologischer → Farbkontrast, subjektiver

Farbharmonie, floristische

Farbharmonische Gestaltungen in der Floristik beziehen sich zwar nach außen hin auf den umgebenden Raum, den Hintergrund oder die Farbigkeit des Tisches, auf dem das Werkstück stehen soll. Auch Anlässe und die Lieblingsfarben der mit den Blumen beschenkten Person spielen eine große Rolle. Innerhalb eines Werkstücks sind jedoch, neben den grundlegenden Überlegungen zur → Farbharmonie, vor allem die Farben der Werkstoffe an sich und ihre Beziehungen zueinander von ausschlaggebender Bedeutung. Was die Natur im Laufe der Evolution an Farben in Blüten entwickelt und kombiniert hat, ist jedem Betrachter ein gewohnter Anblick. Man kann daher sagen, alles was natürlicherweise an Farben in Blüten zusammengefügt und kombiniert vorkommt, erscheint dem menschlichen Auge als angenehm und harmonisch. Da die allermeisten Werkstoffe in ihren Blüten und/oder Blättern mehr als eine → Farbnuance enthalten, lässt sich aus den einzelnen Nuancen erkennen, welche Farben durch weitere Werkstoffe in einem Werkstück harmonisch hinzugefügt werden können. Damit verschieben sich allerdings die Verteilung und die Gewichtung der Anteile bestimmter Farbnuancen in diesem Werkstück. Darüber hinaus enthalten die neuen Blüten ihrerseits wiederum weitere Farben, so dass im Idealfall eine ganze Palette von Farben durch ihr Vorkommen in den verschiedenen Werkstoffen ganz natürlich miteinander verbunden ist. Dieser Aspekt des Sich-Aufeinander-

Gelbtöne in einer Blüte leiten zu anderen gelben Blüten über. Rotbraun in einer Blütenmitte verbindet sich mit dem dunklen Rot von Beeren sowie dem Braun und Orange von weiteren Blütenständen. Grüner Schimmer im Zentrum der Dahlien findet sich in den grünen Kelchblättern der Rosen-Blütenböden wieder usw. Damit besteht in diesem Werkstück ein vielfältiges, harmonisches Beziehungsgeflecht der Farbnuancen, das weit über Theoriebegriffe wie Hell-Dunkel-Kontrast und Rot-Gelb-Zweiklang hinausgeht, obwohl auch diese hier zutreffen.

Beziehens von Farben in den Werkstoffen ist, da er sich unmittelbar in der Gestaltung niederschlägt, vielfach wichtiger, als die theoretischen Überlegungen zur Harmonie von Farben. Diese müssen jedoch als fachliches Grundwissen in der Floristik zusätzlich beherrscht werden, damit farbgestalterische Sicherheit daraus entwickelt werden kann.

Farbhelligkeit

→ Farbqualitätsmerkmal → Helligkeit

Farbklang

Farberscheinungen und ihre Wechselwirkungen werden vielfältig mit musikalischen Begriffen beschrieben. So spricht man z. B. von → Farbton, → Farbakkord und → Farbharmonie. Eine → Farbwahrnehmung kann demnach als farblicher Klang empfunden werden. Hierbei sind helle Farbnuancen als leise oder als hohe Töne, dunkle als tiefe Töne interpretierbar, während reine Buntarten laut und klar ertönen. Kontraste sind ebenfalls laut, während die → Harmonie variierender Einfarbigkeit und die → Harmonie benachbarter Farben eher leise klingen. Farbkombinationen aus gedeckten und dunkel getrübten Farben entsprechen in diesem Bild den Moll-Tonarten, Akkorde reiner, strahlender Farben sind mit Dur-Tonarten vergleichbar, eine → Pastellfarbe hat einen zarten, leisen Klang. Wird Farbe tatsächlich auch als Klang und umgekehrt Klang tatsächlich auch als Farbe empfunden, spricht man von Synästhesie (Mitanregung eines Sinnesorgans) bei Reizung eines anderen, hier Sehsinn und Gehör.

→ Buntart → Farbe, reine → Farbe, trübe → Gleichklang

Farbkontrast, objektiver

Als objektiv bezeichnet man Farbkontraste, die auf konkreten Farbmerkmalen beruhen und physikalisch oder mathematisch exakt feststellbar sind. Dazu gehören die Merkmale Größe der Farbflächen, → Buntart und → Unbuntart, konkrete → Farbnuance, → Helligkeit und → Farbreinheit bzw. -trübung. Die objektiven Farbkontraste heißen:

- → Helligkeitskontrast
- → Quantitätskontrast
- → Bunt-Unbunt-Kontrast
- → Qualitätskontrast
- → Komplementärkontrast
- → Farbnuancenkontrast

Hinweise: Der ebenfalls oft als Farbkontrast genannte Strukturkontrast wird genauer → Texturkontrast genannt und muss richtiger als → Formkontrast angesehen werden.

Der Begriff ist insofern problematisch als jede Farbwahrnehmung als Sinnesreiz subjektiv ist. So gesehen sind auch die sogenannten objektiven Farbkontraste letztlich als subjektiv anzusehen.

→ Farbharmonie der Gegensätze → Farbkontrast, subjektiver

Farbkontrast, physiologischer

Kontrastwirkungen von Farbkombinationen beruhen auf der Funktionsweise des Auges, das die Aufgabe hat, durch Hell-Dunkel-Wahrnehmung und Wahrnehmung farblicher Differenzen ein möglichst gutes Abbild der Umwelt zu vermitteln. Besonders deutliche Unterschiede in der Wahrnehmung bewirken logischerweise eine gute Erkennbarkeit und Differenzierung. Leistungen und Funktionsweise des Auges und des Gehirns werden in der Physiologie, die die Lebensvorgänge untersucht, wissenschaftlich beschrieben. Die Kontrastempfindungen → Simultankontrast und → Sukzessivkontrast verdeutlichen dies und beruhen auf Anpassungen des Auges an die jeweilige Wahrnehmungssituation. Sie können demgemäß als physiologische Kontraste bezeichnet werden.

→ Auge, Anpassungen des Auges → Auge, Bau des Auges
→ Auge, Funktionsweise des Auges

Farbkontrast, subjektiver

Als subjektiv bezeichnet man Farbkontraste, die aus Farben bestehen, mit denen man Empfindungen verbindet, die sich aus der Wahrnehmung dieser Farben in der Natur ableiten lassen. Die vier subjektiven Merkmale Temperaturwirkung, Aktivitätswirkung, Gewichtswirkung und Entfernungswirkung bestimmter Farben werden dabei betrachtet. Die subjektiven Farbkontraste heißen

- → Temperaturkontrast
- → Aktivitätskontrast
- → Gewichtskontrast
- → Entfernungskontrast

Hinweis: Der Begriff ist insofern problematisch als jede Farbwahrnehmung als Sinnesreiz subjektiv ist. So gesehen sind auch die sogenannten objektiven Farbkontraste letztlich als subjektiv anzusehen.

→ Farbharmonie der Gegensätze → Farbkontrast, objektiver

Farbkreis

Der Farbkreis ist eine farbtheoretische, vereinfachende Darstellung der Vielfalt reiner Farben. Üblich ist der 12-teilige Farbkreis nach J. Itten, der nach heutigen wissenschaftlichen Erkenntnissen falsch ist. Durch Verweißlichungs- und Verschwärzlichungsstufen kann er zum → Farbstern, dieser wiederum zur → Farbkugel erweitert werden. Statt des Farbkreises sind naturwissenschaftlich fundierte und den modernen Erkenntnissen bezüglich der Funktionsweise des menschlichen Auges entsprechende Farbsysteme zur

Verdeutlichung der Fakten in der Farbenlehre heranzuziehen. Das → Basisschema der Farbenlehre und seine Erweiterung zur → Farbensonne nach H. Küppers erfüllen diese Forderung.

→ Auge, Anpassungen des Auges → Auge, Bau des Auges
→ Auge, Funktionsweise des Auges → Farbenordnung → Itten, Johannes
→ Küppers, Harald → Verschwärzlichung → Verweißlichung

Farbkugel

Die Farbkugel nach P. O. Runge ordnet die Vielfalt der Farbnuancen ausgehend von einem Kreis der reinen Farben, der den Äquator der Kugel darstellt. Die getrübten Farbnuancen bis hin zum Weiß bilden die obere Kugelhälfte, die getrübten Nuancen bis zum Schwarz die untere. Im Innern der Kugel bildet die Grauleiter die senkrechte Kugelachse. Der Kugelinnenraum wird durch Abstufungen der jeweiligen, auf der Oberfläche befindlichen Farbnuance bis hin zu dieser Grauachse gebildet. Insgesamt ist die Kugelform als Farbordnung bezüglich der wissenschaftlichen Gegebenheiten nicht logisch. Auch basieren die reinen Farben des Kugeläquators nicht auf den sechs bunten Grundfarben als extrem mögliche Farbempfindungen des Menschen. Daher wird sie als theoretische → Farbenordnung bzw. als → Farbenraum durch den → Rhomboeder-Farbenraum von H. Küppers abgelöst.

→ Farbabstufung → Farbe, reine → Farbe, trübe → Farbenordnung
→ Farbkreis → Küppers, Harald → Runge, Philipp Otto

Farbleiter

→ Farbabstufung → Farbenordnung

Farbmischgesetz

Farbmischgesetze beruhen auf den physikalischen und physiologischen Gegebenheiten der Farbempfindung. Unter Berücksichtigung der technischen Vorgänge des Mischens von Farben sind diese Gesetzmäßigkeiten als Ausdeutungen der Vorgänge bei der Farbwahrnehmung zu verstehen. In der Regel arbeitet man in der Floristik mit vorgegebenen Farben. Gemischt werden Farben allenfalls, wenn Anstriche, z. B. bei Schaufenster- oder Raumdekorationen, vorgenommen werden. Dennoch müssen Farbmischgesetze verstanden werden. Einerseits verdeutlichen sie die Vorgänge der Farbwahrnehmung an sich. Andererseits sind Farbmischungsvorgänge unausweichlich, sobald die Körperfarben der Werkstoffe und Materialien wechselnden Beleuchtungssituationen ausgesetzt sind. Die Erstellung eines Raumschmucks für eine Kirche mit bunt verglasten Fenstern und elektrischer Ausleuchtung ist ein Beispiel. Die wichtigsten Farbmischgesetze sind:

- → Farbmischung, additive
- → Farbmischung, subtraktive
- → Farbmischung, integrierte

Farbmischung, additive

Unter der additiven (hinzufügenden) Farbmischung versteht man die Darstellung oder Entwicklung der Vielfalt aller Farben aus Mischungen der Lichtfarben → Violettblau, → Grün und → Orangerot. Diese entsprechen den maximalen Farbempfindungskräften der Zapfen-Sehzellen und können als → Urfarben bezeichnet werden. In der additiven Farbmischung stellen sie die → Grund- oder Primärfarben dar. Als Basisfarbe oder weitere Grundfarbe muss die Unbuntfarbe → Schwarz vorhanden sein, also die Dunkelheit eines geschlossenen Raums oder die des dunklen Bildschirms von Fernseher oder Computer-Monitor. Die drei genannten Farblichter bewirken nun die entsprechenden Reize im menschlichen Sehsystem. Gleichmäßige Mischungen von je zwei der bunten additiven Grundfarben ergeben die sekundären additiven Mischfarben → Gelb, → Magentarot und → Cyanblau. Ungleichmäßige Mischungen zweier Farblichter lassen weitere dazwischen liegende reine Farbnuancen entstehen. Die gleichmäßige Mischung aller drei additiven Grundfarben bewirkt die Farbempfindung → Weiß. Ungleichmäßige Mischungen oder eine schwächere Strahlungsintensität dieser drei Farben bewirken die Vielfalt getrübter, also nicht reiner Farbnuancen.

→ Auge, Funktionsweise des Auges → Farbe, reine → Farbe, trübe
→ Farbe, unbunte → Farbnuance → Farbrangstufen → Lichtfarbe

Farbmischung, integrierte

Die integrierte Farbmischung nach H. Küppers bezieht sich auf deckende → Farbmittel, die zunächst gemischt und danach in einem Farbauftrag auf die zu bearbeitende Fläche gebracht werden. Die → Körperfarbe eines Gegenstands wird, z. B. beim Anstreichen einer Wand oder Lackieren eines Möbelstücks, mit dem Auftragen einer Farbschicht verändert. Bei integrierter Farbmischung sind also weder die Lichtfarben der additiven Mischung vorhanden, wo Schwarz als dunkler Raum vorgegeben ist und Weiß aus der Mischung aller drei Grundfarben entsteht. Noch liegen die farbigen Filterschichten der subtraktiven Mischung vor, die zusammenwirkend Schwarz ergeben und wo Weiß als Basisfarbe durch den Hintergrund, z. B. das Papier, gegeben ist. Daher müssen neben den bunten Anteilen einer → Farbnuance in der integrierten Farbmischung auch die Unbuntanteile als Farbmittel eingemischt werden. Jede denkbare Farbnuance entsteht demnach aus Teilmengen von bis zu vier Farbmitteln, nämlich der Unbuntfarben Weiß und Schwarz sowie je zweier benachbarter, bunter Grundfarben. Es existieren, entsprechend der sechs bunten Grundfarben nach H. Küppers, sechs Kombinationsmöglichkeiten. Zu den Unbuntfarben → Weiß und → Schwarz treten entweder → Magentarot und → Violettblau oder → Magentarot und → Orangerot oder → Gelb und → Orangerot oder → Gelb und → Grün oder → Cyanblau und → Grün oder → Cyanblau und → Violettblau.

Um alle Möglichkeiten der integrierten Farbmischung zu erhalten, müssen also alle acht Grundfarben vorhanden sein, jedoch niemals mehr. Innerhalb der sechs möglichen Farbkombinationen können die jeweiligen Teilmengen alle denkbaren Mengenverhältnisse eingehen. Das bedeutet, dass maximal drei Teilmengen sogar gleich null sein können, während die verbleibende zu einhundert Prozent vorliegt. Mögliche Mischungsverhältnisse werden durch drei Beispiele verdeutlicht:

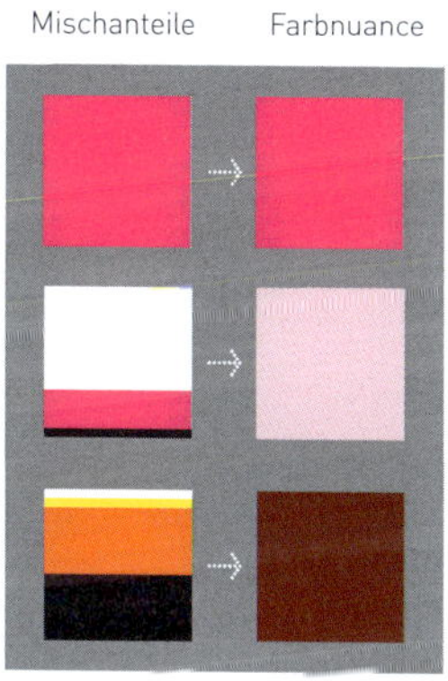

1. Reines Magenta bedeutet, dass die Teilmengen von Schwarz, Weiß und Violettblau oder Orangerot gleich null sind, während Magentarot zu einhundert Prozent verwendet wird.

2. Eine pink-rosa Farbnuance entsteht z. B. durch die Mischung von 25 % Magentarot, 70 % Weiß, 5 % Schwarz und null Prozent der vierten Teilmenge, also einer der beiden möglichen anderen Grundfarben (Violettblau und Orangerot).

3. Ein dunkles Braunrot ergibt sich aus 45 % Schwarz, 45 % Orangerot und je 5 % Weiß und Gelb.

Aus den Beziehungen der Teilmengen zueinander lassen sich die ästhetischen → Farbqualitätsmerkmale → Buntart, → Unbuntart und → Buntgrad bzw. → Unbuntgrad sowie → Helligkeit ableiten.

→ Farbe, unbunte → Farbmischung, additive → Farbmischung, subtraktive
→ Grundfarbe → Küppers, Harald → Lichtfarbe

Farbmischung, subtraktive
Unter der subtraktiven (abziehenden) Farbmischung versteht man die Darstellung oder Entwicklung der Vielfalt der Farben durch Herausfiltern bestimmter Lichtwellenlängen aus dem insgesamt als weiß wahrgenommenen Licht, das alle

sichtbaren Wellenlängen enthält. Als Filter werden durchscheinende Medien gewählt, die die Farben Gelb, Cyanblau und Magentarot aufweisen. Das bedeutet, dass sie die jeweils komplementären Wellenlängen aus dem weißen Licht herausfiltern bzw. subtrahieren.

- Der Gelbfilter absorbiert Violettblau und lässt Orangerot und Grün passieren.
- Der Cyanblaufilter absorbiert Orangerot und lässt Violettblau und Grün passieren.
- Der Magentarotfilter absorbiert Grün und lässt Orangerot und Violettblau passieren.

→ Gelb, → Cyanblau, → Magentarot und die Basisfarbe → Weiß sind demgemäß die → Grund- oder Primärfarben der subtraktiven Farbmischung. Durch gleichmäßigen Einsatz von je zwei Filtern entstehen die subtraktiven Sekundärfarben → Orangerot, → Violettblau und → Grün. Ungleichmäßige Mischungen zweier Filter lassen weitere dazwischen liegende reine Farbnuancen entstehen. Eine gleichmäßige Mischung aller drei subtraktiven Grundfarben bedeutet das maximale Herausfiltern sämtlicher Lichtwellenlängen, so dass kein Lichtreiz auf die Sehzellen trifft und die unbunte Farbe → Schwarz wahrgenommen wird. Ungleichmäßige Mischungen bzw. Filterungen aller drei Farbfilter bewirken die Vielfalt getrübter, also nicht reiner Farbnuancen. Die Buntfotografie und der Vierfarbendruck beruhen auf der subtraktiven Farbmischung. Ähnlich, jedoch mit gewissen technischen Einschränkungen, ist die Malerei mit durchscheinenden, lasierenden Farbmitteln, z. B. Aquarellfarben, auf weißem Papier mit der subtraktiven Farbmischung zu erklären. Die subtraktive Farbmischung und ihre Auswirkungen sind in der Floristik wichtig, wenn Werkstücke hinter Buntverglasungen, etwa in Kirchen, aufgestellt werden, denn die bunten Fenster stellen Farbfilter dar.

→ Auge, Funktionsweise des Auges → Farbe, reine → Farbe, trübe
→ Farbe, unbunte → Farbnuance → Farbrangstufen → Lichtfarbe

Farbmittel

Farbmittel sind lösliche Farbstoffe oder feste Pigmente, mit denen Farbgestaltung durch → Färben , Anstreichen oder Malen möglich ist. Meist wird der vereinfachende Begriff → Farbe dafür verwendet.

→ Farbstoff → Pigment

Farbname

Der Mensch kann mehrere hunderttausend Farbnuancen unterscheiden, wenn man alle Farbnuancen einbezieht, die in mindestens einem der Farbqualitätsmerkmale → Buntart, → Unbuntart, → Buntgrad bzw. Unbuntgrad und → Helligkeit voneinander abweichen. Dieser Vielfalt möglicher Farbempfindungen steht eine relativ geringe Auswahl von Namen für bestimmte Farben gegenüber. Dadurch wird eine präzise sprachliche Verständigung über Farben so gut wie unmöglich. Wo es um sachliche und technische Genauigkeit geht, sind eindeutige Namen wenigstens für die sechs bunten Grundfarben unumgänglich. Sie heißen → Gelb, → Grün, → Cyanblau, → Violettblau, → Magentarot und → Orangerot. Hinzu kommen die unbunten Grundfarben → Weiß und → Schwarz. Bereits bei deren Mischung zu Grau wird eine genaue Benennung von verschiedenen Abstufungen problematisch. Ähnlich ist es mit Mischungen der bunten Grundfarben, deren → Verschwärzlichung und → Verweißlichung sowie mit den vielen Brauntönen. Im technischen Bereich sind hier Farbcodierungen mit Hilfe von Zahlen und/oder Zahlenverhältnissen eine Lösung. Dazu sind verschiedene Farbenatlanten entwickelt worden, z. B. das RAL-System und der Farbenatlas von H. Küppers. Im gestalterischen Bereich, hier besonders im Umgang mit Laien bzw. Kunden, werden vielfach Farbnamen verwendet, die von farblichen Erscheinungen in der Natur abgeleitet sind. So sind in der Floristik Farbnamen wie Lachs, Türkis, Creme und Bordeaux üblich. Diese sind ungenau, z. B. ist ein Lachs je nach Zubereitung blassrosa bis fleischfarben oder kräftig orange. Verwendet man solche Namen, muss genau abgestimmt werden, wie sich die Gesprächspartner die jeweilige Farbnuance konkret vorstellen, damit entsprechend der Vorstellung des Kunden gestaltet werden kann.

→ Farbnuance → Grundfarbe → Küppers, Harald

Farbnuance

Der Begriff der Farbnuance bezeichnet jede Art von Farbwahrnehmung, die sich in irgendeiner Weise von allen anderen Farbnuancen unterscheidet. Mit Farbnuance ist demnach jede konkret wahrgenommene Farbe entsprechend ihrer → Farbqualitätsmerkmale → Buntart, → Unbuntart, → Buntgrad und → Helligkeit gemeint. Die Farbnuancen insgesamt umfassen alle wahrnehmbaren Farben. Oft wird auch der ungenauere Begriff → Farbe oder der auf die → Farbharmonie bezogene Begriff → Farbton verwendet.

Farbnuancenkontrast

Jeder Farbkontrast, der auf wenigstens einem deutlichen, als gegensätzlich wahrgenommenen Unterschied zwischen den beteiligten Farben beruht und nicht eindeutig einem anderen Farbkontrast-Begriff zugeordnet werden kann, wird als Farbnuancenkontrast bezeichnet. In der Farbenlehre nach J. Itten wird er begrifflich wenig präzise als Farbe-an-sich-Kontrast bezeichnet. Alternativ ist auch vom Farbtonkontrast die Rede.

→ Farbharmonie der Gegensätze → Farbkontrast, objektiver
→ Farbnuance → Itten, Johannes

Farbpsychologie

Die Farbpsychologie befasst sich mit den seelischen und gefühlsmäßigen Wirkungen von Farben. Diese basieren auf einem Erleben von Farbreizen, das nicht allein mit den physikalischen und physiologischen Gegebenheiten der Farbwahrnehmung erklärbar ist, sondern weitgehend auf Umwelterfahrungen, → Farbsymbolik, kulturellen Traditionen und farbästhetischem Geschmack beruht. Hierzu sind Untersuchungen über Farbaussagen und gefühlsmäßige Farberfahrungen mit vielen Menschen erforderlich, um ein allgemeingültiges Bild zu erhalten. Soziale, kulturelle, modische und auch technische Entwicklungen sind beeinflussende Faktoren, so dass farbpsychologische Wirkungen veränderlich sind. Auch der jeweilige Betrachtungszusammenhang ist wichtig. Z. B. kann Rot für Liebe stehen und andererseits Aggressivität bedeuten, Grün kann beruhigen oder Neid symbolisieren. Oft sind im Übrigen bestimmte Farbkombinationen aussagekräftiger als Einzelfarben. So kann Rot in Kombination mit Gold, das ein metallisches Gelb darstellt, eine weihnachtlich-adventliche → Anmutung ausstrahlen. Subjektive Farbkontraste bieten Beispiele für gestalterische Rückschlüsse aus der Farbpsychologie. Im Übrigen sind farbpsychologische Überlegungen in der Werbung und generell bei der optimalen Präsentation von Produkten besonders zu berücksichtigen.

→ Ästhetik → Farbempfindung → Farbkontrast, subjektiver

Farbqualitätsmerkmal

Als Farbqualitätsmerkmale bezeichnet man die vier unterscheidbaren, ästhetischen Eigenschaften von Farbnuancen. Sie lauten → Buntart, → Unbuntart, → Helligkeit und → Buntgrad bzw. → Unbuntgrad . Alle Farbnuancen unterscheiden sich wenigstens in einem dieser Merkmale. Das Merkmal Helligkeit ergibt sich aufgrund der für verschiedene Farben unterschiedlichen Empfindungskräfte des menschlichen Auges und aus den Eigenhelligkeiten der an einer Farbnuance als Mischung beteiligten Grundfarben.

Als Beispiel dient ein frühlingshaftes Grün, dessen Buntart sich aus mittlerem Grün und Gelb zusammensetzt, die enthaltene Unbuntart ist ein sehr helles Grau. Der Buntgrad ist hoch bzw. der Unbuntgrad niedrig, da die bunten Anteile in der Farbmischung weit überwiegen. Im Vergleich mit der Grauleiter ergibt sich eine große Helligkeit.

→ Ästhetik → Farbnuance

Farbrangstufen

Eine auf Rangstufen beruhende Farbordnung wird durch die Begriffe → Primär-, → Sekundär- und → Tertiärfarbe gebildet, die auch Farben erster, zweiter und dritter Ordnung heißen können. Eine ähnliche Abstufung bietet die Begriffsreihe → Grundfarbe, → Mischfarbe erster Ordnung und Mischfarbe zweiter Ordnung. Solche Begriffe werden je nach Farbenlehre und je nach angewendetem, technisch bedingtem → Farbmischgesetz unterschiedlich interpretiert.

Als Beispiele dienen die subtraktive und die additive Farbmischung. In der subtraktiven Farbmischung sind die Farben ⇢ Cyanblau, ⇢ Gelb und ⇢ Magentarot als Grund- oder Primärfarben zu bezeichnen, während Mischungen aus zwei dieser bunten Grundfarben die Mischfarben erster Ordnung oder subtraktiven Sekundärfarben ⇢ Orangerot, ⇢ Grün und ⇢ Violettblau ergeben. Hinzu treten als Tertiärfarben oder Mischfarben zweiter Ordnung alle Farbnuancen, die aus mehr als zwei bunten Primärfarben ermischt werden, also auch die Verschwärzlichungen sowie ⇢ Schwarz an sich. ⇢ Weiß nimmt als Basisfarbe eine Sonderstellung ein oder muss als vierte Grundfarbe gelten.
Betrachtet man dagegen die additive Farbmischung, nehmen die Farben Orangerot, Grün und Violettblau den Rang von Primärfarben ein. Die Farben Cyanblau, Gelb und Magentarot sind nun Sekundärfarben. Die Tertiärfarben entstehen wiederum aus Mischungen von mehr als zwei Primärfarben und enthalten die Verweißlichungen und Weiß an sich als gleichmäßige Mischung der drei additiven Grundfarben. Schwarz ist jetzt die Basisfarbe bzw. die vierte Grundfarbe.
Die Beispiele zeigen, dass die verschiedenen Rangstufenbegriffe in der Farbenlehre keine übergeordnete, feststehende Bedeutung haben können, sondern von Fall zu Fall verschieden definiert sind.

Hinweis: In der Farbenlehre nach J. Itten nehmen Gelb, ⇢ Rot und ⇢ Blau den Rang von Grundfarben ein. Diese Zuordnung ist unter physikalischen und physiologischen Gesichtspunkten falsch und kann allenfalls bei Vorliegen bestimmter ⇢ Farbmittel unter technischen Gesichtspunkten in engen Grenzen beibehalten werden.

⇢ Farbmischung, additive ⇢ Farbmischung, subtraktive ⇢ Itten, Johannes ⇢ Küppers, Harald ⇢ Urfarbe ⇢ Verschwärzlichung ⇢ Verweißlichung

Farbreinheit

Farbreinheit einer ⇢ Farbnuance liegt vor, wenn das ⇢ Farbqualitätsmerkmal ⇢ Buntgrad mit hundert Prozent angegeben werden kann, also keinerlei Unbuntanteil enthalten ist. Die Buntarten sind reine Farben. Der Gegensatz wird durch die Farbtrübung erreicht.

⇢ Buntart ⇢ Farbe, reine ⇢ Farbe, trübe ⇢ Farbe, unbunte

Farbreiz

⇢ Farbempfindung

Farbsättigung

Der Begriff der Farbsättigung entspricht dem genaueren Begriff ⇢ Buntgrad bzw. Unbuntgrad als ⇢ Farbqualitätsmerkmal und ist mit der ⇢ Farbreinheit vergleichbar.

Farbskala

→ Farbleiter

Farbspray

Farbsprays sind Farben, die in Sprühdosen angeboten werden. Es handelt sich um gasförmig gelöste Stoffe bzw. feinste in einem Gas oder Gasgemisch, wie der Luft, verteilte Flüssigkeitströpfchen, so genannte Aerosole. Sie treten bei Betätigung des Druckventils unter Druck aus der Sprühdüse aus und werden so auf die zu färbenden Flächen bzw. Gegenstände aufgetragen.

Farbstern

Der Farbstern ist eine Erweiterung des Farbkreises nach J. Itten. Er bezieht neben einem Ring reiner Farben nach innen die Verweißlichungsstufen dieser reinen Buntarten und nach außen deren Verschwärzlichungsstufen ein. In einer auf heutigem Wissensstand beruhenden Farbenlehre wird der Farbstern durch die → Farbensonne von H. Küppers ersetzt, die auf sechs bunten Grundfarben entsprechend den extrem möglichen Farbempfindungen des Menschen beruht. Im Farbstern ist außerdem die Breitenabnahme der Sternzacken ungünstig und, bezogen auf die gleiche Wichtigkeit aller dargestellten Farbnuancen, auch unlogisch.

→ Farbenordnung → Farbkreis → Itten, Johannes → Küppers, Harald
→ Verschwärzlichung → Verweißlichung

Farbstoff

Farbstoffe sind → Farbmittel, die in ihrem Anwendungsmedium löslich sind, also flüssig vorliegen. Pflanzliche Farbstoffe, die teils wasser-, teils fettlöslich sind, zählen dazu.

→ Farbe

Farbsymbolik

Farben können als optische Zeichen für bestimmte Bedeutungen, Sinninhalte, Gefühle usw. stehen. Die Vielfalt dieser Aussagen verschiedener Farben wird als Farbsymbolik bezeichnet. Sie ist durch persönliches Empfinden, kulturell, tradi-

tionell oder religiös bestimmt. Die → Farbpsychologie spielt ebenfalls eine große Rolle. Ein Beispiel für kulturelle Unterschiede ist Weiß, das in vielen asiatischen Ländern die Farbe des Todes und der Trauer darstellt, während im europäischen Raum Schwarz diese Symbolik aufweist.
Wichtige symbolische Bedeutungen einzelner Farben sind:

- Rot: Liebe, Feuer, Hass, Revolution
- Gelb: Neid, Hass, Eifersucht, Licht, Krankheit
- Orange: Wärme, Sommer, Freude
- Grün: Hoffnung, Natürlichkeit, Jugend
- Blau: Frieden, Glaube, Geistigkeit, Weite
- Violett: Würde, Trauer, Melancholie
- Schwarz: Tod, Trauer, Nacht, Melancholie
- Weiß: Licht, Unschuld, Reinheit, Sauberkeit, Leben

Kombinationen mehrerer Farben ergeben weitere und vor allem differenziertere Möglichkeiten, mit Farben symbolische Inhalte zu vermitteln.

Farbsystem, Farbsystematik

Als Farbsystem bezeichnet man die Darstellung der Vielfalt von Farben nach logischen Gesichtspunkten, d. h. es wird eine Farbsystematik entwickelt, die einer bestimmten → Farbenordnung gehorcht. Grundlegende Ordnungskriterien sind die Farbqualitätsmerkmale und die natürliche Abfolge der Farberscheinungen entsprechend ihrer Reihenfolge im → Farbenspektrum. Diese Kriterien ergeben sich sowohl aus den physikalischen als auch aus den physiologischen Gegebenheiten der Farbwahrnehmung. Zusätzlich können weitere Kriterien ein Farbsystem bestimmen, z. B. druck- und herstellungstechnische (z. B. RAL-System), oder gestalterische (z. B. → Farbkugel). Bei den gestalterischen Kriterien kann weiter unterschieden werden zwischen Gestaltung mit Farben an sich und Gestaltung mit Gegenständen, die jeweils ihre Farbigkeit als Eigenschaft mitbringen. Zu letzterem Gebiet gehört die Floristik. Farbsysteme mit den entsprechenden Farbordnungen, die aufgrund des wissenschaftlich-logischen Aufbaus allen angesprochenen Bereichen gerecht werden, bilden das → Basisschema der Farbenlehre und seine Erweiterungen → Farbensonne und → Rhomboeder-Farbenraum von H. Küppers.

→ Farbempfindung → Farbharmonie, floristische → Farbqualitätsmerkmal
→ Farbrangstufen → Küppers, Harald

Farbton

Der Begriff Farbton bezieht sich auf die vielfältige Beschreibung farblicher Erscheinungen mit Hilfe musikalischer Begriffe. Soweit damit eine Farbwirkung in ihrer ästhetischen Wahrnehmung gut vorstellbar beschrieben wird, ist die Begriffsverwendung sinnvoll. Dies trifft besonders auf den nicht-fachsprachlichen Umgang mit Kunden zu. Wo es allerdings um die konkrete fachtheoretische

Beschreibung von ⇢ Farbempfindung, ⇢ Farbmischung, Farbsystematik und die Funktionsweise des menschlichen Auges geht, müssen genaue Begriffe verwendet werden. Dies sind:

- ⇢ Buntart für reine Farben, d. h. die sechs bunten Grundfarben und die Mischungen von je zwei benachbarten, bunten Grundfarben.
- ⇢ Farbnuance als allgemeiner Begriff für jede konkret vorliegende und von den vier Farbqualitätsmerkmalen bestimmte Farbe. Hierzu gehören neben den reinen bunten Farben auch Verweißlichungen, Verschwärzlichungen, die unbunten Farben ⇢ Schwarz und ⇢ Weiß sowie die Graunuancen.

⇢ Auge, Funktionsweise des Auges ⇢ Farbabstufung ⇢ Farbakkord ⇢ Farbharmonie ⇢ Farbklang ⇢ Farbqualitätsmerkmal ⇢ Farbsystem ⇢ Grundfarbe ⇢ Unbuntart ⇢ Verschwärzlichung ⇢ Verweißlichung

Farbtonkontrast

⇢ Farbkontrast, objektiver ⇢ Farbnuancenkontrast

Farbtrübung

⇢ Buntgrad ⇢ Farbe, trübe

Farbvielklang

Besteht eine Farbkombination aus fünf, sechs oder mehr verschiedenen, bunten Farbnuancen oder Farbtönen, kann man diesen ⇢ Farbakkord vereinfachend als Farbvielklang bezeichnen. In der ⇢ Farbensonne lassen sich harmonische Vielklänge in verschiedener Weise durch Einzeichnen von geometrischen Vielecken finden, deren Eckenzahl der Anzahl der beteiligten Farbnuancen entspricht. Die geometrischen Figuren können sowohl regelmäßig als auch leicht unregelmäßig sein. Vielklänge aus relativ nah beieinander liegenden Farbnuancen ergeben eine harmonische Nachbarschaftsfarbigkeit. Im Übrigen können Farbvielklänge auch aus anderen Farbnuancen als den reinen Buntarten bestehen. Sind besonders viele, kaum noch überschaubare oder sinnvoll abzählbare Farbnuancen beteiligt, kann man auch vom ⇢ Farbcluster sprechen.

⇢ Farbharmonie

Farbvierklang

Besteht eine Farbkombination aus vier verschiedenen, bunten Farbnuancen oder Farbtönen, bezeichnet man diesen ⇢ Farbakkord als Farbvierklang. In der ⇢ Farbensonne lassen sich harmonische Vierklänge in vielerlei Weise durch Einzeichnen von Quadraten oder Rechtecken finden. Auch Trapez- und Drachenformen sowie in gewissen Grenzen leicht unregelmäßige Vierecke sind

möglich. Wegen der Verschiedenheit der Farben und deren Abstände zueinander in der Farbensonne, sind Vierklänge aus jeweils gleichweit voneinander entfernt liegenden Farben besonders deutlich. Die Beziehungsfigur ist das Quadrat und es entstehen laute Farbakkorde. Vierklänge, die aus zwei relativ dicht beieinander liegenden Farbnuancen und den beiden im Basisschema jeweils gegenüberliegenden Farbnuancen bestehen, bewirken Farbakkorde mit der Wirkung von Komplementärkontrasten. Vierklänge aus in der Farbensonne nah beieinander liegenden Farbnuancen sind, bis hin zu enger Nachbarschaftsfarbigkeit, ebenfalls möglich und ergeben flache Trapezformen als Bezugsfiguren in dieser Farbensonne. Im Übrigen können Farbvierklänge auch aus anderen Farbnuancen als den reinen Buntarten bestehen.

→ Farbharmonie → Harmonie benachbarter Farben

Farbwahrnehmung

→ Farbempfindung

Farbwirkung

Wie eine Farbe auf den Betrachter wirkt, hängt zunächst von den objektiven physikalisch-mathematischen und subjektiven physiologischen Faktoren der → Farbempfindung ab. Dementsprechend sind Lichtintensität und → Lichtfarbe, farbliche Umgebung, Größe und Form der Farbfläche sowie → Textur der die Farbe tragenden Oberfläche von Bedeutung. Hinzu treten subjektiv gefühlte und erlernte Farbwirkungsfaktoren. Sie lassen sich einerseits von Erfahrungen mit farblichen Erscheinungen in der Umwelt ableiten. Andererseits sind Traditionen, kulturelle Prägung und modische Konventionen bestimmend, die die Symbolik von Farben und die daraus folgenden Assoziationen beeinflussen.

→ Farbkontrast, subjektiver → Farbsymbolik

Farbzweiklang

Besteht eine Farbkombination aus zwei verschiedenen, bunten Farbnuancen oder Farbtonen, bezeichnet man diesen → Farbakkord als Farbzweiklang. In der → Farbensonne lassen sich harmonische Zweiklänge in vielerlei Weise durch Einzeichnen von geraden Verbindungslinien finden. → Komplementärkontrast, → Farbnuancenkontrast und die → Harmonie benachbarter Farben sind so darstellbar. Im Übrigen können Farbzweiklänge auch aus anderen Farbnuancen als den reinen Buntarten bestehen.

→ Buntart → Farbharmonie

Faser

→ Textilfaser

Fassade, Fassadenschmuck

Die Fassade ist die vordere Seite einer Sache, in aller Regel eines Gebäudes, die auch als Schauseite bezeichnet werden kann. Jede → Stilepoche hat zu entsprechenden Fassadengestaltungen mit bestimmten Tür-, Fenster-, Giebel-, Säulen- und Gesimsformen geführt.
Fassadenschmuck war früher in der Floristik in Form von Girlanden häufig. Floristischer Gebäudeschmuck, der zum Arbeitsgebiet → Raumschmuck zählt, muss die stilistischen, formalen und farblichen Gegebenheiten der jeweiligen Fassade gestalterisch berücksichtigen. Ein → Türschmuck an einer Außentür wirkt notwendig auch als Fassadenschmuck.

→ Gesims → Giebel → Girlande → Säule

Fayence

Bei Fayence handelt es sich um Keramik mit rotem oder ockerfarbenem → Scherben, die zunächst bei ca. 900 °C gebrannt wird (→ Rohbrand). Die kräftigen Farben, vor allem aber die weiße, deckende und abdichtende Zinnglasur, werden in weiteren Bränden aufgebracht (→ Glattbrand).
Fayence ist eine Weichkeramikart, die nach der italienischen Stadt Faenza, dem ursprünglichen und bedeutenden Herstellungsort in vergangenen Jahrhunderten, benannt ist. Als technisches Herstellungsverfahren von Keramik ist Fayence schon seit 500 n. Chr. in Persien bekannt und wurde von Arabern über Mallorca in Europa eingeführt. Daher ist auch der Begriff → Majolika (Keramik von Mallorca) üblich. Genau betrachtet sind jedoch Bemalungsart und Verzierungsstil hier anders und die deckend-weiße Glasur fehlt bei Majolika zugunsten einer insgesamt bunteren Bemalung. Delfter Ware ist ebenfalls eine Fayence, die lediglich wegen der weißen Farbe der Glasur, technisch falsch, oft als → Porzellan bezeichnet wird. Fayence wurde als Tafelgeschirr ab 1800 n. Chr. vom englischen → Steingut verdrängt. Als Schmuckkeramik, z. B. für Vasen und Übertöpfe, ist die Fayence-Technik immer noch bedeutend. Stilistisch-historisch genau genommen darf man jedoch nur solche Keramikerzeugnisse als Fayence bezeichnen, die entsprechend gestaltete Bemalungen aufweisen.

→ Glasur → Keramik → Weichkeramik → Zinn

Feldspat

Feldspat ist ein mineralischer Stoff, der keinen festen Schmelzpunkt hat, sondern in einem Temperaturbereich allmählich schmilzt. Feldspat wird als Flussmittel in der Glaserstellung, bei Glasuren und als Porzellanrohstoff verwendet.

→ Glas → Glasur → Porzellan

Fenster, Fensterschmuck

Fenster dienen dem Lichteinlass und teils auch dem Luftaustausch in Räumen. Sie sind floristisch in gestalterischer und bezüglich Pflanzen in pflegetechnischer Hinsicht wichtig.
Beim → Raumschmuck gehören Fenster zu den Elementen, die besonders geschmückt werden können. Floristische Werkstücke können sich auf der Fensterbank befinden, vom Fenstersturz herabhängen, an den Fensterseiten entlang gestaltet sein oder am Rahmen des eingesetzten Glasfensters befestigt werden. Auch Umrahmungen, z. B. mit Girlanden sind möglich. Je nach Stil des Raums findet man verschiedene Fensterformen, vor allem unterschiedliche Fenstergiebel. Diese stilistischen Gegebenheiten müssen beachtet werden. Technisch ist vor allem die Anbringung des Schmucks so vorzunehmen, dass nichts beschädigt und die Fensterfunktion nicht oder nur in vertretbarem Maße einschränkt wird.

Feston

Das Feston (franz.: Gehänge) ist ein Schmuckelement, das aus einer Blatt- Blüten- und/oder Früchte-Girlande gebildet wird. Diese hängt mittig bogenförmig durch und die Endstücke verlaufen von den Aufhängepunkten rechts und links senkrecht ein Stück weit nach unten. Oft sind die herabhängenden Seitenteile keulenförmig gebildet und die Aufhängestellen gestalterisch besonders, z. B. durch Schleifen, betont. Man findet Festons als → Stilelement seit der griechischen → Antike in fast allen Stilepochen, vor allem wenn diese sich wie → Renaissance, → Barock, → Rokoko und → Klassizismus auf die klassische Antike als Vorbild beziehen. Sie tauchen in der Architektur als reliefartige Ornamente aus Stein oder → Stuck ebenso wie in der Malerei auf. Sicher sind sie bereits in damaliger Zeit auch faktisch als floristische Werkstücke gebunden worden. Heute stehen neben dem → Binden technisch auch andere Möglichkeiten, z. B. Steckschaumunterlagen, zur Verfügung. Vor allem als → Raumschmuck, Fassadenschmuck, → Sargschmuck und als traditionelle Werkform im → Weihnachtsschmuck sind Festons geeignet.

→ Fassade → Girlande → Ornament → Relief → Steckschaum

Feuchtigkeitsanzeiger, Feuchtigkeitsmesser

→ Seramis®

Fiale

Unter einer Fiale versteht man ein zierendes, turmartiges, architektonisches ⇢ Stilelement der ⇢ Gotik. Die schlanken Formen von Fialen krönen oft Strebepfeiler und Wimperge. Eine Fiale besteht im unteren Teil aus einem vier- oder achteckigen Schaft, der ein Satteldach trägt. Er hat somit die Form eines Tabernakels (Hütte, Zelt) als Ziergehäuse und umfasst oft eine hinein gestellte Engels- oder Heiligenfigur. Auf dem Satteldach sitzt als oberster Teil der Fiale ein hoch aufstrebender, pyramidenförmiger Helm, der an den Kanten oft mit Krabben bzw. ⇢ Kriechblumen besetzt ist und von einer ⇢ Kreuzblume bekrönt wird.

gotische Fiale

⇢ Kriechblume ⇢ Strebewerk ⇢ Wimperg

Filigran

Das Filigran (lat.: filum = Faden, granum = Korn) bezeichnet ursprünglich Goldschmiedearbeiten aus Goldfäden und aufgesetzten Goldperlen, wie sie z. T. schon aus dem frühen Altertum bekannt sind. Daraus leitet sich mit allgemeiner Bedeutung das Adjektiv filigran für sehr feine bzw. feingliedrige Arbeiten und Wirkungen ab.

Filz

Filz ist ein meist flächiges, aus vielfach miteinander verschlungenen Fasern bestehendes Gebilde. Filz darf nicht als ⇢ Stoff oder als ⇢ Gewebe bezeichnet werden, da kein gerichtetes und geregeltes Über- und Unterkreuzen von langen Fäden erfolgt, sondern ein ungeregeltes Verschlingen kurzer Fasern durch Kneten und Walken, meist unter Zuhilfenahme von Wasser bzw. Wasserdampf und Seife. Die mikroskopisch rauen Oberflächen der Fasern verhaken sich dabei dauerhaft ineinander. Industrielle Filzherstellung erfolgt heute trocken als Nadelfilz, wobei die Fasern mit speziellen Nadeln zu Widerhaken gebogen werden. Es gibt auch Stoffe, deren Fasern nach dem Weben bewusst verfilzt werden, wie z. B. Loden. ⇢ Vlies ist dem Filz relativ ähnlich. Filz eignet sich wegen seiner natürlich anmutenden, wolligen Oberfläche bzw. ⇢ Textur besonders gut zum floristischen Kombinieren mit pflanzlichen Werkstoffen.

Filz-Accessoires ergänzen die floristische Materialauswahl.

fixieren

Fixieren bedeutet befestigen, einen festen Halt geben. Hierzu stehen in der Floristik verschiedene Techniken zur Verfügung, z. B. → Andrahten, → Kleben, → Stecken, → Binden etc.

Flächengestaltung

symbolhafte Flächengestaltung aus der Gedenkfloristik

Bezieht sich eine Gestaltung hauptsächlich auf das Erfassen einer Fläche in Länge und Breite, ohne die dritte Dimension der Höhe wesentlich mit einzubeziehen, spricht man von einer Flächengestaltung. Wände, Friese, Paraventflächen sind Beispiele für ebene Flächen. Gewölbte Oberflächen von Körpern, wie → Kranz, Kugel, → Girlande, kann man trotz der körperhaften Wirkung auch als Flächengestaltungen auffassen. Enthält die Gestaltung Elemente, die plastisch sind, jedoch nicht zu stark hervortreten, bekommt sie Reliefcharakter. Sie wird dennoch als Flächengestaltung betrachtet, da die Längen- und Breitenausdehnungen wesentlich überwiegen. Als Gestaltungsmittel eignen sich naturgemäß flächige Werkstoffe wie Blätter, Stoffe, Fasermatten o. ä. Bei Flächengestaltungen kommen die Texturen der Werkstoffe und Materialien besonders gut zur Geltung, stellen also ein wichtiges Gestaltungselement dar. Flächengestaltung kann als eine eigene → Anordnungsart aufgefasst werden.

→ Anordnungsart, flächige → Form, flächige → Formbinderei → Formdimension → Kugelform → Oberflächenstruktur → Relief → Textur

flächig

→ Anordnungsart, flächige

Flair

Der Begriff Flair (franz.: Geruch, Aroma, ursprünglich auch Gestank der Straße) bezeichnet heute vielfach etwas gegenüber der ursprünglichen Bedeutung Anderes. Im Englischen und Französischen ist das Gespür, der feine Instinkt, die Veranlagung oder das natürliche Talent eines Menschen für eine Sache damit gemeint. Oft wird der Begriff speziell auf die Kreativität in künstlerischen, technischen, wissenschaftlichen und wirtschaftlichen Bereichen bezogen.

Im Deutschen wird das Fremdwort in einer anderen Bedeutung verwendet. Es beschreibt eine bestimmte Art und Weise der Erscheinung, wobei diese Bestimmtheit jeweils benannt wird: asiatisches Flair, Karibikflair, mondänes Flair der weiten Welt, das Flair eines sommerlichen Tages am Mittelmeerstrand usw. In diesem Sinn bedeutet Flair also → Anmutung, Atmosphäre und Ausstrahlung, die z. B. von einer Gestaltung, einer Umgebung, einer Veranstaltung oder auch der Kleidung und dem entsprechenden Verhalten eines Menschen ausgehen kann. Floristische Werkstücke beinhalten in der Regel bereits vom Werkstoff her ein lebendiges, natürliches Flair und können bei passender Werkstoff- und Accessoirewahl auch die oben genannten, speziellen Ausstrahlungen besitzen. In eine floristische Arbeit ein besonderes Flair zu integrieren, betont die emotionale Komponente des Werkstücks. Dies und ein adäquates Einkaufsflair im Ladenlokal sind wichtige Mittel zur Kundengewinnung und Kundenbindung. So wird der gestalterische Aspekt Flair zum Marketingfaktor.

flechten, Flechtwerk

Unter Flechten versteht man das Miteinanderverschlingen oder Ineinanderschlingen von relativ biegsamen Zweigen, Fasersträngen usw. Im Unterschied zum → Gewebe kreuzen sich beim Geflecht die einzelnen Stränge nicht notwendigerweise rechtwinklig, sondern in verschiedenen, schrägen, teils auch wechselnden Winkeln.

→ Korb

Fliehkraft

→ Zentrifugalkraft

floral

Mit Flora (römische Göttin der Blumen und der Jugend) wird in Abgrenzung zur Fauna (Tierwelt) die Pflanzenwelt bzw. der Bestand an Pflanzen einer bestimmten Region bezeichnet. In der Floristik wird der Begriff „floral" meist mit dem Begriff „pflanzlich" im Bezug auf die → Gestaltungsmittel gleichgesetzt, so dass der → Werkstoff an sich damit bezeichnet wird. Floral kann übergeordnet auch bedeuten, dass eine Sache, eine Gestaltung, vorwiegend auf pflanzlichen Werkstoffen beruht. So deckt sich die Wortbedeutung nahezu mit dem Begriff „floristisch". Schließlich können alle auf Pflanzen zurückzuführenden Formen als floral bezeichnet werden, auch wenn sie artifiziell sind.

→ Artefakt

Floralkleber

→ Klebstoff

Floraltape

Mit dem Begriff Tape (engl.: Band) werden im Deutschen bandartige Produkte, wie z. B. Magnet-Tonbänder, oft von den Schmuckbändern unterschieden. In der Floristik versteht man darunter speziell die technischen Hilfsmittel, mit denen Blumenstiele, Drähte oder z. B. Brautstraußgriffe bewickelt werden. Dies kann der Verbesserung der Griffigkeit von ⇢ Draht oder der Abdeckung von Drähten dienen. Auch das Aufwickeln von Werkstoffen auf Draht und das relativ dichte Abschließen von wattierten, also mit Wasser versorgten Stielen in Brautsträußen ist möglich. Hierzu benötigt man das auf Kautschukbasis hergestellte, wasserunempfindliche, leicht elastische Guttacoll, das man durch Anschmelzen verkleben kann. Dieser Vorgang wird insgesamt auch als Kautschukieren bezeichnet. Als Flowertape oder Floraltape gehandeltes, gekrepptes Papierband ist dagegen lediglich für eine wasserfreie Verwendung geeignet, da es bei Wasserkontakt weich wird und sich löst, obwohl es mit einem klebrigen Wachs getränkt bzw. gummiert ist. Von diesem ⇢ Hilfsmittel wird jedoch der eingedeutschte floristische Technikbegriff „Tapen" abgeleitet. Das Kautschukband wird vorrangig in Hellgrün, Dunkelgrün, Braun und Weiß mit 13 mm und zum Teil 25 mm Breite angeboten, Flowertape bekommt man meist in Grün und Braun mit 13 mm Breite. Die Farbigkeit ermöglicht einen unauffälligen Einsatz dieses technischen Hilfsmittels.

Bewickeln eines Stützdrahts mit Kautschuk-Tape

⇢ Kautschuk ⇢ Krepp ⇢ wattieren

Floristenmesser

Messer, die in der Floristik eingesetzt werden, müssen spezielle Anforderungen erfüllen. Neben der selbstverständlichen Schärfe bezieht sich vor allem ihre Form auf den Vorgang des Anschneidens. Dieses erfolgt in einer flüssigen und schnellen Bewegung, bei der die Messerklinge schräg durch den Stiel des Werkstoffs geführt wird. Entsprechend sind Floristenmesser nicht symmetrisch, sondern auf einer Seite eben und von der anderen Seite, sozusagen auf den anzuschneidenden Stiel hin, schräg und leicht gewölbt geschliffen. So dringt das Messer bei entsprechender Schnittbewegung nahezu von selbst im optimalen Winkel in den Stiel ein und der Kraftaufwand für Arm und Hand wird minimiert. Daher kann ein gutes Floristenmesser nicht durch ein einfaches, billiges Küchenmesser ersetzt werden, ohne die Arbeit des Nutzers anstrengender zu machen. Die den genannten Gegebenheiten entsprechende Pflege eines Floristenmessers, vor allem das richtige, einseitige Nachschleifen, ist zum Erhalt der Funktionstüchtigkeit selbstverständlich erforderlich.

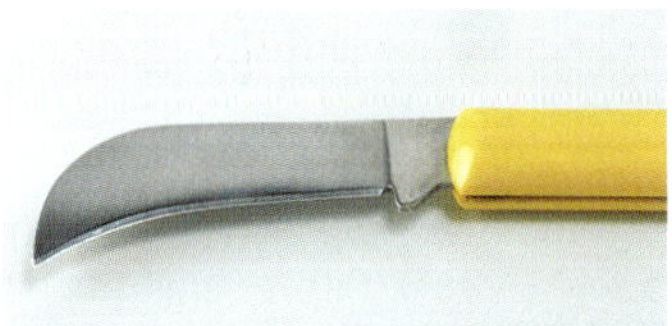

⇢ anschneiden ⇢ Werkzeug, floristisches

Flowertape

⇢ Floraltape

Fluchtpunkt

Als Fluchtpunkt bezeichnet man den Punkt, in dem sich Linien in der Ferne zu treffen scheinen, die in der Realität parallel vom Betrachter weg verlaufen. Die ⇢ Perspektive, d. h. Augenschein oder Sichtweise, bedingt diese optisch verkleinerte Wahrnehmung von entfernter liegenden Dingen. In perspektivisch realistischen Zeichnungen sind Fluchtpunkte unverzichtbar.

Übereckperspektive mit zwei Fluchtpunkten

⇢ Augpunkt ⇢ Übereckperspektive ⇢ Zentralperspektive

Folie

Der Begriff Folie (lat.: folium = Blatt) meint ein dünnes flaches Material. Für Blattgold war er schon in früheren Jahrhunderten üblich. Heute wird in der Floristik damit vorrangig dünnes Kunststoff-Material bezeichnet. Dazu zählen z. B. die ⇢ Klarsichtfolie als Verpackungsmaterial, farbige Folien als Dekorationsmittel und Laminierfolien, die das Einschweißen von flächigen Werkstoffen und Materialien erlauben. Technisch wird Folie als abdichtendes ⇢ Hilfsmittel in zu schützenden und undichten Gefäßen, z. B. Körben, eingesetzt. Die Grundstoffe zur Herstellung von Folien sind z. B. Polypropylen (PP), Polyethylen (PE) und Polyvinylchlorid (PVC). Auch aus ⇢ Zellulose gewonnene Viskose wird als Cellophan (Zellglas) eingesetzt. Solche Folien sind verrottbar.

⇢ Kunststoff ⇢ Laminat ⇢ Verpackung

Folklore

Bei Folklore (engl.: folk = Volk, lore = Überlieferung) handelt es sich um mündliche Überlieferungen eines bestimmten Volkes. Im erweiterten Sinn bezeichnet man damit die Gesamtheit aller volkstümlichen Traditionen, die auch Brauchtum, Schauspiel und Tanz einschließen. Ihren materiellen Niederschlag findet Folklore in Malerei, kunsthandwerklichen Gegenständen, Textilien und Mode. Da jedes Volk eigene Techniken, Muster, Bilderwelten und Stilmittel entwickelt hat, lassen sich typische folkloristische Stile zuordnen. Detaillierte Blumen- und Drachenmuster aus Fernost unterscheiden sich von abstrahierten Eiskristall- und Rentierformen aus Skandinavien oder glatten, stilisierten Holzschnitzereien aus Zentralafrika. Bestimmte folkloristische Arbeiten sind weltweit bekannt geworden. Zu ihnen gehören Brüsseler Spitzen, → Delfter Fayence, Schwarzwälder Kuckucksuhren, Dalarna-Pferdchen aus Schweden oder die Dirndl-Kleider aus den Alpen.

Matroschka-Figuren als russische Folkloregestaltungen

→ Ethno-

Form
Die Form ist neben der → Farbe die wichtigste Eigenschaft der → Gestaltungsmittel und damit eines der wichtigsten → Gestaltungselemente. Werkstoffe und Materialien bieten eine Vielfalt von Formen, weitere entstehen durch die Formgebung bei der Gestaltung von Werkstücken. Diese Formenvielfalt lässt sich entsprechend der verschiedenen → Formeigenschaften in bestimmte Kategorien einteilen, so dass unterscheidbare → Formenarten benannt werden können.

Form, anorganische
Formen, die aus unbelebtem Material bestehen und durch Naturkräfte gebildet werden, jedoch nicht auf Lebewesen zurückzuführen sind, können als anorganisch bezeichnet werden. Diese Formen sind weder Organismen noch Teile davon und entstehen auch nicht unmittelbar durch die Tätigkeit von Organismen. Mineralien wie Sand, Fels, Kiesel usw. gehören dazu. Sie können nahezu zufällig ihre Form durch Kräfte wie Wind, Wasser, Vulkanismus etc. erhalten. So entstehen Dünen, Küstenlinien, Felsformationen. Oder sie wachsen durch chemisch physikalische Prozesse, wie z. B. Kristalle.

Kieselsteine sind anorganische, mineralische Formen.

Definiert man anorganische Formen nur vom Stoff her, aus dem sie bestehen, gehören auch von Menschen geschaffene, also künstliche Formen, wie z. B. Gefäße, dazu. Sogar die Schalen von Schnecken und Muscheln sowie Geweihe und Knochen könnten, da sie aus mineralischen Stoffen bestehen, in diesem Sinne als anorganische Formen bezeichnet werden.
Gestalterisch wichtig ist jedoch der formale Ausdruck, die Wirkung einer Form. Danach sind die zuletzt genannten, tierischen Beispiele aufgrund ihrer Entstehung

durch das Wachstum und die Gestalt von Lebewesen deutlich organisch. Die Mehrzahl von Gefäßen aus Keramik, Metall usw. sind anorganisch. Haben sie eine konstruiert technische Form, so scheinen sogar Gefäße aus Holz, einem organischen Stoff, in ihrer Wirkung anorganisch, während ein unregelmäßig und wie gewachsen geformtes Keramikgefäß einen organischen Formausdruck besitzt. Eine generell gültige Einteilung ist demnach nicht immer eindeutig möglich und die Einordnung einer Form als anorganisch muss von Fall zu Fall vorgenommen werden.

⇢ Formenarten ⇢ Formentstehung ⇢ Formwirkung

Form, flächige

Unter einer flächigen Form ist entweder eine Fläche an sich in ihrer Gestalt zu verstehen oder ein Körper, der vorrangig durch Breite und Länge geprägt ist und nur eine im Vergleich sehr geringe Höhen- oder Dickenausdehnung aufweist. Unter den floristischen Werkstoffen sind Blätter als flächige Formen zu bezeichnen, bei den Materialien sind es z. B. ⇢ Folie, ⇢ Schmuckband und ⇢ Papier. Neben Farbigkeit und Umrissform macht vor allem die ⇢ Textur bzw. die ⇢ Oberflächenstruktur den gestalterischen Reiz einer flächigen Form aus.

Bergenienblatt als flächige Form

⇢ Form, körperhafte ⇢ Form, lineare ⇢ Formdimension ⇢ Formenarten

Form, floristische

Floristische Formen sind begrifflich weit gefasst, d. h. es sind darunter alle Formen zu verstehen, die in der Floristik von Bedeutung sind. Dazu zählen sowohl die Werkformen, also die Form der technisch-handwerklichen Herstellung, als auch die konkreten Formen von Werkstücken, d. h. Umrisse etc. Auch die Formen von Materialien, technischen Hilfsmitteln und Werkstoffen sind zu nennen. Bezüglich der Werkstoffe sind gestalterisch vor allem die floristischen Bewegungsformen von Bedeutung. Vergleiche insbesondere auch die verschiedenen ⇢ Formenarten.

⇢ Bewegungsform, floristische ⇢ Hilfsmittel ⇢ Material
⇢ Werkform ⇢ Werkstoff ⇢ Werkstück

Form, freie

Als frei bezeichnet man Formen, die scheinbar regellos oder zufällig bzw. willkürlich geformt sind, deren Gestalt also keiner unmittelbar erkennbaren Gesetzmäßigkeit folgt. Sanddünen, von Wellen gebildete Küstenlinien, vom Wind gebeugte Bäume, unregelmäßig durch Kneten geformte Tongefäße oder Wachskerzen sind Beispiele. Letztlich wirken auch hier konkrete Kräfte nach festen Gesetzmäßigkeiten, jedoch sind diese in ihrer Komplexität nicht oder kaum zu überschauen. Ihre formgebenden Auswirkungen sind nur schwer vorherzusehen und kaum zu berechnen. Floristische Werkstoffe sind nur bis zu einem gewissen Grad freie Formen. Denn einerseits sind die Blumen einer Art bzw. Sorte genetisch bedingt und gärtnerisch gesteuert im Wesentlichen gleich und damit keine freien Formen, sondern vorgegeben. Andererseits ist doch jede Blüte, jedes Blatt ein wenig anders und damit individuell bzw. in gewisser Weise frei geformt.

Relativ frei geformte, an Blüten erinnernde Schalen

→ Formenarten → Formentstehung

Form, gewachsene

Gewachsene Formen sind durch einen Wachstumsprozess entstanden. Hier sind vorrangig pflanzliche und tierische Formen, also Lebewesen und Teile von ihnen, zu nennen. Jedoch können auch unbelebte, anorganische Formen durch chemisch-physikalische Wachstumsvorgänge entstehen. Kristalle wie Amethyst, Rubin und Bergkristall sind Beispiele. In der Floristik bilden die gewachsenen Formen selbstverständlich die bedeutendste Formenart.

→ Bewegungsform, floristische → Formenarten → Formentstehung

Form, konstruierte

Konstruierte Formen entstehen durch technische Konstruktion, also mit Hilfe von gesteuerten, beabsichtigten Herstellungsprozessen. Sie sind demnach als künstliche Formen zu verstehen. In der Floristik sind konstruierte Formen als → Gefäß, → Schmuckband, → Draht, → Kerze usw. zu finden. Trotz ihrer oft naturhaften Wirkung sind auch die floristischen Werkstücke vom Entstehungsursprung her konstruierte Formen. Andererseits gibt es natürliche Formen, die, wie manche Sukkulenten und Muschelschalen, durchaus wie konstruiert wirken können.

Konstruiertes Gefäß mit Sukkulenten, die nahezu technisch konstruiert erscheinen

Statt von konstruierten Formen spricht man oft auch von konstruktiven Formen. Darunter kann man jedoch ebenso gut Formen verstehen, die ihrerseits als Ausgangsmaterial zum Konstruieren einer neuen Form verwendet werden, wie z. B. Ziegel zum Hausbau. So bedeutet konstruktiv etwa „bauend, aufbauend“, während konstruiert „gebaut, aufgebaut“ meint.

→ Form, künstliche → Formenarten → Formentstehung → Formwirkung → konstruieren → Muschel → Sukkulenz

Form, konstruktive

→ Form, konstruierte → konstruieren

Form, körperhafte

Alle Formen, die deutlich erkennbar dreidimensional ausgeprägt sind, können als Körper oder als körperhaft bezeichnet werden. Gestaltungstheoretisch sind mit körperhaften Formen deutlich voluminöse, dreidimensionale Gegenstände gemeint, im Gegensatz zu eigentlich zwar körperhaften, jedoch linienbetont oder vorrangig flächig erscheinenden Formen, z. B. Gräser und Blätter.

Früchte zeigen körperhafte Formen.

→ Form, flächige → Form, lineare → Formdimension → Formenarten

Form, künstliche

Formen, die nicht durch natürliche Prozesse, sondern durch menschliches Tun entstehen, kann man als künstlich (artifiziell) bezeichnen. Gegenstände, die konstruiert sind oder wirken, wie Gefäße, Kerzen, Ziegel, bieten dafür deutliche Beispiele. Jedoch können künstlich erstellte Formen auch eine natürliche → Formwirkung haben, sie erscheinen wie gewachsen. Beispiele sind der → Landschaftsgarten, auch englischer Garten genannt, und vegetative Gestecke. Auch Gefäße, die an organische Formen erinnern, jedoch künstlich vom Menschen geschaffene Gegenstände (Artefakte) sind, können als künstliche Formen mit natürlicher Wirkung genannt werden.

Ein fast organisch erscheinendes Gefäß, das dennoch eine künstliche Form darstellt.

→ Artefakt → Form, konstruierte → Formenarten → Formentstehung
→ konstruieren → Landschaftsgarten

Form, lineare

Formen, die weder körperhaft noch flächig sind, sondern aus Linien bestehen oder so dünn und schlank sind, dass sie vorrangig als Linie wahrgenommen werden, können als linear bezeichnet werden. In der formal-linearen Gestaltungsart sind die Werkstoffe in ihrer linearen Erscheinung von besonderer Bedeutung. Lineare Formen können, mathematisch nicht ganz korrekt, auch als eindimensional angesehen werden. Streng genommen sind jedoch nur Geraden eindimensional, während Bögen und

Gräser zeigen lineare Formen.

geknickte Linien sich genau genommen in einer Fläche oder auch in einem Raum, also in mehreren Richtungen bzw. Dimensionen entfalten.

→ Form, körperhafte → Form, lineare → Formdimension → Formenarten
→ Gestaltungsart, formal-lineare

Form, natürliche

Alle Formen, die die Natur hervorbringt, von unbelebten Felsen, Bergen, Kristallen, Küstenlinien usw. bis zu belebten Pflanzen, Tieren, Pilzen und Mikroben, sind als natürlich zu bezeichnen. Sie lassen sich in anorganische, von chemisch-physikalischen Kräften gebildete Formen und in organische, von Lebewesen gebildete Formen unterteilen. Im Gegensatz dazu werden von Menschen geschaffene Formen als künstlich oder artifiziell bezeichnet. Allerdings können solche Artefakte durchaus natürlich erscheinen, also eine naturhafte Wirkung besitzen. Sie sind dann Nachbildungen natürlicher Formen und/oder erinnern an solche.

→ Artefakt → Form, anorganische → Form, organische → Formenarten
→ Formentstehung → Formwirkung

Form, organische

Formen, die aus belebtem Material bestehen, Lebewesen oder Teile davon sind bzw. einmal waren, können als organische Formen bezeichnet werden. Floristische Werkstoffe, ob ganze Pflanze oder Teile wie Blüten, Blätter, abgestorbene Äste oder trockene Früchte, gehören hierzu. Auch mineralische Teile von Lebewesen, wie Muschelschalen, und mineralisierte Fossilien sind letztlich als organisch anzusehen, obwohl sie vom Material her chemisch anorganisch sind.

Pflanzen und Pflanzenteile sind organische Formen.

Allerdings ist gestalterisch vor allem die Wirkung einer Form, die den scheinbaren Ursprung und den Entstehungsprozess widerspiegelt, bedeutend, so dass ein Keramikgefäß, eine Metallform, eine Kerze etc. durchaus organisch wirkende Formen besitzen können.

→ Formenarten → Formentstehung

Form, schlichte

Formen, die man als schlicht bezeichnet, sind einfach gebaut, in ihrer Gestalt gut erkennbar und überschaubar. Sie sind nicht komplex und haben nur geringen gestalterischen Anspruch. Somit beinhaltet die Bezeichnung als schlichte Form bereits eine Art der Wertung und ist einem Geltungsanspruch-Begriff ähnlich: Werkstoffe, die → Gemeinschaft liebend und sich unterordnend wirken. Auch Materialien, also nicht-florale → Gestaltungsmittel, können ohne weiteres eine schlichte Form aufweisen. Schlichte Formen sind in schematischer Ausprägung in der Regel mit ··→ Grundformen vergleichbar. Ein florales Beispiel ist die nebenstehend abgebildete, kreisflächenähnliche oder halbkugelige Pompondahlien-Blüte.

··→ Geltungsanspruch ··→ Pompon

Form, symbolische

Wenn die Form eines Gegenstands als Symbol verstanden wird, ist damit eine Bedeutung dieser Form im übertragenen Sinn gemeint. Die Form beinhaltet dann eine unmittelbar erkennbare Verbindung zu einer anderen Sache, einer Funktion oder einer immateriellen Aussage. Vergleiche dazu genauer ··→ Formsymbolik und ··→ Formwirkung.

··→ Formenarten ··→ Symbol

Form, zufällige

Formen, die nicht durch eine bewusst gesteuerte Kraft entstehen, sondern durch unkontrollierte Einwirkungen, kann man als zufällige Formen bezeichnen. Sie finden ihre Gestalt durch zufällig auftretende Kräfte. Viele Naturformen erscheinen so, wie z. B. ein in andauerndem Küstenwind zerzaust und schief gewachsener Baum. Das ··→ Crashen z. B. von Stoff und Papier ergibt Falten und Knicke als zufällige Formen. Letztlich sind auch hier konkrete Kräfte am Werk, die jedoch sehr komplex bzw. vielfältig und damit nur schwer überschaubar sind. Deshalb und weil sie nicht von Menschen bewusst gelenkt werden, erscheinen sowohl die Kräfte als auch die entstehenden Formen als zufällig.

··→ Formenarten ··→ Formentstehung

Formakzent

Eine kleine Form, die einer großen Form aufgesetzt oder darin integriert ist, sich jedoch deutlich davon abgrenzt, erscheint wie eine partielle Betonung, ein Akzent. Da hierbei der Formunterschied bzw. die Formabgrenzung wirksam ist, spricht man vom Formakzent oder formalen ··→ Akzent. Oft ist die akzentuierende Form zusätzlich farblich von der größeren, akzentuierten Form verschieden, so dass gleichzeitig ein ··→ Farbakzent vorliegt.

ein Kreuz als Formakzent

formal

Der Begriff formal bedeutet soviel wie die Form betreffend bzw. von der Form her betrachtet. So kann man z. B. statt von einem → Formkontrast auch vom formalen Kontrast sprechen. Als Teil der Bezeichnung der formal-linearen Gestaltungsart verweist der Begriff auf die besondere Bedeutung der → Form als → Gestaltungselement innerhalb entsprechender Werkstücke.

→ Gestaltungsart, formal-lineare

formal-linear

→ Gestaltungsart, formal-lineare

Formation

Unter einer Formation versteht man eine Gestaltung, bei der verhältnismäßig große Mengen weitgehend gleicher Elemente in einer relativ gleichförmigen Positionierung zueinander gefügt und angeordnet sind. Diese Elemente können Werkstücke, Werkstoffe oder Werkstoffteile, also Blüten, Blätter, Stiele, Abschnitte davon etc. sein. Ebenso können Materialien, z. B. Kerzen, Bandstreifen, Kugeln usw. als Formation präsentiert werden. Deutliche Beispiele für eine Formation bieten stetige Reihen oder blockhafte Anordnungen. Damit eine Formation eine eindeutige Wirkung erzielt, sollte sie in räumlicher Begrenzung erarbeitet werden, so dass die Elemente so eng beieinander stehen, dass man ihre Vielzahl mit einem Blick erfasst. Formationen können in den meisten Fällen zur formal-linearen Gestaltungsart gezählt werden oder sind konstruktiv-assoziativ gestaltet. Beispiele sind sowohl eine Blatt-Formation in einem Gefäß als auch eine Reihung gleichartiger, wie eine Allee wirkende Bankschmuck-Werkstücke im Kirchenraum zu einer Trauung.

→ Gestaltungsart, formal-lineare → Gestaltungsart, konstruktiv-assoziative
→ Reihe, stetige

Formausdehnung

Mit Formausdehnung bezeichnet man einerseits die Größe einer Form an sich. Differenzierter betrachtet sind damit auch die Ausdehnungen in bestimmte Richtungen, also Breite, Höhe, Länge, Tiefe, Querausdehnung usw., zu bezeichnen. Jede in dieser Weise gerichtete Formausdehnung bezieht sich somit auf die entsprechende → Formdimension.

→ Formeigenschaft

Formausdruck

Mit Formausdruck ist der gestalterische Ausdruck einer Form gemeint. Insofern ist der Begriff mit der → Formwirkung gleichzusetzen und mit der → Formsymbolik verknüpft.

Formausprägung

Die Formausprägung meint die konkrete Gestalt eines Gegenstands.

→ Formeigenschaft

Formbinderei

Die Formbinderei gehört gestaltungstheoretisch zur dekorativen Gestaltungsart. Sie umfasst floristische Gestaltungen, bei denen in sich geschlossene Formen mit dichten Oberflächen und deren Texturen entstehen. Der Werkstoff dient ausschließlich dazu, die → Form zu gestalten. Er ordnet sich diesem Ziel vollkommen unter. Eine symmetrische Ausprägung der Werkstücke ist typisch. → Kranzkörper, → Girlande, Kugel sowie Kegel- und Kuppelformen beim → Biedermeierstrauß sind typische Beispiele.

formbinderischer Blattkranz

→ Flächengestaltung → Gestaltungsart, dekorative → Kugelform → Ordnungsart Symmetrie → Textur

Formcharakter

→ Formwirkung

Formdimension

Formdimensionen sind Länge, Breite und Höhe. Vom Standpunkt des Betrachters aus spricht man auch zuweilen von der Tiefe eines Gegenstands, womit, je nach Betrachtungsrichtung, alle drei Dimensionen gemeint sein können. Formen können, müssen jedoch nicht alle drei Dimensionen aufweisen. Je nach beteiligter Dimensionen unterscheidet man:

Eindimensionale Formen

Eine gerade Linie beinhaltet nur eine Dimension, sie hat eine Länge, jedoch weder Breite noch Höhe. Bei gebogenen oder geknickten Linien erfolgen Knick und Bogen bereits in der zweidimensionalen Fläche oder im dreidimensionalen Raum. D. h. solche Linien haben bestimmte Längen und als Bogen eine erkennbare Höhe oder als Knicklinie einen konkreten Winkel. Mehrfach in verschiedene Richtungen geknickt oder gebogen, kommt die Räumlichkeit hinzu. Gestalterisch wirken sie jedoch, solange sie nicht zu stark gebogen oder geknickt sind, vorrangig linear. Man kann sagen, sie haben eindimensionale Wirkung.

Zweidimensionale Formen

Flächen, die vollkommen eben sind, besitzen zwei Dimensionen, nämlich Länge und Breite, wenn sie horizontal betrachtet werden. Wenn sie senkrecht stehen,

sind Höhe und Länge oder Breite bestimmend. Ansonsten können Flächen regelmäßig oder unregelmäßig, also sehr vielgestaltig sein. Flächen, die nicht eben, sondern in sich gebogen, gewellt oder geknickt sind, beinhalten bereits die dritte Dimension, d. h. sie zeigen Länge und Breite und wölben sich z. B. in einer bestimmten Höhe auf. Hier gilt, auf die gestalterische Wirkung bezogen, Ähnliches wie bei den Linien. Nichtebene Flächen wirken, solange sie nicht zu stark gebogen oder geknickt sind, zweidimensional.

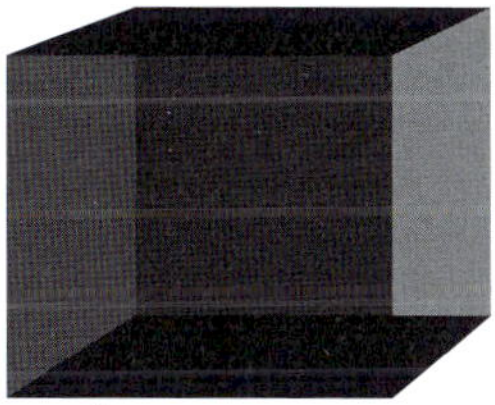

Dreidimensionale Formen
Alle körperhaften Formen sind dreidimensional, d. h. sie beinhalten die Raumdimensionen Breite, Länge und Höhe. Wenn allerdings eine Dimension absolut vorherrscht, wirkt der betreffende Körper linear oder nahezu eindimensional, wie z. B. ein gerader Grashalm, der eigentlich ein schlanker, zylindrischer Körper ist. Ähnlich sind Blätter, die Breite und Länge, jedoch nur eine geringe Höhe bzw. Dicke haben. Sie sind zwar Körper, wirken jedoch vorrangig als Flächen.

→ Form, flächige → Form, körperhafte → Form, lineare → Formeigenschaft
→ Formenarten → Grundformen

Formdynamik

Die spiralige Positionierung der Werkstoffe verstärkt die scheinbare, dynamische Drehwirkung des Kranzes.

Als Formdynamik wird die scheinbare Bewegung bezeichnet, die ein Betrachter in der jeweiligen Form wahrnimmt. Hiermit ist keine tatsächlich im Moment der Betrachtung stattfindende Bewegung gemeint. Stattdessen ergibt sich die Wahrnehmung von Dynamik aus anderen Gründen:

1. Die Kräfte und der Bewegungsprozess, die in der Vergangenheit zur Ausbildung der jeweiligen Form geführt haben, werden als dynamische Wirkung empfunden, d. h. der erkennbare Entstehungsprozess wird in der → Formwirkung nachvollziehbar. Die floristischen Bewegungsformen sind gute Beispiele, bei denen der enthaltene Begriff der Bewegung schon auf Dynamik verweist. Wachstumskräfte bedingen dabei die → Wuchsbewegung.

2. Die beim Betrachten notwendige, der Form nachfolgende Bewegung des Auges erzeugt als Formwirkung eine empfundene Dynamik. Die scheinbare Drehbewegung, die einem ruhig und unbewegt daliegenden Kranz innewohnt, bildet ein Beispiel.

3. Schließlich ist das optische Gewicht zu nennen, das als scheinbares Gewicht vom Betrachter einer Form empfunden wird und eine Bewegung dieses Gegenstands bewirken könnte. Als Beispiel dient eine optisch schwere Blüte, die seitlich schräg und weit aus der kompakten, haltenden Basis eines formal-linearen Gestecks herausragt. Diese Gestaltung erzeugt ein Gefühl von Spannung und Dynamik beim Betrachter, denn ohne die Haltekraft der Basis würde die Blüte zu Boden fallen.

→ Bewegungsform, floristische → Gestaltungsart, formal-lineare
→ Gewicht, optisches

Formeigenschaft

Formen besitzen bestimmte Eigenschaften mit denen sie sich sowohl beschreiben als auch in verschiedene → Formenarten unterteilen lassen. Verschiedene Eigenschaftsgruppen sind demnach unterscheidbar:

Objektive Eigenschaften, die konkret feststellbar bzw. messbar sind:
Entstehungsweise, Dimensionalität, Gestaltausprägung, Größe

Subjektive Eigenschaften, die die → Formwirkung auf den Betrachter widerspiegeln bzw. von ihm in die Form hinein interpretiert werden:
stilistischer Ausdruck, symbolische Bedeutung, dynamische oder statische Wirkung, naturhafte Wirkung, artifizielle Wirkung

Stilistische Eigenschaften, die sich teils aus der tatsächlichen Zugehörigkeit zu einem Stil, teils aus dem stilistischen Ausdruck ableiten lassen:
antike Form, barocke Form, moderne Form, traditionelle Form usw.

Funktionelle Eigenschaften, die sich aus der Bestimmung des geformten Gegenstands ergeben:
technische Funktion (z. B. Stanzform), gestalterische Funktion (z. B. optisch haltende Basis), inhaltlich-sinnhafte Funktion (z. B. Hinweispfeil)

→ vergleiche Einzeleinträge zu vielen der genannten Begriffe

Formenarten

Formen können nach verschiedenen Kriterien, die sich auf → Formeigenschaften beziehen, eingeteilt werden. So entsteht eine Übersicht, die ein bewusstes Einsetzen von Formen als Gestaltungselemente ermöglicht.

Formen nach ihrer Entstehungsweise bzw. ihrem Ursprung

- natürliche Formen
  - anorganische Formen:
    zufällige Formen (Dünen, Felsen); gewachsene Formen (Kristalle)
  - organische Formen:
    mikrobielle Formen; pflanzliche Formen (hier Bewegungsformen und Texturen); tierische Formen

- künstliche Formen
  - konstruierte Formen:
    Grundformen; komplexe, zusammengesetzte Formen
  - freie Formen

Formen nach ihrer Dimensionalität (vergleiche → Formdimension)
- lineare Formen
  - Grundformen (Gerade, Bogenlinie, Winkellinie)
  - lineare floristische Bewegungsformen
  - sonstige lineare Formen
- flächige Formen
  - Grundformen (Dreieck, Rechteck, Kreis)
  - floristische Texturformen und lagernde Bewegungsformen
  - sonstige flächige Formen
- körperhafte Formen
  - Grundformen (Pyramide, Quader, Kugel, Zylinder, Kegel)
  - floristische Werkstoff-Formen
  - floristische Materialien-Formen
  - sonstige körperhafte Formen

Formen nach ihrer Wirkung bzw. ihrem gestalterischen Ausdruck
- Aktivitätsausdruck
  - statisch wirkend (lagernd, sammelnd)
  - dynamisch wirkend (strebende, richtungsbetonte floristische Bewegungsformen)
- Abstraktionswirkung oder Abstraktionsgrad
  - naturhaft wirkend (textile Blumen-Nachbildungen)
  - stilisiert (Acryl-Blüten-Accessoires)
  - schematisch (Grundformen, Zeichen für Bewegungsformen)
- stilistische Wirkung
  - historisch-stilistisch (antik, barock, klassisch etc.)
  - trend- und mode-stilistisch (nüchtern, modern, futuristisch)
- Formbildungswirkung
  - natürlich wirkend
  - künstlich wirkend
  - organisch wirkend usw.

Formen nach ihrer Funktion
- technische Funktion
  - konstruktiv-bildend (Bauziegel, Haften, Steckschaumformen)
  - ausführend (haltendes Gefäß, prägender Stempel)
- Bedeutungsfunktion
  - symbolisch (Herz-, Kranz-, Sternformen)
  - sinninhaltlich (Pflegehinweis-Zeichen auf Pflanzenkarten)

→ vergleiche Einzeleinträge zu vielen der genannten Begriffe

Formenlehre

Die Formenlehre umfasst allgemein:

Formbeschreibung
: Beschreibung und Einordnung von Formen nach bestimmten Kriterien, wobei Formeigenschaften und ⇢ Formenarten untersucht und benannt werden.

Formwirkung
: Beim Betrachten von Formen wird deutlich, dass verschiedene Formen unterschiedlich auf den Betrachter wirken. Erfahrungen, wie die erlernten Bedeutungen von Formen und die ⇢ Formsymbolik, fließen in die ⇢ Formwirkung mit ein.

Formenkombination
: Formen werden beim Gestalten, Bauen, Konstruieren usw. vielfältig miteinander kombiniert. Hier sind nicht die Techniken, sondern vielmehr die gestalterischen Prinzipien zu betrachten. Dazu gehören im engeren Sinn Formharmonie bzw. Proportionen, ⇢ Formkontrast, ⇢ Formwirkung. Im erweiterten Sinn sind auch Aspekte wie ⇢ Ordnungsart, ⇢ Reihe, ⇢ Gruppe usw. einzubeziehen.

Die floristische Formenlehre berücksichtigt bezüglich der oben genannten Formeigenschaften zusätzlich und vor allem die besonderen Aspekte lebender pflanzlicher Werkstoffe als Formen. Aus den ⇢ Werkstoffeigenschaften ergeben sich Betrachtungen zu ⇢ Bewegungsform, ⇢ Textur der Werkstoffoberflächen und die Rückschlüsse zum weitgehend durch die Form bedingten ⇢ Geltungsanspruch.

⇢ Formeigenschaft ⇢ Proportion

Formentstehung

⇢ Formenarten

Formgleichheit

Formgleichheit oder doch wenigstens -ähnlichkeit ist eine Eigenschaft der Teile von Gestaltungen, die als ⇢ Formation bezeichnet werden können. Außerdem sind gleiche Formen in verschiedener Hinsicht gestalterische Elemente in Werkstücken. Sie können z. B. zu Gruppen zusammengefasst werden und Flächen bzw. Texturen bilden. Sind sie in einem Werkstück verteilt eingearbeitet, zeigen sie ihre gestalterisch-sachliche Zusammengehörigkeit durch die Gleichheit.

Formgleichheit als Gestaltungselement einer Reihung aus Gefäßen mit Hortensien und angehängten Girlandenformen.

Die Kerzen auf einem ⇢ Adventskranz sind ein offensichtliches Beispiel. Weiter voneinander entfernt und doch Einheitlichkeit vermittelnd sind z. B. die gleichen Blütenformen in zueinander gehörenden Werkstücken, wie z. B. im ⇢ Brautstrauß,

→ Kirchenschmuck und → Fahrzeugschmuck zu einer Hochzeit. Formgleichheit ist für stetige Reihen unverzichtbares Kennzeichen der Reihenelemente.

→ Gestaltungselement → Gruppe → Gruppierung → Reihe, stetige → Textur

Formkontrast

Die Kombination von Formen, die sich deutlich voneinander unterscheiden, wirkt spannend und dynamisch. Man kann von Formkontrasten sprechen, die nicht nur als paarige Begriffe, sondern auch als Mehrfachkontraste gebildet werden können. Diese beinhalten drei, vier oder mehr kontrastierende Formausprägungen, teils aus verschiedenen Eigenschaftskategorien des Gestaltungselements Form. Folgende Kategorien (mit Beispielen) sind unterscheidbar:

- Größen- bzw. Mengenkontrast
  groß – klein, viel – wenig
- Dimensionskontrast
  linear – flächig, flächig – körperhaft, linear – körperhaft
- Richtungskontrast
  horizontal – vertikal – diagonal
- Gestaltkontrast
  gerade – gebogen, kantig – gewölbt, regelmäßig – unregelmäßig usw.
- Texturkontrast
  rau – glatt, hart – weich, glänzend – matt, gläsern – hölzern, seidig - drahtig usw.
- Bewegungskontrast
  aufstrebend – abfließend, ausschwingend – sammelnd/lagernd usw.
- Formbildungskontrast
  technisch – natürlich, geplant – zufällig, konstruiert – gewachsen usw.
- Formausdruckskontrast
  stilisiert – naturhaft, abstrakt – realistisch, klassisch – modern usw.
- Gewichtskontrast
  leicht – schwer, schlank und leicht – massig und schwer
- Aktivitätskontrast
  aktiv gerichtet – passiv lagernd, dynamisch – statisch, bewegt – unbewegt

Floristische Werkstücke enthalten in der Regel eine Vielzahl von Unterschieden in den eingearbeiteten Formen. Ob diese Differenzen deutlich als Formkontraste wahrgenommen werden oder lediglich als von den Gestaltungsmitteln vorgegebene Unterschiede wirken, hängt davon ab, wie deutlich die Kontrastwirkung herausgearbeitet ist. Besondere Bedeutung haben sie in der formal-linearen Gestaltungsart. Oft werden dem Betrachter die Formkontraste innerhalb der Vielzahl der Eindrücke, die ein floristisches Werkstück vermittelt, erst bei intensiver Auseinandersetzung bewusst. Gestalterisch wirksam sind sie dennoch schon bei unterbewusster Wahrnehmung. Dementsprechend müssen Floristen als professionelle Gestalter Formkontraste bewusst einsetzen.

→ Formeigenschaft → Gestaltungsart, formal-lineare → Gestaltungselement

Formschnitt

Unter einem Formschnitt versteht man das Zurechtschneiden von Pflanzen in einer Form, die der natürliche Wuchs nicht hervorbringt. Meist sind es geometrische Formen, wie sie bereits in Gärten der ⇢ Renaissance und des ⇢ Barock üblich waren. Auch Tier- und Fantasieformen sind zu finden. Koniferen-Arten und Buchsbaum sind die Pflanzen, die am häufigsten in Form geschnitten werden. Der Schnitt muss regelmäßig erfolgen, damit die Form beibehalten wird. Die Schnittverletzung an der Triebspitze bedingt in der Regel eine zunehmende Dichte des Wuchses durch Austreiben schlafender Augen.

in Kugelform geschnittene Buchspflanzen

Formsymbolik

Unter der Symbolik einer Form versteht man ihre Bedeutung, ihre Interpretation als Zeichen für einen anderen, oft immateriellen, geistigen Inhalt. Die symbolische Bedeutung kann sachlicher Art sein, wie z. B. Hinweispfeile auf der Straße, die eine Aufforderung darstellen und eine Verhaltensanweisung geben. Symbole können zudem auf einen formal ähnlichen Gegenstand verweisen, wie das X auf einem Verkehrsschild auf eine Straßenkreuzung. Funktionssymbole sind die Icons auf einem Computerbildschirm, z. B. das Drucker-Icon, das beim Anklicken die Druckfunktion aktiviert.

Emotionale, religiöse und philosophische, also immaterielle Bedeutungen von Formen spielen in der Floristik eine große Rolle: die Symbolik des Trauerkranzes als Bild für den immerwährenden Lebenskreislauf, das Kreuz als christliches Symbol sowohl für die Trauer als auch für den Glauben an sich und die Hoffnung auf Erlösung im ewigen Leben, die Herzform als Liebessymbol sowohl in der Hochzeits- als auch in der Trauerfloristik, Sterne als Lichtsymbole in der Weihnachtsfloristik und Kugeln als Vollkommenheitssymbol.

⇢ Herzform ⇢ Kranzform ⇢ Kreuz ⇢ Kugelform ⇢ Sternform ⇢ Symbol

Formteile

In der Floristik versteht man unter Formteilen sowohl formbinderisch dicht gearbeitete Werkstücke, z. B. Herzgestecke und Kissenformen der Gedenkfloristik, als auch die entsprechenden technischen Unterlagen.

⇢ Formbinderei ⇢ Steckschaumformteile

Formteil als technische Unterlage und fertiges Werkstück

Formveränderung

Die Veränderung von Formen ist im floristischen Arbeiten und Gestalten ein wesentlicher Aspekt. Zum einen werden vorgegebene Formen von Werkstoffen und Materialien in gestalterischer Absicht verändert. Zum anderen erfahren die Teile von floristischen Gestaltungen auch nach Abschluss der eigentlichen Herstellung Formveränderungen. Weiterwachsen, Welken, Auf- und Verblühen, Eintrocknen, Fruchtbildung sind Beispiele für diese Vorgänge. Dementsprechend ist es für Floristen bei der Herstellung vieler Werkstücke wichtig, diese zukünftigen Formveränderungen in weiten Teilen vorauszusehen. Sie müssen beim Gestalten sowie bei der technischen Umsetzung mit einbezogen werden.

Rollen als Formveränderung von Blättern

Formwert

Der Begriff des Formwerts ist dem Begriff der floristischen Bewegungsform gleichzusetzen. Allerdings ist kein Wert im Sinn einer Rangstufe, wie bei den Geltungsansprüchen, und auch keine Wertigkeit im Sinn von wertvoll oder kostbar gemeint. Daher ist der Begriff der floristischen Bewegungsform aufgrund seiner Eindeutigkeit vorzuziehen.

→ Bewegungsform, floristische → Geltungsanspruch

Formwirkung

Die Wirkung einer Form ergibt sich aus der konkreten Gestalt und der Art und Weise, wie ein Betrachter diese wahrnimmt. Dabei wird vielfach ein Vergleich mit solchen Formen vorgenommen, die man im Laufe des Lebens vielfältig gesehen und im Gedächtnis gespeichert hat. Wichtig ist nun, welche Formbedeutung und welcher Formzusammenhang dazu im Gedächtnis verankert ist.

So kann eine Form natürlich wirken, weil sie einer bekannten, natürlichen Form entspricht. Sie kann dynamisch wirken, weil Dinge, die sehr bewegt bzw. beweglich sind, solche Formen haben oder ihre Bewegungen solche Linienformen beschreiben. Entsprechend sind passiv wirkende Formen ruhig daliegend. Sammelnde, gestalterisch haltende bzw. zusammenhaltende Formen beziehen diese Wirkung aus ihrer Größe und vor allem aus dem optischen Gewicht, das ihnen gefühlsmäßig zugeordnet wird. In diesem Sinn ist die Definition floristischer Bewegungsformen eigentlich eine Benennung der Formwirkung.

Die symbolische Wirkung von Formen ist aus der kulturhistorischen Bedeutung von allgemein gebräuchlichen Formen zu verstehen. Ein Kreuz als Trauersymbol und als christliches Hoffnungssymbol auf ewiges Leben sowie ein Herz als Liebessymbol sind deutliche Beispiele.

Formen können auch in ihrer Dimensionalität anders wirken, als dies von ihren tatsächlichen Dimensionen vorgegeben wird. Z. B. fasst man Blätter aufgrund ihrer geringen Höhenausdehnung als Flächen auf, obwohl sie doch körperhaft sind. Vergleiche dazu ⇢ Formdimension.

⇢ Bewegungsform, floristische ⇢ Form, natürliche ⇢ Formdynamik ⇢ Formsymbolik

Freilandpflanze

Als Freilandpflanze bezeichnet man jede Pflanze, die ihrem bestimmungsgemäßen Gebrauch entsprechend für den Einsatz im Freien produziert wird. Hier liegen die Pflegeansprüche zugrunde, die sich aus den natürlichen Bedingungen im ursprünglichen Verbreitungsgebiet der Pflanzenart ableiten lassen. Bei gärtnerisch gezüchteten, in der Natur nicht vorkommenden Sorten fließen die Anforderungen der ursprünglichen Arten, die der Züchtung zugrunde liegen, ebenso ein, wie die in die neue Sorte hinein gezüchteten Eigenschaften. Unter den Freilandpflanzen sind die Arten und Sorten, die ganzjährig im Freien verbleiben können und nur teilweise einen Winterschutz benötigen, von Pflanzen zu unterscheiden, die nur in der wärmeren Vegetationsperiode draußen existieren können und im Winter z. B. in ein Kalthaus gebracht werden müssen. Außerdem sind einjährige Freilandpflanzen zu nennen, die den Übergang zur nächsten Vegetationsperiode in Form von Samen bewältigen.

herbstliche Freilandpflanzung

Jede tropische Pflanze, die in den gemäßigten Zonen der Erde nicht oder allenfalls in den wirklich sonnig-warmen Wochen des Sommers draußen gepflegt werden kann, wird dagegen als ⇢ Zimmerpflanze bezeichnet. Der Übergang zwischen Zimmerpflanzen und Freilandpflanzen, die einen Winterschutz benötigen, ist fließend. Eine völlig eindeutige Abgrenzung ist nicht immer möglich.

Freiraum

Unter Freiraum versteht man in der Floristik den unbesetzten, leeren Raum zwischen oder oberhalb von Gestaltungsmitteln. Diesen Freiraum benötigen die Werkstoffe und Materialien vor allem in locker und transparent gestalteten Werkstücken, um in ihrer Gestalt und Farbe volle Wirkung entfalten zu können. Auch die Werkstücke selbst müssen innerhalb einer Gesamtgestaltung, z. B. beim ⇢ Tisch- und ⇢ Raumschmuck, entsprechenden Freiraum um sich herum haben. Den für verschieden geformte Werkstoffe erforderlichen Freiraum geben bei den floristischen Bewegungsformen die Pfeile in den jeweiligen schematischen Zeichen an. Die verschiedenen floristischen Gestaltungsarten billigen den Werkstoffen dabei unterschiedliche Freiräume zu bzw. geben dem Freiraum als ⇢ Gestaltungselement unterschiedliche Wichtigkeit. Z. B. weist die zur dekorativen Gestaltungsart zählende ⇢ Formbinderei dicht an dicht positionierte Werkstoffe nahezu ohne Freiraum auf. Formal-lineare Gestaltungen zeigen meist besonders viel Freiraum, vegetativ anmutende Werkstücke beinhalten Freiräume, wie sie die Pflanzen auch im natürlichen Umfeld finden würden.

Freiräume für allseitig-entfaltende *Iris*

⇢ Bewegungsform, floristische ⇢ Gestaltungsart, floristische

Freitreppe

Treppen, die nicht abgedeckt und nicht von einem Raum umgeben sind, also im Freien stehen, nennt man Freitreppen. Vor allem repräsentative Bauten weisen solche Treppen vielfach auf. Im ⇢ Barock haben geschwungene Freitreppen, die zum Hauptportal von Schlössern hinaufführen, besondere Bedeutung. Hier vermittelten sie symbolisch auch das Thronen des Herrschers über den Untertanen, die sich, z. B. bei einem Empfang, zu ihm hinaufbegeben mussten.
Floristisch sind Freitreppen entsprechend repräsentativ zu schmücken. Die passenden Werkstücke gehören zum Arbeitsgebiet ⇢ Raumschmuck.

frei-ungeregelt

⇢ Anordnungsart, frei-ungeregelte

Fries

Ein Fries ist in der Architektur ein aufgemalter oder in Stein gemeißelter Zierstreifen, der Flächen eines Bauwerks begrenzt oder teilt. In einem Fries kann sich ein Zierelement vielfach wiederholen, etwa bei dem antiken ⇢ Maander. Ein Fries kann aber auch in gleicher Breite unterschiedliche Motive aufweisen, wie der berühmte Parthenon-Fries der Akropolis in Athen, der eine Götterversammlung in mehreren Bildern darstellte. In der Floristik bezeichnet man mit Fries eine bandförmige, in sich geschlossene, oft texturbetonte ⇢ Flächengestaltung mit geringen Höhendifferenzen zwischen den Werkstoffen. Solche Friese gehören vorrangig zur ⇢ Formbinderei.

floraler Fries als Sargschmuck

⇢ Textur

Frischblume

Der Begriff der Frischblume ist mit der Bezeichnung → Schnittblume gleichbedeutend, verweist jedoch insbesondere auf die Qualitätsforderung von Frische und die daraus ableitbaren hohen Anforderungen an gute Haltbarkeit ab dem Zeitpunkt des Kaufs durch den Kunden.

Frischblumensteckschaum

→ Steckschaum

Frontalperspektive

Von einer Frontalperspektive spricht man, wenn die Vorderseite des dargestellten Gegenstands rechtwinkelig quer zum Betrachter steht. Die Frontalperspektive kann als parallelperspektivische Aufriss-Axonometrie oder als → Zentralperspektive ausgeführt sein.

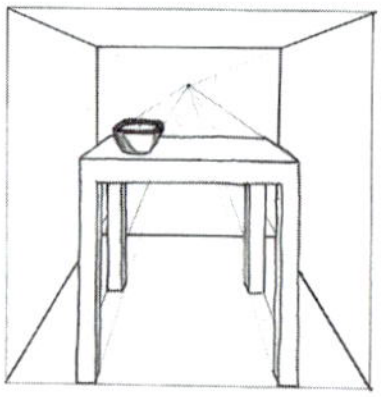

Frontalperspektive als Zentralperspektive mit einem Fluchtpunkt

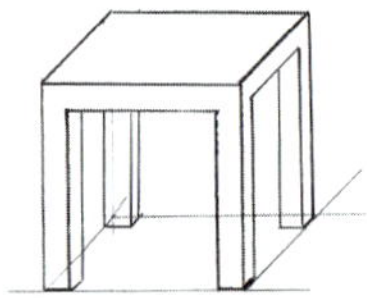

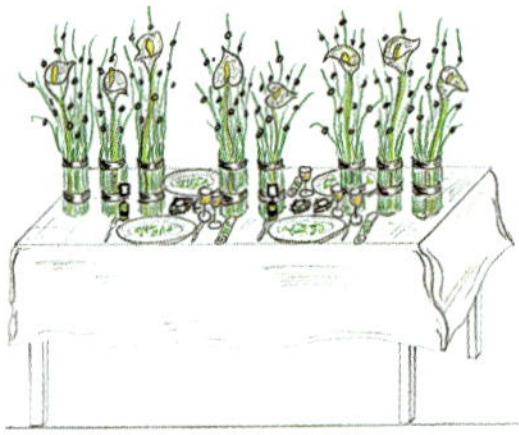

Frontalperspektive als parallelperspektivische Aufriss-Axonometrie

→ Axonometrie → Parallelperspektive → Perspektive → Planzeichnen

Froschperspektive

Von einer Froschperspektive spricht man, wenn in einer Skizze die Horizontlinie im unteren Bereich zu finden ist. Das entspricht vorstellungsgemäß dem Blickwinkel eines am Boden sitzenden Froschs, so dass auch der Augpunkt des Betrachters tief unten positioniert ist. Die einfachste Form ist eine Darstellung in → Parallelperspektive ohne Fluchtpunkt und ohne Linienverkürzung in der Raumtiefe. Bei einer Ausführung als → Zentralperspektive existieren, je nach Ausrichtung der dargestellten Gegenstände im Raum, ein, zwei oder drei Fluchtpunkte. Beim Planen floristischer Werkstücke für einen Raum- oder Bühnenschmuck, bei dem die Betrachter relativ weit unten sitzen, kann die Froschperspektive sinnvoll sein, um den optischen Eindruck der beabsichtigten Gestaltung im Voraus zu veranschaulichen.

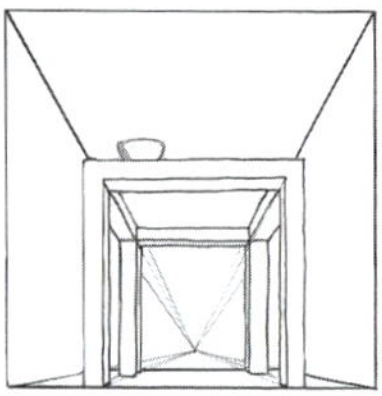

Froschperspektive als Zentralperspektive mit einem Fluchtpunkt

→ Perspektive → Planzeichnen → Raumschmuck

Funktion, funktional

Die Funktion einer Sache richtet sich auf ihren bestimmungsgemäßen Zweck. In der Floristik werden einerseits die technischen Funktionen der ⇢ Hilfsmittel und der kompletten Werkstücke in ihrer technisch-handwerklich korrekten Ausführung betrachtet. Diese Funktionen sind unabdingbar für jede gute und fachlich einwandfreie Arbeit. Beispiele sind feste ⇢ Bindestelle, gut stützender, aber nicht oder kaum sichtbarer ⇢ Draht, gut haltender ⇢ Steckschaum, der genügend Wasser an die Blumen abgibt, etc.

Andererseits sind die gestalterischen Funktionen der Werkstoffe und Materialien sowie des jeweiligen Werkstücks von Bedeutung. Hier müssen die gestalterischen Erfordernisse der Werkformen an sich und die Vorgaben der Anlässe, für die die Werkstücke gearbeitet werden, beachtet werden. Ein ⇢ Brautstrauß muss die Funktion, die Braut in ihrer Erscheinung zu schmücken, erfüllen. Ein Tischgesteck muss die Festlichkeit des Mahls und der gedeckten Tafel unterstützen. Ein ⇢ Trauerkranz hat in sorgfältiger Ausformung eine unmittelbar erkennbare Symbol-Funktion und dadurch seine tröstliche Wirkung.

Die Funktion einer Sache ist im Sinn einer stilbestimmenden Funktionalität wesentliches Element der Moderne, wie sie vom ⇢ Bauhaus formuliert wurde.

⇢ Funktionsgerechtigkeit ⇢ Symbol ⇢ Tischschmuck, floristischer

Funktionsgerechtigkeit

Funktionsgerecht nennt man eine Sache, wenn sie von ihren technischen und gestalterischen Gegebenheiten her die ⇢ Funktion, für die sie bestimmt ist, voll und ganz erfüllt. Folgende Beispiele belegen die Vielschichtigkeit der Funktionsgerechtigkeit beim floristischen Arbeiten:

Eine moderne Brautstrauß Steckbasis ist in technischem, gestalterischem und betriebswirtschaftlichem Sinn funktionsgerecht konstruiert.

- Ein ⇢ Tischschmuck muss den Tisch dem Anlass gemäß schmücken und darf weder stören, noch etwas beschädigen.
- Ein ⇢ Brautstrauß muss so gearbeitet sein, dass er funktionsgemäß getragen werden kann und die individuelle Erscheinung der Braut positiv verstärkt.
- Eine ⇢ Kerze muss in einem Weihnachtsgesteck so verarbeitet sein, dass sie nahezu vollständig abbrennen kann und dabei keine Brandgefahr von dem Werkstück ausgeht.
- Ein floristisch eingesetztes ⇢ Gefäß muss der beabsichtigten Funktion entsprechen. Bei einer Freilandpflanzschale gehört ein ⇢ Wasserabflussloch dazu, ein Steckgefäß für Frischblumen muss wasserdicht sein usw. Ein zum ⇢ Stützen oder ⇢ Andrahten verwendeter ⇢ Draht muss ausreichenden Halt bieten, darf jedoch nicht störend dick sein. Ein gutes ⇢ Floristenmesser ist,

wie anderes Werkzeug auch, funktionsgerecht konstruiert und geformt. Es muss entsprechend behandelt und eingesetzt werden.

Der Begriff der Funktionsgerechtigkeit ist also sowohl technisch als auch gestalterisch zu verstehen. In seiner Bedeutung entspricht er weitgehend dem Begriff der Zweckgerechtigkeit und ist verbunden mit der ⇢ Zweckmäßigkeit. Auch ⇢ Anlass- und ⇢ Materialgerechtigkeit sind eng verwandte Begriffe.

⇢ Wahrhaftigkeit

Furnier, Furnierholz

Furniere sind dünne, flächige Holzplatten oder -blätter, die aus guten, geraden Stämmen mit schöner Jahresringmaserung geschnitten werden. Je nach Dicke und Güte werden hochwertige Messerfurniere, die auf weniger gutes Holz aufgeleimt werden, von Schäl- und Sägefurnieren unterschieden. Letztere sind gröber und werden auch zu Furnierplatten, also Sperrholz verarbeitet. Unverklebtes Furnierholz mit rustikaler Optik oder z. B. einem seidigen Schimmer lässt sich wegen seines pflanzlichen Ursprungs gestalterisch ansprechend vielfältig mit floralem Werkstoff kombinieren. Dünne Rinden- bzw. Borkenplatten, z. B. von Birke, sind einem Furnier zwar ähnlich, jedoch sachlich-technisch nicht damit zu verwechseln.

G

Garnierung, Garnitur

Garnieren bedeutet, etwas mit einer Zutat zu versehen, etwas zu schmücken. Der Begriff der Garnierung wird häufig beim → Trauerkranz für den auf dem Kranzkörper aufgebrachten zusätzlichen Schmuck verwendet. Statt vom Kranzschmuck spricht man dann von der Kranzgarnierung.
Eine Garnitur ist dagegen ein aus mehreren zusammengehörenden Teilen bestehendes Ganzes, z. B. eine aus mehreren Möbelstücken bestehende Sitzgarnitur.

→ Kranzgarnierung

Garten, englischer

→ Landschaftsgarten

Gasbeton

→ Beton

Gebinde

Der Begriff Gebinde ist in der Floristik in zwei unterschiedlichen Bedeutungen gebräuchlich:
1. Man bezeichnet damit die genormte Angebotsmenge von Produkten, die in einer für das Produkt spezifischen Angebotsform zusammengefasst ist. Farben werden z. B. in Gebinden von 10 l-Eimern angeboten, Pflanzenschutzmittel und → Düngemittel in Halblitergebinden, → Steckschaum in Kartons bzw. Gebinden von 35 Ziegeln, Bänder etwa in 100 m-Gebinden in Rollenform.
2. Floristische Werkstücke werden als Gebinde bezeichnet. Vorrangig gilt dies, wenn sie tatsächlich in der Technik des Zusammenbindens und in Straußform entstehen. Noch spezieller wird der Begriff für Straußformen verwendet, die in formal-linearer Gestaltung mit einem beherrschenden Werkstoff gefertigt sind, z. B. Orchideen-Gebinde. Da das Binden von Blumen jedoch auch als übergeordnet geltende Bezeichnung für floristisches Tun im Ganzen verwendet wird, bezeichnet man oft jegliche Art von Blumenarrangement, also auch Gestecke, als Gebinde.

→ Binden → Binderei → Gestaltungsart, formal-lineare → Strauß

Gedeck

Unter dem Gedeck versteht man die Gesamtheit der Gegenstände einer gedeckten Tafel, also Geschirr, Gläser, Besteck und Tischwäsche. In der Floristik ist die Kenntnis über die Teile eines vollständigen Einzelgedecks sowohl gestalterisch als auch technisch, d. h. im Bezug auf den Platzbedarf, wichtig. Je nach Zusammenstellung und Abfolge der aufgetragenen Speisen sind Gedecke unterschiedlich in Umfang und Platzerfordernis, so dass bei der Anfertigung von floralem Schmuck für eine Tafel die Zusammensetzung der beabsichtigten Gedecke erfragt werden muss. Die Abbildung zeigt ein großes Gedeck in Draufsicht und gibt den dafür erforderlichen Platz auf dem Tisch an.

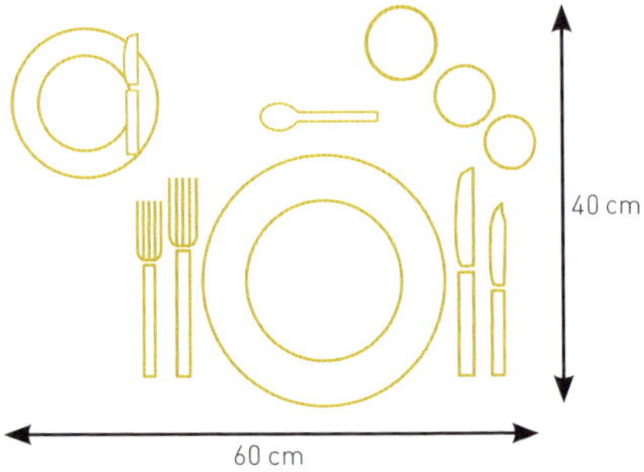

→ Tischschmuck, floristischer

Gedenkfloristik

Zur Gedenkfloristik gehört jedes floristische Werkstück, mit dem das Gedenken an einen Verstorbenen ausgedrückt wird. Meist handelt es sich dabei um → Dauerfloristik.

→ Grabschmuck, floristischer

Gefäß

Gefäße sind in der Floristik als Vasen für Sträuße, Schalen für Gestecke und Pflanzungen sowie als Präsentationsmittel für vielerlei Schnittwaren unverzichtbar. Sie stellen sowohl technische → Hilfsmittel als auch wichtige → Gestaltungsmittel dar. Sie sind aus vielen verschiedenen → Gefäßmaterialien gefertigt und in großer Formenvielfalt erhältlich, von klassischen, teils sogar auf antike Vorbilder zurückzuführenden Formen über geometrische Formen, wie Quader und Zylinder, bis hin zu individuell gestalteten Unikaten.

→ Gesteck → Pflanzung → Strauß → Unikat

Gefäßformen, antike

Antike, griechische Gefäßformen sind Vorbilder für viele Gefäße, die auch heute noch gefertigt werden. In den auf die → Antike zurückgehenden Stilepochen → Renaissance, → Barock und → Klassizismus sind diese Gefäßformen variiert und weiterentwickelt worden. Vor allem die → Amphore lässt sich in vielen Gefäßen als Ursprungsform wiedererkennen. Weitere griechische, antike Gefäßformen der Antike zeigen die untenstehenden Umrisse.

Gefäßfüllung

Jede floristische Werkform, mit der ein Gefäß gestaltend gefüllt wird, kann als Gefäßfüllung verstanden werden. Meist wird damit eine Arbeit in Form eines Gestecks bezeichnet, jedoch sind auch in Vasen gestellte Sträuße und Schalenbepflanzungen letztlich Gefäßfüllungen. Entsprechend muss der Begriff der Gefäßfüllung in der Regel durch weitere Angaben präzisiert werden, um nicht missverständlich zu sein, z. B. gesteckte oder gepflanzte Gefäßfüllung.

→ Gesteck → Pflanzung → Strauß

Gefäßmaterial

Die floristisch bedeutendsten Materialien, aus denen Gefäße bestehen können, sind → Keramik, → Glas, → Metall, → Holz bzw. Flechtwaren (→ Korb), → Stein bzw. Kunststein und → Kunststoff. Ihre jeweiligen Eigenschaften und Behandlungserfordernisse sind sowohl technisch als auch gestalterisch zu beachten und im Sinne des gestalterischen Ergebnisses überlegt einzusetzen.

Gegenfarbe

→ Komplementärfarbe

Gegenmotiv

Gestalterisches Motiv, das in einer asymmetrischen Gestaltung das ausgleichende Gegengewicht zum → Hauptmotiv mit dem → Nebenmotiv bildet. Größenmäßig liegt ein Gegenmotiv zwischen diesen beiden Motiven, wobei sich die Größenproportionen im Idealfall nach Goldenem Schnitt verhalten. Der Abstand des Gegenmotivs zum Hauptmotiv entspricht bei einer Streckenteilung nach Goldenem Schnitt der größeren Teilstrecke, der zwischen Haupt- und Nebenmotiv der kleineren Teilstrecke.

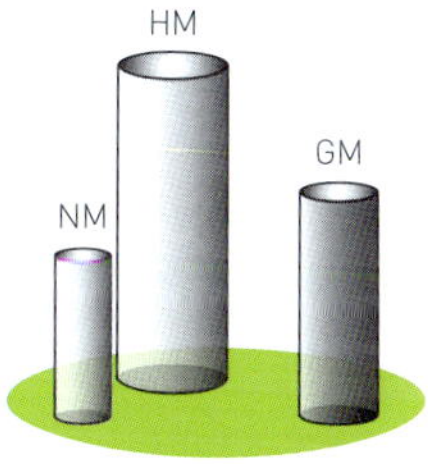

Schema zur Positionierung von Hauptmotiv (HM), Gegenmotiv (GM) und Nebenmotiv (NM) in der Asymmetrie

→ Asymmetrie → Goldener Schnitt
→ Motiv → Symmetrie

Gelb

Gelb (Y von engl. yellow zur Abgrenzung von G für Grün) ist eine der sechs bunten Grundfarben und wird durch gleichzeitige Anregung der Sehzellen im menschlichen Auge hervorgerufen, die auf die Urfarben → Orangerot und → Grün spezialisiert sind. Diese Sehzellen sammeln quasi die Energie der Lichtwellen, die diesen beiden Urfarben entsprechen, und geben den Reiz an die Nervenzellen des Gehirns weiter, wo die Farbempfindung Gelb entsteht.

→ Auge, Funktionsweise des Auges → Basisschema der Farbenlehre
→ CMYK → Farbname → Grundfarbe → Urfarbe

geltend, Geltungsform

Es handelt sich um einen der fünf Geltungsansprüche. Da der Form-Begriff nicht in vollem Sinn zutrifft bzw. unpräzise ist, verwendet man besser die Bezeichnung „Werkstoffe, die geltend und vermittelnd wirken". Sie müssen im mittleren Bereich von Werkstücken positioniert werden und können auch seitlich oder sogar abfließend eingearbeitet sein. Sie entfalten ihre Wirkung am besten zu mehreren, jedoch nicht in massenhafter Verwendung. Beispiele sind Nelken und Freesien.

→ Geltungsanspruch

Geltungsanspruch

Jedem Werkstoff, ob ganze Pflanze oder Pflanzenteil, kann ein → Wesen, eine Wesensart, ein Wesensausdruck zugeordnet werden. Entsprechend seinem Wesen verlangt jeder Werkstoff, vor allem in vegetativ gestalteten Werkstücken, die Beachtung seiner Geltung. Aus den Geltungen lassen sich die notwendigen Forderungen an die gestalterische Verarbeitung ableiten. Diese Forderungen werden als fünf verschiedene Geltungsansprüche bezeichnet. Die drei Geltungsansprüche

- Werkstoffe, die → herrschend/dominierend wirken
- Werkstoffe, die → geltend und vermittelnd wirken
- Werkstoffe, die → Gemeinschaft liebend und sich unterordnend wirken

Eremurus dominieren, Rosen sind vermittelnd, Beeren in der Basis ordnen sich unter.

können als Rangstufen von hoher, mittlerer und geringer Geltung dargestellt werden. Die beiden Geltungsansprüche

- Werkstoffe, die → prunkend wirken
- Werkstoffe, die → edel wirken

sind in diese Rangordnung nicht eindeutig einzureihen, da sie Forderungen der zuerst genannten Geltungsansprüche in unterschiedlicher Weise miteinander vereinen. Zwar gibt es eindeutige Zuordnungen von Werkstoffen zu den jeweiligen Geltungsansprüchen. Eine absolute und damit in jedem Fall geltende Zuordnung existiert aber nicht. Letztlich ist für die jeweilige Rolle, die eine bestimmte Blumenart übernehmen kann, die konkrete Auswahl für das geplante Werkstück entscheidend.

Hinweis: Vielfach wird auch der Begriff Geltungsform verwendet. Entsprechend heißen die einzelnen Ausprägungen dann Herrschaftsform, Geltungsform (hier bereits ungünstig, da Begriffsdopplung mit dem Oberbegriff), Gemeinschaftsform, Prunkform und Edelform. Dies führt zu Verwirrung, zumal der Form-Begriff vielfach verwendet wird, jedoch sinnvoll nur dort erforderlich ist und gebraucht werden sollte, wo es tatsächlich um Formaspekte geht. Außerdem sind die

Geltungsansprüche und der jeweils zugrunde liegende Wesensausdruck von weitaus mehr Faktoren abhängig, als lediglich von der Form.

→ Gestaltungsart, vegetative

Geltungsform

→ geltend → Geltungsanspruch

Gemeinschaft liebend, Gemeinschaftsform

Es handelt sich um einen der fünf Geltungsansprüche. Da der Form-Begriff nicht in vollem Sinn zutrifft bzw. unpräzise ist, verwendet man besser die Bezeichnung „Werkstoffe, die Gemeinschaft liebend und sich unterordnend wirken". Sie müssen im unteren oder inneren Bereich von Werkstücken positioniert werden, bilden also die Basisgestaltung. In größerer Menge, teils sogar in Massen dienen sie den übrigen Werkstoffen als Grundlage und werden in relativer Dichte verarbeitet. Beispiele sind Astern, Mutterkraut, Maßliebchen.

→ Basis, gestalterische → Geltungsanspruch

Gerüst

überwölbendes Gerüst bei einem weihnachtlichen Strauß

Ausgehend von Begriffen wie sich rüsten, Rüstung oder rüstig mit der Bedeutung von stark oder gestärkt sein, meint man mit Gerüst die Ausstattung mit haltenden, verstärkenden Materialien. In der Floristik ist dies meist ein aus Zweigen, Sprossen, Zierdrähten, Gerank oder Ähnlichem gearbeitetes → Gestaltungsmittel mit mehr oder weniger großen Freiräumen, das jedenfalls gut sichtbar bleiben muss. Ein Gerüst, auch oft als Gestell bezeichnet, darf durchaus auch Halt geben, sollte aber vorrangig gestalterischen und zierenden Wert haben und nicht zum → Hilfsmittel degradiert werden. Keinesfalls darf es die eingebrachten Werkstoffe beschädigen.

→ Bogenstrauß

Gesetz, landschaftliches

Das so genannte landschaftliche Gesetz besagt im Wesentlichen das selbe, wie die Forderung nach Beachtung pflanzensoziologischer Gesichtspunkte und einer passenden Basis- bzw. Bodengestaltung in der vegetativen Gestaltungsart. Wo immer diese Forderungen beachtet werden, entsteht eine besonders harmonische, natürlich erscheinende Wirkung der Gestaltung, die an einen Landschaftsausschnitt erinnert.

→ Basis, gestalterische → Gestaltungsart, vegetative → Pflanzensoziologie

Gesims

Ein Gesims ist ein waagerecht vor einer Wand verlaufender, als Profil hervortretender Streifen auf einer Wand. Das Sockelgesims schließt den Sockel z. B. einer Wand ab, das Kranzgesims ist oberer Wandabschluss, ein Gurtgesims trennt Geschosse und entsprechende Wandzonen voneinander. Ein Gesims kann mit einem ⇢ Fries zusätzlich gestaltet sein.
Als Teile einer architektonischen Raumgestaltung bieten Gesimse Möglichkeiten, einen floristischen Raumschmuck daran oder darauf zu befestigen bzw. die Gestaltung in quer über eine Wand verlaufender Gesimsform zu entwickeln.

Gestaltungsart, dekorative

Sie zielt auf eine besonders schmückende, üppige Gesamtwirkung des Werkstücks. Die wesentlichen Kriterien lauten:

- Eine symmetrische Ordnung wird bevorzugt.
- Der Gesamtumriss wirkt ganz oder zumindest relativ dicht und geschlossen.
- Alle verwendeten Werkstoffe ordnen sich der Gesamtwirkung unter und geben ihre Eigenpersönlichkeit, ihren ⇢ Geltungsanspruch weitgehend auf.
- Die Werkstoffe können gestalterisch gegenüber ihrer natürlichen Erscheinungsform verändert werden.

Schema einer dekorativen Gestaltung

- Warenvielfalt und/oder größere Warenmengen führen zu üppiger Fülle.
- Auch nicht-natürliche ⇢ Gestaltungsmittel wie Bänder finden Verwendung.
- Typische Gefäße zeigen klassische und antike und/oder bauchig-füllige Formen.
- Die Formbinderei kann als spezielle Ausprägung dieser Gestaltungsart verstanden werden. Vergleiche dazu das zweite oben genannte Kriterium.

⇢ Gefäßformen, antike ⇢ Gestaltungsart, floristische ⇢ klassisch
⇢ Ordnungsart Symmetrie

Gestaltungsart, floristische

Die floristischen Gestaltungsarten bezeichnen verschiedene Kriterienzusammenstellungen für floristisches Gestalten. Es kommen jeweils gestalterische Gesetzmäßigkeiten und dazu passende Eigenschaften des pflanzlichen Werkstoffs und der Materialien zur Geltung, die sich in ihrer Kombination gegenseitig sinnvoll ergänzen und in einer zielgerichteten Weise steigern. Die jeweiligen Zusammenstellungen der Bedingungen und Kriterien der einzelnen Gestaltungsarten sind logisch miteinander verknüpft. Man unterscheidet in der Regel:

- dekorative Gestaltungsart
- formal-lineare Gestaltungsart
- vegetative Gestaltungsart

Für moderne floristische Arbeiten ist auch eine weitere Gestaltungsart zu definieren:

- konstruktiv-assoziative Gestaltungsart

Hinweise: Alternativ wurde und wird auch von floristischen Gestaltungsstilen gesprochen. Diese Bezeichnung meint dasselbe, ist jedoch ungünstig, denn es kann begrifflich bezüglich der ⇢ Stilkunde mit den historischen Gestaltungsstilen und Epochen zu Verwechslungen und Doppelbedeutungen kommen. Im Übrigen ist z. B. der persönliche ⇢ Stil jedes einzelnen Gestalters besser mit diesem Begriff zu benennen. Der Begriff der ⇢ Anordnungsart darf nicht mit dem der Gestaltungsart verwechselt werden. Die Bezeichnung von Parallelität, Radialität usw. als Gestaltungsarten ist daher falsch.

⇢ Gestaltungsart, dekorative ⇢ Gestaltungsart, formal-lineare
⇢ Gestaltungsart, konstruktiv-assoziative ⇢ Gestaltungsart, vegetative

Gestaltungsart, formal-lineare

Sie wird wegen des weniger natürlich, sondern wie gezeichnet wirkenden Einsatzes der Werkstoffe auch grafische Gestaltungsart genannt und stellt Formen und Linien, bzw. die jeweilige ⇢ Wuchsbewegung, in den Vordergrund. Die wesentlichen Kriterien lauten:

- Die asymmetrische Ordnung wird bevorzugt.
- Eine ⇢ Beschränkung auf wenige, wesentliche Werkstoffe ergibt eine besonders deutliche Wirkung.
- Große Freiräume lassen alle Einzelformen klar erkennen.
- Die Bewegungsformen steigern sich in ihrer Wirkung durch Verwendung von Formkontrasten.
- Die Gleichförmigkeit in einer ⇢ Formation ist jedoch ebenfalls möglich.
- Persönlichkeit und ⇢ Geltungsanspruch der Werkstoffe können herausgestellt werden, sind jedoch nicht zwingendes, vorrangiges Kriterium.
- Die Werkstoffe können gestalterisch gegenüber ihrer natürlichen Erscheinungsform verfremdet werden.

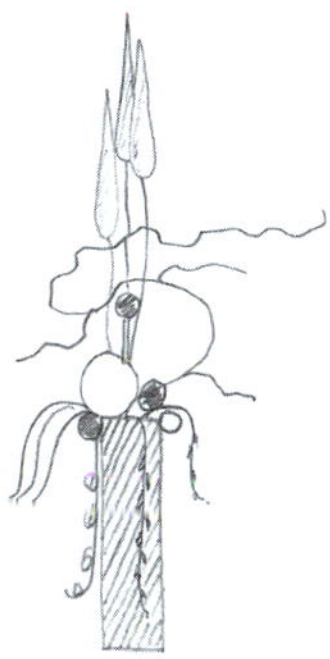
Schema einer formal-linearen Gestaltung

- Auch nicht-natürliche ⇢ Gestaltungsmittel finden Verwendung.
- Gefäße sind als gestalterisch relevante Form von besonderer Bedeutung, zumal sie in der Regel gut sichtbar bleiben. Geometrische Formen und außergewöhnliche Unikatformen sind besonders günstig.

⇢ Bewegungsform, floristische ⇢ Freiraum ⇢ Formkontrast
⇢ Gestaltungsart, floristische ⇢ Ordnungsart Asymmetrie ⇢ Unikat

Gestaltungsart, konstruktiv-assoziative

Neben den gebräuchlichen Gestaltungsarten dekorativ, formal-linear und vegetativ kann man eine konstruktiv-assoziative Gestaltungsart zusätzlich definieren. Sie liegt vor, wenn einerseits die technische Konstruktionsweise gut sichtbares und wesentliches ⇢ Gestaltungselement ist und andererseits eine Bedeutung der

Gestaltung im übertragenen, manchmal symbolischen Sinn darin erkannt, also damit assoziiert werden kann. Im Übrigen sind die Werkstoffe in dieser Gestaltungsart weniger mit ihren Eigenschaften → Form, → Textur, → Farbe, Flächigkeit usw. als natürliche Blumen, Blätter, Zweige etc. zu verstehen. Sie dienen vielmehr als nahezu abstrakte Gestaltungsmittel. Dem gemäß sind sie weniger ein Pflanzenteil, sondern müssen als Farbträger, Formbildner, Texturbildner und Strukturgeber verstanden und eingesetzt werden. Dies trifft ebenso auf die nicht-pflanzlichen Gestaltungsmittel zu, die jedoch ohnehin, auch in anderen Gestaltungsarten, oft eine solche Rolle spielen.

Schema einer konstruktiv-assoziativen Gestaltung, die gleichzeitig verbindende Flechtung und begrenzende Wand darstellen kann.

→ Gestaltungsart, floristische → konstruieren → Symbol

Gestaltungsart, vegetative

Mit ihr erzielt man eine naturhafte Wirkung. Die wesentlichen Kriterien lauten:

- Die Asymmetrie wirkt besonders natürlich.
- Die natürlichen Bewegungsformen müssen als Wuchsformen beachtet werden.
- Eine Verfremdung der Werkstoffe verbietet sich.
- Es sollten nur Pflanzen miteinander kombiniert werden, die auch in der Natur zusammen vorkommen könnten (→ Pflanzensoziologie). Hierbei geht es um Vorstellbarkeit und nicht um genaue Nachahmung natürlicher Pflanzengesellschaften.
- Die natürliche Vegetations-, Blüte- oder Fruchtzeit muss berücksichtigt werden. Dabei ist z. B. die Verwendung unterschiedlicher Blüh- oder Fruchtstadien vorteilhaft.
- Der → Geltungsanspruch einer Pflanze muss beachtet werden.

Schema einer vegetativen Gestaltung

- Jeder Werkstoff hat seinen eigenen Wuchspunkt. Dies bedingt meist die parallele oder frei-ungeregelte Anordnungsart. Neben vielen Wuchspunkten kann ein gemeinsamer → Wuchspunkt der Werkstoffe allenfalls als imaginärer, unter dem Gefäßboden liegender Wuchspunkt vorhanden sein.
- Die Basisgestaltung bzw. Bodengestaltung muss passend zum natürlichen Umfeld der verwendeten Pflanzen erfolgen.
- Gefäße sollen möglichst natürlich-erdig erscheinen. Haben sie jedoch ein technisch-konstruiert wirkendes Aussehen, müssen sie ihre Funktion als Umgrenzung des naturnah gestalteten Bereichs des Werkstücks gut erken-

nen lassen. Die Gefäße haben so die Aufgabe eines Bildrahmens, der den Ausschnitt bei einer Naturbetrachtung festlegt.

→ Anordnungsart, frei-ungeregelte → Anordnungsart, parallele → Basis, gestalterische → Bewegungsform, floristische → Gesetz, landschaftliches → Gestaltungsart, floristische → Ordnungsart Asymmetrie → Wuchsbewegung → Wuchspunkt, imaginärer

Gestaltungselement

Der Begriff Gestaltungselement umfasst, im Unterschied zum Begriff der dinglichen → Gestaltungsmittel, die grundlegenden Prinzipien und Kategorien des Gestaltens. Beim gegenständlichen Gestalten (im Gegensatz z. B. zu Musik- oder Sprachgestaltungen) beziehen sie sich im Wesentlichen auf die Elemente → Form und → Farbe sowie deren vielfache Beziehungen zueinander. Daraus ergeben sich die übergeordneten Einzelbereiche, aus denen eine Gestaltungslehre besteht. In der floristischen Gestaltungslehre betrachtet man:

- Ausprägungen von natürlich gewachsenen und künstlich geschaffenen Formen
- Harmonien und Kontraste von Formen inkl. der Oberflächentexturen
- Farben mit der farbenbezogenen Harmonielehre inkl. der Kontraste
- Prinzipien von und zu → Proportion, → Ordnungsart, → Anordnungsart, → Gruppierung und → Reihe
- Symbolik von Formen, Farben und insbesondere Werkstoffen
- Wesensausdruck und daraus abgeleitete Geltungsansprüche als spezielle Eigenschaften des Werkstoffs Pflanze

Die Gestaltungselemente Farbe, Form, Struktur, Harmonie, Kontrast, Symbolik, Ordnung, Anordnung, Gruppierung, Proportion, pflanzliche Persönlichkeit bestimmen jedes floristische Werkstück, jedoch in unterschiedlich starker Gewichtung.

Aus den letztgenannten Aspekten resultiert eine besondere Herausforderung an floristisches Gestalten: Die Werkstoffe und ihre gestalterischen Eigenschaften sind weitgehend vorgegeben und nicht beliebig oder nur eingeschränkt veränderbar.

→ Farbkontraste mit allen Einträgen → Formkontrast → Geltungsanspruch → Harmonie mit allen Einrägen → Symbol → Textur → Werkstoffeigenschaft

Gestaltungslehre, floristische

Eine floristisch ausgerichtete Gestaltungslehre umfasst folgende Bereiche:

- Beschreibung der gestalterisch relevanten Eigenschaften der → Gestaltungsmittel (→ Farbenlehre, → Formenlehre inkl. → Textur, → Geltungsanspruch, botanisch-biologische Grundlagen)
- Lehre von den Gestaltungsprinzipien (→ Harmonie bei Farben und Formen,

→ Gruppierung, → Reihe, → Proportion, → Ordnungsart, → Anordnungsart usw.)
- historische → Stilkunde
- → Symbolik bei → Form, → Farbe, → Werkform und → Werkstoff
- Werkformlehre, teils mit technischen Voraussetzungen zur Verwirklichung der Gestaltungen
- Anlass- und zweckbezogene Gestaltungskriterien (Besonderheiten von → Hochzeitsschmuck, → Weihnachtsschmuck, → Trauerschmuck etc.)

Gestaltungsmittel

Der Begriff → Gestaltungsmittel bezeichnet, im Unterschied zum Begriff → Gestaltungselement, die dinglich-sachlichen Mittel des Gestaltens. Gemeint sind also alle Werkstoffe und Materialien, mit denen eine Gestaltung ausgeführt wird. Die technischen → Hilfsmittel versteht man nicht als Gestaltungsmittel, solange sie keine gestalterisch sichtbare Funktion haben, obwohl sie zur Umsetzung der Gestaltung letztlich unabdingbar sind.

Blüten, Blätter und Früchte gehören ebenso zu den Gestaltungsmitteln wie Gefäße, Kerzen und Stoffe bzw. Bänder.

→ Material → Werkstoff

Gestaltungsprinzip

Als Gestaltungsprinzipien bezeichnet man alle Regeln, die den Vorgang des Gestaltens helfend steuern und mitbestimmen. Es sind vornehmlich die Regeln zum bewussten Einsatz der Eigenschaften der → Gestaltungsmittel mit Hilfe des Wissens über Ordnungen, Proportionen, Gruppenbildung, Reihungen, Farbharmonien, Formbildungen und Formwirkungen, symbolische Aussagen usw. Diese Regeln werden als gestalterische Prinzipien je nach konkret beabsichtigtem Gestaltungsziel abgewogen und eingesetzt, d. h. sie sind jeweils sinnvoll auszuwählen. Hierbei kann es auch zum bewussten Bruch, zur Missachtung eines Prinzips kommen. Dies muss jedoch mit überlegter Ausrichtung auf die beabsichtigte gestalterische Aussage erfolgen und darf nicht zu Beliebigkeit und Regellosigkeit führen.

→ Farbharmonie → Formenlehre → Gruppe → Ordnungsart → Proportion → Reihe → Symbol

Gestaltungsstil

→ Gestaltungsart, floristische

Gesteck, Gesteckarten

Die → Werkform des Gestecks ist durch das → Stecken der Werkstoffe in ein entsprechendes → Hilfsmittel geprägt, das den Stielen den erforderlichen Halt bietet und bei Frischblumen die Wasserversorgung ermöglicht. Technisches Hilfsmittel ist hauptsächlich der industriell hergestellte → Steckschaum. Es können jedoch auch alternative → Steckhilfsmittel, z. B. → Drahtgitter, → Granulat und Zweigabschnitte, eingesetzt werden. Alle Steckhilfsmittel müssen einerseits den Anforderungen der Werkstoffe gerecht werden, andererseits entsprechend dem verwendeten → Gefäß ausgewählt werden. Außerdem ist der Einsatzbereich bzw. der Anlass für die Fertigung des Gestecks zu beachten. Ein Grabgesteck stellt andere Anforderungen als ein Autoschmuck-Gesteck oder ein Tischgesteck. Man unterscheidet, teils mit fließenden Übergängen, Gestecke nach

- Anlassbezug (z. B. Geburtstagsgesteck, Trauergesteck, Adventsgesteck)
- Einsatzort (z. B. Friedhofsgesteck, Kirchenschmuckgesteck, Bühnengesteck)
- Werkstoffeigenschaften (z. B. Trockengesteck, Frischblumengesteck)
- zu schmückendem Objekt (z. B. Sarggesteck, Autogesteck, Tischgesteck)
- Gestaltungskriterien (z. B. dekoratives Gesteck, Parallelgesteck usw.)

Gestecke müssen, wie einige der obigen Beispiele, z. B. das Sarggesteck, zeigen, nicht notwendigerweise als → Gefäßfüllung ausgeführt werden.

→ passende Begriffe zu den oben genannten Gesteckbeispielen

Gestell

→ Gerüst

Gewebe

Als Gewebe bezeichnet man aus Fasern oder Fäden hergestellte Stoffe und Bänder, also Textilien. Das Wesentliche ist hierbei, im Unterschied zum → Flechten oder zum Filzen, ein rechtwinkliges in bestimmter Weise bzw. in festgelegtem Wechsel erfolgendes Über- und Unterkreuzen Fäden bzw. Faserstränge. Vergleiche hierzu → Bindung, textile. Beim Weben entsteht die für die jeweilige Technik und das jeweilige textile Produkt typische → Textur.

→ Filz → Schmuckband → Stoff, textiler

Gewicht, optisches

Das optische Gewicht meint nicht das tatsächliche Gewicht eines Gegenstands, sondern bezeichnet das Gewicht, das einem Gegenstand auf Grund seines optisch wahrnehmbaren Erscheinungsbilds zugeordnet wird. Dabei geht man gefühlsmäßig von der Erfahrung aus, die man bisher mit dem Gewicht verschiedener Gegenstände gesammelt hat. Die wahrzunehmenden Eigenschaften hell, klar, glatt und schlank aufstrebend lassen ein entsprechendes → Gestaltungsmittel eher leicht erscheinen, während

optische Leichtigkeit

Dunkles, Trübes, Rundes und breit Lagerndes sowie Raues optisch vorrangig schwer wirkt. Eine gestalterische Konsequenz ist z. B., dass ein dunkles, raues Gefäß gestalterisch mehr Blumen fassen kann, als ein helles, glattes Gefäß gleicher Größe und Form.

→ Gleichgewicht, optisches

Gewicht, scheinbares

→ Gewicht, optisches

Gewichtskontrast

Das Gegensatzpaar leicht-schwer kann als Gewichtskontrast bezeichnet werden. Diesen Kontrast nimmt man gestalterisch aufgrund der optischen Gewichtung wahr, die man den Gestaltungsmitteln zuordnet. Es sind demnach hier nicht die tatsächlichen Gewichte gemeint. Bedeutend ist der Gewichtskontrast einerseits als Formkontrast zwischen kleinen, leichten und/oder aufstrebenden Formen sowie schweren, großen lagernd-lastenden Formen. Der Begriff wird aber vor allem für die Bezeichnung subjektiv empfundener Farbkontraste verwendet. Hierbei wirken Gegenstände in hellen Farben luftig-leicht, während Gegenstände in dunklen Farben erdig-schwer erscheinen.

→ Farbkontrast, subjektiver → Formkontrast → Gewicht, optisches

Gewölbe

Unter einem Gewölbe versteht man eine im Querschnitt bogenartige, einen Raum frei überspannende Abdeckung. Gewölbe werden aus Brettern und Balken konstruiert, aus keilförmigen Steinen gemauert oder aus Beton gegossen und von Pfeilern bzw. Säulen und/oder den seitlichen Mauern gestützt. Man unterscheidet verschiedene Gewölbeformen, die teils für bestimmte Stilepochen typisch sind:

- halbrundes Tonnengewölbe (z. B. → Romanik, → Renaissance)

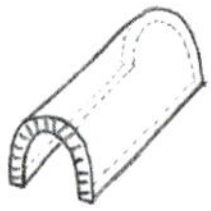

- Kreuzgratgewölbe bei rechtwinklig sich kreuzenden Tonnengewölben (Romanik)

- Kreuzrippengewölbe mit gemauerten Verdickungen (Rippen), die die Grate verstärken (Spätromanik, → Gotik)

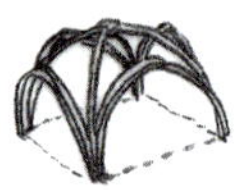

- Netz- und Sterngewölbe, bei denen die Rippen die entsprechenden Formen bilden (Gotik)

- Muldengewölbe, ein Tonnengewölbe mit gewölbten Endkappen (Romanik, Renaissance)

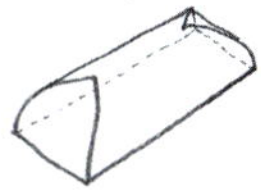

- Spiegelgewölbe mit abgeflachtem Mittelteil, dem so genannten Spiegel, der sich gut zur Bemalung eignet (→ Barock)

→ Bogen → Kuppel → Pfeiler → Säule

Giebel

Unter dem Bauteil des Giebels versteht man den Teil oberhalb der eigentlichen Gebäudewand und unterhalb der Dachkante eines Baus an der Stirnseite. Es ist also die in ihrer Grundform dreieckige Fläche oberhalb der rechteckigen Wand. Bei einem Walmdach entsteht auch eine Trapezform. Über einem Fenster finden sich oft Ziergiebel. Je nach Randform des Giebels können stilistisch typische Giebel unterschieden werden, wie z. B. Schweifgiebel (→ Renaissance), Dreiecksgiebel (1.) (→ Antike, → Barock und Renaissance), Treppengiebel (→ Gotik), Segmentgiebel (2.) (Barock und Renaissance), verkröpfter (3.) und gesprengter Giebel (4.) (Barock). Die Giebelfläche kann darüber hinaus architektonisch gegliedert sein durch → Maßwerk (Gotik), Gesimse (z. B. Renaissance), Säulen, Figurennischen etc.

Schweifgiebel

Gießrand

Unter Gießrand versteht man den ein bis zwei Finger breiten Überstand eines Topf- oder Schalenrands über das im Schalen- oder Topfinneren angrenzende → Substrat. Dieser Rand ist erforderlich, damit beim → Gießen kein Wasser über den Rand aus dem Gefäß herausläuft. Verschmutzungen werden vermieden, das Einsickern des gesamten Gießwassers macht die Wassermenge leichter abschätzbar und sichert eine gute Versorgung. Häufig wird auch bei Gestecken in → Steckschaum dieser Begriff verwendet. Hier ist er allerdings nicht angebracht, da Steckschaum, im Gegensatz zum Substrat, den Schalenrand häufig sogar überragen muss und im Grunde nur eine Wassernachfüllmöglichkeit in Form einer Aussparung im Steckschaum geschaffen werden muss.

gießen, Gießregeln

Beim Gießen, also der Versorgung von Pflanzen mit Wasser, sind folgende Regeln zu beachten bzw. zu bedenken:

- Die Qualität des Gießwassers bezüglich chemischer Bestandteile, vor allem der pH-Wert und der Kalkgehalt (Wasserhärte), müssen beachtet bzw. durch entsprechende Maßnahmen (Filterung, Stehenlassen, Zusätze) an die zu gießenden Pflanzen angepasst werden.
- Die Temperatur des Gießwassers darf weder zu niedrig noch zu hoch sein; möglichst sollte sie den Temperaturbedingungen des natürlichen Umfelds der Pflanzen entsprechen.
- Der Wasserbedarf der jeweiligen Pflanzen in ihrer Anpassung an den ursprünglichen, natürlichen Standort bzw. Herkunftsort ist zu beachten. Dies gilt für die Wassermenge und den Gießrhythmus.
- Die Wassermenge je Einzelgießvorgang muss auf die Bedingungen der Pflanzen ausgerichtet sein.
- Vegetationsphasen, d. h. Trocken- bzw. Ruhephasen, sind einzuhalten.
- Ein zwar regelmäßiger, jedoch auch den Witterungsbedingungen und den Vegetationsperioden angepasster Gießrhythmus ist einzuhalten.
- Eine gleichmäßige Durchfeuchtung des Wurzelbereichs ist anzustreben.
- Ein völliges Austrocknen des Wurzelballens ist zu vermeiden, außer bei ausgesprochenen → Xerophythen.
- Staunässe, d. h. überständiges Wasser in einem Übertopf oder in einer Pflanzschale, ist zu vermeiden.
- Das Benetzen der oberirdischen Teile mit Wasser ist bei manchen Pflanzen oder Teilen, die darauf empfindlich reagieren (z. B. Fleckenbildung, Schimmel), zu vermeiden.
- Dies gilt generell, wenn Düngemittel mit dem Gießwasser verabreicht werden, es sei denn, eine Blattdüngung dient der Pflanze und ist beabsichtigt.

Gimpe

Gimpe oder Gimpenschnur besteht aus zwei Teilen: einem kordelartigen, weißgrauen, meist aus Baumwolle bestehenden Kern, der Fadenseele, und dem umgebenden Mantel, der aus einem anderen Material dicht um den Kern gesponnen wird. Das Mantelmaterial sind farbige Baumwollfäden oder sehr glatte Kunstseidenfäden, durch die ein schimmernder Effekt entsteht, der an Satin (→ Atlas) erinnert. Gimpe zählt als Zierschnur zu den Posamenten. Sie muss vorsichtig behandelt werden, da sonst die farbigen Fäden verrutschen und der Baumwollkern störend sichtbar wird. Gimpe ist mit Litzen vergleichbar, die zu mehreren zu Kordeln verdreht werden.

→ Litze → Posament → Schmuckkordel

Girlande

Eine Girlande ist ein halb- oder vollrundes ⇢ Gebinde aus Zweigstücken, Blumen, Blättern oder Früchten. Auf ⇢ Draht oder ⇢ Kordel gebunden kann sie als symmetrischer ⇢ Feston mit keulenförmig herabhängenden Endstücken oder fortlaufend in einer Richtung und mit gleichbleibendem Durchmesser gefertigt sein. Girlanden werden häufig als ⇢ Raum- und ⇢ Tischschmuck sowie als ⇢ Sargschmuck gestaltet.

Girlande als Sargschmuck

Glamelie

Glamelien sind künstlich vom Floristen gestaltete, übergroße Blütenformen. Etwa zur Zeit der Jahrhundertwende vom 19. zum 20. Jahrhundert oder kurz zuvor wurden sie zum ersten Mal als Nachbildungen einer gefüllten Kamelienblüte mit Hilfe von ⇢ Draht aus den Blütenblättern von Gladiolen gearbeitet. Aus den beiden Worten Gladiole und Kamelie entstand dabei die Wortschöpfung Glamelie. Auch wenn diese Werkform aus Lilien, Rosen oder grünen Werkstoffen besteht, wird der Begriff verwendet und um den Namen der verarbeiteten Blumen erweitert (z. B. Lilien-Glamelie).

Hinweis: Bezeichnungen wie Rosmelie oder Rosalie sind zwar entsprechend der ursprünglichen Begriffsbildung nicht unlogisch, jedoch sprachlich wenig überzeugend, wie das Beispiel Rosalie (auch ein weiblicher Vorname) zeigt. Auch die Übertragung auf weitere Werkstoffe („Lilelie", „Tulpelie") verdeutlicht, dass diese Begriffsbildung fachsprachlich fragwürdig bleibt.

Glas, Glasarten

Glas besteht aus einem bei 1500 °C geschmolzenen Gemisch aus Quarzsand, Kalk und Soda für einfaches Gebrauchsglas bzw. Pottasche für Kristallglas. ⇢ Feldspat wird als Flussmittel teilweise ebenfalls zugefügt. Für das besonders funkelnde, stark lichtbrechende ⇢ Bleikristall wird Bleioxid zugesetzt. Zur Färbung können Metalloxide (z. B. Chromoxid für Grün) oder Metalle (z. B. Gold für Rot) verwendet werden. Feuerfestes Glas entsteht durch Zugabe von Borax. Trübungsmittel führen zu opakem, undurchsichtigem Glas. Zur Formgebung wird die Glasmasse bei etwa 900 °C geblasen, gegossen, gewalzt, gepresst oder gezogen. Weitere Veredlung der Glasprodukte kann durch Gravieren, Schleifen, Mattieren, Ätzen oder Bemalen erfolgen. Man unterscheidet Flachglas (Spiegel, Scheiben) vom floristisch bedeutenderen Hohlglas (Gefäße, Glasbausteine). Außerdem sind

Glaskugeln (Weihnachtskugeln), Glasperlen und Glasgranulate floristisch einsetzbar.
Bei einer Gestaltung mit Glasgefäßen sind optische Leichtigkeit und Transparenz die entscheidenden Eigenschaften. Sie müssen in der floristischen Gestaltung aufgegriffen werden (siehe Abb.). Aus technischer Sicht muss vor allem auf das Verdecken eingefügter Hilfsmittel sowie auf die Bruch- und Kratzempfindlichkeit von Glas geachtet werden.

→ Gewicht, optisches → Granulat
→ opak → transparent

gläsern

→ Textur, gläserne

Glasrohstoffe

→ Glas

Glasur

Als Glasur bezeichnet man den glasartigen Überzug, die Oberschicht von bestimmten Keramiken. Feste Stoffe, in der Regel → Feldspat, → Quarz, → Ton etc., werden fein gemahlen und mit Wasser zu Schlamm vermischt. Dieser wird auf den keramischen → Scherben durch Tauchen, Bemalen oder Spritzen aufgetragen. Im so genannten → Glatt- oder Glasurbrand, der als eigener Vorgang auf den → Rohbrand folgt, entsteht die Glasur durch Aufschmelzen der Bestandteile als dichter Überzug. Sie verschmilzt mit dem Scherben. Färbungen, vielfach z. B. durch zusätzlich beigemischte Metalloxide hervorgerufen, und/oder Transparenz zeigen sich meist erst nach diesem Brand.

Glänzend-glatte Glasur schmückt und dichtet das Steingut ab.

Glasuren haben verschiedene Funktionen:
- Abdichtung von → Weichkeramik
- Verschmutzungsschutz und Ermöglichung einer leichten Reinigung
- Schutz der Unterglasurmalerei
- schmückende Wirkung

Glasuren lassen sich unterscheiden nach:
- Hauptinhaltsstoffen (z. B. Salz-, Fritte-, Feldspatglasur)

- physikalischem Verhalten beim Brand und daraus folgender Form (z. B. Lauf-, Krater-, Blasenglasur)
- chemischem Verhalten beim Brand (z. B. Reduktions-, Oxidationsglasur)
- färbenden Oxiden bzw. Metallen (z. B. Eisen-, Kobalt-, Titanoxidglasur)
- Keramikarten (z. B. Porzellan-, Steingut-, Fayenceglasur)
- optischen Effekten (z. B. Kristall-, Irisée-, Craqueléglasur)
- Aufbringtechniken (z. B. Spritz-, Wisch-, Tauchglasur)

Hinweis: Die Einbrennlackierung vieler besonders preiswerter Keramikprodukte darf nicht mit einer Glasur verwechselt werden: Der Lack ist im Vergleich zur Glasur minderwertiger, verkratzt leicht und wird relativ schnell undicht.

→ Craquelé → Fayence → Keramik → Porzellan → Steingut
→ transparent

Glasurbrand

→ Glasur → Glattbrand

Glasurmalerei

Unter Glasurmalerei versteht man die Malereien auf Keramikgegenständen, die mit Hilfe von farbigen Glasuren aufgebracht werden. Man unterscheidet:

- Aufglasurmalerei, die auf eine bereits vorhandene Glasur gesetzt wird. Sie erfolgt in der Regel mit Glasurstoffen, die nicht bei den sehr hohen Temperaturen aufgebrannt werden können, die die erste Glasur erfordert, da sie dabei verbrennen würden.
- Unterglasurmalerei, die mit farbigen Glasuren erstellt wird, die hohe Brenntemperaturen tolerieren. Anschließend wird eine transparente, schützende Glasur über die Malerei gesetzt und aufgebrannt.
- Inglasurmalerei, wobei die Malglasuren auf die frische, noch nicht eingebrannte Glasurschicht gesetzt werden. Beim Brand schmelzen beide Glasurbereiche und die Malereien fließen geringfügig in die deckende Grundglasur ein, wodurch weich wirkende, unscharfe Grenzlinien entstehen.

Glattbrand

Der Glatt- oder Glasurbrand ist der auf den → Rohbrand folgende Brand eines Keramikgegenstands, bei dem die Glasur bzw. die Malerei auf den Scherben aufgebrannt wird.

→ Glasur

Gleichgewicht, optisches

Bei der Schaffung ausgewogener Proportionen kommt es neben objektiven Längen bzw. Abständen und Mengen auch auf die gelungene Kombination entsprechend dem optischen Gewicht der Einzelteile und Gestaltungsmittel an, um ein optisches Gleichgewicht zu erzielen. Die beiden Begriffe dürfen nicht verwechselt werden: Optisches Gewicht bezieht sich auf den Einzelgegenstand, optisches Gleichgewicht ergibt sich aus der Ausgewogenheit der optischen Gewichte mehrerer Gegenstände. Besonders in der Asymmetrie ist das Ausbalancieren mit dem Ziel einer harmonischen Gleichgewichtung eine anspruchsvolle gestalterische Aufgabe.

⇢ Gewicht, optisches

Gleichheitsproportion

Übereinstimmungen in den Proportionen der Teile einer Gestaltung werden als Gleichheitsproportionen bezeichnet. Sie sind wesentlicher Bestandteil der symmetrischen Ordnungsart.

⇢ Ordnungsart Symmetrie ⇢ Proportion

Gleichklang

Unter einem Gleichklang versteht man eine Farbharmonie, die aus Abstufungen einer einzigen Farbnuance besteht. Vergleiche dazu ⇢ Harmonie variierender Einfarbigkeit.

⇢ Farbabstufung ⇢ Farbakkord ⇢ Farbnuance

Goldener Schnitt

Der Goldene Schnitt ist als Proportionsverhältnis von der Natur ableitbar (Zapfenschuppenreihen, Blattformen etc.) und wirkt daher allgemein selbstverständlich und harmonisch. Seit der ⇢ Antike wird er in Kunst und Architektur als ideale ⇢ Proportion angewandt und ist für floristische Arbeiten eine bedeutende Proportionsanweisung. Sie lautet:
Der kleinere Teil verhält sich zum größeren Teil genauso, wie sich der größere Teil zur Summe der Teile verhält.

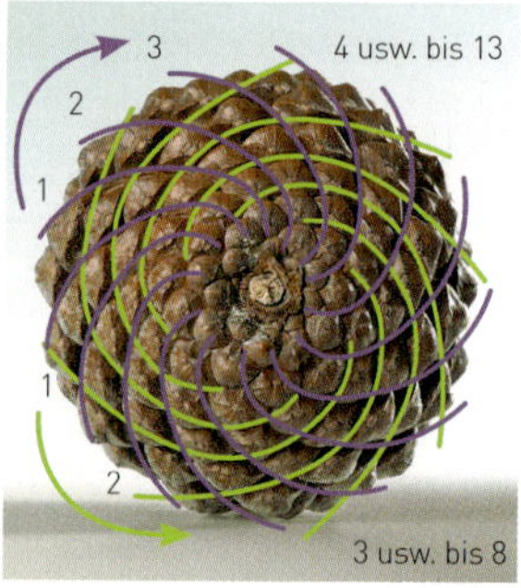

Goldener Schnitt bei Zapfen

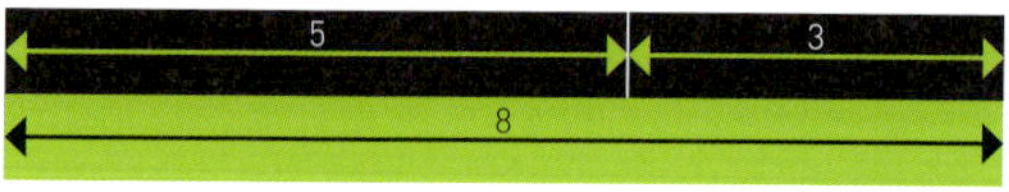

3:5 = 5:8 und 5:8 = 8:13 sowie 8:13 = 13:21 sind Zahlenverhältnisse, die diese Aussage verdeutlichen. Sie sind als Zahlenreihe 1, 1, 2, 3, 5, 8, 13, 21, 34 usw. (Fibonacci-Reihe) darstellbar, in der jedes Element aus der Summe der beiden vorhergehenden Zahlen entsteht.
Rein mathematisch ergibt sich die irrationale Zahl Phi:

$$\Phi = \frac{1+\sqrt{5}}{2} \approx 1{,}61803399$$

Beispiele für floristische Anwendungen sind das Verhältnis der Kranzkörperdicke zum Durchmesser der Kranzöffnung und die Höhe eines Gefäßes zur Höhe der darin befindlichen floralen Füllung. Die Grundflächen von Gefäßen und Räumen sind mit Hilfe des Goldenen Schnitts durch gedachte Goldene Linien, die sich im Goldenen Punkt schneiden, aufzuteilen. Siehe dazu die nachfolgende Skizze:

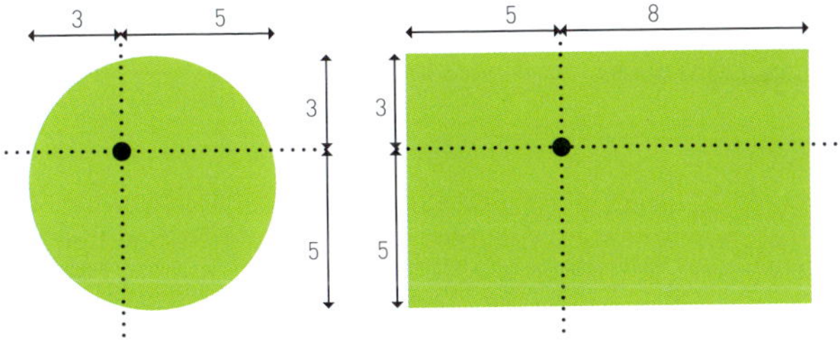

Gotik

Die Gotik ist die ⇢ Stilepoche im ⇢ Mittelalter, die sich aus der ⇢ Romanik entwickelte und dieser zeitlich folgte. Ab 1150 n. Chr. entstanden von Frankreich ausgehend, gotische Bauwerke, in Deutschland ab etwa 1250 bis ca. 1500 n. Chr. Man unterscheidet Frühgotik, die noch starken Anklang an romanische Bauformen aufweist, Hochgotik und Spätgotik. Besondere Bedeutung haben die Kathedralen der großen Städte, wie z. B. der Kölner Dom, dessen Bau 1248 begonnen wurde. Im Norden Deutschlands entwickelte sich aufgrund von Natursteinmangel aus der Ziegelbauweise die Backsteingotik. Wesentliche Stilmerkmale der Gotik sind: Spitzbogen, große Buntglasfenster mit ⇢ Maßwerk, Kreuzrippengewölbe, ⇢ Bündelpfeiler, ⇢ Kreuzblume, ⇢ Kriechblume, ⇢ Fiale, Treppengiebel, ⇢ Wimperg, das Rechteck als Grundrissmaß und insgesamt hohe, überstreckte, auch in symbolischer Bedeutung himmelwärts gerichtete Proportionen.

Floristisch entsprechen der Gotik aufstrebend parallele Gestaltungen, senkrecht angebrachte Girlanden, einfache und klare Farbigkeit mit Bezug zu den Fensterfarben in einer gotischen Kirche sowie eine heimisch-natürliche Blumenauswahl, da exotische Blüten im Mittelalter noch weitgehend unbekannt waren.

⇢ Anordnungsart, parallele ⇢ Bewegungsform, aufstrebende ⇢ Bogen ⇢ Gewölbe ⇢ Giebel ⇢ Girlande ⇢ Proportion

Grabschmuck, floristischer

Als floristischen Grabschmuck bezeichnet man, in Abgrenzung zur eigentlichen Grabbepflanzung, alle Werkformen bzw. Werkstücke, die auf ein Grab gelegt werden. Dazu zählen vorrangig → Trauerkranz, → Trauergesteck, → Trauerstrauß, Grabbukett und bepflanzte Grabschalen. Jedoch gehören auch so genannte Steckbeete dazu, die durch Einstecken geeigneter Werkstoffe unmittelbar in die Erde des Grabes entstehen. Sind diese Trauergaben zu Jahrestagen oder zu den Totengedenktagen am Jahresende gefertigt und entsprechend dauerhaft ausgeführt, spricht man auch von → Gedenkfloristik.

Grabstrauß, Grabgesteck

→ Grabschmuck, floristischer → Trauergesteck

Granulat

Der Begriff Granulat beruht auf dem lateinischen Wort granum = Korn und bezeichnet ein in körniger Form vorliegendes Produkt.
Gestalterisch werden in der Floristik Kunststoff- und Glasgranulate als Streumaterial eingesetzt. Pflegetechnisch sind Düngergranulate und Pflanzenschutzmittel zu nennen.

Granulat als Gestaltungsmittel

→ Düngemittel → Glas
→ Kunststoff

Grau, Grauleiter

→ Basisschema der Farbenlehre → Farbabstufung

Grün

Die Grundfarbe Grün (G für engl. green, während Y von engl. yellow für Gelb steht) entspricht als Farbempfindung dem maximalen Aufnahmepotenzial einer der drei Zapfen-Sehzellen des menschlichen Auges. Es wird daher von H. Küppers als → Urfarbe bezeichnet und gehört zu den sechs bunten Grundfarben.

→ Auge, Funktionsweise des Auges → Basisschema der Farbenlehre
→ Farbnamen → Grundfarbe → Küppers, Harald → RGB

Gründerzeit, Gründerjahre

→ Historismus

Grundfarbe

Der Begriff der Grundfarbe wird je nach Farbenlehre verschieden definiert und es werden entsprechend unterschiedliche Farben als solche bezeichnet. Das kann künstlerische, gestalterische oder technische Gründe haben und entspricht darüber hinaus dem naturwissenschaftlichen Erkenntnisstand der Entstehungszeit der jeweiligen Farbenlehre. Den heutigen Stand von Wissen und Technik gibt die Farbenlehre von H. Küppers wieder. Sie wird in den Schulen gelehrt und in der Kunst, in den virtuellen Medien, beim Druck und bei der Farbpigmentherstellung angewandt. Da sie umfassend einsetzbar ist, ersetzt sie die überholte und sachlich in weiten Teilen falsche Farbenlehre nach J. Itten, der Gelb, Rot und Blau als Grundfarben bezeichnete. Im ···> Basisschema der Farbenlehre definiert H. Küppers acht Grundfarben als die extrem möglichen Farbempfindungen des menschlichen Auges:

···> Orangerot (R), ···> Grün (G), ···> Violettblau (B), ···> Cyanblau (C), ···> Magentarot (M), ···> Gelb (Y), ···> Weiß (W) und ···> Schwarz (K). Die genannten Abkürzungen sind international eingeführt und beziehen sich auf die englische Sprache. RGB von englisch: red, green, blue; CMYK von englisch: cyan, magenta, yellow, key.

···> Auge, Funktionsweise des Auges ···> Farbe, unbunte ···> Farbempfindung ···> Farbrangstufen ···> Itten, Johannes ···> Küppers, Harald ···> Urfarbe

Grundformen

Als Grundformen bezeichnet man die grundlegend unterscheidbaren, schematischen Formen, auf die man alle komplexeren Formen vereinfachend zurückführen kann. Da Formen in linearer, flächiger und körperhafter Ausprägung existieren, müssen entsprechend verschiedene Grundformen genannt werden.

lineare Grundformen:

flächige Grundformen:

körperhafte Grundformen:

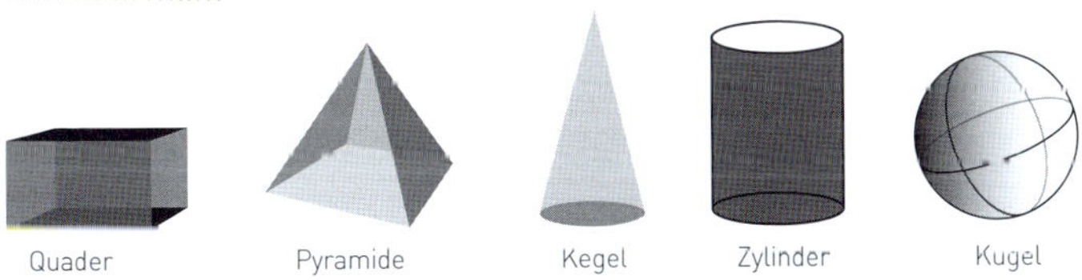

Mit Kombinationen dieser Grundformen kann die Vielfalt von Formen schematisch oder stilisiert dargestellt werden. So sind z. B. in der Floristik gestalterische Überlegungen vereinfachend und, trotz der Komplexität von Werkstoffen, leicht überschaubar möglich. Beispiele sind die linearen floristischen Bewegungsformen für die verschiedenen Werkstoffe und Kreis oder Rechteck etwa als Gefäß-Darstellungen.

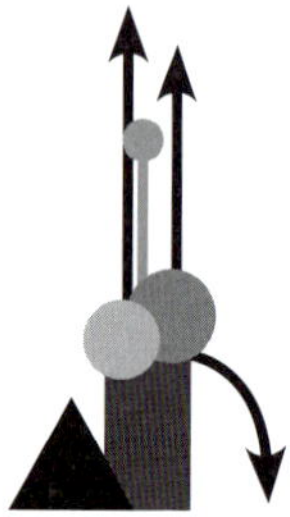

→ Bewegungsform, floristische

Grundriss

Mit Grundriss bezeichnet man in einer Planzeichnung die parallelperspektivische Darstellung einer Sache von oben betrachtet, so dass man auch von Draufsicht spricht. Die zur vollständigen Wiedergabe eines Körpers wenigstens notwendigen weiteren Ansichten sind der → Aufriss, der die Frontseite zeigt, und der → Seitenriss, der eine seitliche Ansicht des Gegenstands wiedergibt.

→ Axonometrie → Parallelperspektive → Perspektive → Planzeichnen

Grünpflanze

Eine Pflanze, deren wesentlicher Zierwert in ihren Blättern liegt, bezeichnet man als Grünpflanze in Unterscheidung zur → Blühpflanze. Dabei ist es nicht von Bedeutung, ob die Farbe Grün tatsächlich vorrangig ist. Auch buntlaubige bzw. panaschierte Arten werden als Grünpflanzen bezeichnet.
Einige Grünpflanzen, z. B. die Farne, bilden von Natur aus keine Blüten. Andere so bezeichnete Pflanzen blühen in der Regel eher unscheinbar oder, zumindest bei einer Pflege als Zimmerpflanze in gemäßigten Klimagebieten, nur selten, oft gar nicht.

Grünspan

→ Kupfer

Grünwerkstoff

Unter Grünwerkstoff versteht man generell alle geschnittenen Werkstoffe, die vorwiegend grüne Farbnuancen zeigen. In der Regel tragen sie Blätter, jedoch keine oder nur unscheinbare Blüten. Alternativ ist für Grünwerkstoffe daher auch die Bezeichnung → Schnittgrün und gegebenenfalls → Blattwerk gebräuchlich.
Der Begriff Grünwerkstoff deckt sich mit dem des Beiwerks, der allerdings als ungenau gelten muss. Vergleiche dazu → Beiwerk.

→ Farbnuance → Grünpflanze

Gruppe, Gruppenbildung

Gruppen entstehen durch das sinnvolle Zusammenfügen von Einzelteilen. Für die

Bildung von Gruppen und die Wahrnehmung mehrerer Teile als Gruppe gelten floristisch folgende Kriterien:

- Eine Gruppe wirkt umso geschlossener, je mehr gemeinsame Eigenschaften die Gruppenteile haben. Deutlich sind Gruppen aus gleichen Elementen z. B. einer Blumensorte.
- Eine starke Geschlossenheit der Gruppe ergibt sich aus enger Nähe bis hin zum gemeinsamen Wuchspunkt von Werkstoffen. Dann können in einer Gruppe durchaus unterschiedliche Werkstoffarten vereint werden.
- Eine Gruppe sollte mindestens drei Teile enthalten, um vollständig zu erscheinen. Zwei Teile bilden als besondere, aber noch unkomplette Form der Gruppe lediglich ein Paar. Erst die Dreizahl ermöglicht eine gestalterische Räumlichkeit und die Entwicklung einer → Staffelung bzw. Rangordnung innerhalb der Gruppe.

gruppierte Werkstoffe

Die wichtigsten Gruppenformen in der Floristik sind: Hauptgruppe und Nebengruppen in der Symmetrie sowie Hauptgruppe, Gegengruppe und Nebengruppe in der Asymmetrie. Man spricht allgemeiner allerdings auch von Motiven statt von Gruppen.
Das Gruppieren von Werkstoffen kann auch als eine Positionierungsart verstanden werden.

→ Gruppierung → Hauptmotiv → Motiv → Nebenmotiv
→ Ordnungsart Asymmetrie → Ordnungsart Symmetrie
→ Positionierung → Positionierungsart, gruppierende

Gruppenachse

Als Gruppenachse bezeichnet man die Achse als Bezugselement, an der eine Gruppierung ausgerichtet wird. Bei einer symmetrischen Ordnung ist dies gleichzeitig die Symmetrieachse. In asymmetrischen Gruppierungen ist es die Achse, die durch den optischen Schwerpunkt geht. Hier deckt sie sich oft mit der Achse der Hauptgruppe bzw. des Hauptmotivs oder sie liegt knapp daneben.

→ Ordnungsart Asymmetrie → Ordnungsart Symmetrie → Symmetrieachse

Gruppengesetz

Gestalterische Regeln, die zur Gruppenbildung und zur Platzierung von Gruppen dienen, können als Gruppengesetze bezeichnet werden. Vergleiche dazu die entsprechenden Eintragungen unter → Gruppe, Gruppenbildung, → Gruppierung, → Ordnungsart Asymmetrie und → Ordnungsart Symmetrie.

→ Positionierungsart, gruppierende

Gruppierung, gruppieren

Der Begriff der Gruppierung oder des Gruppierens kann verschiedene Bedeutungen haben:

- Das Gruppieren benennt die handwerkliche Tätigkeit als sachliches Zusammenstellen von Einzelteilen. Das Gruppieren ist im Sinne des gestalterischen Vorgangs gemeint, also der Formgebung durch Gruppenbildung.
- Die Gruppierung wird als bestehende Zusammenstellung mehrerer Gegenstände verstanden, wodurch der Begriff mit dem Wort Gruppe gleichgesetzt wird. Die Gruppierung beschreibt auch eine Gesamtheit mehrerer Gruppen, die z. B. aus drei Gruppen bestehen kann, wie bei einer Gruppierung in asymmetrischer Ordnung mit Haupt-, Gegen- und Nebengruppe.

Narzissen wachsen von Natur aus in Gruppen. Als Konsequenz wurde hier das Gruppieren als gestalterisches Prinzip gewählt.

Das Gruppieren von Werkstoffen kann auch als eine Positionierungsart verstanden werden.

→ Gruppe → Ordnungsart Asymmetrie → Positionierung
→ Positionierungsart, gruppierende

Gusseisen

→ Eisen

Guttacoll

→ Floraltape → Kautschuk

H

Haarschmuck, floristischer

Werkstücke, die im Haar getragen werden, gehören zum floristischen Kopfschmuck, sind in der Regel relativ klein und vor allem leicht. Sie werden vorrangig im Zusammenhang mit → Brautschmuck gefertigt, aber auch zu anderen festlichen Anlässen, z. B. Ballveranstaltungen. Wichtig ist eine technisch perfekte Ausführung, ein guter, fester Halt am Kopf bzw. in der Frisur. Hierfür ist die Zusammenarbeit von Florist/in und Friseur/in günstig.

→ Körperschmuck

Habitat

→ Lebensraum

Hafnerware

Als Hafnerware bezeichnet man eine bleiglasierte, bei höchstens 800 °C gebrannte → Irdenware, z. B. Krüge, Teller, Töpfe und auch Ofenkacheln. Der Begriff leitet sich von der Berufsbezeichnung des Hafners ab, womit im süddeutschen, schweizerischen und österreichischen Sprachraum ein Töpfer gemeint ist. Die Bezeichnung eines Topfes als Hafen ist darin enthalten.

→ Glasur → Keramik

Hafte, haften

Haften sind Drahtprodukte, die verwendet werden, um flächige Werkstoffe auf Unterlagen, z. B. → Strohrömer und → Steckschaumformteile, zu befestigen. Sie sind in verschiedenen Größen erhältlich, wobei die Breite des oberen Bügels und die Länge der beiden Schenkel in Millimetern angegeben werden. Römerhaften haben einen geraden Bügel, so genannte Patenthaften zeigen einen gewellten Bügel, der angenehmer zu handhaben ist. Formen mit halbkreisförmigem Bügel sind genauer als → Krampe zu bezeichnen. Moos, Blätter, Palmbastmatten, Papier- und Folienstücke etc., lassen sich schnell und sicher mit der Hafttechnik befestigen.

Die Drahthaften werden durch den Werkstoff hindurch in die jeweilige Unterlage gedrückt. Wichtig ist, dass die Haften so positioniert werden, dass sie später nicht sichtbar sind. Der jeweils zuletzt aufgebrachte Werkstoff muss also die haltende → Hafte des vorhergehend bzw. darunter angebrachten Werkstoffs überdecken.

Halbfertigprodukt

Produkte, die einerseits über den unverarbeiteten Zustand der Rohware hinaus bereits verändert bzw. geändert wurden, andererseits aber noch weiter behandelt werden müssen oder in ein fertiges Werkstück integriert werden, nennt man Halbfertigprodukte. Häufig handelt es sich um Gegenstände, die auch in der eigenen Werkstatt herstellbar wären, jedoch ist der Einsatz von hinzu gekauften, halbfertigen Artikeln oft kostengünstiger, weil zeitsparend.

→ Gestell

Gestell als Halbfertigprodukt zur Weiterverarbeitung

Hallenkirche

Eine Kirche, deren durch Säulen- oder Pfeilerreihen abgeteilte Seitenschiffe die gleiche Höhe zeigen wie das Hauptschiff, bezeichnet man als Hallenkirche in Unterscheidung zu den Bauformen → Basilika und → Saalkirche.

Haptik

Die Haptik ist im engeren Sinn die Lehre vom Tastsinn. Benutzt man den Begriff weitgehender, meint man das dem Tastsinn entsprechende Greif- bzw. Berührungsgefühl. In der Floristik ist eine angenehme Haptik vor allem für die haltende Hand beim Brautstrauß wichtig. Im Übrigen spielt sie bei der → Stofflichkeit der Werkstoffe und Materialien eine Rolle und fließt teils in die Bezeichnungen bei → Textur bzw. → Oberflächenstruktur mit ein.

Harmonie

Der Begriff Harmonie bedeutet Einklang bzw. Übereinstimmung, Wohlklang oder angenehmer Zusammenklang. In der Floristik bezieht man ihn insbesondere auf die Proportionen, also Form- und Größenverhältnisse von Teilen einer Gestaltung zueinander, sowie auf Farbkombinationen. Bezüglich der → Proportion entspricht der Harmoniebegriff etwa dem Begriff der optischen Ausgewogenheit. In der Farbenlehre wird jede als angenehm empfundene Kombination von Farben als harmonisch bezeichnet. Bezogen auf die Anzahl der beteiligten Farben spricht man auch von harmonischen Farbakkorden und verwendet somit einen Begriff, der, wie der Harmoniebegriff selbst, musikalische Bedeutung hat.

Hinweis: Kontrast ist nicht der Gegenbegriff zur Harmonie, zumal harmonische Kontraste existieren. Disharmonie ist der eigentliche Gegenbegriff zur Harmonie.

→ Farbakkord → Farbdisharmonie → Farbharmonie → Gewicht, optisches → Gleichgewicht, optisches

Harmonie benachbarter Farben

Benachbarte Farben oder Nachbarschaftsfarben liegen in Farbsystemen, z. B. dem → Basisschema der Farbenlehre nach H. Küppers, nebeneinander. Damit man von einer Harmonie benachbarter Farben sprechen kann, dürfen die jeweiligen Eckfarben nicht allzu weit voneinander entfernt sein. Im 24-teiligen Basisschema sollte ein Abstand von maximal sechs Stufen zwischen diesen Eck- oder Grenzfarben nicht überschritten werden. Die enge Zueinandergehörigkeit der Farben ist in einer Farbkombination besonders gut erkennbar, wenn zwischen den am weitesten voneinander entfernten Farbnuancen ausreichend viele Zwischenstufen vorhanden sind.

Besondere Vorsicht ist bei der Kombination von Farben im Übergangsbereich von Orangerot über Magentarot zu Violettblau geboten. Hier besteht bereits eine leicht kontrastierende Wirkung. Teils spricht man sogar von sich beißenden Farben und → Farbdisharmonie. Man kann in gewissem Sinn eine „Rotgrenze" erkennen, die aus Harmoniegründen nicht unbedacht überschritten werden darf. Eine Erklärung bietet folgende Überlegung. Zum einen ist von Orangerot über Gelb, Grün, Cyan und Violettblau durch allmähliche Verkürzung der Wellenlängen im Bereich des für Menschen sichtbaren Lichts physikalisch ein gleitender Übergang gegeben. Zum anderen wird die Farbe Magentarot durch Auge und Gehirn aus den am stärksten unterschiedlichen Wellenlängen des sichtbaren Lichts gebildet, nämlich den beiden Urfarben Violettblau und Orangerot. Insofern ist Magentarot eine Farbempfindung, die sich wesentlich von den übrigen Farbwahrnehmungen unterscheidet. Ähnliche, jedoch meist als weniger disharmonisch empfundene Effekte lassen sich im Bereich zwischen Gelbgrün und Cyangrün finden. Da es sich dabei exakt um den komplementären

Farbbereich zum Magentabereich handelt, liegt die Erklärung darin, dass menschliches Farbempfinden hier ähnlich sensibel auf Farbdifferenzen reagiert, obwohl die Lichtwellenlängen hier nur in kleinen Abstufungen voneinander abweichen.

Hinweis: Die angesprochenen Disharmonien werden aufgrund von modischen Geschmacksveränderungen heute oft nicht als unharmonisch empfunden, sondern als bewusst schrille Farbgestaltungen. Sehgewohnheiten ändern sich und so kann diese Farbkombination in Erweiterung der traditionellen Farbharmonielehre auch als kontrastierende Nachbarschaftsfarbigkeit angesehen werden.

→ Auge, Funktionsweise des Auges → Farbabstufung → Farbdisharmonie → Farbenspektrum → Farbharmonie → Küppers, Harald → Nachbarschaftsfarbe → Urfarbe

Harmonie variierender Einfarbigkeit

Unter variierender Einfarbigkeit versteht man eine Farbkombination aus einer → Buntart mit ihren Verweißlichungen und/oder Verschwärzlichungen. Die Farbqualitätsmerkmale → Buntgrad, → Unbuntart und → Helligkeit werden dabei verändert. Man erhält eine → Farbleiter.

Mit musikalischen Begriffen kann man sagen, dass ein Farbton mehrmals erklingt, teils lauter, teils leiser. Man spricht daher auch von einem → Gleichklang. Werden in einer entsprechenden Farbkombination zu wenige Zwischentöne verwendet, kann ein Hell-Dunkel-Effekt entstehen, eventuell sogar ein → Helligkeitskontrast verursacht werden. Um eine ausgewogene Harmonie variierender Einfarbigkeit zu verwirklichen, sind demgemäß sowohl nah beieinander liegende als auch ausreichend viele Farbabstufungen erforderlich.

→ Farbabstufung → Farbakkord → Farbharmonie der Ähnlichkeit → Farbnuance → Farbqualitätsmerkmal → Verschwärzlichung → Verweißlichung

Harmonie verwandter Farben

Unter Harmonie verwandter Farben versteht man eine Farbkombination, die sowohl Verweißlichungen und Verschwärzlichungen als auch jeweilig benachbarte Farbnuancen aus dem Bereich einer bestimmten Buntart beinhaltet. Es handelt sich im Grunde um die Kombination der → Harmonie variierender Einfarbigkeit mit der → Harmonie benachbarter Farben.

→ Farben, verwandte → Farbnuance → Nachbarschaftsfarben → Verschwärzlichung → Verweißlichung

Hartkeramik

Als Hartkeramik werden, im Gegensatz zur → Weichkeramik, alle keramischen Produkte bezeichnet, deren → Scherben vollkommen wasserdicht versintert ist, so dass er auch ohne → Glasur völlige Dichtigkeit aufweist. Dennoch kann eine Glasur aus Gründen der besseren Reinigungsmöglichkeit und als Schmuck aufgetragen sein. Zur Hartkeramik gehören aus floristischer Sicht vor allem → Porzellan, → Steinzeug und → Schamotte.

→ Keramik → Sinterung

Hauptfarben

In der Farbenlehre und Farbensystematik nach Wilhelm Ostwald wird → Grün gleichberechtigt neben die Farben → Rot, → Gelb und → Blau gestellt. Diese werden zusammen als Hauptfarben bezeichnet. Wegen der Bedeutung bzw. Häufigkeit von Grüntönen in Werkstücken erscheint diese Betrachtungsweise in der Floristik nachvollziehbar. Farblogisch und naturwissenschaftlich ist sie jedoch nicht begründbar und dient nicht dem Verständnis der Farbwahrnehmungen durch den Menschen.

→ Auge, Funktionsweise des Auges → Farbempfindung

Hauptmotiv

Das Hauptmotiv ist das gestalterische Motiv, das im Vergleich zu anderen Motiven in einer Gesamtgestaltung die Hauptrolle spielt. Hauptmotive sind oft größer als andere Motive. Dies trifft insbesondere in asymmetrischen Gestaltungen zu, wo zum Hauptmotiv ein → Gegenmotiv und in der Regel als kleinstes ein → Nebenmotiv treten und die Gestaltung vervollständigen. Selten ist ein noch kleineres → Rückseitenmotiv vorhanden. Motivgrößen und Abstände richten sich im Idealfall nach Goldenem Schnitt, wobei das Hauptmotiv im Goldenen Punkt positioniert wird. In der Symmetrie ist, statt der Größe, die mittige Position des Hauptmotivs entscheidend. Selbst wenn Nebenmotive das Hauptmotiv an Größe übertreffen, behält dieses seine Hauptrolle.

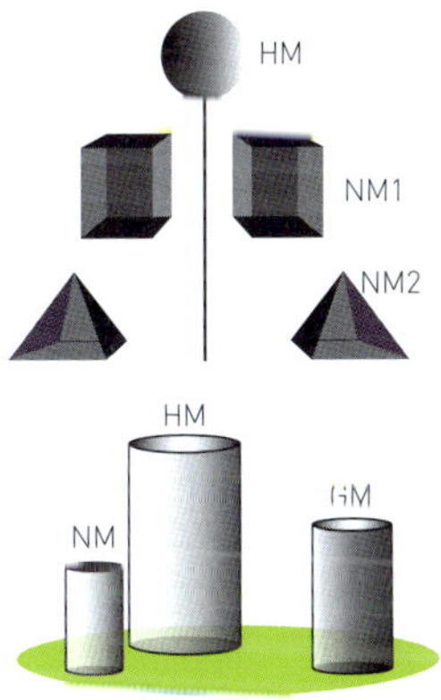

Schemata zur Positionierung von Hauptmotiven (HM) und Nebenmotiven (NM) in der Symmetrie und zusätzlichen Gegenmotiven (GM) in der Asymmetrie

→ Goldener Schnitt → Motiv → Ordnungsart Asymmetrie → Ordnungsart Symmetrie

Hauptschiff

⇢ Mittelschiff

Hebelgesetz

Das Hebelgesetz ist ein physikalisches Gesetz, das in der Gestaltungslehre im übertragenen Sinn angewendet wird. Es lautet:
Kraftausübendes Gewicht x Länge des Kraftarms = Gewicht der Last x Länge des Lastarms.
Einerseits ist also das Gewicht eines Elements entscheidend für die Kraft, die es ausübt bzw. für die Kraft, die erforderlich ist, um das Element zu bewegen oder gegen die Erdanziehung zu halten. Andererseits sind die Abstände zum Waagepunkt von Bedeutung: Je weiter ein Element auf einem Waagebalken vom Waagepunkt entfernt liegt, desto größer ist aufgrund des längeren Hebels die Kraft, die es auf den anderen Teil des Waagebalkens mit dem darauf befindlichen Element ausübt. Dies gilt entsprechend auch umgekehrt. Die Relationen von Gewichten und Abständen sind also vielfältig mit jeweils sich ergebenden und zu bedenkenden Auswirkungen gegeneinander verschiebbar. Die Auswirkungen sind auf einer Spielplatzwippe gut zu erfahren.

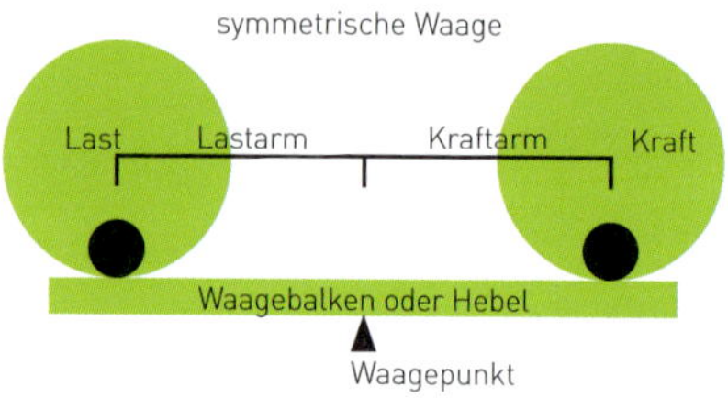

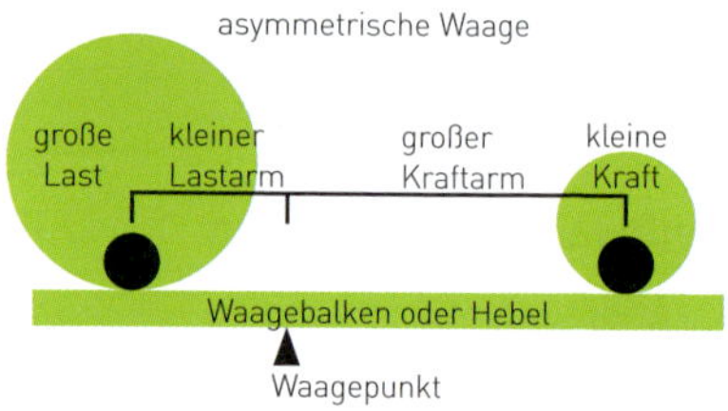

Mit Hilfe des Hebelgesetzes kann die Ausgewogenheit beider oder auch vieler Seiten einer Gestaltung bezogen auf den ⇢ Waagepunkt beurteilt werden. Bei der Symmetrie ist das wegen der Gleichheit der Seiten unmittelbar und leicht verständlich. Die Asymmetrie mit unterschiedlichen Gewichten von ⇢ Haupt-, ⇢ Gegen- und ⇢ Nebenmotiv sowie unterschiedlichen Abständen zum Waagepunkt bedingt ein sorgfältiges Abwägen. Dies geschieht allerdings nur optisch und nach gestalterischem Feingefühl, es wird nicht genau gemessen. Ein theoretisches Beispiel nach Goldenem Schnitt verdeutlicht hier kurz die Gegebenheiten. Das optische Gewicht von 25 Rosen im Abstand von 30 cm rechts des Waagepunkts wird durch 15 Rosen 50 cm links des Waagepunkts ausgeglichen.

⇢ Gewicht, optisches ⇢ Goldener Schnitt ⇢ Ordnungsart Asymmetrie ⇢ Ordnungsart Symmetrie

heißkleben, Heißklebepistole

Das Heißkleben erfolgt mit Hilfe von Schmelzklebstoff, auch ⇢ Heißklebstoff oder Heißleim genannt. Das Heißkleben darf, auch wenn Niedrigtemperatur-Klebstoff gewählt wird, nicht an frischen Werkstoffen eingesetzt werden, da diese verbrennen würden. Der Vorteil des Heißklebens liegt in der unkomplizierten und schnellen Anwendung. Nachteile sind ein relativ dicker Klebstoffauftrag und eine durch nicht mehr entfernbaren Heißkleber eingeschränkte erneute Verarbeitung der Werkstoffe. Heißkleber wird mit Hilfe von Heißklebepistolen aufgetragen. Hierbei ist auf die Gefahren des elektrischen Stroms und der Verbrennung zu achten. Im Übrigen dürfen im Einsatz befindliche Pistolen nicht gelegt werden, sondern müssen in Längsrichtung gesehen aufrecht abgestellt werden, da sonst durch zurück in die Pistole fließenden Kleber der Pistolenmechanismus verklebt werden kann.

Heißklebstoff, Heißleim

Heißklebstoffe sind lösungsmittelfreie, bei Raumtemperatur mehr oder weniger feste, jedoch noch flexible Klebstoffe, die in heißem, geschmolzenem Zustand auf die Klebflächen aufgetragen werden. Polyester-Elastomere oder Polyamide sind Beispiele für die chemischen Grundstoffe, die je nach Zusammensetzung Schmelztemperaturen zwischen 80 °C und 200 °C ermöglichen. Für unterschiedliche Einsatzgebiete und Festigkeiten der fertigen Verklebung sind demnach verschiedene Heißkleber erhältlich. Die Schmelzklebstoffe können als Granulat, als Gießmasse oder in Stangenform mit Hilfe der → Heißklebepistole verarbeitet werden. In der Floristik ist die letztgenannte Verarbeitungsform üblich.

→ heißkleben

Heißwasserbehandlung

→ anbrennen

Hell-Dunkel-Kontrast

→ Farbkontrast, objektiver → Helligkeitskontrast

Helligkeit

Die Helligkeit einer Farbe ist ein → Farbqualitätsmerkmal. Gemeint ist damit die vom menschlichen Auge im Vergleich zu anderen Farben wahrgenommene Helligkeit. Sie wird deutlich, wenn man eine bunte Farbe mit Grauabstufungen vergleicht und die Graunuance ermittelt, die der Helligkeitswirkung der bunten → Farbnuance entspricht. Beim Vergleich von Helligkeiten reiner Buntarten wird deutlich, dass das menschliche Auge den Bereich der gelben Farbnuancen als besonders hell empfindet, den violettblauen Bereich dagegen als eher dunkel. Das Farbqualitätsmerkmal Helligkeit darf nicht mit den Verweißlichungen und Verschwärzlichungen von Farben verwechselt werden, die zwar ebenfalls helligkeitsverändernd wirken, das eigentliche Farbqualitätsmerkmal der Helligkeit aber nicht in vollem Maße treffen, sondern den → Buntgrad verändern. Beispielsweise wird eine leichte Verschwärzlichung von Gelb immer noch als heller wahrgenommen als eine ganz leichte Verweißlichung von Violettblau. Daher sind die Begriffe Aufhellung und Abdunklung zur Beschreibung der Trübung von Farben durch die Begriffe Verweißlichung und Verschwärzlichung zu ersetzen. Die Helligkeiten von Farbnuancen finden speziell im → Helligkeitskontrast entsprechende gestalterische Auswirkungen.

→ Buntart → Farbe, trübe → Verschwärzlichung → Verweißlichung

Helligkeitskontrast

Der Helligkeitskontrast gehört zu den objektiven Farbkontrasten und wird auch als Hell-Dunkel-Kontrast bezeichnet. Er entsteht, wenn man eine oder mehrere hell erscheinende mit einer oder mehreren als dunkel wahrgenommenen Farben kombiniert. Entscheidend ist also das → Farbqualitätsmerkmal → Helligkeit. Sowohl die hellen als auch die dunklen Farbnuancen können bunt oder unbunt sein. Welche Farben den Kontrast bilden, ist auch darüber hinaus vollkommen variierbar, so dass ein Helligkeitskontrast außerdem weitere Kontraste beinhalten kann, z. B. einen Qualitäts-, einen Bunt-Unbunt- oder einen Komplementärkontrast. In jedem Fall müssen die beteiligten Farben eine ausreichend große Helligkeitsdifferenz aufweisen, damit der Kontrast deutlich wird.

→ Farbkontrast, objektiver

herrschend, Herrschaftsform

Es handelt sich um einen der fünf Geltungsansprüche. Da der Form-Begriff nicht in vollem Sinn zutrifft bzw. unpräzise ist, verwendet man besser die Bezeichnung „Werkstoffe, die herrschend und dominierend wirken".
Sie müssen im Werkstück an der bedeutendsten Stelle, meist zentral, und oberhalb der anderen Werkstoffe positioniert werden. Außerdem sind sie allein, even-

tuell zu zweit, allenfalls in Ausnahmen zu dritt in einem Werkstück zu verwenden. Beispiele sind Helikonien, große Anthurien und Amaryllis.

→ Geltungsanspruch

Herzform

Die Form eines Herzens ist ein unmissverständliches Liebessymbol. Bei der Gestaltung sind zwei Stellen der Herzform besonders wichtig. Die Herzspitze im unteren Bereich und die oben befindliche Einkerbung der Herzform müssen jederzeit gut und deutlich erkennbar sein, sonst wird aus dem Herzen schnell eine ungestaltet wirkende, mehr oder weniger runde bzw. ovale Form ohne klare symbolische Aussage.

herzförmiger Fahrzeugschmuck

→ Formsymbolik

Heu

Heu ist relativ feines, getrocknetes Gras, während → Stroh gröber ist und aus den Halmen des Getreides besteht. Sowohl Heu als auch Stroh sind als Rohstoffe zur Bildung von Grundformen, z. B. Kränze und Erntekronen, einsetzbar. Vor allem das Heu eignet sich auch zum Bewickeln vorhandener Formen. Hierbei entstehen rustikal wirkende Oberflächen. Auch Bündelungen und Zöpfe werden aus Heu gefertigt und bereichern die Palette der Trockenfloralien. Sogar als → Steckhilfsmittel sind Heuballen, -wülste oder -zöpfe in der Trockenfloristik einsetzbar. Sollen sie für Frischblumen dienen, müssen in das Heu → Wasserröhrchen eingefügt werden.

→ rustikal → Textur

Hilfsmittel, gestalterische

Wenn technische Hilfsmittel auch eine gestalterische Funktion ausüben, wie z. B. → Zierdraht, Naturbast, edles → Papier, Sand etc., bezeichnet man sie als gestalterische bzw. gestalterisch wirksame Hilfsmittel. Mit ihnen ist es möglich, technischen Funktionen einen besonderen gestalterischen Wert zu verleihen. Sie dürfen in einem Werkstück nicht verdeckt werden, da man sonst besser auf die meist preiswerteren, einfachen technischen Hilfsmittel zurückgreifen würde.

→ Bindehilfsmittel → Gestaltungsart, kontruktiv-assoziative
→ Hilfsmittel, technische → Steckhilfsmittel, alternative

Hilfsmittel, technische

Als technische Hilfsmittel bezeichnet man alle Materialien, mit denen technische Vorgänge ermöglicht werden. Sie müssen im fertigen Werkstück kaschiert werden. Die ⇢ Gestaltungsmittel werden mit ihnen dauerhaft in Form bzw. an eine feste Position gebracht. Der ⇢ Strauß wird durch ⇢ Bast zusammengehalten, eine Blume erhält durch ⇢ Stützdraht und Tape eine beabsichtigte Bewegung, ⇢ Steckschaum fixiert die Werkstoffe beim ⇢ Gesteck. Hilfsmittel, z. B. Heißkleber oder Wickeldraht sind in der Regel Verbrauchsgüter. Sie sind in einigen Fällen, teils auch nur wenige Male, wiederverwendbar, z. B. ⇢ Maschendraht als ⇢ Steckhilfsmittel. Werkzeuge wie Heißklebepistole oder Drahtschere sind Gebrauchsgüter und zählen nicht zu den Hilfsmitteln.

⇢ Floraltape ⇢ Hilfsmittel, gestalterische ⇢ kaschieren

Historismus

Mit Historismus bezeichnet man den in der zweiten Hälfte des 19. Jahrhunderts vorherrschenden Baustil, der auf Formen historischer Stile zurückgreift und sie teils miteinander kombiniert, um eine repräsentative Wirkung zu erzielen. Häufig sind die Stilelemente dabei lediglich Dekoration, ohne eine bautechnische bzw. architektonische Funktion zu haben. Dies wird oft negativ bewertet und so dem Historismus die Eigenständigkeit abgesprochen. Darin liegt einer der Gründe für die Entwicklung des Jugendstils und der späteren Gestaltungsforderungen des Bauhauses. Im Historismus selbst wurde im Aufgreifen alter Stile eher eine romantische Neuinterpretation alter Zeit, ein national begründeter Bezug zur Geschichtlichkeit oder eine Verbindung zwischen historisch bedeutsamem Stil und Bedeutung des neu errichteten Bauwerks gesehen. So sind Kirchen oft neoromanisch oder neogotisch geprägt, Bürgerhäuser zeigen Neorenaissance, staatliche Repräsentativbauten dagegen Neobarock. Die Vorsilbe Neo- bedeutet „neu" zur Unterscheidung vom ursprünglichen Stil. Viele Stadthäuser der Gründerzeit (ca. 1870 bis 1914, Zeit nach der Gründung des deutschen Kaiserreichs mit vielen, vor allem industriellen Firmengründungen) vereinigen mehrere Stile in ihren Fassaden. Bedeutende Beispiele sind das gotisierende britische Parlamentgebäude oder der neobarocke Berliner Reichstag.

Wuppertaler Stadthalle in Neorenaissance

⇢ Bauhaus ⇢ Jugendstil ⇢ Romantik ⇢ Stilelement
⇢ Stilepoche

Hochblatt

Hochblätter sind Metamorphosen (Umformungen) von Laubblättern. Häufig sind sie leuchtend gefärbt und werden bei flüchtigem Hinsehen für Blütenblätter gehalten. Viele Hochblätter vergrünen, nachdem die Blüten bestäubt sind. Man unterscheidet:

Brakteen:
Auffällig gefärbte, relativ große Tragblätter von kleinen, unscheinbaren Blüten. Brakteen stehen immer zu mehreren beisammen und simulieren eine große Blüte. Ihre Aufgabe ist es, Insekten oder Vögel zur Bestäubung anzulocken. Beispiele sind *Euphorbia pulcherrima, Bougainvillea glabra, Hydrangea macrophylla*.

Brakteen beim Weihnachtsstern

Spatha:
Diese Hochblatt-Variante umgibt oder umhüllt den kolbenartigen Blütenstand (= Spadix) der Aronstabgewächse. Spathen stehen in aller Regel einzeln, können Schutzfunktion haben, eine zeitweise Falle für bestäubende Insekten bilden und/oder zu deren Anlockung dienen. Beispiele sind: *Anthurium andraeanum, Spathiphyllum* Cultivar, *Zantedeschia aethiopica, Arum italicum*.

Spatha bei Kalla

Hochstamm

Pflanzen, die natürlicherweise eher strauchartig wachsen, werden gärtnerisch teils so herangezogen, dass sie einen mehr oder weniger hohen, jedoch deutlichen Stamm ausbilden. Solche Pflanzen bezeichnet man als Hochstämme, z. B. Rosen-Hochstamm und Margeriten-Hochstamm. Die Stammbildung kann durch Veredelungstechniken, z. B. Pfropfen, und/oder durch permanentes Entfernen unerwünschter Seitentriebe im Stammbereich erfolgen.

Hochzeitsschmuck, floristischer

In umfassendem Sinn zählt man alle Werkformen bzw. Werkstücke, die zu einer Hochzeit angefertigt werden können, zum floristischen Hochzeitsschmuck als floristisches Arbeitsgebiet. Dazu gehören neben dem Brautschmuck im engeren Sinn, wie dem → Brautstrauß, auch → Brautführerstrauß, → Streukorb, → Fahrzeugschmuck, → Kirchenschmuck, → Tischschmuck usw.
Vergleiche dazu vor allem → Brautschmuck, floristischer.

→ Werkform → Werkstück

Holz

Der Werkstoff Holz wird von Pflanzen gebildet und in der Floristik vielfach eingesetzt. Neben der Verarbeitung in Form naturbelassener Äste und Zweige sind Holzaccessoires, Holzplatten und -bretter, Holzgefäße sowie Körbe häufig zu findende Beispiele. Vielfach werden Gegenstände aus Holz auch imprägniert, gebeizt, farbig gestrichen, bemalt oder lackiert angeboten. Generell ist die Empfindlichkeit von Holz bezüglich Verkratzen und gegenüber Wasser (Flecken, Quellung, Schimmelbildung) zu beachten. Entsprechend müssen Holzgegenstände in Verbindung mit Frischware z. B. durch ···> Folie geschützt werden. Auch Farbveränderungen durch intensive Sonnenbestrahlung sind möglich.

···> beizen ···> Frischblume

hölzern

···> Textur, hölzern

Hydrokultur

Hydrokultur bedeutet Wasserkultur. Dabei wird ···> Blähton als ···> Substrat eingesetzt und Nährstoffe werden vorrangig als ···> Ionenaustauschdünger zugefügt. Man stellt die Pflanzen in ihrem Kunststoff-Kulturtopf in wasserdichte, für Hydrokultur geeignete Außengefäße/Übertöpfe. Der Kulturtopf hat unten eine Aussparung für eine Nährstoffbatterie, deren Inhalt für einige Monate ausreicht. Seitlich ist in voller Topfhöhe ein Wasserstandsanzeiger für die eingefüllte Wassermenge integriert. Eine Skala zeigt daran Minimum, Optimum und Maximum der Füllhöhe an. Die Wurzeln der Pflanze reichen bis in den Wasserbereich. Darauf ist das Fülloptimum ausgerichtet und möglichst einzuhalten. In Großgefäße müssen die Pflanzen in Kulturtöpfen gleicher Höhe auf dem ebenen Boden eingesetzt werden, damit ihre Wurzeln gleichermaßen das Wasser erreichen. In diesem Fall wird ein separater Wasserstandsanzeiger auf dem Boden bündig aufgestellt. Dann wird Blähton eingefüllt und Dünger der Pflanzenmenge entsprechend lose eingespült. Pflanzen, die sich zur Hydrokultur eignen, müssen ausreichendes Wurzelwachstum haben, ihr Spross darf nicht zu weich sein, kurzfristig muss ein niedriger Wasserstand toleriert werden. Meist sind es Grünpflanzen, Blühendes ist seltener, Sukkulenten sind nur bedingt geeignet.

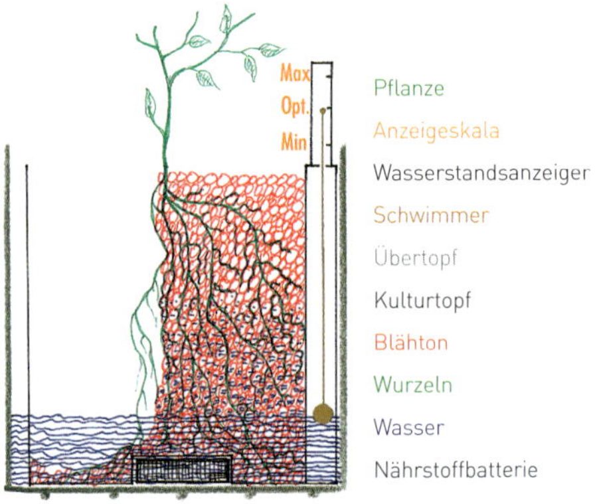

···> Kunststoff ···> Nährstoffe ···> Seramis® ···> Sukkulenz ···> Übertopf

I

Immergrün, immergrüne Laubgehölze

Prunus laurocerasus ist ein typisches immergrünes Laubgehölz.

Pflanzen, die in den gemäßigten Breiten vorkommen, erfahren einen deutlichen Jahreszeitenwechsel und eine entsprechende Ruhezeit zwischen den Vegetationsperioden. In dieser Zeit reagieren sie auf verschiedene Weise. Bei den Gehölzen unterscheidet man solche, die ihr Laub abwerfen, von denen, die es auch in der kalten Jahreszeit behalten. Letztere bezeichnet man als immergrüne Gehölze. Dazu gehören die meisten Koniferenarten und die immergrünen Laubgehölze, z. B. Efeu, Buchsbaum, Stechpalme und Kirschlorbeer. Entsprechend haben immergrüne Gehölze in der winterlichen Floristik eine große Bedeutung. Hierbei sind solche Werkstoffe vor allem in der → Gedenkfloristik und in adventlichen sowie weihnachtlichen Werkstücken zu finden.

→ Adventsschmuck, floristischer → Weihnachtsschmuck, floristischer

Impruneta-Keramik

Aus dem nahe bei Florenz gelegenen Kunsthandwerkerort Impruneta kommt eine besonders hochwertige Terrakotta-Keramik. Der dort vorzufindende → Ton und die hohe handwerklich-gestalterische Qualität haben den Ortsnamen zum Markenzeichen für eine offen-porige und dennoch teilweise frostresistente → Keramik gemacht (absolute Frostresistenz kann nicht vorausgesetzt werden). In einer etwa 900-jährigen Tradition haben familiäre Handwerksunternehmen Gefäßformen, Reliefs, Statuen und Ornamente entwickelt, die einen typischen Stil zeigen, den man heute untrennbar mit der Landschaft der Toskana verbindet. Impruneta-Terrakotta eignet sich besonders gut als Gartenkeramik. Die Patina, die darauf durch kalkhaltiges Gießwasser und einen leichten Moosbewuchs entsteht, muss nicht als störend angesehen werden, sondern kann edles Alter anzeigen.

→ Ornament → Relief → Statue → Terrakotta → Weichkeramik

Individualisierung

Zurzeit lässt sich ein → Trend zur Individualisierung in allen Lebensbereichen beobachten. Das betrifft sowohl Erscheinungen wie die Zunahme von Single-Haushalten als auch das Bestreben vieler Verbraucher, sich durch bestimmte Produkte von anderen individuell abzugrenzen. Gesucht wird dabei die eigene, unverwechselbare Lebenswelt. Diese Konsumenten suchen daher immer variantenreichere Produkte bis hin zu individuellen Einzelfertigungen. Entsprechend nimmt die Aufteilung der Absatzmärkte stetig zu und die Aufsplitterung der Kunden in unterschiedliche Kundengruppen wird zu einer besonderen Herausforderung für die Unternehmen. In letzter Konsequenz bedeutet dies eine Intensivierung der individuellen Kundenberatung. Diese ist in der Floristik schon lange Zeit üblich, so dass hier ein Vorteil der Branche zu finden ist. Damit diese Individualisierung der Kundenbetreuung jedoch kostengünstig, also bezahlbar möglich ist, müssen neue Techniken und innovative Organisationsstrukturen entwickelt werden. So ist z. B. in einer → Serienfertigung mit teilweiser Variation des Grundprodukts eine Massenfertigung mit Individualität vereinbar. Das Ziel ist dabei, soviel Verschiedenartigkeit zu erreichen, dass jeder Kunde zu einem vertretbaren Preis genau das findet, was er wünscht.

→ Innovation → Kundengruppe → Lebenswelten

Innovation, innovativ

Innovation bedeutet Erneuerung. Dabei muss es sich nicht unbedingt um Neuerfindung handeln, auch neue Sichtweisen, neue Einsatzmöglichkeiten, Umstrukturierungen von Vorhandenem, Teilerneuerungen oder Weiterentwicklungen sind innovativ. Zur Umsetzung von Innovationen müssen Offenheit für Neues und das kritische Betrachten des Bisherigen vorhanden sein. Innovationen in der Floristik können in folgenden Bereichen entwickelt werden:

- Technik (z. B. Entwicklung neuer Steckschaumprodukte)
- Gestaltung (z. B. Integration nonfloraler Materialien in Werkstücke)
- Vermarktung (z. B. Internetauftritt einer Firma)
- Produktangebot (z. B. neue Sorten)

Insektivore

→ Karnivore

Inspiration

Als Inspiration (lat.: inspiratio = Beseelung, Einhauchen von Leben und Geist) bezeichnet man im kreativen Sinn den Einfall bzw. die Eingebung einer Idee. Man kann darunter auch allgemein die geistige Kraft zu neuen Entwicklungen, Gestaltungen, Einfällen usw. verstehen. Die Inspiration und die damit verbundene Kreativität beziehen sich neben künstlerischen Bereichen auch auf Wissenschaft, Technik, Handwerk oder → Design. In diesem umfassenden Sinn ist die geistige Kraft der Inspiration für jede → Innovation unverzichtbar. Erlebnisse, Ereignisse,

Erfahrungen, Menschen und Dinge, die eine Inspiration bewirken, bezeichnet man als inspirierend.
Floristik, die über eine reine Wiederholung und Nachbildung von bereits vielfach gearbeiteten Werkstücken hinausgehen soll, ist ohne Inspiration nicht vorstellbar. → Mode, Einrichtungsstile, Kundenwünsche aber auch die Leitfiguren der nationalen und internationalen Floristik sind dabei wichtige Impulsgeber.

→ Avantgarde

Installation, installieren

Unter Installation versteht man im Allgemeinen eine Einrichtung, den Einbau oder den Anschluss einer technischen Anlage. Meist ist damit eine umfangreichere Zusammenstellung mehrerer Elemente gemeint. Sowohl die Montage als Tätigkeit wie auch der fertige Zustand können so bezeichnet werden.
In der Floristik kann der Begriff auf Gestaltungen bezogen werden, die besonders umfangreich sind und langfristig Bestand haben sollen, also meist dauerfloristisch angelegt sind.

Inszenierung

Inszenieren bedeutet, eine Sache in Szene zu setzen, etwas umzusetzen, eine Vorstellung zu realisieren bzw. etwas gestalterisch darzustellen. Der Begriff wird, neben dem Theaterbereich, auch auf die Wohnumfeldgestaltung, die Einrichtung, die → Mode und die → Lebenswelten von Kunden bezogen. Sich selbst zu inszenieren, ist für die Vermarktung von Produkten ein wichtiges Kundenbedürfnis, das in einer Zeit des Überflusses, vor allem der lebensnotwendigen Güter, zu einem der Hauptkonsumgründe und zum kaufentscheidenden Faktor geworden ist (siehe → Individualisierung).

Mit dieser floralen Inszenierung auf einer Festtafel in einem neo-gotischen Saal setzt der Gastgeber auch sein Prestige in Szene.

Vorstellungen und Eigenheiten eines Kunden müssen mit dem angebotenen Produkt zu inszenieren sein, damit sich der Käufer durch das bzw. mit dem Produkt identifiziert. So steigen seine Ausgabebereitschaft und infolgedessen auch die Zufriedenheit mit der erworbenen Leistung.
Aus all dem ergibt sich notwendig, dass die Produkte eines Floristik-Fachbetriebs in entsprechendem Umfeld und Licht präsentiert, also ebenfalls inszeniert werden müssen, um erfolgreich abgesetzt werden zu können. Außerdem müssen floristische Werkstücke auf Kunden bzw. Kundengruppen so abgestimmt sein, dass der

Kunde oder die Kundin sich damit wunschgemäß selbst in Szene setzen kann. Schließlich können größere floristische Arbeiten, z. B. ein entsprechender ⇢ Tischschmuck (siehe Abb.), als Inszenierungen aufgefasst werden.

Interieur

Wörtlich bedeutet Interieur soviel wie Inneres. Man bezeichnet damit im Allgemeinen die gesamte Ausstattung eines Innenraums von der Raumdekoration mit Tapeten, Gardinen etc. über die Möbel bis zu den Wohnaccessoires. Meist verwendet man den Begriff für solche Inneneinrichtungen, die im Ganzen stilistisch gezielt und durchdacht gestaltet sind. Für Menschen, die viel Wert auf das Interieur ihrer Wohnung legen, muss auch die Floristik in Stil, Form und Farbigkeit genau dazu passen. Hier liegt ein wichtiger Grund für die Beschäftigung der Floristik mit ⇢ Stilkunde im weitesten Sinn. Vergleiche dazu auch ⇢ Lebenswelten.

Wohnzimmer-Interieur mit Floristik

Interpretation

Wird etwas Vorhandenes bzw. an sich bereits Bekanntes, z. B. ein Musikstück, ein Text, ein Bild, ein Kleidungsstück oder auch eine floristische ⇢ Werkform, unter einem neuen Blickwinkel betrachtet und in seiner konkreten, aktuellen Erscheinung oder Ausarbeitung variiert, nennt man dies eine Interpretation bzw. eine Neuinterpretation. Die Überlegungen und die Sichtweise des jeweiligen Ausführenden bezüglich der zu interpretierenden Sache kommen damit zum Ausdruck.

modern interpretierter Biedermeierstrauß

In der Floristik können sich durch Interpretationenungewohnte Kombinationen bilden, neue Formen oder Farbgestaltungen entstehen und neue Werkstoffe oder Techniken zum Einsatz kommen. Unter Umständen ergibt sich sogar ein ganz anderer Sinninhalt, so z. B. bei einer Rose, die als Symbol für die Schmerzen Christi, aber auch als Symbol für die Liebe interpretiert werden kann. Floristische Beispiele bieten ein ⇢ Biedermeierstrauß mit modernem Manschettenmaterial als neue Interpretation der klassischen Ausführung und zwei Interpretationen der Ringform-Symbolik: der ⇢ Adventskranz einerseits und der ⇢ Trauerkranz andererseits.

Ion
Atome oder Moleküle, die eine oder mehrere positive oder negative elektrische Ladungen aufweisen, nennt man Ionen. Positiv geladene Ionen heißen Kationen, negativ geladene Anionen. Ionen entstehen z. B. beim Zerfall bzw. der Lösung von Düngersalzen in Wasser. In der durch Lösung vorliegenden Ionenform sind die Nährstoffe von der Pflanze aufnehmbar.

→ Düngemittel → Ionenaustauschdünger

Ionenaustauschdünger
Beim Ionenaustauschdünger sind die Düngestoffe in Form von Nährstoff-Ionen in einem Kunststoffionenaustauscher eingelagert. Diese Kunststoffkügelchen werden vorzugsweise in der Hydrokultur eingesetzt. Als Ionenaustauscher geben sie nur so viele Dünger-Ionen an das Wasser ab, wie sie an gleichartig geladenen, jedoch nicht von der Pflanze als Dünger verwendbaren Ionen aus dem Wasser aufnehmen können. Da die Pflanze ihrerseits Dünger-Ionen aus dem Wasser aufnimmt und wiederum andere, von ihr nicht verwendete Ionen an das Wasser abgibt, entsteht ein fließendes Gleichgewicht der Ionenkonzentrationen. Eine Überdüngung wird somit vermieden, d. h. Ionenaustauschdünger kann als Langzeit- bzw. Vorratsdünger in größerer Menge verabreicht werden.

→ Blähton → Düngemittel → düngen → Hydrokultur

ionisch
Bezeichnung einer antiken, griechischen Bauordnung.

→ Antike → Säule → Tempel

Irdenware
Irdenware bedeutet soviel wie Ware aus Erde, also Tonware. Gemeint ist hiermit → Weichkeramik mit porösem → Scherben.
Zur Abgrenzung von den glasierten Weichkeramiken → Steingut, → Fayence und → Majolika wird der Begriff der Irdenware oft einschränkend nur für unglasierte Keramikgegenstände, z. B. Tontöpfe und -schalen, verwendet sowie für Keramiken mit einer nicht vollständig abdichtenden → Engobe als Überzug. Im Übrigen werden einfache Tontöpfe und -schalen zur Unterscheidung von der gestalterisch hochwertigeren → Terrakotta oft als Irdenware bezeichnet, obwohl technisch auch letztere dazuzuzählen ist.

Kräuter in Irdenware-Tontöpfen

→ Glasur → Keramik → Ton

Itten, Johannes

Johannes Itten (1888-1967), Maler und Leiter teils eigener Kunstschulen, war von 1919 bis 1923 als Meister am ⇢ Bauhaus tätig und führte dort seinen Vorkurs ein, den er von 1920 bis 1923 leitete. Danach war er Direktor einer Textilfachschule in Krefeld, Direktor der Kunstgewerbeschule in Zürich und von 1949 bis 1956 Leiter eines Museums für außereuropäische Kunst in Zürich. Ab 1955 widmete er sich erneut der freien Malerei und arbeitete seine Lehre der bildenden Kunst inklusive der Farbenlehre aus, in die er die ⇢ Farbkugel P. O. Runges einbezog. Für das Lehrkonzept des Bauhauses und die spätere Künstlerausbildung war er von großer Bedeutung. Seine Farbenlehre basiert auf Aussagen und Erkenntnissen, die inzwischen überholt sind und als falsch erkannt wurden. Sein auf J. W. von Goethe zurückgehender ⇢ Farbkreis und sein ⇢ Farbstern sind allenfalls unter künstlerischen Gesichtspunkten für die Arbeit mit bestimmten Malfarben umsetzbar, jedoch nicht allgemein gültig. Daher ist Ittens Farbenlehre nicht mehr oder nur noch eingeschränkt als theoretische Grundlage für eine Farbenlehre in der Floristik verwendbar und wird durch die umfassend gültige von H. Küppers abgelöst.

⇢ Küppers, Harald ⇢ Runge, Philipp Otto

J

Joch

Als Joch bezeichnet man in der Architektur den zwischen zwei Hauptstützen befindlichen Bereich eines Gewölbes bzw. eines entsprechend überwölbten Raums. Bei einem Stützenwechsel zwischen Pfeilern und Säulen, wie er z. B. in der → Romanik zu finden ist, bilden die stärkeren Pfeiler die Hauptstützen, so dass die kleineren, durch die Säulen getragenen bzw. unterteilten Bereiche innerhalb eines Jochs liegen.

→ Pfeiler → Säule

Joy, Lebenswelt Joy

Im von der Firma BLOOM's GmbH entwickelten Marketing-Konzept der → Lebenswelten wird mit Joy die Lebenswelt für unkonventionelle Stilmixer beschrieben:

Das Lebensgefühl von Konsumenten, die in diese Lebenswelt eingeordnet werden, kann man mit „Leben und leben lassen" umschreiben. Solche Menschen leben am Puls der Zeit. Durch die modernen Medien sind sie jederzeit mit der ganzen Welt verbunden oder fühlen sich doch wenigstens so. Sich Ausleben und dabei einen ganz eigenen Stil zu entwickeln, ist ihnen wichtig, egal was die anderen darüber denken. Zu diesem Lebensstil passt ein kunterbunter Mix der Stile, ein unkonventionelles Miteinander von Liebgewonnenem und Neuentdecktem: → Retro und Future, → Tradition und Comic, biederer Teppichboden zu bunten Oberflächen von Schränken. Stilistische Toleranz, ein Hauch → Multikulti, eine Prise → Kitsch sowie das Sprengen jeglicher Konvention prägen den entsprechenden Einrichtungsstil. Bei Möbeln, Mode und Wohnaccessoires gehört das Secondhand Geschäft genauso zu den Einkaufsquellen wie der hypermodische Trendshop im Szeneviertel. Pflanzen finden sich im entsprechenden Wohnumfeld nur, wenn sie als hipp, cool, schräg und irgendwie anders anzusehen sind, sei es durch ihre

Blattzeichnung oder -färbung, durch ungewöhnliche Blüten oder durch ihre auffallende Wuchsform. Floristisches ist umso beliebter, je witziger und frecher das jeweilige Werkstück gestaltet ist. Auf die Kombination kommt es an: Exotisches zu Heimischem, ganz Altes zu Superneuem, Farbzusammenstellungen gegen alle Konventionen, Hauptsache ungewöhnlich, unangepasst und auffallend.
Warenpräsentationen, die diese Zielgruppe ansprechen, zeichnen sich durch extrem modische Warenaufbauten mit auffallenden Farbkombinationen aus und beinhalten einen ungewöhnlichen Mix aus Pflanzen, Gefäßen, Accessoires und Wohnelementen. Wichtig ist, dass Hintergrund und Warenträger farblich einander angepasst sind, das harmonisiert den Stilmix.

→ Marketing

Jugendstil

Der Jugendstil (französisch: art nouveau, englisch: modern style) entstand um die Wende vom 19. zum 20. Jh. als Gegenbewegung zu den alten Stilformen, die im → Historismus verwendet wurden. Den Künstlern und Kunsthandwerkern, die diesen neuen Stil formten, waren die Suche nach einer eigenen, zeitgemäßen Ausdrucksform gemeinsam. Dabei sollte das Statische und Starre der alten Stile überwunden werden. Wuchshafte Formen, lebhafte Farbigkeit und die Leichtigkeit geschwungener Linien charakterisieren daher den Jugendstil. Prägende Persönlichkeiten des Jugendstils waren G. Klimt (Bild Der Kuss), A. Gaudi (Kirche La Sagrada Familia in Barcelona), H. van de Velde (Entwurf vieler Inneneinrichtungen) und L. C. Tiffany (Glasverarbeitungstechnik und -gestaltung). Noch vor dem Beginn des ersten Weltkriegs (1914) endete die Zeit des Jugendstils. Die reine Sachlichkeit, die später im → Bauhaus ihren Ausdruck fand, überwog nun.
Zum Jugendstil passen rankende, geschwungene und schlank aufstrebende Werkstoffe mit sich entfaltenden Blüten und Blütenständen. Klare Farbigkeit in Grün-, Weiß- und Cremetönen kommt ebenso in Betracht wie Buntheit. Gefäße sollten ebenfalls Jugendstilformen zeigen.

→ Bewegungsform, floristische → Funktion → Stilepoche

Jute

Jute ist die Bezeichnung für die Pflanzengattung *Corchorus,* die zu den Lindengewächsen gehört. Aus den Stängeln einiger krautiger Pflanzen dieser Gattung werden die Jutefasern gewonnen, die zu Stoffen verwoben werden. Jutestoffe sind oft in → Leinenbindung hergestellt und wirken im Vergleich eher grob, z. B. → Rupfen.

→ Bindung, textile → Textilfaser

K

Kabelbinder

Als ⇢ Bindehilfsmittel sind in der neueren, teils avantgardistischen Floristik auch Kabelbinder zu finden. Es sind Kunststoffstreifen, die durch einen Klemmmechanismus zu festen Laschen verschlossen werden können. Sie sind in vielen Farben und unterschiedlichen Längen bzw. Stärken erhältlich. Werden sie als gestalterisch mitwirkendes, technisches ⇢ Hilfsmittel eingesetzt, muss dieser Einsatz zur gestalterischen Ausstrahlung des Werkstücks passen. In diesem Sinn sind z. B. die bunten Kabelbinder besonders geeignet. In den meisten Fällen ist darauf zu achten, dass die langen, nach dem Verschließen der Kabelbinder überstehenden und störenden Enden abgeschnitten werden. Allerdings können diese Enden in manchen Fällen auch gestalterischen Wert aufweisen, also erhalten bleiben.

⇢ Avantgarde ⇢ experimentell

Kaltkleber

Kaltkleber härtet bei Raumtemperatur vollständig aus und muss auch nicht, wie ⇢ Heißklebestoff, zum Zweck des Auftragens durch Erhitzen verflüssigt werden.

⇢ kleben ⇢ Klebstoff

Kalt-Warm-Kontrast

⇢ Farbkontrast, subjektiver ⇢ Temperaturkontrast

Kandelaber

Als Kandelaber bezeichnet man einen großen ⇢ Leuchter in Ständerform. Kandelaber können als ⇢ Raumschmuck floristisch gestaltet werden.

Kannelüren, Kanellierung

⇢ Säule

Kanzel

Die Kanzel ist in Kirchen ein erhöhtes Predigerpult, dessen Vorläufer der ⇢ Ambo war. Ursprünglich war die Kanzel auf der trennenden Chorschranke zwischen Priester- und Laienbereich in Kirchen zu finden. Später wurden Kanzeln als

selbstständige Einrichtungen meist an einer Säule angebracht. Man unterscheidet den tragenden, säulenförmigen Kanzelfuß, die meist um die Säule herum führende Treppe und das Podest, auf dem der Prediger steht, mit der Kanzelbrüstung sowie den Schalldeckel, der zuweilen über der Kanzel angebracht sein kann.
Die Kanzel kann im Zusammenhang mit floristischem → Raumschmuck in einer Kirche floral ausgestaltet werden. Dabei ist auf den Stil der Kanzel zu achten. Oft sind gotische und barocke Formen zu finden. Keinesfalls darf die Kanzel selbst verschmutzt oder gar beschädigt werden. Dies ist insofern besonders zu beachten, als Kanzeln in der Regel wertvolle, eigenständige Kunstwerke darstellen und aus Holz gefertigt sind.

→ Barock → Chor → Gotik → Kirchenschmuck, floristischer

Kaolin

Kaolin ist ein besonders feinkörniger Ton. Reiner, weißer Kaolin dient als einer der wesentlichen → Porzellanrohstoffe. Durch andere Stoffe verunreinigter, teils auch verfärbter Kaolin wird z. B. zur Herstellung von → Schamotte eingesetzt.

→ Keramik

Kapelle

Als Kapelle bezeichnet man eine kleine Kirche oder einen kleinen Nebenraum in einer größeren Kirche. Der Begriff ist abgeleitet von dem Nebenraum der Pariser Königspfalz, in der das Mönchskleid, die cappa, des heiligen Martin von Tours aufbewahrt wurde.
Eine Kapelle lässt sich floristisch insofern besser schmücken als eine Kirche, als die Größenverhältnisse zwischen floralem Schmuck und Raumausdehnung den Blütenschmuck besser zur Geltung kommen lassen.

→ Kirchenschmuck, floristischer → Raumschmuck, floristischer

Kapitell

Als Kapitell (lat.: capitellum = Köpfchen) bezeichnet man den oberen Abschluss einer → Säule oder eines Pfeilers bzw. den Übergang von diesen zum darauf aufliegenden Gebälk oder → Bogen. Statisch-konstruktiv sind Kapitelle nicht erforderlich, sie betonen und schmücken jedoch den Übergang zwischen tragendem und getragenem Element. In der Regel sind Kapitelle entsprechend dem jeweiligen → Baustil ausgestaltet. Antike Formen sind dorisches, ionisches, korinthisches Kapitell und das römische Kompositkapitell, welches Elemente der griechischen Formen zusammenfügt (komponiert). In der → Romanik findet man Würfelkapitelle, die teils durch Muster oder Figuren weiter ausgeschmückt

stiltypische Kapitell-Formen

sind. Kapitelle der → Gotik zeigen Knospen- und Blattformen. Baumeister in → Renaissance, → Barock und → Klassizismus verwendeten als Vorbilder wiederum antike Formen.

→ Antike → Blattkapitell → Pfeiler

Karnivore

Der Begriff karnivor (lat.: fleischfressend) kann sich auf Pflanzen und auf Tiere beziehen. Karnivore Pflanzen haben Blattmetamorphosen zum Fang und zur Verdauung von Insekten. Man spricht daher auch von Insektivoren, die sich, als Anpassung an einen stickstoffarmen Standort, den Stickstoff des tierischen Eiweißes durch Zersetzung zugänglich machen. Die wichtigsten Fangmethoden sind: Klappfallen bei Venusfliegenfallen *(Dionaea)*, Klebfallen bei Sonnentauarten *(Drosera)* und Fettkraut *(Pinguicula)*, Fallgruben bei Schlauchpflanzen *(Sarracenia)* und Kannenpflanzen *(Nepenthes)*. Hier klappt der Deckel übrigens nicht zu, er verhindert nur das Auffüllen durch Regenwasser. Bei floristisch unbedeutenden Arten existieren noch Reusen- und Saugfallen.

Dionaea muscipula

Karton

Als Karton bezeichnet man dickes → Papier bzw. feinere → Pappe oder die daraus bestehenden Schachteln. Kartons dienen häufig als → Verpackung.

Kartusche

Als Kartusche bezeichnet man Zierleisten bzw. Zierrahmen, die besonders in → Renaissance, → Barock (siehe Abb.) und → Rokoko um eine schildartige Fläche herum gearbeitet wurden. Wappen, Grabinschriften, Wandbilder und verehrende bzw. verherrlichende Texte sind oft mit Kartuschen umgeben. Als Ausformungen der Kartusche findet man z. B. Rocaillen, → Rollwerk (siehe Abb.), Voluten und florale Ranken, meist in → Stuck, als Schnitzereien oder als Bildhauerei in → Marmor ausgeführt.

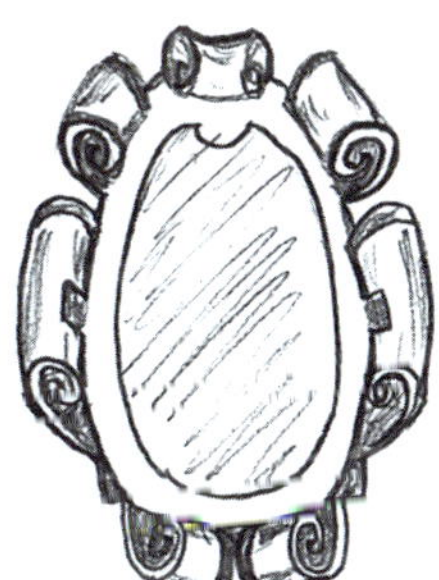

Floristisch können Kartuschen mit Blüten, Blättern und Zweigen z. B. in Form von Girlandenumrahmungen nachgebildet werden.

Eine weitere Bedeutung des Begriffs Kartusche ist die eines Behälters, der Pulver oder Flüssigkeit enthält, z. B. die Toner-Kartusche eines PC-Druckers.

→ Girlande → Rocaille → Volute

Karyatide

Eine Karyatide, auch Kore genannt, ist in der Architektur eine gebälktragende Figur in weiblicher Gestalt. Karyatiden erfüllen damit die Funktion von Säulen und sind schon in antiken griechischen Tempeln als ⇢ Stilelement zu finden. In den späteren Baustilen, die sich auf die ⇢ Antike beziehen, also ⇢ Renaissance, ⇢ Barock, ⇢ Rokoko, ⇢ Klassizismus und teils auch ⇢ Historismus, werden sie wiederum gestaltet und eingesetzt.

⇢ Baustil ⇢ Stilepoche

kaschieren

Der Begriff kaschieren (franz.: cacher = verdecken) bedeutet verdecken oder verbergen. In der Floristik müssen alle technischen ⇢ Hilfsmittel verdeckt werden. Nur wenn sie gestalterischen Wert haben, wie z. B. ⇢ Zierdraht, dürfen sie zu sehen sein. Das Kaschieren ist also gestalterisch-handwerklich notwendig. Am besten erfolgt dies durch den geschickt kaschierenden Einsatz der verwendeten ⇢ Gestaltungsmittel, z. B. flächige Blüten und Blätter.

Grünwerkstoffe kaschieren den Steckschaum.

Katafalk

Als Katafalk bezeichnet man das meist mit schwarzem oder dunkelviolettem Tuch verhängte Gerüst, auf dem der Sarg während der Trauerfeierlichkeiten steht. Ein Katafalk hat oft die Form eines fahrbaren Wagens und kann zusätzlich zum Sarg floristisch geschmückt werden. Zuweilen schmückt man auch nur den Katafalk und der Sarg bleibt frei von Blumenschmuck.

Kautschuk, kautschukieren

Naturkautschuk ist ein aus Latex, dem Harz tropischer Kautschukbäume, z. B. *Hevea brasiliensis,* gewonnener Stoff, der zunächst eingedickt sowie durch Vorvulkanisieren teilelastisch und haltbar gemacht wird. Durch volle Vulkanisation (Erhitzen eines Gemischs aus Rohkautschuk, Schwefel und Reaktionsbeschleunigern) entsteht elastischer Gummi. Teilvulkanisierter Kautschuk dient zur Herstellung von Guttacoll, dem Kautschukband, das Floristen zum Tapen bzw. Kautschukieren einsetzen. Heute werden Kautschuke vielfach synthetisch hergestellt und verwendet, z. B. Neopren.

⇢ Floraltape ⇢ wattieren

Kenzan

⇢ Blumensteckigel

Keramik, Keramikarten

Als Keramik bezeichnet man Gegenstände, die hauptsächlich aus dem mineralischen Rohstoff Ton hergestellt sind. Frischer Ton ist wasserlöslich und plastisch, d. h. formbar, und wird durch Brennen bei hohen Temperaturen (meist 800 bis 1600 °C) fest. Je nach Brenndauer und Brenntemperatur entsteht → Weichkeramik mit noch porösem → Scherben oder → Hartkeramik, deren Scherben vollversintert und damit absolut dicht ist. Diese beiden Gruppen von Keramik lassen sich in eine Vielzahl weiterer Keramikarten unterteilen, die wiederum teilweise weitere Rohstoffe enthalten und/oder von einer → Glasur überzogen sind. Siehe dazu Hartkeramik und Weichkeramik.

→ Keramikrohstoffe → Sinterung

Keramikrohstoffe

Zu den Keramikrohstoffen zählt vor allem → Ton, der je nach Fundort und Art der → Keramik in verschiedenen Arten, z. B. → Kaolin bei → Porzellan, verwendet wird. Hinzu kommen, wiederum je nach Keramikart, weitere Rohstoffe, z. B. Quarz und Feldspat bei Porzellan und bereits gebrannter Ton in Granulatform bei → Schamotte. Keramikarten, die eine → Glasur tragen, erfordern nochmals weitere, teils andere Rohstoffe. In der Glasurmasse sind neben Quarz und Feldspat z. B. Metalloxide enthalten, die teils eine Färbung der Glasur verursachen.

Kernnährelement

Die Kernnährelemente Stickstoff (chem. Zeichen N), Phosphor (chem. Zeichen P) und Kalium (chem. Zeichen K) zählen zu den Hauptnährelementen. Bei der Düngung spielen sie die wichtigste Rolle und werden in bedeutender Menge von Pflanzen benötigt. Jeder Volldünger enthält diese Elemente in unterschiedlichen Mischungsverhältnissen je nach Pflanzengruppe, für die der Dünger eingesetzt wird. Jedes Element hat eine andere Bedeutung für die Entwicklung der Pflanze:

- Stickstoff dient dem vegetativen Wachstum, also der Bildung von Wurzeln, Sprossen und Blättern. Er ist Bestandteil von Chlorophyll, Eiweiß und Vitaminen. Dünger für Grünpflanzen sind reich an Stickstoffionen.
- Phosphor spielt beim generativen Wachstum eine Rolle. Blüten und Fruchtbildung sind damit gemeint. Blühpflanzendünger sind Phosphor betont.
- Kalium fördert die Wasseraufnahme und verbessert die Widerstandskraft von Pflanzen gegen Kälte und Trockenheit. Sukkulente Pflanzen benötigen Dünger mit höherem Kaliumanteil

→ Düngemittel → düngen → Ion → Nährelement

Kerze, Kerzenrohstoffe

Eine Kerze besteht aus einem festen Wachskörper, der einen geflochtenen, mit Wachs getränkten Baumwolldocht umgibt. Entzündet man den → Docht, verflüssigt sich das Wachs durch die Hitze. Durch die Kapillarwirkung zieht es in den

Docht und verbrennt. Die Dicke der Kerze und des Dochts sind einander angepasst, damit die Kerze ohne zu lodern rußarm abbrennt. Früher bestanden Kerzen aus kostbarem Bienenwachs oder aus billigem, beim Verbrennen unangenehm riechendem Talg. Heute ist aus Erdöl gewonnenes Paraffin der wichtigste Grundstoff. Bienenwachs wird immer noch verwendet. Gelegentlich werden aus tierischen und pflanzlichen Fetten bestehende Stearine und Ceresin, ein im Bergbau gewonnenes Erdwachs, beigemischt. Hinzu kommen Farb- und zuweilen Duftstoffe. Die Herstellung erfolgt durch Ziehen, Tauchen, Pressen, Gießen oder Kneten. Die Kerzen zeigen entweder die natürliche Farbe des verwendeten Wachses oder sie sind durch einen farbigen Kerzenmantel außen gefärbt bzw. im Ganzen durchgefärbt. Die gebräuchlichsten Formen sind Spitz-, Stumpen-, Stab- und Kugelkerzen. Symbolisch steht eine Kerze für Wärme und Licht, insbesondere in der Advents- und Weihnachtsfloristik.

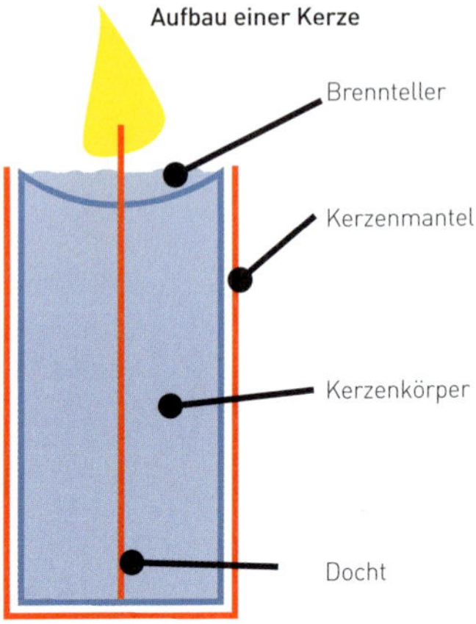

→ Adventsschmuck, floristischer → Baumwolle → Kerzenbefestigung → Kerzenbehandlung, floristische → Kerzenbehandlung im Verbrauch → Kerzenhalter → Symbol → Weihnachtsschmuck, floristischer

Kerzenbefestigung

Jede angezündete → Kerze bedingt immer eine mögliche Brandgefahr und eine Verschmutzungsgefahr durch auslaufendes oder gar verspritzendes Wachs beim Umfallen. Umso wichtiger ist eine handwerklich-technisch perfekte Ausführung der Kerzenbefestigung. Dazu gibt es verschiedene Möglichkeiten. Hier eine Auswahl der wichtigsten Techniken:

Drei Varianten des Andrahtens von Kerzen sowie eine Kerze mit vorgebohrtem Loch auf Holzstab. Bei tiefem Herunterbrennen der Kerzen besteht Brandgefahr, worauf Käufer von Floristik mit Kerzen eigens hinzuweisen sind. Am besten verwendet man in der Floristik generell selbstverlöschende Kerzen.

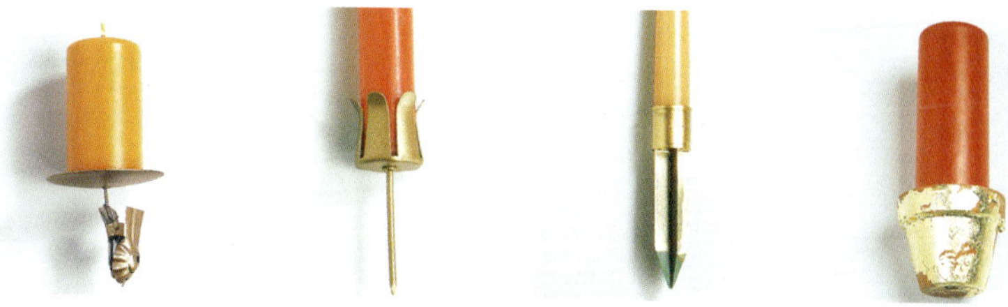

Zur Minimierung der Brandgefahr Kerzen in oder auf → Kerzenhalter stecken, die es in verschiedenen Ausführungen gibt, oder Kerze in einem zusätzlichen → Gefäß verankern. Halter bzw. Gefäß mit Kerze werden in ein Werkstück eingefügt.

→ andrahten → Kerzenbehandlung, floristische
→ Kerzenbehandlung im Verbrauch

Kerzenbehandlung, floristische

Jede → Kerze benötigt aufgrund ihrer Materialeigenschaften eine sorgsame Behandlung.

Floristisch-technisch zu beachtende Aspekte sind:

- Kerzen kühl, trocken und farblich getrennt voneinander lagern.
- Mehrere Kerzen jeweils mit mindestens fünf Zentimeter betragendem Abstand zueinander im Werkstück positionieren, da sie sich sonst gegenseitig schmelzen.
- Kerzen sicher und fest sowie möglichst auf feuerfester Unterlage (→ Kerzenhalter) verarbeiten, so dass auch beim Herunterbrennen eine Brandgefahr weitgehend ausgeschlossen ist. Siehe dazu auch → Kerzenbefestigung.

→ Kerzenbehandlung im Verbrauch

Kerzenbehandlung im Verbrauch

Jede → Kerze benötigt aufgrund ihrer Materialeigenschaften und ihres Abbrennens mit offener Flamme eine sorgsame Behandlung durch den Verbraucher.

Aspekte, die nach entsprechender Beratung im Verbrauch zu beachten sind:

- Kerzen nicht unbeaufsichtigt brennen lassen.
- Kerzen nur anzünden, wenn das Wachs im gesamten Brennteller (obere Kerzenkörperfläche) schmelzen kann, sonst bildet sich bei wiederholtem Entzünden allmählich ein tiefer Krater, in dem die Flamme im Wachs nahezu ertrinkt.
- Zugluft und Aufstellung neben Wärmequellen vermeiden, damit ein ruß- und tropffreies Abbrennen gewährleistet ist.
- Keine Verunreinigungen in das geschmolzene Wachs im Brennteller gelangen lassen, damit ein ruß- und tropffreies Abbrennen gewährleistet ist.
- Löschen durch Eintauchen des Dochts, damit dieser wieder gut wachsdurchtränkt ist und nicht verglüht.

→ Kerzenbehandlung, floristische

Kerzenformen

Kerzen gibt es in vielen verschiedenen Formen. In der Floristik werden hauptsächlich die folgenden Kerzenformen eingesetzt:

- Stumpenkerzen, die sich durch ihre zylindrische Form und ihren stumpfen, flachen, kreisförmigen oberen Abschluss auszeichnen. Sie haben im Vergleich zu ihrer Länge einen relativ großen Durchmesser.
- Stabkerzen, die den Stumpenkerzen ähneln, da sie auf ganzer Länge gleich dick sind und einen flachen oberen Abschluss haben. Allerdings sind sie im Vergleich zu ihrer Länge eher dünn.
- Spitzkerzen, die von ihrer Basis bis zur Spitze gleichmäßig konisch zulaufend dünner werden.
- Kugelkerzen, deren Form durch den Namen hinreichend bezeichnet wird.

→ Kerze

Kerzenhalter

Als Kerzenhalter werden alle technischen → Hilfsmittel bezeichnet, die eine → Kerze halten können. Sie sind sowohl als rein technische und damit letztlich zu verdeckende Hilfsmittel erhältlich, als auch in Form gestalterisch mitwirkender Kerzenhalter. Die wichtigste Funktion von Kerzenhaltern ist die sichere Befestigung der Kerzen mit entsprechendem Halt im Werkstück. Diese muss so erfolgen, dass von der brennenden Kerze keine Brandgefahr ausgeht bzw. diese soweit wie möglich minimiert wird. Auch → Leuchter sind, wenn sie Kerzen tragen, technisch betrachtet Kerzenhalter.

→ Kerzenbefestigung → Kerzenbehandlung, floristische
→ Kerzenbehandlung im Verbrauch

Kerzenleuchter

→ Kerzenhalter → Leuchter

Kerzenrohstoffe

→ Kerze

Kettfaden

→ Bindung, textile

Keule

Als Keulen bezeichnet man die senkrecht herabhängenden Endstücke an einem → Feston. Sie sind von oben nach unten allmählich dicker werdend geformt.

Kirche

Als Kirche wird ein → Sakralbau bezeichnet, der dem christlichen Gottesdienst dient. Außerdem bezeichnet der Begriff auch die jeweiligen christlichen Religionsgemeinschaften an sich.

→ Kapelle → Kirchenschmuck, floristischer → Profanbau → Tempel

Kirchenschmuck, floristischer

Floristischer Kirchenschmuck gehört zum Bereich des Raumschmucks. Zu schmückende Architekturelemente bzw. Einrichtungsgegenstände sind hauptsächlich Altarbereich und Altar, Bänke, → Portal, → Taufbecken, → Ambo und → Kanzel, die Säulen und Pfeiler sowie gelegentlich die → Fenster. In jedem Fall muss die Stilausprägung des Raums bzw. der Raumteile und Einrichtungsgegenstände beachtet werden. Da innerhalb von Kirchen im Laufe der Jahrhunderte oft mehrere Stile ihren Niederschlag gefunden haben, finden sich oft mehrere Stile innerhalb ein und derselben Kirche. Gelegenheiten für floristischen Kirchenschmuck sind Anlässe wie Hochzeiten, Taufen, Trauerfeiern, Kommunions- und Konfirmationsfeiern, offizielle Feste des Kirchenjahrs, z. B. Weihnachten und Ostern, Kirchweihfeste, Priesterweihen, Amtseinführungen usw.

→ Altarschmuck, floristischer → Baustil → Pfeiler
→ Raumschmuck, floristischer → Säule → Stilepoche

Kitsch

Als Kitsch bezeichnet man sentimentale, oft pathetisch-übertriebene Darstellungen und Gestaltungen, die in Ausdruck, Form, Materialbehandlung, Farbigkeit usw. eine unechte Wirkung haben. Kitsch beinhaltet zwangsläufig etwas Verlogenes, denn kitschige Gestaltungen geben etwas vor, was sie nicht sind. Einige oder alle Forderungen nach → Materialgerechtigkeit, Zweck- bzw. → Funktionsgerechtigkeit, → Stilgerechtigkeit, → Werkgerechtigkeit und damit letztlich → Wahrhaftigkeit einer Gestaltung werden im Kitsch missachtet.
In der Floristik kann die Grenze zwischen fachlich guter Gestaltung und kitschig übertriebener Sentimentalität besonders eng sein, wo es um emotionale Anlässe geht. Dies trifft auf Liebesanlässe wie Valentinstag und Muttertag ebenso zu wie auf → Trauerschmuck. Hier ist besonderes Fingerspitzengefühl notwendig, um Kitsch zu vermeiden. Auch floristischer → Advents- und → Weihnachtsschmuck mit vielfachem Bezug zu Kindheitserinnerungen einerseits und traditionellen Brauchtumsformen andererseits birgt die Gefahr, kitschig ausgeführt zu werden.

→ Brauchtumsbinderei → Tradition

Klarsichtfolie

Mit Klarsichtfolie bezeichnet man eine ··➝ Folie, die vollkommen ··➝ transparent, also durchsichtig ist. Sie gewährt klare Sicht auf den mit ihr verpackten Gegenstand. Gerade bei floristischen Werkstücken kommt so trotz ··➝ Verpackung der Schmuckwert der Gestaltung zur Geltung. Allerdings ist eine starke Sonnenbestrahlung wegen der erfolgenden Aufheizung innerhalb der Verpackung zu vermeiden. Auch Kälte wird durch die Folie kaum abgeschirmt, sogar die Kondensation von Feuchtigkeit auf der Innenseite der Folie kommt dabei vor, so dass die hier an der Folie unmittelbar anliegenden Werkstoffe eventuell sogar Frostschäden davontragen können. Witterungsbezogen ist Klarsichtfolie als Verpackungsmaterial also nur eingeschränkt zu verwenden.

Eine weitere Einsatzmöglichkeit besteht vor allem im Abdichten von ansonsten undichten Gefäßen, z. B. Körben, für den Einsatz von nassem ··➝ Steckschaum oder bei Pflanzungen. Klarsichtfolie hat dabei den Vorteil, dort, wo sie den notwendigen ··➝ Gießrand bildet und daher in geringem Umfang sichtbar bleibt, so wenig wie möglich zu stören.

klassisch

Als klassisch bezeichnet man eine Sache bzw. eine Gestaltung, die in grundlegender, allgemein gültiger Weise dem Ideal der künstlerischen, aber auch der handwerklichen und funktionalen Anforderungen an die zu gestaltende Sache oder den Gegenstand entspricht. Klassisches ist somit stilbildend bzw. bezeichnet den Höhepunkt einer stilistisch geprägten Art und Weise des Gestaltens. So spricht man von der klassischen ··➝ Antike, vom ··➝ Klassizismus, von klassischer Musik, von der klassischen ··➝ Moderne und von klassisch dekorativer Gestaltung, z. B. im Falle eines dem antiken Vorbild nachgestalteten Römerkranzes. Der Begriff der Klassik ist also nicht grundsätzlich auf eine bestimmte Zeit oder einen Stil beschränkt, sondern kann auf vieles angewendet werden, wenn und sobald dabei jeweils die typische, ideale Ausgestaltung dieser Sache gemeint ist.

··➝ Gestaltungsart, dekorative ··➝ Römerkranz

Klassizismus

Unter Klassizismus versteht man allgemein alle Kunststile, die sich vorrangig auf die griechisch-römische, klassische ··➝ Antike beziehen. So kann man alle Stilentwicklungen von der italienischen ··➝ Renaissance des 15. Jahrhunderts bis zum französischen ··➝ Empire zu Beginn des 19. Jahrhunderts als klassizistisch bezeichnen.

Neue Wache, Berlin

Im engeren Sinn meint man damit den Stil, der etwa zwischen 1770 und 1830 entstand. Er steht im Gegensatz zum barocken Prunk und zur Verspieltheit des → Rokoko, wirkt ernster und ist in seinen Formen gerader bzw. sachlicher. Es ist der Stil einer allmählich erwachenden, bürgerlichen Demokratie. Vor allem in Deutschland wird diese Zeit als romantischer Klassizismus bezeichnet, international spricht man von Neoklassizismus. Kurz vor 1900 (→ Gründerzeit) lebte der Stil nochmals auf und wurde erst jetzt in Deutschland Neoklassizismus genannt. Der englische → Landschaftsgarten entstand im Klassizismus als Gartenform, so dass floristisch die vegetative Gestaltungsart ebenso passt wie klassische, dekorative → Formbinderei. Da in dieser Zeit Bauwerke und Statuen oft in rein weißem Marmor oder Stuck, zuweilen mit zierendem Gold, gearbeitet wurden, passen Weiß und Gelb als Blütenfarben besonders gut. Daneben wirken jedoch auch zurückhaltende, pastellige Farbgebungen und alle reinen Farben klassisch-vornehm bzw. klassisch-repräsentativ. Klassisch-antike Gefäßformen wie Krater, Hydria und → Amphore fügen sich gut in diesen Baustil ein

→ Barock → Gefäßformen, antike → Gestaltungsart, vegetative → Historismus → klassisch → Pastellfarbe → Romantik → Stilepoche

kleben, Klebetechnik

Beim Kleben klammern sich, vereinfacht gesagt, die Klebstoffmoleküle an die Oberflächenmoleküle der zu verklebenden Teile (Adhäsion). In sich selbst verfestigt sich der Klebstoff durch Aushärten, indem die Moleküle untereinander eine feste Verbindung bilden (Kohäsion). So entsteht letztlich eine dauerhafte Klebeverbindung. Beim Haftkleben bleibt die Verbindung lösbar, das Aushärten erfolgt nicht (z. B. Klebefilm). In der Regel sind Klebstoffe zunächst flüssig (durch Lösemittel oder Schmelze) und trocknen bzw. erhärten je nach Art und Umgebungsbedingungen unterschiedlich schnell und gut. Die Qualität der Verklebung ist vom Härtungsvorgang abhängig, von der Sauberkeit der Oberflächen (Entfernen von Staub und Fett), dem Druck während des Aufeinanderpressens der Klebeteile, der Dicke und Vollständigkeit des Klebstoffauftrags sowie der richtigen Auswahl des Klebers für die jeweiligen Einsatzbedingungen. In der Floristik werden verschiedene Klebestoffe eingesetzt.

→ Klebstoff

Klebstoff

In der Floristik finden sich für verschiedene Einsatzbereiche bzw. Materialien und Werkstoffe die folgenden Klebemittel mit ihren unterschiedlichen Eigenschaften:

- Leim und Kleister für Holz- und Papierarbeiten, lange Trocknungszeit
- Alleskleber in vielen Ausführungen für viele Einsatzmöglichkeiten, oft längere Trocknungszeiten, für Floralien häufig ungeeignet
- Floralkleber für frische Werkstoffe, da er mit nicht ganz trockenen Oberflächen und Kutikulawachs zurecht kommt, eher schnelle Trocknung

- Sprühkleber z. B. für Streumaterialien, schnelle Technik
- Kaltkleber, d. h. alle zuvor genannten Kleber, da diese nicht erhitzt werden
- Heißkleber für Trockenmaterialien, aber niemals für Frisches, schnell zu verarbeiten, zuweilen etwas dicker Auftrag, Verbrennungsgefahr
- Klebestreifen, z. B. Klebefilm, -krepp, Doppelklebeband, für vielfältigen Einsatz von Bündeln bis Papierkleben
- Knetkleber zur Fixierung von Pinholdern, nicht auf offenporiger → Keramik verwenden, da nicht mehr rückstandsfrei entfernbar

Eine Klebetechnik kann, z. B. aus Zeitgründen oder werkstoffbedingt, die bessere Alternative zu anderen Vorgehensweisen sein, wie z. B. → Andrahten. Der Klebstoff muss jedoch ebenfalls kaschiert werden, die Werkstoffe dürfen nicht unnötig leiden und eine akzeptable Festigkeit muss erreicht werden.

→ Floralkleber → heißkleben → Heißklebstoffe → Kaltkleber → kleben → Material → Papier → Pinholder → Sprühkleber → Werkstoff

Kokon

Mit Kokon bezeichnet man das kapselartige Gehäuse, das z. B. von Insekten geschaffen wird und in dem sie sich während der Metamorphose (Gestaltumwandlung) verbergen oder in dem sie ihre Eier ablegen. Bekannt ist der aus Seidenfäden bestehende Kokon der Seidenraupe, aus dem später ein Schmetterling schlüpft. Spinnen bilden Kokons, in die sie ihre Eier legen. Der vom Kokon abgeleitete Begriff „cocooning" wird für die Beschreibung eines Trends bzw. Megatrends zur Schaffung einer einhüllenden, wohnlich-warmen, in gewissem Sinn heilen

kokonartig umhüllte Blüten

Welt im eigenen Wohnumfeld verwendet, die dem Menschen als Rückzugsort vor der Lebens- und Arbeitsrealität dient. Hier kann die Floristik wesentlich zur Deckung der entsprechenden Kundenwünsche beitragen und somit ein wichtiges Geschäftsfeld finden.

Ähnlich wie bei der Gestaltung einer Spindelform aus fädig verarbeiteten Materialien und Werkstoffen, können auch Kokonformen gestalterische Vorbilder sein. Hierbei sind außer einem fädigen Aufbau auch einhüllende Kokons in Klebe- und Wickeltechnik denkbar.

→ kleben → Megatrend → Spindel → Trend → wickeln

Kokosfaser, Kokosstrick

Kokosfasern stammen von Umhüllungen der Kokosnüsse, teils von den trockenen Fasermatten bzw. Blattscheiden der Palmen. Die Faser ist stabil, verrottet kaum, eignet sich als Dämmmaterial, für Flechtmatten und in zerriebener Form als Ersatzstoff für Torf. In der Floristik sind Kokosfasern als → Kordel oder → Textilfaser zu finden und in Form von teils gebleichten oder gefärbten Fasermatten.

Kolonnade

Eine Säulenreihung mit aufliegendem, waagerechtem Gebälk wird als Kolonnade (lat.: columna = Säule) bezeichnet. Kolonnaden weisen als Stützen ausschließlich Säulen, jedoch keine → Pfeiler auf. Sie finden sich vielfach bei antiken Tempeln, in Bauten der → Renaissance, des → Barock und des → Klassizismus.

→ Antike → Arkade → Säule → Tempel

Komplementärfarbe

Als Komplementärfarben bezeichnet man Farben, die in additiver Farbmischung von Lichtfarben die Farbempfindung Weiß ergeben, da jeweils alle Urfarben enthalten sind, z. B. → Grün und → Magentarot, das sich aus → Orangerot und → Violettblau ergibt. In einer Mischung von jeweils komplementären Farbmitteln entsteht mittleres Grau. Komplementäre Farben sind besonders kontrastierend, da die Farbnuancen entsprechender Farbenpaare in der menschlichen Farbwahrnehmung am deutlichsten voneinander verschieden sind. Sie sind demnach farbsystematisch am weitesten voneinander entfernt und liegen im → Basisschema der Farbenlehre von H. Küppers einander gegenüber.

Hinweis: Die einander gegenüberliegenden Farben im → Farbkreis nach J. Itten sind physikalisch-physiologisch nicht exakt komplementär.

→ Auge, Funktionsweise des Auges → Farbkontrast, objektiver
→ Farbkontrast, physiologischer → Farbkontrast, subjektiver
→ Farbmischung, additive → Farbnuance → Farbsystem → Itten, Johannes
→ Komplementärkontrast → Küppers, Harald → Lichtfarbe → Urfarbe

Komplementärkontrast

Als Komplementärkontrast bezeichnet man jede Zusammenstellung von komplementären Farben, insbesondere von entsprechenden Farbpaaren.

→ Farbdreiklang, → Farbvierklang und → Farbvielklang sind als gesplittete, d. h. aufgeteilte Komplementärkontraste möglich. Dabei müssen die gewählten Farbnuancen innerhalb der jeweilig kontrastierenden Farbbereiche eng beieinander liegen.

In Komplementärkontrasten, die zu den objektiven Farbkontrasten gehören, steigern die Farben gegenseitig ihre Wirkung, sie leuchten nahezu aus sich selbst heraus. Dies ist aus der Funktionsweise des Auges erklärbar, die sich im → Simultan- und → Sukzessivkontrast bemerkbar macht.

→ Auge, Funktionsweise des Auges → Farbakkord → Farbkontrast → Farbkontrast, objektiver → Farbnuance → Komplementärfarbe

Komplementärsymmetrie

Komplementär- oder Ergänzungssymmetrie ist eine Unterart der → Ordnungsart Symmetrie. Sie ist von zwei Motiven bestimmt, deren zueinander gewandte Flächen bzw. Umrisse sich als Positiv-Negativ-Relief gegenseitig decken, d. h. ergänzen. Durch Zusammenfügen der beiden Teile entsteht also ein nahezu nahtloses Ganzes.

Komplementärsymmetrie ist in der Floristik selten zu finden, jedoch z. B. bei einem Fries mit aneinander grenzenden Flächen, die eine gemeinsame, unregelmäßige Grenzlinie haben, gut vorstellbar. Als botanisches Beispiel sind hälftig sich teilende Früchte zu nennen, deren Trennflächen jedoch, wie bei den Schoten von *Gleditschia*, unregelmäßig gebogen sind.

komplementärsymmetrisches Vasenpaar

→ Motiv → Relief

Kondolenzstrauß

Kondolieren (lat.: dolor = Schmerz) bedeutet, jemandem sein Mitleid bzw. Beileid im Trauerfall auszudrücken. Ein Kondolenzstrauß unterstreicht demnach mit den tröstlich wirkenden Blumen diese Geste und wird in der Regel in das Trauerhaus geliefert oder von Kondolierenden direkt überreicht. Oft wird auch ein Traueraccessoire oder ein passendes → Schmuckband eingearbeitet.

→ Accessoire → Trauerschmuck, floristischer

Konifere

Die Lärche ist eine typische Konifere, die allerdings im Winter ihre Nadeln verliert.

Konifere (lat.: conus = Kegel) bedeutet Kegel- oder Zapfenträger und bezieht sich auf die verholzenden, kegelförmigen weiblichen Blütenstände (= Zapfen), die von der Mehrzahl der als Koniferen oder Nadelgehölze bezeichneten Pflanzen hervorgebracht werden. Jedoch gehören auch Gattungen dazu, die beerenähnliche Samen bzw. Zapfen entwickeln, wie Eibe und Wacholder. Die wissenschaftliche Bezeichnung *Coniferae*, wovon sich die deutsche Bezeichnung ableitet, ist veraltet. Man spricht heute von *Pinopsida* (kiefernähnlich Aussehende).

Koniferen werden als ⇢ Werkstoff besonders im floristischen ⇢ Trauerschmuck, ⇢ Advents- und ⇢ Weihnachtsschmuck und in der ⇢ Gedenkfloristik verarbeitet. Die von Floristen dabei häufig vorgenommene Abgrenzung von Tannen- und Fichtengrün einerseits und Koniferengrün andererseits ist falsch. Sowohl Tannen, Fichten, Eiben und Kiefern, als auch die teils als wertvoller angesehenen und daher oft speziell als Koniferen bezeichneten Wacholder, Zypressen, Scheinzypressen und Lebensbäume gehören insgesamt zu den Koniferen.

konstruieren, konstruiert, konstruktiv

Konstruieren bedeutet, einer Sache eine sinnvolle Struktur geben, etwas aufzubauen, aus Teilen zusammenzusetzen. Konstruiert bedeutet demnach soviel wie gebaut, das heißt, konstruiert sind im Gegensatz zum Gewachsenen alle gebauten, technisch hergestellten Dinge. Konstruktiv sind dagegen die aufbauenden, Struktur bildenden bzw. Form gebenden Teile und die dazu erforderlichen Tätigkeiten. Vergleiche dazu auch ⇢ Form, konstruierte.

⇢ Formenarten ⇢ Gestaltungsart, konstruktiv-assoziative

konstruktiv-assoziativ

⇢ Gestaltungsart, konstruktiv-assoziative

Kontrast

Kontrast bedeutet Gegensatz. In der Floristik sind vor allem ⇢ Farbkontrast und ⇢ Formkontrast von Bedeutung. Bewusst gestaltete Kontraste bringen Spannung und ⇢ Dynamik in ein Werkstück. Dabei werden die Kontraste so eingesetzt, dass insgesamt eine ⇢ Harmonie entsteht, in der sich die kontrastierenden Elemente gegenseitig ergänzen und in ihrer Wirkung steigern.

Hinweis: Kontrast ist nicht der Gegenbegriff zur Harmonie, da harmonische Kontraste existieren. Gleichheit oder Ähnlichkeit sind passendere Gegensatzbegriffe zum Kontrast. Disharmonie ist der eigentliche Gegenbegriff zur Harmonie.

Köperbindung

Die Köperbindung ist eine der drei grundlegenden textilen Bindungsarten. Die Besonderheit dieser Bindung liegt darin, dass einerseits jeweils mehrere Kettfäden vom Schussfaden überkreuzt werden, bevor ein Kettfaden unterkreuzt wird, und dass andererseits diese Abfolge in der nächsten Reihe versetzt zur Vorreihe wiederholt wird. Die Kettfäden unterkreuzen ihrerseits infolgedessen mehrere Schussfäden, bevor sie einen überkreuzen. Es entsteht eine Art Treppen- bzw. Fischgrätoptik in der → Textur des Stoffs.

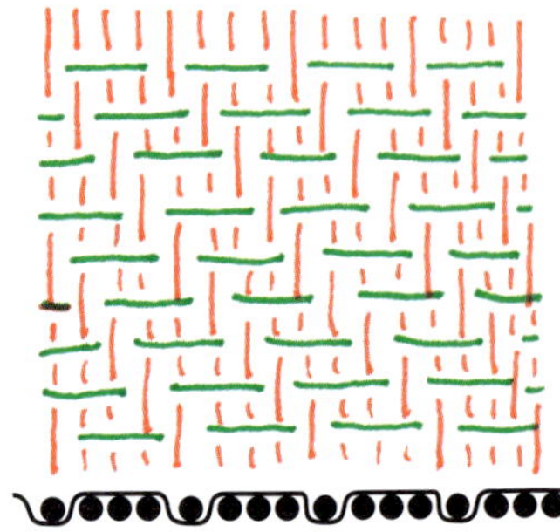

→ Bindung, textile → Stoff

Kopfgarnierung, Kopfgarnitur

Als Kopfgarnierung bezeichnet man einen Kranzschmuck, der in dekorativer Gestaltungsart im oberen Bereich eines Kranzkörpers angebracht ist. Dabei ist der Kranzkörper schräg oder nahezu senkrecht aufgestellt, so dass mit der Kopfgarnierung sozusagen die „Kopfseite" des Kranzkörpers betont wird.

Hinweis: Der Begriff ist aus mehreren Gründen nicht sinnvoll. Statt des Begriffs Kranzgarnierung spricht man auch vom Kranzschmuck. Damit wäre der ebenfalls oft verwendete Begriff → Kopfschmuck die dazu passende Bezeichnung, womit jedoch eigentlich der Schmuck des Kopfs einer Person gemeint ist. Im Übrigen ist ein Kranzkörper rund und allseits gleich, jedenfalls ist daran kein Kopf erkennbar, also auch kein Kopfschmuck möglich. Vergleiche außerdem die Begriffsdefinition → Garnierung, Garnitur. Statt des Begriffs Kopfgarnierung spricht man daher eindeutiger und besser vom dekorativen Kranzschmuck, der seinerseits symmetrisch oder asymmetrisch ausgeführt sein kann.

→ Gestaltungsart, dekorative → Kranzgarnierung → Kranzschmuck → Kranzschmuck, asymmetrisch-dekorativer → Kranzschmuck, symmetrisch-dekorativer → Ordnungsart Asymmetrie → Ordnungsart Symmetrie

Kopfkranz

Ein Kopfkranz gehört zum floristischen → Kopfschmuck von Personen und wird als geschlossener oder hinten geringfügig offener Kranz gefertigt. Die hintere Öffnung erlaubt eine Anpassung an unterschiedliche Kopfumfänge. Technische Perfektion, Leichtigkeit, sicherer Halt und hoher Tragekomfort sind die entscheidenden Anforderungen.

→ Brautschmuck, floristischer → Diadem → Körperschmuck, floristischer → Krone

Kopfschmuck

Floristischer Kopfschmuck kann als → Kopfkranz, florales → Diadem, als → Haarschmuck oder → Schleierschmuck gefertigt werden. Wichtig sind eine technisch perfekte Ausführung, ein sicherer Halt auf dem Kopf und ein besonders hoher Tragekomfort. Daher muss jeder floristische Kopfschmuck besonders leicht sein.

Hinweis: Zum Begriff Kopfschmuck bei Kränzen vergleiche → Kopfgarnierung

→ Brautschmuck, floristischer
→ Körperschmuck, floristischer

Kopfschmuck in Kranzform mit angesetzten Bändern

Korb, Korbwaren

Körbe entstehen durch Flechttechnik. Sie gehören zu den ältesten von Menschen hergestellten Gegenständen und dienen ursprünglich zum Transportieren, Aufbewahren und Sammeln. Weidenruten, Ginsterzweige, Bambus, → Peddigrohr, Span und Sisalkordel sind nur einige der flexiblen Materialien, aus denen Körbe geflochten werden können. Ihre natürliche Optik und die ansprechende Handwerklichkeit machen Körbe zu idealen Gefäßen für die floristische Verwendung. Allerdings müssen sie vor Verschmutzungen, Ausbleichen im Sonnenlicht und vor allem vor Wasser geschützt werden. Verfärbungen, Schimmelbildung und Verfaulen sind sonst die Folge. Zu bepflanzende Körbe müssen mit → Folie ausgelegt werden. In Korbflechttechnik werden im Übrigen auch Möbel, Dekorationsartikel und Matten hergestellt.

→ Flechten → Gefäß → Sisal

Kordel

Kordel ist in der Floristik als technisches Hilfsmittel zum → Binden, als zentraler, haltgebender Kern in der → Werkform → Girlande und als → Schmuckkordel im Einsatz. Kordeln entstehen aus Fasern, die zu Fäden versponnen werden. Mehrere Fäden verdreht man zu Litzen, von denen wiederum mehrere zur Kordel verdreht werden. Eine Kordel, die zusammen mit weiteren Kordeln zu Seilen oder Trossen weiterverarbeitet wird, nennt man auch Kardeel. Die Herstellung von Kordeln und Seilen

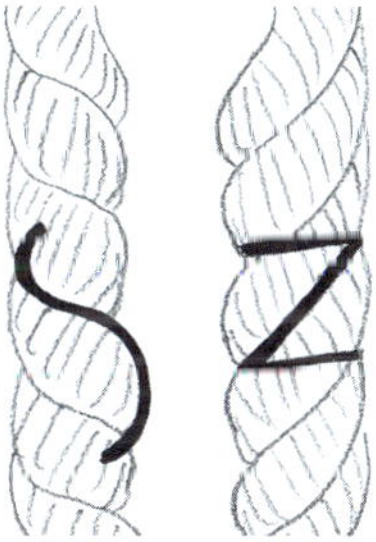

Kordel mit S-Schlag und mit Z-Schlag

bezeichnet man als Schlagen. Je nach Richtung der Drehung spricht man vom S-Schlag oder vom Z-Schlag der Kordel, da das Bild dieser Buchstaben im seitlichen Anblick der Kordel erkannt werden kann.

→ Litze → Posament → Textilfaser

Kore

→ Karyatide

korinthisch
Bezeichnung einer antiken, griechischen Bauordnung.

→ Antike → Säule → Tempel

Körperfarbe
Die farbige Erscheinung eines Körpers wird als Körperfarbe verstanden und ist von der molekularen Struktur seiner Oberfläche abhängig. Ein Teil der Wellenlängen des auftreffenden Lichts wird absorbiert (verschluckt), der Rest wird reflektiert. Körperfarbe ist demnach zunächst von der spektralen Zusammensetzung des auftreffenden Lichts abhängig, denn es können nur Wellenlängen reflektiert werden, die in diesem Licht vorhanden sind. Ein Körper, der bei weißem Licht eine bestimmte Farbe zeigt, kann bei einem anderen Licht schwarz oder schmutzig grau erscheinen, wenn im auftreffenden Licht keine von der Oberfläche reflektierbaren Strahlen enthalten sind.

Weißes Sonnenlicht trifft auf die Rose. Ihre Blüte reflektiert die als rot wahrgenommenen Wellenlängen und absorbiert alle übrigen. Bei den grünen Blättern werden die Wellenlängen reflektiert, die zu einer grünen Farbempfindung führen und wiederum andere werden absorbiert.

Anstriche, die einen Körper farblich verändern, sind demnach Oberflächenveränderungen. Die im → Farbmittel enthaltenen, deckenden Pigmente reflektieren bzw. absorbieren die entsprechenden Wellenlängen des Lichts. Bei durchscheinenden Anstrichen ergibt sich eine Farbmischung aus lasierendem Farbmittel und der durchscheinenden Körperfarbe.

→ Farbenspektrum → Lasur → Lichtfarbe → Pigment

Körperschmuck, floristischer

Floristischer Körperschmuck ist als Schmuck einer Person mit floristischen Mitteln zu verstehen. In der Alltagspraxis werden nur wenige Formen häufiger gearbeitet, meist als floristischer → Brautschmuck oder zu Schützenfesten und ähnlichen Anlässen. Der → Anstecker gehört dazu, ebenso → Kopf-, → Haar- und → Schleier- oder Hutschmuck. Schulterschmuck, florale Krawatten und Schärpen sind z. B. möglich, aber selten. Allerdings können manche Brautschmuckformen, die in der Hand oder über dem Arm getragen werden, als Körperschmuck aufgefasst werden. Beispiele dafür sind der → Brautmuff, ein floraler Arm- oder Handgelenkschmuck sowie die → Brautstola, die über den Unterarm oder um den Nacken gelegt wird.

Oberarmschmuck als floristischer Körperschmuck

Korsage

Korsage (franz.: corsage) bezeichnet etwa seit der ersten Hälfte des vorigen Jahrhunderts ursprünglich ein mit Stäben verstärktes Kleidoberteil, das trägerlos bleiben kann. Daran wurden damals bei festlichen Anlässen kleine, oft auch aus → Textilblumen gefertigte Korsagen-Sträußchen als Schmuck getragen. Heute wird in der Floristik ein solcher → Anstecker oft verkürzt als Korsage bezeichnet.

→ Körperschmuck, floristischer

Krabbe

→ Kriechblume

Krampe

Eine Krampe ist ein U-förmiges Drahtstück mit spitzen Enden, das zur Fixierung von Werkstoffen auf entsprechenden Unterlagen, z. B. einem → Strohrömer, eingesetzt wird. Verschiedene Krampenformen, z. B. Efeunadeln mit langen Schenkeln und kurzschenklige Formen, sogenannte Strohblumennadeln, sind im Fachhandel erhältlich, können aber auch aus → Steckdraht selbst geschnitten und geformt werden. Von den rundbügeligen Krampen unterscheiden sich so genannte → Haften, die eine eckige Form aufweisen und meist deutlich breiter sind als Krampen.

Kranz, Kranzarten

Als Kranz bezeichnet man eine ringartige → Werkform, die aus Zweigen, Blättern, Blüten oder aus einer Mischung dieser Werkstoffe hergestellt werden kann. Bereits in der → Antike waren Kränze als Ehrenzeichen und Kultsymbole üblich.

Hierauf ist die Bezeichnung des Römerkranzes zurückzuführen. Aus dem ⇢ Kopfkranz entwickelte sich die ⇢ Krone. Die senkrecht gehaltene Kranzform war Sonnensymbol und steht noch heute für den Kreislauf des Lebens.
Die gängigsten Kranzarten sind, entsprechend der Anlässe und Einsatzbereiche, als ⇢ Trauerkranz, Türkranz, ⇢ Tischkranz, ⇢ Erntekranz und -krone sowie als ⇢ Adventskranz zu bezeichnen.
Wichtig für die optimale gestalterische Wirkung von Kränzen ist die Entwicklung einer ausgewogenen ⇢ Kranzproportion, die sich zunächst auf die Dicke des Kranzkörpers und die Größe der ⇢ Kranzöffnung bezieht. Auch der ⇢ Kranzschmuck muss proportionale Anforderungen erfüllen, um sich harmonisch dem ⇢ Kranzkörper anzupassen.

⇢ Kranzform ⇢ Römerkranz ⇢ Symbol ⇢ Türschmuck

Kranz, rundgestalteter

Einen ⇢ Kranzkörper, der nicht aus einem einzelnen Werkstoff hergestellt und dann separat geschmückt ist, sondern im Ganzen aus einer Vielzahl von Blüten, Blättern, Früchten usw. gestaltet wird, bezeichnet man als rundgestalteten Kranz. Solche Kränze werden oft auf entsprechende Steckschaumunterlagen, jedoch auch auf Strohrömern gearbeitet.

⇢ Steckschaum ⇢ Strohrömer

Kranzbindemaschine

Kranzbindemaschinen erlauben eine besonders schnelle Anfertigung von Kranzkörpern. Sowohl die Herstellung der ⇢ Strohrömer als technische Unterlagen wie auch das Bewickeln dieser Unterlagen mit ⇢ Kranzgrün sind damit möglich. Dabei bleiben beide Hände zum Führen und Anlegen von Werkstoffen frei, der Faden wird von der Maschine auf Spannung gehalten und mittels eines rotierenden Metallrings um den ⇢ Kranzkörper bzw. über den ⇢ Werkstoff geführt. Mit einem Pedal wird die Rotation des Metallrings gesteuert. Besonders fein gestaltete Kranzkörper werden jedoch besser mit der Hand geschaffen.

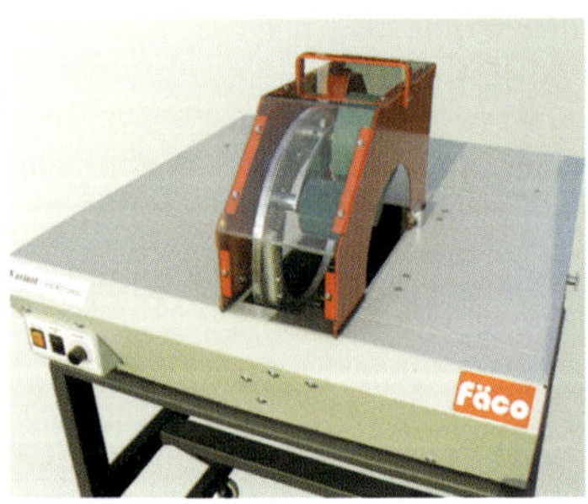

Kranzbindemaschine der Marke Fäco

Kranzblume

⇢ Kranzware

Kranzform, Symbolik der Kranzform

Der Kranz bzw. seine Ringform ist als Symbol für den immerwährenden Kreislauf von Werden, Leben und Vergehen, also für die fortwährende Erneuerung des Lebens zu verstehen. In christlicher Deutung beinhaltet dies die Hoffung auf die Auferstehung nach dem Tod. Aus dieser tröstlichen Deutung heraus wird klar, dass jeder Kranz möglichst perfekt geformt werden muss, damit er so harmonisch wie möglich wirkt. Ähnliches gilt, wenn ein Kranz im Zusammenhang mit einer Hochzeit als Ringform aufgefasst wird, die die immerwährende Liebe und die Verbundenheit versinnbildlicht.

→ Formsymbolik → Harmonie

Kranzgarnierung

Der Begriff der Garnierung wird oft gleichbedeutend mit dem Begriff Schmuck verwendet, da garnieren soviel wie schmücken bedeuten kann. Vergleiche jedoch die Begriffsdefinition → Garnierung, Garnitur.

→ Kranzschmuck

Kranzgrün

Als Kranzgrün bezeichnet man die Grünwerkstoffe, mit denen → Kranzkörper gestaltet werden. Dazu verwendet man hauptsächlich die Zweige von Koniferenarten, wie z. B. Nordmanns-Tanne, Scheinzypresse und Lebensbaum. Außerdem sind die Blätter immergrüner Laubgehölze und ganz allgemein gut haltbare Blätter als Kranzgrün verwendbar. Grundsätzlich ist eine lange Haltbarkeit die entscheidende Eigenschaft, die diese Werkstoffe besitzen müssen.

→ Immergrün → Konifere → Werkstoff

Kranzkörper

Unter dem Kranzkörper versteht man, zur Unterscheidung vom → Kranzschmuck, den eigentlichen, ringförmigen Kranz. Gestalterisch ist bei der Herstellung vor allem die Entwicklung einer harmonischen → Kranzproportion zu beachten. Die gestalterischen Aspekte, die mit den verwendeten Werkstoffen zusammenhängen, kommen hinzu. Die Werkstoffe werden meist auf eine technische → Kranzunterlage, z. B. den → Strohrömer, gewickelt oder aufgehaftet. Zuweilen sind auch Klebetechniken zu finden. Viele Werkstoffe, z. B. Tannenzweige und Kirschlorbeerblätter, bedingen aufgrund ihrer Form eine optische, scheinbare Bewegungsrichtung des Kranzkörpers. Meist wird eine Ausrichtung im

Uhrzeigersinn bevorzugt, jedoch ist sie weder zwingend noch logisch als richtiger anzusehen als der umgekehrte, so genannte mathematische Drehsinn. Allerdings muss ein Kranzschmuck, der seinerseits eine deutliche Ausrichtung aufweist, in dieser Hinsicht der Richtung des Kranzkörperwerkstoffs entsprechen.

Kranzkörper, die nicht aus einem Einzelwerkstoff hergestellt und dann geschmückt sind, sondern im Ganzen aus einer Vielzahl von Blüten, Blättern, Früchten usw. gestaltet werden, nennt man rundgestaltete Kränze.

Teilweise werden Kranzkörper auch ohne eine andere tragende Unterlage aus Zweigen geformt. Sind diese zunächst als technische, noch zu bewickelnde Unterlage fest zusammengebunden, spricht man von einer → Wulst.

Kranzkörper können auch aus mehr oder weniger locker miteinander verwobenen und verflochtenen Zweigen und Ranken gefertigt werden, z. B. von *Clematis*, *Cornus* und *Celastrus*. So entstehen Kranzkörper, die leicht bis filigran wirken und Einblicke in ihre → Struktur bzw. Durchblicke gewähren.

→ kleben → Kranz, rundgestalteter

Kranzprofil

Unabhängig von Zwischenformen und kleinen Abweichungen lassen sich im Profil von Kranzkörpern fünf wesentliche Querschnittsformen unterscheiden:

Kreisförmiger Querschnitt eines Kranzkörpers mit vollrundem Profil, der nur wenig aufliegt und daher allseitig, also auch von unten gestaltet ist. Bezüglich der Proportion gilt Höhe zu Breite = 1 zu 1.

Halbkreisförmiger Querschnitt mit halbrundem Profil, der einen engen Kontakt des Kranzkörpers zur Auflagefläche ergibt. Proportional gilt Höhe zu Breite = 1 zu 2.

Profilquerschnitt in Form des Dreiviertelkreises (auch 3/5 oder 4/5) bei Kränzen, die in ihrer Profilwirkung zwischen den beiden erstgenannten liegen. Proportional gilt etwa Höhe zu Breite = 1 zu 1,3.

Profile, die an einen Deich erinnern, für einen Kranzkörper, der sich eng an den Untergrund anschmiegt. Proportional gilt, je nach Steilheit des Deiches, Höhe zu Breite = 1 zu 1,6 bis 1 zu 2.

Profilformen, die unregelmäßig, teils wuchshaft, teils konstruiert wirken. Proportional gilt annähernd der Goldene Schnitt mit Höhe zu Breite = 1 zu 1,6.

Mit den Profilformen werden plastisch unterschiedliche Wirkungen der Kranzkörper erzielt, die sich mit Flach- und Hochrelief sowie der Vollplastik im Kunst- und Architekturbereich vergleichen lassen. Zu dieser gestalterisch beabsichtigten Wirkung muss auch die Werkstoffauswahl passen. Ein Beispiel macht dies deutlich: rund aufwölbende, lagernde Blütenformen eignen sich nicht für eine Deichform, flach anliegende Koniferenzweige sind dagegen günstig.

→ Bewegungsform, lagernde → Deichprofil → Goldener Schnitt → Konifere → Plastik → Relief → Römerprofil

Kranzproportion

Unter dem Begriff der Kranzproportion versteht man sowohl die Verhältnisse beim → Kranzkörper an sich als auch die Größen- und Mengenverhältnisse zwischen Kranzkörper und → Kranzschmuck.

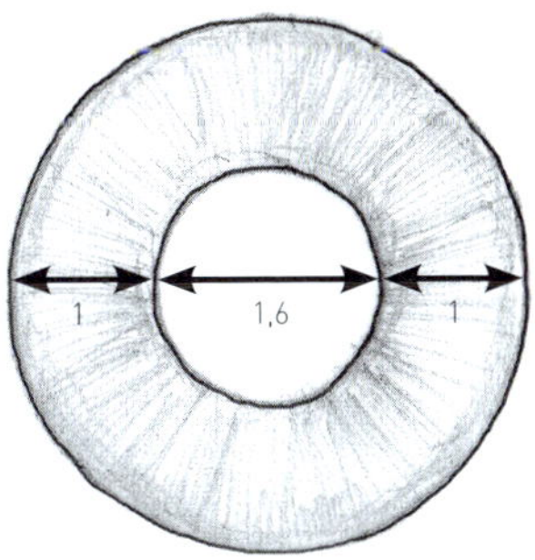

Beim Kranzkörper betrachtet man, neben den Proportionen im → Kranzprofil, vorrangig das Verhältnis zwischen der Dicke des Kranzkörpers und dem Durchmesser der Kranzöffnung. Je nach Einsatz und der Art des Kranzes sind verschiedene Proportionen möglich.
Besonders ausgewogen wirken die in der vorstellbaren Drehbewegung des Kranzes erkennbaren optischen Zentrifugal- und Zentripetalkräfte bei einer Proportion nach Goldenem Schnitt. Dabei ist die Kranzöffnung 1,6 mal so groß wie die Dicke des Kranzkörpers. Allerdings wirkt hierbei die farbliche Strahlkraft eines hellen Kranzkörperwerkstoffs anders als ein dunkler → Werkstoff. Auch der Umriss wirkt sich, je nachdem ob er glatt und geschlossen oder aufgelockert ist, verschieden aus. Augenmaß und ein gutes Gefühl für Proportionen sind entscheidend. Abweichungen vom Goldenen Schnitt sind demnach möglich. Ein Türkranz z. B. wird oft mit proportional dünnerem Körper gearbeitet, da er sonst, sobald er aufgehängt wird, zu schwer wirken könnte. Für den → Kopfkranz und den → Brautkranz, der in der Hand gehalten wird, gilt Vergleichbares. Sie müssen schon aus Gründen einer guten Tragbarkeit dünner gefertigt werden.
Ein → Adventskranz hat wegen der aufgesteckten Kerzen oft einen stärker erscheinenden Kranzkörper, weshalb die Öffnung hier weiter sein darf. Andererseits sind es gerade Adventskränze und manche Tischkränze, die besonders reich und üppig gestaltet werden, so dass die Öffnung relativ klein ausfällt. Das ist solange proportional vertretbar und gestalterisch zu akzeptieren, wie eine mittige Öffnung noch gut wahrnehmbar bleibt. Ist sie allerdings zu klein, geht die deutliche Erkennbarkeit der Form an sich verloren und gestalterisch ist letztlich kein Kranz mehr erkennbar.

Bei den Proportionen bezüglich des Kranzschmucks sind die Verhältnisse wesentlich von der Art des Kranzschmucks und wiederum von der Art des Kranzes abhängig. Siehe dazu auch bei ⇢ Kranzschmuck und seinen verschiedenen Arten. Allgemein kann man sagen, dass ein üppiger Trauerkranzschmuck etwa zwei Fünftel des Kranzkörpers überdecken sollte. Zu Höhe und Breite siehe nebenstehende Skizze.

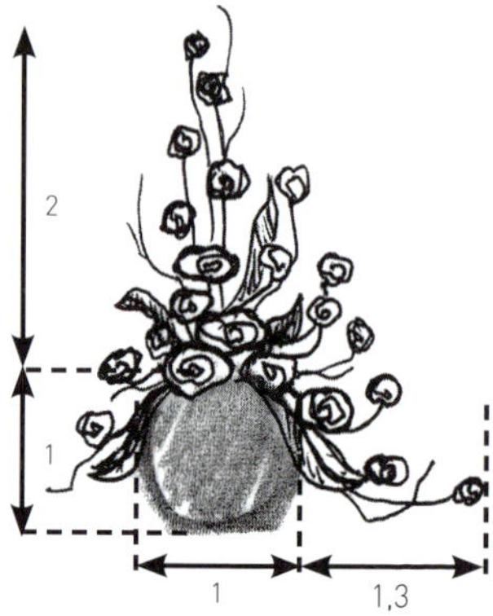

Querschnitt durch einen Kranz im Bereich eines dekorativen Kranzschmucks

Ein ⇢ Akzent-Kranzschmuck ist selbstverständlich kleiner, während ein überspielender Schmuck den gesamten Kranzkörper überzieht, ihn jedoch nicht komplett bedeckt. Bei einem Bandschmuck an einem Türkranz ist die Länge des vom Kranz herab hängenden Bandes von Bedeutung. Bei Adventskränzen muss ein ausgewogenes Verhältnis zwischen dem Kranzkörper und den Kerzen herausgearbeitet werden.

⇢ Goldener Schnitt ⇢ Kranzschmuck, alle Einträge ⇢ Tischkranz ⇢ Türschmuck ⇢ Zentrifugalkraft, optische ⇢ Zentripetalkraft, optische

Kranzschleife

Als Kranzschleife bezeichnet man die Bänder, die oft zusätzlich zu einem Blumenschmuck auf bzw. an einem ⇢ Trauerkranz angebracht werden. Es handelt sich jedoch in der Regel nicht um eine ⇢ Schleife im eigentlichen Sinn, die auch Schlaufen enthält, sondern lediglich um Bandstücke. Sie sind meist mit einigen Worten an den Verstorbenen sowie den Namen derjenigen beschriftet, die den Kranz als Trauergabe spenden. Unter Umständen kann eine Kranzschleife auch den eigentlichen, hauptsächlichen Kranzschmuck darstellen, der dann als ⇢ Band-Kranzschmuck zu bezeichnen ist und bezüglich des Bands anders bzw. aufwändiger gestaltet wird.

In der Alltagspraxis werden die Kranzschleifen meist so angebracht, dass sie die mittige Kranzöffnung überdecken. Dies entspricht zwar der symmetrischen Ordnung des Kranzschmucks der meisten Trauerkränze, jedoch wird durch das Verdecken der Öffnung die eigentliche Ringform eines Kranzes mit ihrer Symbolik in der Wirkung eingeschränkt. Gestalterisch besser ist eine seitliche Positionierung des Bindepunkts der Kranzschleife und entsprechend eine asymmetrische Ordnung des Kranzschmucks. So können die Bänder abfließend über eine Seite des Kranzes gelegt werden und die Kranzöffnung bleibt sichtbar. Bänder für Trauer- bzw. Kranzschleifen müssen einerseits wasserunempfindlich sein und sollten anderseits längerfristig verrottbar sein, um eine unproblematische Entsorgung des gesamten Werkstücks zu ermöglichen.

⇢ Gestaltungsart, dekorative ⇢ Kranzschmuck ⇢ Kranzform ⇢ Ordnungsart Asymmetrie ⇢ Ordnungsart Symmetrie ⇢ Schmuckband ⇢ Symbol ⇢ Verrottbarkeit

Kranzschmuck, asymmetrisch-dekorativer

Bei asymmetrisch-dekorativem Kranzschmuck werden die Werkstoffe entsprechend der dekorativen Gestaltungsart, jedoch asymmetrisch eingearbeitet, wobei das Verhältnis des kleineren Bereichs dieses Kranzschmucks zum größeren Bereich in der Regel nach Goldenem Schnitt zu gestalten ist. Überstreckungen der größeren Seite sind jedoch möglich. Bezugselement ist der ⇢ Wuchspunkt, aus dem heraus sich die Werkstoffstiele des Schmucks entwickeln. Es gilt, wenn man die Kranzform mit einer Uhr vergleicht, eine Wuchspunkt-Positionierung etwa an der Zwölf-Uhr-Stelle.

Insgesamt sollten maximal zwei Fünftel des Kranzkörpers vom Schmuck überdeckt werden. Allenfalls schlanke Werkstoffe dürfen weiter über den ⇢ Kranzkörper ragen. Außerdem ist die Höhe des Schmucks in ein- bis maximal zweifacher Höhe des Kranzkörpers zu entwickeln. Die hinten bzw. seitlich den Kranzkörper überragenden Werkstoffe dürfen nicht wesentlich weiter herausragen, als der Kranzkörper dick ist. Wird ein fließender Übergang vom Kranzkörper zu seinem Schmuck erarbeitet, entwickelt sich der Kranzschmuck gestalterisch harmonisch aus der Kreisform des Kranzkörpers. Im Übrigen ist auf die Ausrichtung des Werkstoffs zu achten, aus dem der Kranzkörper gefertigt ist. Zeigt dieser Werkstoff eine klar erkennbare Richtung, ist der größere Bereich der asymmetrischen Gestaltung des Schmucks ebenfalls in dieser Richtung auszuarbeiten. Andernfalls würden sich gestalterisch die Bewegungsrichtungen von Kranzschmuck und -körper gegenseitig stören. Zum Anbringen von eventuell beschrifteten Bändern beim asymmetrisch-dekorativen Kranzschmuck siehe unter ⇢ Kranzschleife.

⇢ Gestaltungsart, dekorative ⇢ Goldener Schnitt ⇢ Kranzproportion ⇢ Kranzschmuck ⇢ Ordnungsart Asymmetrie ⇢ Ordnungsart Symmetrie ⇢ Proportion

Kranzschmuck, gestreuter

⇢ Kranzschmuck, überspielender

Kranzschmuck, gruppierter

Werden Gruppen von Werkstoffen, also Blüten, Blätter, Früchte usw., auf einem → Kranzkörper verteilt, spricht man vom gruppierten Kranzschmuck. In der Regel entwickelt man drei, fünf oder mehr Gruppen. Ungünstig ist das Anbringen von lediglich zwei einander gegenüberstehenden Gruppen, da dann der Blick von einer zur anderen Gruppe quer über den Kranz wandert und somit der Kranzkörper optisch geteilt wird. Auch vier Gruppen in gleichmäßiger Verteilung sind in der Regel zu vermeiden, da die beinhaltete Viereckigkeit dem Runden eines Kranzes widerspricht (eine Ausnahme, die nicht in die Trauerfloristik fällt, ist der → Adventskranz). Die Positionierung von drei Gruppen erfolgt entweder völlig gleichmäßig oder die Abstände richten sich nach Goldenem Schnitt. Hierbei liegt, wenn man den Kranz mit einer Uhr vergleicht, die Hauptgruppe bzw. das Hauptmotiv bei zwölf Uhr, die Nebengruppe bei neun Uhr, die Gegengruppe b ei vier Uhr. Ein Tausch, Nebengruppe bei 15, Gegengruppe bei 8 Uhr, ist möglich. Fünf und mehr Gruppen verteilt man am Besten gleichmäßig.

→ Goldener Schnitt → Gruppe → Gruppierung → Kranzschmuck → Motiv

Kranzschmuck, Kranzschmuckarten

Jeder zusätzlich auf einem → Kranzkörper aufgebrachte Schmuck wird als Kranzschmuck oder als → Kranzgarnierung bezeichnet, wobei der Begriff in aller Regel ausschließlich auf den → Trauerkranz bezogen wird. Nach Form, Ausführung und, im Fall von Band, nach eingesetztem Material unterscheidet man im Wesentlichen folgende Kranzschmuckarten:

- symmetrisch-dekorativer Kranzschmuck
- asymmetrisch-dekorativer Kranzschmuck
- gruppierter Kranzschmuck
- überspielender bzw. gestreuter Kranzschmuck
- Strauß-Kranzschmuck
- Akzent-Kranzschmuck
- Band-Kranzschmuck
- Segment-Kranzschmuck

→ alle obigen Begriffe, teils in der Form: Kranzschmuck, nachgestelltes Adjektiv
→ Garnierung → Kranzgarnierung

Kranzschmuck, straußförmiger

→ Strauß-Kranzschmuck

Kranzschmuck, symmetrisch-dekorativer

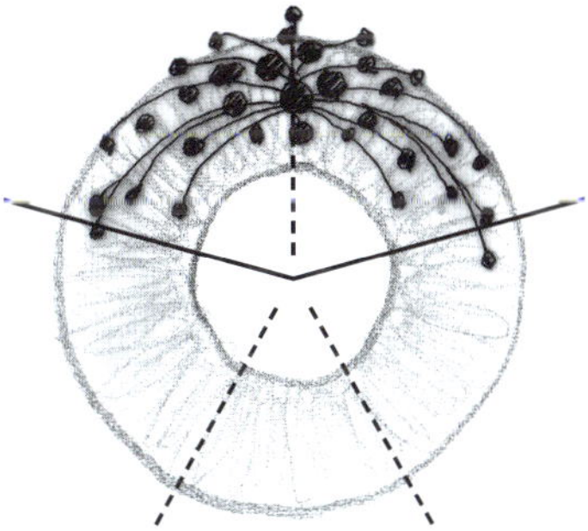

Der symmetrisch-dekorative Kranzschmuck ist in der Alltagspraxis die häufigste Art des Kranzschmucks. In der Üppigkeit und Fülle der dekorativen Gestaltungsart werden die Blumen und die Grünwerkstoffe symmetrisch positioniert. Der → Wuchspunkt aller Werkstoffe liegt dabei etwas eingesenkt in den → Kranzkörper und zwar an der höchsten Stelle des schräg gelegten oder nahezu senkrecht aufgehängten Kranzkörpers. Vergleicht man den Kranz mit einer Uhr, ist die zwölf Uhr-Position gemeint.

Proportional sollte der symmetrisch-dekorative Kranzschmuck entsprechend dem Goldenen Schnitt nicht mehr als zwei Fünftel des Kranzkörpers überdecken. Allenfalls leichte, schlanke Werkstoffe dürfen weiter über den Kranzkörper ragen. Außerdem ist die Höhe des Schmucks in ein- bis maximal zweifacher Höhe des Kranzkörpers zu entwickeln. Auch die hinten bzw. seitlich den Kranzkörper überragenden Werkstoffe dürfen nicht wesentlich weiter herausragen, als der Kranzkörper dick ist. Wird außerdem ein fließender Übergang vom Kranzkörper zu seinem Schmuck erarbeitet, entwickelt sich der Kranzschmuck gestalterisch harmonisch aus der Kreisform des Kranzkörpers.

Die in vielen Fällen im Alltag zu beobachtende Überfrachtung des symmetrisch-dekorativen Kranzschmucks ist gestalterisch und bezüglich der Kranzsymbolik abzulehnen. Nahezu erscheinen solchermaßen geschmückte Kranzkörper, die doch die eigentliche Werkform darstellen, nur noch als technische, haltgebende → Basis. Die Überproportionierung des Kranzschmucks im Vergleich zum Kranzkörper entspricht aber oft dem Wunsch der Kunden, eine reich und wertvoll erscheinende Trauerspende überreichen zu wollen. Hier müssen Floristen entsprechend beraten.

Zur ebenfalls für diesen Kranzschmuck üblichen Bezeichnung → Kopfgarnierung siehe dort. Zum Anbringen von eventuell beschrifteten Bändern beim symmetrisch-dekorativen Kranzschmuck siehe unter → Kranzschleife.

→ Gestaltungsart, dekorative → Goldener Schnitt → Kranzform
→ Kranzproportion → Kranzschmuck → Ordnungsart Symmetrie
→ Proportion

Kranzschmuck, überspielender

Überspielender Kranzschmuck ist so gestaltet, dass seine Teile, also der eingesetzte, oft rankenförmige ⇢ Werkstoff oder ⇢ Zierdraht bzw. Band, den gesamten oder nahezu den gesamten ⇢ Kranzkörper überziehen. Bei Einzelpositionierung der Werkstoffe spricht man auch vom gestreuten Kranzschmuck. Dabei bleibt der Kranzkörper von diesem Schmuck deutlich unterscheidbar. Anderenfalls würde ein rundgestalteter Kranz entstehen, wie er im Ganzen aus einer Vielzahl von Blüten, Blättern, Früchten usw. gestaltet wird.

⇢ Kranz, rundgestalteter ⇢ Kranzschmuck
⇢ Positionierungsart, streuende ⇢ Schmuckband ⇢ Streuung

Kranzunterlage

Als Kranzunterlage bezeichnet man die technische ⇢ Basis von Kranzkörpern. Es sind meist ⇢ Strohrömer oder Kranzunterlagen aus ⇢ Steckschaum. Letztere sind durch eine tragende Schicht aus Hartsteckschaum, ⇢ Holz oder ⇢ Biolit® stabilisiert. Aus Zweigen durch Zusammenwickeln hergestellte Kranzunterlagen werden als ⇢ Wulst bezeichnet.

Kranzware

Als Kranzware bezeichnet man ⇢ Werkstoff, der im floristischen ⇢ Trauerschmuck einsetzt wird und im Vergleich zur normalen Verkaufsware eine verminderte Qualität aufweist. Kranzware ist im Einkauf preiswerter, weil sie einige für die normale Ware unerwünschte Eigenschaften besitzt, die jedoch bei einem Einsatz in der Trauerfloristik entweder unerheblich sind oder sogar von Vorteil sein können. Vor allem sind es schon geöffnete Blüten, die zum Zeitpunkt der Trauerfeierlichkeiten und der Beisetzung, im Gegensatz zu knospiger 1a-Ware, bereits ihre volle Wirkung entfalten. Kürzere oder leicht krumme Werkstoffstiele sind hier ebenfalls nicht störend. Die Stielkrümmungen können sogar vorteilhaft der Kranzkörperkrümmung folgend positioniert werden.

Kranzwickelband

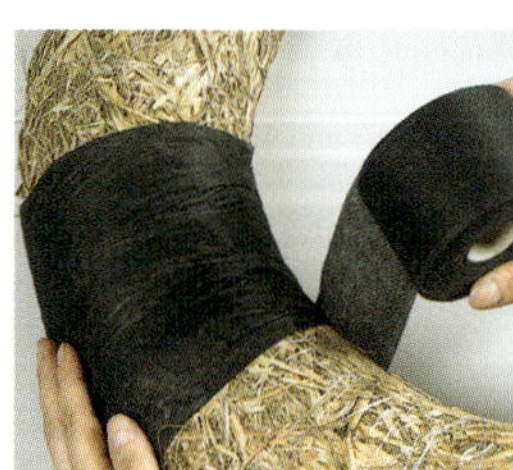

Als technische ⇢ Kranzunterlage wird ein ⇢ Strohrömer vor der weiteren Verarbeitung mit einem preiswerten Band, dem Kranz- oder Römerwickelband umwickelt. Es wird als gekrepptes Papierband oder als ⇢ Vlies in Bandform angeboten. Das teils erhältliche Kunststoff-Römerband ist nur begrenzt einsetzbar, da es nicht verrottet und demnach auf Friedhöfen nicht uneingeschränkt zum Einsatz kommen darf.

Das Kranzwickelband bewirkt eine angenehmer zu bearbeitende Oberfläche, als sie vom ⇢ Stroh gebildet wird. Darüber hinaus ist es grün gefärbt und verhindert so ein Durchschimmern des gelblichen Strohs durch den aufgewickelten, in der Regel ebenfalls grünen ⇢ Werkstoff. Als technisches ⇢ Hilfsmittel kann dieses Wickelband auch zur Abdeckung anderer Formen, z. B. eines aus ⇢ Draht und ⇢ Papier entstandenen Füllhorns verwendet werden.

⇢ Römerkranz ⇢ Verrottbarkeit

Krater

Bezeichnung einer ursprünglich antiken ⇢ Gefäßform.

Kraterglasur

⇢ Glasur

Krepp, Kreppppapier, Gärtnerkrepp

Krepp (franz.: crèpe) ist ein Textilgewebe, das eine unregelmäßige Fältelung und eine raue ⇢ Textur aufweist, hervorgerufen durch das Einlaufen entweder der Schuss- oder der Kettfäden. Das Einlaufen wird durch Laugen bewirkt.

Krepppapier zeigt eine vergleichbare Textur bzw. ⇢ Struktur. Das Auffalten wird durch Stauchen im feuchten Zustand hervorgerufen. Krepppapier ist durch Auseinanderziehen der Falten schließlich gut dehnbar. Als Gärtnerkrepp wurde Krepppapier früher häufig zur Umhüllung der Töpfe von Topfpflanzen eingesetzt, wobei der Papierrand durch Ziehen und leichtes Einrollen in Schlaufen geformt wurde. Heute ist diese Einsatzform selten zu finden und es werden stattdessen oft Kunststoffmanschetten mit Kreppeffekt verwendet. Gärtnerkrepp wird außerdem zu Dekorationszwecken eingesetzt und ist als eine Form von ⇢ Römerwickelband erhältlich. Auch ⇢ Floraltape findet man in gekreppter Ausführung aus ⇢ Papier.

Bromelie mit Krepppapier-Umhüllung

⇢ Bindung, textile ⇢ Gewebe ⇢ Stoff, textiler

Kreuz, Kreuzform

Das Kreuz oder Kruzifix ist vorrangig als christliches Zeichen zu verstehen. Seine ⇢ Formsymbolik versinnbildlicht zwar einerseits Tod, Trauer und Schmerz, verweist aber vor allem auf den Glauben an sich und die Hoffnung auf Erlösung durch den Kreuzestod Christi. Der waagerechte Kreuzbalken bzw. die Kreuzarme bedeuten die Verbundenheit der Menschen untereinander und mit der Welt. Der senkrechte Kreuzbalken symbolisiert die Verbindung zwischen Gott im Himmel und den Menschen auf der Erde. Die Kreuzform eines trauerfloristischen Werkstücks beinhaltet demnach die Glaubensgewissheit der Auferstehung und des ewigen Lebens. Im Laufe der Jahrhunderte haben sich mehrere Kreuzformen entwickelt. Oft sind sie nach den verschiedenen christlichen Kirchengemeinschaften und den Ländern, wo diese verbreitet sind, benannt, z. B.

russisches Kreuz

griechisches Kreuz

keltisches Kreuz

Ordensgemeinschaften und verschiedene kirchliche Ämter haben bestimmte Kreuzformen, z. B.

Malteser- oder Johanniterkreuz

Patriarchen- oder Erzbischofskreuz

Zuweilen bestimmt die besondere Gestalt den Namen des Kreuzes oder es ist mit einem Heiligen verbunden, der an solch einem Kreuz gestorben ist, z. B.

Petruskreuz

Andreas- oder Schrägkreuz

Gabelkreuz

Am weitesten verbreitet ist das Kreuz mit langem Kreuzfuß. Man bezeichnet es als

lateinisches Kreuz

→ Trauerschmuck, floristischer

Kreuzblume

Die Kreuzblume ist ein → Stilelement gotischer Bauten. Als oberer Abschluss z. B. eines Turmhelms oder einer → Fiale ähnelt sie einer Sprossspitze, die sich in Form von Blattknospen nach oben und horizontal nach vier Seiten entfaltet. Dabei entsteht eine kreuzförmige Seitenansicht.

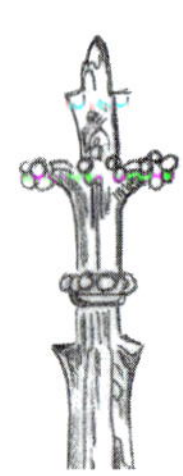

→ Baustil → Gotik → Kreuz
→ Kriechblume → Stilepoche

Kreuzgang

Einen um einen Klosterhof im Quadrat oder im Rechteck herumführenden, überdeckten Gang nennt man Kreuzgang. Zum offenen Hofbereich ist ein Kreuzgang durch Arkaden abgetrennt. Kreuzgänge sind ursprünglich in Klöstern aus der Zeit der → Romanik und der → Gotik zu finden, aber auch in Anlagen aus späterer Zeit. Der Begriff stammt vermutlich von den Kreuzprozessionen, die hier von den Mönchen abgehalten wurden.

→ Arkade → Baustil → Stilepoche

Kreuzgratgewölbe

→ Gewölbe

Kreuzrippengewölbe

→ Gewölbe

Kriechblume

Die Kriechblume, oft auch als Krabbe bezeichnet, ist ein → Stilelement gotischer Bauten. Es handelt sich um eine stilisierte Blattknospe, die als Zierornament oft in stetiger Reihung z. B. auf den Kanten von Giebeln, Wimpergen, Dächern oder Möbelteilen zu finden ist.

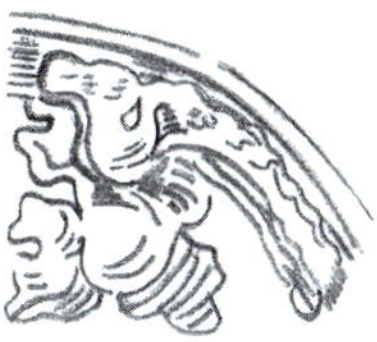

→ Baustil → Gotik → Kreuzblume → Ornament → Reihe, stetige → Stilepoche → Wimperg

Kristallglas

→ Bleikristall → Glas

Kristallglasur

→ Glasur

Krone

Der Begriff der Krone ist auf den griechisch-römischen Begriff corona für → Kranz zurückzuführen. Ehrenkränze für verdiente Bürger und später für Könige und Kaiser waren der Ursprung von Kronen als Herrschaftszeichen. Eine Krone stellt in diesem Sinn letztlich jeder floristisch gestaltete → Kopfkranz dar. Im Übrigen wird in der Floristik die → Erntekrone als Werkstück gefertigt und viele Kranzformen, z. B. Tischkränze, sind kronenähnlich.

Botanisch bezeichnet die Krone entweder den Laubbereich eines Baums oder einen Teil der Blüte, die Blütenkrone bzw. Kronblätter oder Petalen.

Kronleuchter

Ein von der Decke herabhängender Leuchter, oft z. B. mit Bleikristall-Glaselementen reich verziert und mit vielen Kerzen oder Lampen bestückt, wird meist Kronleuchter oder → Lüster genannt. Ursprünglich hatten solche Leuchter eine Ring- bzw. Kronenform, woher der Name stammt. Schon bald entwickelten sich jedoch auch vielarmige Formen und Kronleuchter, die in mehreren Etagen aufgebaut sind. Kronleuchter können als floraler → Raumschmuck mit floristischen Werkstoffen und Materialien vielfältig gestaltet werden.

→ Bleikristall → Krone

Krug

Als Krug bezeichnet man ein Gefäß mit einem Henkel und einem Ausgussschnabel. Häufig sind herkömmliche Krüge Gebrauchsartikel, die aus → Keramik oder aus → Metall hergestellt sind und eine rustikale → Anmutung haben. Moderne Formen und Ausführungen in → Kunststoff sind ebenfalls erhältlich.

→ Gefäßformen, antike

Kruzifix

→ Kreuz

Krypta

Als Krypta (griech.: Verborgenes) bezeichnet man den Raum unter dem → Chor einer Kirche. Oft ist die Krypta, die vor allem in Kirchenbauten der → Romanik vorkommt, der Ursprung eines Kirchenbaus. Hier befindet sich nicht selten das Grab des oder der Heiligen, auf dessen oder deren Namen die Kirche geweiht ist.

Kübelpflanze

Als Kübelpflanzen bezeichnet man relativ große Pflanzen, die für das Freiland, also einen Einsatz im Garten oder auf Terrasse und Balkon, geeignet sind und hier in großen Gefäßen, eben in Kübeln, aufgestellt werden. Beispiele sind Margeritenbäumchen, Agaven, Hortensien, Schmucklilien usw.

→ Freilandpflanze

Hochstammform des Lorbeer-Schneeballs als Kübelpflanze mit Unterbepflanzung

Kugelform

Die Kugelform ist eine ideale in sich geschlossene und daher besonders harmonische Form. Gasförmige und weitgehend flüssige Himmelskörper, frei fallende Wassertropfen, Öltropfen im Wasser nehmen diese Form aufgrund ihrer Oberflächenspannung bzw. der Gravitationswirkung quasi von sich aus an. Kugeln haben relativ zu ihrer Oberfläche den größten Rauminhalt aller geometrischen Körper.

Als ⇢ Symbol stellt die Kugel das Vollkommene und das Umfassende dar, z. B. die ganze Erde, das ganze Universum. Viele Blüten bzw. Blütenstände sind annähernd kugelförmig (Schneeball, Klee, *Craspedia*) und viele Pflanzen bilden ihre Früchte bzw. Samen in kugeliger Form aus (Apfel, Mohnkapsel, Erbse). Hierin liegt der Grund für die Bedeutung der Kugel als Symbol für den Lebensursprung. Floristen bezeichnen die Bewegungsform solcher Werkstoffe als lagernd.

Als floristische ⇢ Werkform findet man z. B. gesteckte Kugeln, kugelförmige Wicklungen und kugelige oder halbkugelige Sträuße. Sie gehören gestalterisch zur ⇢ Formbinderei und damit zur dekorativen Gestaltungsart. Als Brautschmuck, z. B. ⇢ Pomander, können sie ihre Symbolik im Sinn der Vollkommenheit der Liebe und der Schönheit der Braut voll entfalten. Kombinationen von Kugeln mit unterschiedlich gestalteter Oberfläche sind z. B. als Raumschmuck besonders reizvoll.

⇢ Bewegungsform, lagernde ⇢ Formsymbolik ⇢ Gestaltungsart, dekorative

Kundengruppen

Erwartungen und Vorlieben von Kunden sind vielfältig und unterschiedlich. Um diese besser in den betrieblichen Planungen berücksichtigen zu können, lassen sich Kundengruppen mit gemeinsamen Merkmalen bestimmen. Man unterscheidet

- nach Alter: Kinder, Jugendliche, jüngere Erwachsene, ältere Kunden, Senioren
- nach der jeweiligen Kaufsituation: Privatkunden, Geschäftskunden, trauernde Kunden, Geschenkekäufer, Kunden, die den Eigenbedarf decken etc.
- nach ⇢ Lebenswelten: traditionsbewusste Kunden, modern-individualistische Kunden, prestigeorientierte Kunden, topaktuelle Shopping-Kunden, optimistisch-unkomplizierte Kunden.

Einige Aspekte müssen vor allem im ⇢ Verkaufsgespräch berücksichtigt werden, andere bestimmen die gesamte Ausrichtung des geschäftlichen Verhaltens. Je genauer der Einkauf, die Produktion und die Präsentation auf die Erwartungen der Kunden ausgerichtet werden, umso sicherer ist der Erfolg des gestalterischen und geschäftlichen Handelns.

⇢ Kundentypen ⇢ Verkäufer ⇢ Verkaufsgespräch

Kundentypen

Zur Unterscheidung von Kundentypen beobachtet man charakteristische Verhaltensweisen von Kunden. Ein dazu passendes Verkäuferverhalten ermöglicht es, den jeweiligen Kunden oder die jeweilige Kundin besser zu verstehen und zu beraten. Auch wenn kaum ein Kunde einhundertprozentig einem der nachfolgend aufgeführten Typen entspricht, kann man letztlich auf dessen Verhalten genauer reagieren und das Verkaufsgespräch effektiver führen. Man unterscheidet:

- Nervöse und/oder eilige Kunden: Sie sind zielstrebig, schnell und ohne allzu viele Alternativangebote zu bedienen.
- Unentschlossene und/oder eher ängstliche Kunden: Sie müssen in ihren Entscheidungen bestärkt werden oder man entscheidet als Berater und Verkäufer teilweise mit. Am Besten nennt man solchen Kunden nur wenige Alternativen, verweist auf Referenzen anderer Kunden und stellt Suggestivfragen, d. h. Fragen, die die Antwort bereits enthalten und unmittelbar zur Zustimmung herausfordern.
- Misstrauische und/oder nörgelnde Kunden: Gegenüber solchen Kunden muss man verkäuferische und sachkundige Sicherheit zeigen sowie bei Kritik auch in Kleinigkeiten genau und sachlich bleiben.
- Schweigsame und/oder schüchterne Kunden: Diesen Kunden stellt man viele offene Fragen, lässt sie jedenfalls reden, wenn sie sich äußern. In ihren Entschlüssen müssen sie bestärkt werden. Man vermittelt ihnen dabei möglichst große Sicherheit.
- Redselige bzw. mitteilsame Kunden: Mit geduldigem Zuhören und gezieltem Nachfragen wird man diesen Kunden gerecht.
- Entscheidungsfreudige Kunden: Sie sind leicht zu bedienen, da sie sachlich und zielstrebig vorgehen. Dieses Verhalten muss auch der Verkäufer zeigen.

→ Kundengruppen → Lebenswelten → Verkäufer → Verkaufsgespräch

Kunstbast

→ Bast → Kunststoff

Kunstfaser, Kunstseide

Als Kunstfaser bzw. Kunstseide werden chemisch hergestellte Fasern bzw. die entsprechend daraus gewebten Stoffe bezeichnet. Dabei handelt es sich einerseits um chemisch veränderte → Zellulose (Acetatfasern, Viskose). Jedoch ist der Begriff teils auch für Fäden aus synthetischen Kunststoffen, z. B. Polyamidfasern, üblich. Kunstseide ist bei Stoffen und Bändern in der Floristik eine der wichtigsten Materialien, während echte Seide sehr selten verarbeitet wird.

→ Kunststoff → Schmuckband → Stoff, textiler → Textilfaser

Kunststein

Als Kunststein kann man jeden nicht natürlich entstandenen Stein bezeichnen, z. B. → Beton und Terrazzo. In der Floristik finden sich zuweilen Gefäße aus Kunststein, vor allem gegossene Pflanzschalen, die häufig als Zementschalen bezeichnet werden. Auch mancher → Kunststoff, der besonders schwer und hart ist, wird zuweilen als Kunststein bezeichnet. Teils werden auch Mischungen aus Kunststoffen und mineralischen Stoffen zur Bildung von Kunststein verwendet.

→ Gefäß → Pflanzschale

Kunststoff

Als Kunststoffe bezeichnet man durch chemische Veränderung von Naturstoffen (z. B. → Zellulose) oder durch Synthese aus chemischen Substanzen hergestellte Stoffe bzw. Materialien. Man kann sie nach physikalischen Eigenschaften einteilen:

- thermoplastische, unter Hitzeeinwirkung formbare und beim Erkalten aushärtende Kunststoffe
- duroplastische, dauerhaft ausgehärtete, kaum noch formbare Kunststoffe
- elastische, in Grenzen verformbare Kunststoffe

Das Aussehen, die Farbe und viele andere Eigenschaften von Kunststoffen können durch weitere Zugaben, wie z. B. Weichmacher, Füllstoffe, antistatische Stoffe usw., zum Teil stark verändert werden. Besonders wichtig sind unter anderem die → Kunstfasern, die aus verschiedenen Kunststoffen hergestellt werden.

Kunststoffe sind in der Floristik, wie in fast allen Lebensbereichen, heute unverzichtbar. Beispiele sind Kunstseide, → Steckschaum, Zierperlen, Drahtbeschichtungen, Kunstbast, Klebefilm und Gefäße. Zwar sind Kunststoffe teils elastisch, dennoch ist beim Gebrauch und bei der Verarbeitung auf die Bruchempfindlichkeit vor allem spröder Kunststoffe zu achten. Auf die Kratzempfindlichkeit ist Rücksicht zu nehmen und die Farbe kann z. B. durch Sonneneinstrahlung verblassen.

→ Draht → Gefäß → Klebstoff
→ Kunstfaser

Kupfer

Kupfer ist ein rötliches metallisches Element. In der Floristik sind Gefäße aus gestanztem und/ oder gehämmertem Kupferblech zu finden. Kupfer oxidiert bei Feuchtigkeit, besonders wenn das vorhandene Wasser leicht sauer ist, relativ schnell und bildet eine sogenannte ⇢ Patina, die grünlich schimmert und daher auch Grünspan genannt wird. Grünspan ist für Menschen mäßig giftig, vor allem aber ein Zeichen für die Zersetzung des Kupfers. Daher müssen Kupfergefäße bei floristischer Verwendung weitgehend vor Nässe geschützt werden. Vor allem als Pflanzgefäße sind sie nur mit eingelegter ⇢ Folie verwendbar. Kupfer ist ein wesentlicher Teil der Metalllegierungen ⇢ Messing und ⇢ Bronze.

⇢ Gefäß ⇢ Metall ⇢ Metalllegierung

Kuppel

Als Kuppel bezeichnet man die halbkugelförmige, zuweilen im senkrechten Querschnitt elliptische Überwölbung eines Raums. Der waagerechte Querschnitt einer Kuppel ist, wie viele der überwölbten Räume, kreisrund. Auch eckige Räume werden jedoch überkuppelt. Dann werden entweder so genannte Zwickel als Übergänge zwischen den Ecken eines Raums mit quadratischem Grundriss und der Kuppelrundung eingefügt oder die Kuppelhalbkugel wird beschnitten, so dass ein quadratischer Grundriss entsteht (Hängekuppel). Auch Kuppeln, die einen vieleckigen Raum überwölben und ihrerseits einen entsprechend vieleckigen, waagerechten Querschnitt haben, sind zu finden. Kuppeln mit achteckigem Querschnitt über Räumen mit quadratischem Grundriss, die im Übergangsbereich so genannte Trompen zeigen, gibt es schon in romanischen Kirchenbauten. Man nennt sie Klostergewölbe. Es sind keine Kuppeln im eigentlichen Sinn, wirken architektonisch jedoch wie diese. Vollständig runde Kuppeln sind vor allem bei Bauten im Stil der ⇢ Renaissance und des ⇢ Barock häufiger zu finden, wurden aber auch in der römischen ⇢ Antike schon gebaut (Pantheon in Rom). Ein zylinderförmiger Raumteil, der zuweilen zwischen Kuppel und Unterbau vorkommt, heißt Trommel oder Tambour. Kuppeln können als allseitig rund ausgeprägte Form von Gewölben aufgefasst werden.

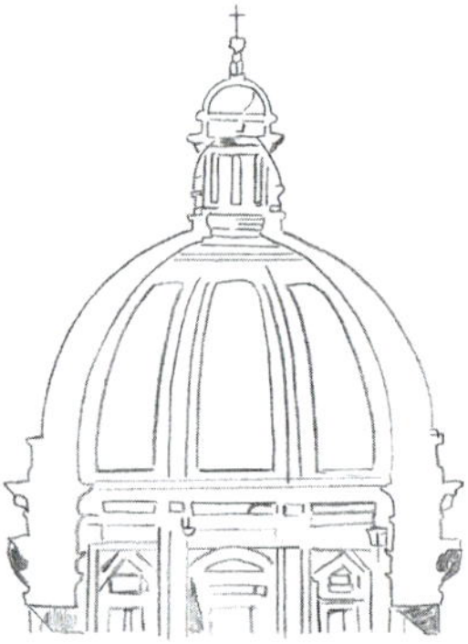

Querschnitt durch eine Kuppel mit aufgesetzter, so genannter Laterne

⇢ Gewölbe ⇢ Romanik

Küppers, Harald

Harald Liebedank Küppers (geb. 1928), Chemigrafenmeister und Ingenieur für Drucktechnik, war viele Jahre Inhaber eines Repro-Unternehmens in Frankfurt/M. In seiner Eigenschaft als Vorsitzender des Fachbereichs Reproduktionstechnik moderierte er viele nationale und internationale Kongresse. Neben seinen Lehraufträgen schrieb er zehn Bücher zur Farbenlehre und zahlreiche Fachartikel und veranstaltete weltweit 217 Seminare und Experimentalvorträge. Die von ihm entwickelte und seit 1972 veröffentlichte Farbenlehre mit dem → Basisschema der Farbenlehre, der → Farbensonne und dem → Rhomboeder-Farbenraum basiert auf den wissenschaftlich gesicherten physikalischen und physiologischen Erkenntnissen über die Farbenwahrnehmung. Farbwiedergabetechniken in unterschiedlichen Medien werden dadurch erheblich beeinflusst. Insbesondere ist hervorzuheben, dass Küppers' Farbenlehre im Gegensatz zu anderen Theorien branchenübergreifend einsetzbar ist. Sie ist keine Einzellösung für besondere Bereiche, sondern beschreibt die allgemeingültigen, übergeordneten Gesetzmäßigkeiten. Küppers zeigt, dass Aussagen veralteter Farbenlehren, z. B. der von J. Itten, wissenschaftlich beweisbar falsch sind. Daher wurde Küppers' Farbenlehre in die Lehrpläne sowohl allgemein bildender Schulen als auch vieler Berufs-, Fach- und Hochschulen übernommen. 1989 erhielt Harald Küppers für sein ehrenamtliches und gemeinnütziges Engagement das Bundesverdienstkreuz.

→ Itten, Johannes

Kutschenschmuck, floristischer

→ Fahrzeugschmuck, floristischer → Hochzeitsschmuck, floristischer

L

lackartig

⇢ Textur, lackartige

Lahnband

Als Lahnband bezeichnet man ein ⇢ Schmalgewebe oder Band, das als Kettfäden oder als Schussfaden Metalllitzen enthält. Statt der teuren Metalllitze aus ⇢ Messing oder ⇢ Aluminium werden heute vielfach metallfarbene Kunststofffolienstreifen eingesetzt. Gold- und silberfarbene Ausführungen finden in der Advents- und Weihnachtsfloristik verbreiteten Einsatz.

⇢ Adventsschmuck, floristischer ⇢ Litze ⇢ Schmuckband
⇢ Weihnachtsschmuck, floristischer

Laminat, laminieren

Laminat (lat.: lamina = Schicht) ist ein schichtförmig mehrlagig aufgebautes ⇢ Material. In der Floristik wird das Einlaminieren zwischen zwei miteinander verschweißbaren Kunststofffolien, so genannten Laminierfolien, eingesetzt. Die verwendeten Werkstoffe oder Materialien müssen dabei trocken und relativ wärmetolerant sein, denn die Geräte arbeiten zumeist elektrisch mit Druck und Hitze. Auch Handlaminiergeräte, die mit innen klebrigem Folienschlauch und ohne Wärme arbeiten, sind für Kleinteiliges einsetzbar. Neben dünnen, flachen Floralien sind für diese Verarbeitung auch Stoffe und Papiere interessant. Alle einlaminierten Gegenstände müssen von einem wenige Millimeter breiten, verklebten Folienrand umgeben sein, damit sich die Laminierung nicht lösen kann. Wenn also in einen Folienbogen viele kleine Teile einlaminiert werden, die später durch Zerschneiden vereinzelt werden sollen, müssen diese mit etwas Abstand zueinander zwischen den Folienschichten angeordnet werden.

⇢ Folie ⇢ Kunststoff ⇢ Papier ⇢ Stoff ⇢ Werkstoff

Laminierfolie

⇢ Folie ⇢ Laminat

Landschaftsgarten

Als Landschaftsgarten oder Landschaftspark bezeichnet man einen zwar künstlich angelegten, jedoch so natürlich wie möglich gestalteten Garten, der die Gege-

benheiten der Landschaft teils mit einbezieht. Die Architektur wird in diesen Parks als künstliches bzw. künstlerisches Element stilistisch integriert. Im → Rokoko entstanden diese natürlich erscheinenden Gärten zuerst. Das entsprach einerseits der Abwendung von der als künstlich empfundenen Gartengestaltung des → Barock und andererseits der Hinwendung zur Natürlichkeit. Im → Klassizismus war der Landschaftspark als Umgebung von Bauten, die der → Antike nachempfunden waren, die ideale Vorstellung eines Gartens.
In der Floristik entspricht die vegetative Gestaltungsart den Auffassungen, die einem Landschaftsgarten zugrunde liegen.

→ Gestaltungsart, vegetative

Lasur, lasieren

Eine durchscheinende bzw. durchsichtige Oberflächenbeschichtung bezeichnet man als Lasur. Meist ist sie auf Holz, aber auch auf Keramikgegenständen und Gemälden als Schutzschicht zu finden. Malfarben und Lacke können als Lasur eingesetzt werden. → Trockenwerkstoff erhält mit entsprechenden Lasuren eine matt glänzende Oberfläche.

Laufglasur

→ Glasur

Lebensraum

Unter Lebensraum versteht man das Umfeld, in dem ein Lebewesen natürlicherweise vorkommt. Bezieht sich dies auf eine konkrete Art, spricht man von Habitat, geht es um eine Gemeinschaft von Lebewesen, ist der Biotop gemeint. An die Bedingungen, die einen Lebensraum charakterisieren, haben sich seine Bewohner im Laufe der Evolution angepasst. Diese Bedingungen sind bestimmt durch:

- Klimafaktoren (Temperaturen, Niederschläge, Feuchte, Sonnenschein, Wind, jahreszeitliche und tägliche Schwankungen)
- geologisch-geografische Gegebenheiten (Bodenbeschaffenheit, Landschaftsform, Höhenlage etc.)
- biotische Faktoren (→ Pflanzensoziologie, Symbiosen, Pflanze-Tier-Relationen)

Kenntnisse zum Lebensraum von Pflanzen sind im Sinn der → Pflanzensoziologie in der vegetativen Gestaltungsart bedeutend.

→ Gestaltungsart, vegetative

Lebenswelten

Wohnsituation, Wohnungseinrichtung, soziale Kontakte, Beruf, Tradition und Kultur, Hobbies, Interessen, Alter, aber auch Einkommen, Status usw. prägen das Lebensumfeld eines Menschen. Zu diesen äußeren Faktoren kommen persönliche Aspekte hinzu, wie etwa Ideologien, Wünsche, Zukunftsvorstellungen, Familienerfahrungen und Gefühle. Stimmen diese sozio-ökonomischen Merkmale für eine größere Konsumentengruppe hinreichend überein, lassen sich daraus Gruppen bilden, deren Umfeld und Lebensausdruck als so genannte Lebenswelten beschrieben werden können. Menschen, die einer solchen Lebenswelt zuzuordnen sind, zeigen demnach ein ähnliches Konsumverhalten. In der allgemeinen Marktforschung lassen sich zehn und mehr solcher Lebenswelten, allerdings mit fließenden Übergängen, ableiten. Von der Firma BLOOM's GmbH ist ein vereinfachtes Marketing-Konzept für die grüne Branche und die Floristik mit einer gröberen Einteilung in fünf Lebenswelten entwickelt worden. Diese heißen:

- → Easy – die unkomplizierten Optimisten
- → Joy – die unkonventionellen Stilmixer
- → Modern – die ausdrucksvollen Individualisten
- → Prestige – die anspruchsvollen Genießer
- → Tradition – die liebevollen Bewahrer

→ Marketing

Lecaton

→ Blähton

ledrig

→ Textur, ledrige

Legende

Als Legende bezeichnet man die Angaben zur Bedeutung von Zeichen in einer → Skizze bzw. beim → Planzeichnen. Da Blumen und Pflanzen beim floristischen → Entwurfszeichnen nicht naturgetreu abgebildet werden können und meist nur schematisch angedeutet sind, ist eine entsprechende Auflistung der schematischen Zeichen mit Erklärung als Legende am Rand der Skizze unerlässlich.

Legierung

→ Metalllegierung

Leichtbeton

→ Beton

Leicht-Schwer-Kontrast

→ Farbkontrast, subjektiver → Gewichtskontrast

Leinen, Leinenbindung, Leinwandbindung

Leinenstoff wird in Leinenbindung (auch Leinwand- oder Taftbindung), einer der drei grundlegenden textilen Bindungsarten, ursprünglich aus Lein- bzw. Flachsfasergarnen hergestellt. Dabei unter- und überkreuzt der Schussfaden in stetem Wechsel je einen Kettfaden. Das Gewebe ist bei dünnen Fäden relativ, jedoch nicht völlig glatt, bei dickeren Fäden entsprechend rauer und jeweils beiderseits gleich in der → Textur. Heute werden auch → Baumwolle und Kunstfasern bzw. Viskosefasern zur Herstellung von Stoffen mit Leinen-Optik verwendet. Leinenstoffe, die jeweils in einer speziellen Art der Leinwandbindung entstehen, sind → Rips und → Molton.

→ Bindung, textile → Rupfen → Stoff, textiler → Taft → Textilfaser → Zellulose

Leuchter

Der Begriff des Leuchters, eigentlich also eines Beleuchtungskörpers, bezeichnet in der Floristik meist einen → Kerzenleuchter. Leuchterformen sind vielfach im kirchlichen Bereich, und davon abgeleitet in der Advents- und Weihnachtsfloristik, zu finden. Floraler Schmuck eines Leuchters kann, besonders bei großen, als → Kandelaber bezeichneten Formen, als floristischer → Raumschmuck gelten. Der siebenarmige, als Menora bezeichnete Leuchter und der achtarmige Chanukka-Leuchter sind jüdischen Ursprungs, jedoch auch in christlichen Kirchen zu finden, da das Christentum aus dem jüdischen Glauben hervorgegangen ist.

Geschmuckter Kerzenleuchter in Menora-Form

→ Adventsschmuck, floristischer → Weihnachtsschmuck, floristischer

Lichtbrechung

→ Farbenspektrum

Lichtfarbe

Licht bzw. bestimmte Lichtwellenlängen werden vom menschlichen Auge als Farben wahrgenommen. Alle vom Menschen wahrnehmbaren Wellenlängen gemeinsam ergeben die Lichtfarbe Weiß. Das → Farbenspektrum des Regenbogens entsteht durch Auffächerung des weißen Lichts in verschiedene Lichtwellenlängen. Die Auffächerung ist eine Folge unterschiedlicher Brechungswinkel für Lichtwellen verschiedener Wellenlängen beim Übergang von einem Medium in ein Medium mit anderer Dichte. Wasser und Luft beim

Regentropfen, Glas und Luft beim Glasprisma bilden solche Medien, an deren Grenzflächen sich das Licht bricht. Die Farberscheinung ist ausschließlich als Empfindung anzusehen und eine Reaktion des Auges und des Gehirns auf die Energiepotenziale des wahrgenommenen Lichts. Farbe in diesem Sinne ist demnach immateriell. Alle Farbwahrnehmungen des Menschen sind letztlich Empfindungen von Lichtfarben. Handelt es sich jedoch um das von Körpern reflektierte Licht, also eine indirekte Lichtwahrnehmung, spricht man von → Körperfarbe.

→ Auge, Anpassungen des Auges → Auge, Bau des Auges
→ Auge, Funktionsweise des Auges

Lichtstärke

Als Lichtstärke bezeichnet man die Intensität eines Lichtstroms, der von einer Lichtquelle ausgestrahlt wird. Gemessen wird sie in Candela (cd). Aus der Lichtstärke und dem Abstand des beleuchteten Gegenstands von der Lichtquelle ergibt sich die Beleuchtungsstärke, die in Lux (lux, lx) angegeben wird. Das Sehen ist von Licht- und Beleuchtungsstärke abhängig, so dass sie für die Farbwahrnehmung große Bedeutung haben.

→ Auge, Anpassungen des Auges → Auge, Bau des Auges
→ Auge, Funktionsweise des Auges

Lifestyle

Der englische Begriff Lifestyle kann mit Lebensstil übersetzt werden. Allerdings ist damit nicht immer in vollem Umfang dasselbe gemeint. Oft sind mit dem englischen Ausdruck speziell eine Jugendkultur oder doch eher die Ausbildungen der aktuellen Lifestyle-Trends gemeint, als ein traditioneller Lebensstil. Unter einem Lebensstil ist allgemein eine Kombination bestimmter Vorlieben, Verhaltensweisen und Konsumorientierungen gemeint, die einen Menschen von anderen abgrenzen oder auch mit Gleichgesinnten verbinden. Musikgeschmack, Modepräferenzen, Einrichtungsstil und Freizeitverhalten sowie die Haltung zu beruflichen oder politischen Fragen gehören z. B. dazu. Typische und konkret abgrenzbare Lebensstile können zum Teil sogar zur Ausbildung so genannter Subkulturen führen, die sich in bestimmten Punkten von den allgemeinen kulturellen Erscheinungen und gesellschaftlichen Verhaltensweisen unterscheiden.

Der Lifestyle bestimmter Konsumentengruppen wird von der Werbung angesprochen und teils sogar erst geschaffen (→ Trendsetter). Damit wird der Lebensstil zu einem der wichtigsten Marketingfaktoren. Umsätze können zielsicher geplant und realisiert werden, wenn ein bestimmter Lifestyle bei einer für das Unternehmen relevanten Kundengruppe erkannt und passend bedient wird. Damit dient die Beobachtung der Entwicklungen beim Lifestyle der Kunden der Sicherung des wirtschaftlichen Erfolges. Vergleiche dazu → Lebenswelten.

→ Trend → Trendforschung

Linie, linear

→ Form, lineare

Litze

Als Litze wird ein Teil bzw. ein Strang einer → Kordel bezeichnet. Außerdem nennt man teilweise auch ein sehr schmales, flaches Gewebeband so. Als Besatzlitze an Möbeln und an Kleidung gehört Litze zu den Posamenten.

→ Posament

Lunette

Der Begriff Lunette kommt aus dem Französischen und bedeutet kleiner Mond. Davon abgeleitet bezeichnet man besonders im → Barock den halbmondförmigen speziell gestalteten Bereich über einem Fenster oder einer Tür als Lunette. Angelehnt an diesen architektonischen Schmuck kann auch floristischer → Raumschmuck als Lunette ausgeführt werden.

Lüster, Lüsterglasur

Der Begriff Lüster stammt vom lateinischen lustrare = leuchten und bezeichnet im Allgemeinen einen → Kronleuchter. Wegen der leuchtenden Effekte spricht man bei irisierenden Glasuren mit Perlglanz auch von Lüsterglasur. Glänzend schimmernde Baumwollstoffe werden als lüstriert bezeichnet.
Als floristischer → Raumschmuck sind Lüster mit floralen Gestaltungsmitteln auf der Basis von Leuchtergestellen herstellbar.

→ Baumwolle → Glasur → Stoff, textiler

M

Mäander

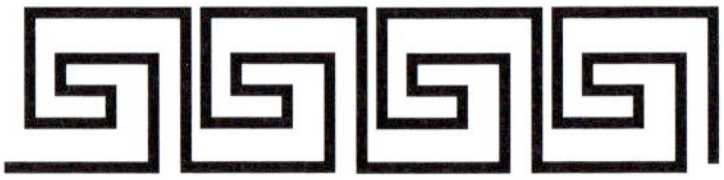

Ein wie Flusswindungen sich hin und her windendes → Ornament in Bandform wird Mäander genannt, nach dem griechischen Namen des Flusses Büyük Menderes nehri. Es kann, z. B. in einem → Fries, rechtwinklig abknickend geformt sein oder spiralig verlaufen. Im letzten Fall spricht man auch vom laufenden Hund. Mäander findet man bereits an Bauwerken der → Antike.

Magentarot

Magentarot (M) ist eine der sechs bunten Grundfarben und wird durch gleichzeitige Anregung der Sehzellen im menschlichen Auge hervorgerufen, die auf die Urfarben → Orangerot und → Violettblau spezialisiert sind. Diese Sehzellen sammeln quasi die Energie der Lichtwellen, die diesen Urfarben entsprechen, und geben den Reiz an die Nervenzellen des Gehirns weiter, wo die Farbempfindung Magentarot entsteht. Im Gegensatz zu den übrigen bunten Grundfarben ist Magentarot im natürlichen → Farbenspektrum des Lichts nicht enthalten. Der Grund ist, dass die Urfarben Violettblau und Orangerot, aus denen die menschliche Sinnesleitung die Magentarot-Wahrnehmung entwickelt, nicht nebeneinander liegen, sondern den jeweils äußeren Rand des Spektrums bilden. Sie können sich deswegen im Farbenspektrum nicht vermischen. Ihre Wellenlängen sind im Bereich des sichtbaren Lichts maximal voneinander verschieden und werden entsprechend unterschiedlich von einem Prisma abgelenkt. Die Farbempfindung Magentarot beweist demnach, dass Farbe keine Eigenschaft von Gegenständen an sich darstellt, sondern eine Reaktion des optischen Wahrnehmungssinnes des Menschen auf bestimmte Wellenlängen des Lichts ist.

→ Basisschema der Farbenlehre → CMYK → Farbname → Grundfarbe → Urfarbe

Majolika

Als Majolika bezeichnet man eine → Weichkeramik, die technisch der → Fayence gleichzusetzen ist. Stilistisch bestehen bezüglich der Bemalung und Verzierung jedoch Unterschiede. So ist Majolika vielfach im Ganzen bunter und weist nicht notwendig eine weiße Zinnglasur auf. Die → Glasur muss auch nicht grundsätzlich den ganzen → Scherben bedecken und abdichten, Teile können offen und damit porös bleiben. Der Begriff bedeutet, historisch bedingt, Keramik von Mallorca.

→ Keramik → Weichkeramik

Manschette

Eine Manschette ist eigentlich eine Handkrause oder der Ärmelabschluss eines Kleidungsstücks. In der Floristik versteht man darunter die kreisringförmige Umfassung aus Floralien, ⇢ Papier oder z. B. ⇢ Tüll, die man um Sträuße legt. Manschetten werden meist deutlich anders gestaltet als die hinein gearbeiteten floralen Füllungen. So ergeben sich attraktive Kontraste. Beim ⇢ Biedermeierstrauß ist die Manschette ein unverzichtbarer Bestandteil.

maritim

Bezeichnet man eine Sache als maritim, bedeutet dies, dass diese mit dem Meer (lat.: mare) zu tun hat. Der betreffende Gegenstand kommt z. B. aus dem Meer oder entstammt der Meeresnähe. Klimabedingungen können maritim sein. Für manche Pflanzen ist ein maritimes Klima, mit kühlen Sommern, milden Wintern und allgemein eher hoher Luftfeuchtigkeit wegen ihrer Herkunft die pflanzenpflegerische Richtschnur. Eine Gestaltung kann maritimen Charakter haben, weil maritime Gegenstände eingearbeitet sind oder der Stil der Gestaltung z. B. auf das traditionelle Kunsthandwerk eines in Meeresnähe lebenden Volkes zurückzuführen ist. Maritimen Bezug hat auch der Begriff ⇢ mediterran, jedoch ist er in seiner genauen Bedeutung anders zu verstehen.

⇢ Ethno- ⇢ Tradition

Marketing

Mit Marketing bezeichnet man alle Aktivitäten eines Unternehmens, die auf den Absatzmarkt für die eigenen Produkte ausgerichtet sind. Hierzu gehören die Forschungen zu Kundengruppen, ⇢ Lebenswelten von Kunden und Trends ebenso wie die Planung, Koordination und Kontrolle der entsprechenden Maßnahmen. Damit können Kundenbedürfnisse optimal befriedigt werden und letztlich wird so die eigene Wettbewerbssituation verbessert und gesichert. Auch die Erschließung neuer Märkte, also die Ansprache neuer Kundengruppen gehört zum Marketing.

Jedes betriebswirtschaftliche Denken muss sich am Markt orientieren, damit ein unternehmerischer Erfolg möglich wird. So ist ein gutes Marketing, von der Produktion wettbewerbsfähiger Produkte zu durchsetzbaren Marktpreisen bis hin zur Pflege der Kundenkontakte, die zentrale Aufgabe eines Betriebes. Auch die handwerkliche und gestalterische floristische Arbeit in einem Floristik-Fachgeschäft ist diesem Gedanken unterzuordnen, da Kreativität zwar wichtig ist, letztlich aber der Verkauf allein über den Erfolg entscheidet.

⇢ Kundengruppe ⇢ Kundentypen ⇢ Trend ⇢ Trendforschung
⇢ Verkaufsgespräch ⇢ Warenpräsentation

Marmor

Marmor ist ein unter Druck durch Umwandlung, aus Kalkgesteinen entstandenes Gestein. Marmor kann reinweiß sein, ist aber oft farbig und gemasert, so dass man von marmoriert spricht. In der Floristik ist Marmor zuweilen in Form von Steingefäßen und Accessoires zu finden oder er hat als Möbeloberfläche und Bodenbelag in zu schmückenden Räumen Bedeutung. Wie alle Kalkarten wird Marmor von Säuren zersetzt und muss dementsprechend von Blumensäften, besonders von Fruchtsäuren, möglichst ferngehalten werden, sonst wird die Oberfläche des Marmorgegenstands stumpf, rau und glanzlos.

→ Accessoire → Gefäß → Gefäßmaterial → Materialgerechtigkeit

Maschendraht

→ Drahtgeflecht

Maßstab

Als Maßstab bezeichnet man in einer Zeichnung die unverzichtbare Angabe des Verhältnisses der gezeichneten und der realen Größen zueinander. In der Floristik sind z. B. die Maßstäbe 1:5 bei Brautstraußskizzen, 1:10 bei Entwürfen für → Tischschmuck und 1:20 beim Raumschmuck von Bedeutung. Dies bedeutet, dass einem Zentimeter in der Planzeichnung in der Realität fünf, bzw. zehn oder zwanzig Zentimeter entsprechen. Alle Teile einer Zeichnung müssen dem angegebenen Maßstab entsprechen. So muss bei einem Maßstab von 1:10 beispielsweise eine Gerberablüte mit etwa einem Zentimeter Durchmesser dargestellt werden, ein Essteller ist mit etwa drei Zentimetern Durchmesser zu zeichnen.

→ Brautstrauß → Entwurfszeichnen → Planzeichnen → Skizze

Maßstab 1:20

Maßwerk

Als Maßwerk bezeichnet man mit dem Zirkel konstruierte, also damit ausgemessene Bauornamente der ⇢ Gotik. Sie zeigen Stab- und Bogenformen, sind gitterartig und dienen einerseits als zierendes, andererseits als konstruktionstechnisch erforderliches Gerüst, z. B. als Grundstruktur von Fenstern, Turmhelmen oder Mauerdurchbrüchen.

Material

Als Material bezeichnet man die nicht-pflanzlichen ⇢ Gestaltungsmittel wie ⇢ Schmuckband, ⇢ Stoff, ⇢ Keramik und ⇢ Kerze im Gegensatz zu den pflanzlichen Gestaltungsmitteln, die mit dem Begriff ⇢ Werkstoff bezeichnet werden. In einigen Fällen, z. B. ⇢ Korb aus Weide, Band aus Pflanzenfasern oder Kürbis als ⇢ Gefäß, verschwimmt diese Abgrenzung allerdings. Oft werden daher die Begriffe Material und Werkstoff synonym verwendet. Eine eigene Kategorie von Materialien bilden die technischen ⇢ Hilfsmittel.

Materialgerechtigkeit

Von Materialgerechtigkeit spricht man, wenn das ⇢ Material, z. B. ⇢ Gefäß, ⇢ Kerze und ⇢ Schmuckband, seinen Eigenschaften gemäß und unter Berücksichtigung der jeweiligen Pflegebedürfnisse optimal eingesetzt und technisch sauber und sicher verarbeitet ist, so dass es seine gestalterische Wirkung voll entfalten kann. Materialgerechtigkeit ist bei allen floristischen Arbeiten eine unverzichtbare Grundvoraussetzung.

⇢ Wahrhaftigkeit ⇢ Werkstoffgerechtigkeit

Materialkenntnis

Materialkenntnis ist für die technisch korrekte Behandlung der Materialien und ihre Pflege ebenso wichtig, wie für einen gestalterisch überzeugenden Einsatz im Sinne von ⇢ Materialgerechtigkeit. Hierzu gehört neben den Kenntnissen zu Gefäßen, Kerzen, Bändern, ⇢ Papier, ⇢ Folie usw. auch das Wissen über technische ⇢ Hilfsmittel. Da im Bereich der gestalterischen Materialien ständig neue Trends und Designs entwickelt werden und außerdem auch neue Techniken immer wieder in die Floristik Einzug halten, ist dieses Wissensgebiet ständig zu aktualisieren. Vergleiche auch ⇢ Werkstoffkenntnis und ⇢ Werkstoffgerechtigkeit.

⇢ Gefäß ⇢ Kerze ⇢ Schmuckband

Materialsymbolik

Eine Materialsymbolik, d. h. eine Aussage und Bedeutung im übertragenen Sinn, ist bei vielen floristischen Materialien und in vielen Werkformen wichtig und muss gestalterisch beachtet werden. Beispiele sind ⇢ Schmuckband als ⇢ Symbol für Verbundenheit, Kerzen als Licht- und Wärmesymbole, Weihnachtskugeln als Früchtesymbole in winterlich weihnachtlichen Werkstücken, und damit als in früheren Zeiten bedeutsames Zeichen für das Überleben des Winters und für neues Leben nach dem Winter. In ähnlicher Weise ist die ⇢ Werkstoffsymbolik wirksam.

⇢ Kerze ⇢ Materialkenntnis ⇢ Weihnachtsschmuck, floristischer

mediterran
Als mediterran bezeichnet man etwas, das in engem Bezug zum Mittelmeer (lat.: mare mediterraneum) steht. Beispiele sind sowohl ein mediterranes Klima, das die Pflanzen dieser Region benötigen, als auch das ⇢ Design von Gegenständen bzw. ganz allgemein Gestaltungen, die aus dem Mittelmeerraum stammen. Die mediterranen Völker haben im Laufe der Zeit jeweils eine typische Kunst und viele kunsthandwerkliche Formen geschaffen, die eine entsprechend mediterrane Ausstrahlung haben. Italienische ⇢ Terrakotta und mallorquinische Keramik (⇢ Majolika) sind Beispiele. Viele kunsthistorische Stilelemente, die heute weltweit zu finden sind, z. B. griechische Säulenformen, gehen auf die griechisch-römische ⇢ Antike zurück und sind damit letztlich ebenfalls als mediterran im Ursprung zu bezeichnen. Auch Pflanzen sind zu nennen, z. B. Lavendel und Pinien, sogar manche Kakteen, obwohl diese erst vor etwa fünf Jahrhunderten aus Amerika eingeschleppt wurden. Seitdem haben sie sich gut angepasst und fest in das in heutiger Zeit geläufige mediterrane Bild eingefügt.

⇢ maritim ⇢ Säule ⇢ Stilelement

Megatrend
Filtert man aus den vielen, sich zum Teil überschneidenden Trends eines Zeitraums und den Trendausprägungen unterschiedlicher Konsumentengruppen die übergeordneten Gemeinsamkeiten heraus, so erhält man als Schnittmenge die übergeordnete, langfristige Tendenz, in die sich Kundenvorlieben, Mode, Stil und Geschmack entwickeln, den Megatrend. Unter einem Megatrend „Natur" wären so z. B. Einzeltrends zu einer rustikal-heimischen Natürlichkeit, zu einer tropisch-exotisch-eleganten Naturausprägung oder zu einer puristisch-reduzierten Winternatur vorstellbar. Ein Megatrend hält für einen längeren Zeitraum, also über mehrere Jahre, an.

⇢ Trend ⇢ Trendforschung ⇢ Trendscout ⇢ Trendsetter

Mengenkontrast

⇢ Farbkontrast, objektiver ⇢ Formkontrast ⇢ Quantitätskontrast

Menora

⇢ Leuchter

Messer

⇢ Floristenmesser ⇢ Werkzeug, floristisches

Messing

Messing ist eine → Metalllegierung, die aus 60 bis 90 % → Kupfer und 10 bis 30 % → Zink sowie eventuell weiteren metallischen Zusätzen besteht. Meist wird Messing zur Formgebung gegossen, jedoch auch gehämmert und gewalzt. Messing ist der → Bronze relativ ähnlich, jedoch heller bzw. gelber oder goldfarbener. Es ist relativ biegefest, jedoch kratzempfindlich. Messing ist Grundstoff für die Herstellung z. B. von Röhren und Glocken. In der Floristik findet man zuweilen Gefäße, → Leuchter und Accessoires aus dieser Metalllegierung.

→ Accessoire → Gefäß

Metall, Metallgefäße

Metallgefäße, die in der Floristik Verwendung finden, bestehen aus verschiedenen Metallen bzw. Metalllegierungen. Dem entsprechend haben sie unterschiedliche zu beachtende Eigenschaften. Allen gemeinsam sind die Kratzempfindlichkeit und, bis auf sehr dickwandige Gefäße, die Gefährdung durch Verbeulen und Verbiegen. Besonders weich sind Zinngefäße, die im Übrigen durch → Zinnpest gefährdet sind. Ein weiteres Problem ist das Oxidieren: → Rost bei Eisen sowie Grünspan (→ Patina) bei Kupfer und Messing zerstören die Gegenstände im Laufe der Zeit. Das Anlaufen von Silber und Aluminium bewirkt eine Art Schutzschicht, die die weitere Oxidation zwar verhindert, jedoch das Aussehen beeinträchtigt.
Gängige Materialien für Metallgefäße, mit möglichen Herstellungstechniken und eventuell weiterer Behandlung, sind:

- → Aluminium: gegossen, satiniert oder poliert
- → Zinn: gegossen und gedreht
- → Kupfer: als Blech gestanzt, gehämmert und/oder vernietet
- → Blei: gegossen, gebogen und/oder verlötet
- → Bronze: gegossen und/oder gehämmert
- → Messing: gegossen, gefräst und/oder gedreht
- → Neusilber: gegossen, gefräst, poliert oder satiniert
- → Silber: gegossen, gestanzt oder als Versilberung anderer Metalle
- → Eisen: gegossen, zu Blech gewalzt, geschweißt, unbehandelt, gegen Rost geölt, lackiert oder verzinkt

→ Metalllegierung → Schlagmetall

metallisch

→ Textur, metallische

Metalllegierung

Unter einer Metalllegierung versteht man die Vermischung verschiedener Metalle (zuweilen auch zusätzlicher Nichtmetalle), meist durch Zusammenschmelzen. Die zugefügten Metalle verändern bzw. verbessern bestimmte Eigenschaften des

Grundmetalls, wie z. B. Festigkeit, Zähigkeit, Gießfähigkeit usw. Wichtige, in der Floristik vorkommende Legierungen sind ⇢ Messing, ⇢ Bronze und ⇢ Neusilber.

⇢ Metall

millefiori, millefleurs

Der italienische Begriff millefiori und der französische Begriff millefleurs bedeuten jeweils tausend Blüten. Gemeint ist ein ⇢ Design z. B. von ⇢ Stoff, ⇢ Papier und Gegenständen aus ⇢ Keramik, bei dem eine Oberfläche mit vielen, scheinbar also tausend Blüten bedeckt ist. Es entsteht ein Streublumenmuster. In der Floristik sind Materialien mit diesem ⇢ Dekor wegen der gestalterischen Verwandtschaft zu Blumen gut einsetzbar. Auch floristische Werkstücke, die aus vielen kleinen Blüten gebildet sind, können als Millefiori-Gestaltungen angesehen werden.

⇢ Positionierungsart, streuende ⇢ Streuung

Mischfarbe

⇢ Farbrangstufen

Mitte, geometrische

Die geometrische Mitte ist die bezüglich der Ausdehnung von Fläche und/oder Raum durch Messen feststellbare Mitte einer Sache. Bei der Symmetrie ist die geometrische Mitte das zentrale Bezugselement, wo sich auch der Waage- und der ⇢ Schwerpunkt befinden. Die geometrische Mitte muss aber nicht notwendig mit dem Schwerpunkt einer Sache zusammenfallen. Bei asymmetrischen Gestaltungen kann der Schwerpunkt aus der geometrischen Mitte heraus verschoben sein, er muss es allerdings nicht.

⇢ Ordnungsart Asymmetrie ⇢ Ordnungsart Symmetrie ⇢ Waagepunkt

Mittelalter

Als Mittelalter bezeichnet man die Zeit zwischen dem Niedergang des weströmischen Reiches ca. 500 n. Chr., also dem Ende der ⇢ Antike, und dem Beginn der ⇢ Neuzeit mit der Entdeckung Amerikas, der Erfindung des Buchdrucks, der Reformation Luthers, neuen astronomischen Erkenntnissen und weiteren, die Welt einschneidend verändernden Ereignissen und Entdeckungen. Stilistisch gehören zum Mittelalter die Epochen der ⇢ Romanik und der ⇢ Gotik.

⇢ Stilepoche

Mittelschiff

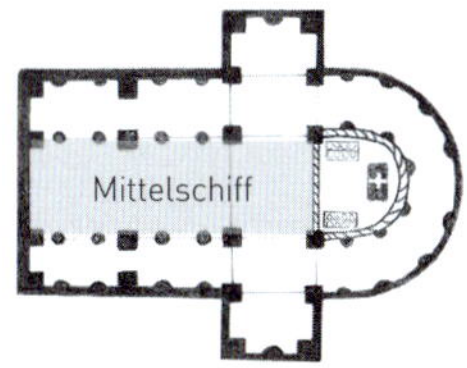

Den langgestreckten, mittleren Hauptteil eines Kirchenraums nennt man Mittelschiff. Zu beiden Seiten davon finden sich die Seitenschiffe. Ein ⇢ Querschiff kann das Mittelschiff kreuzen, wodurch der Kirchenbau im Grundriss seine symbolische Kreuzform erhält, die sich in der ⇢ Romanik entwickelte und auch in gotischen Kirchen als wesentliches Element zu finden ist. Der Überschneidungsbereich von Mittelschiff und Querschiff wird ⇢ Vierung genannt.

⇢ Basilika ⇢ Gotik ⇢ Seitenschiff ⇢ Symbol

Mode, modern

Das Wort Mode (lat.: modus = Art und Weise) meint die Art und Weise, sich nach dem aktuell vorherrschenden Geschmack zu verhalten, zu kleiden, auszustatten etc. Häufig ist damit vorrangig die Kleidung gemeint, aber auch Frisur, Einrichtung oder z. B. eine wissenschaftliche Forschungsrichtung können modern sein. Inhaltlich ist der Begriff des Trends mit dem der Mode eng verwandt. Mit modern bezeichnet man danach alles, was zur neuesten Mode gehört, der jüngsten Zeit zugerechnet wird bzw. dem aktuellen Stand der technischen, wissenschaftlichen und gesellschaftlichen Entwicklung entspricht. Aktuell herrschende Trends sind so gesehen auch dann modern, wenn sie Vergangenes wieder aufgreifen (Retro-Trends). Unabhängig davon kann man eine bestimmte Lebenswelt von Verbrauchern im Ganzen als modern bezeichnen, wenn sie vorrangig immer wieder auf neue, noch nicht da gewesene Gestaltungen und Entwicklungen ausgerichtet ist. Moderne Floristik muss entsprechend beständig die aktuellen Entwicklungen, Trends und Moden beobachten: Neue Werkstoffe werden angeboten, neue Techniken entwickelt, der Zeitgeschmack wechselt, Einrichtungsstile variieren usw.

⇢ en vogue ⇢ Retro- ⇢ Trend ⇢ Trendforschung
⇢ Modern, Lebenswelt Modern

Modern, Lebenswelt Modern

Im von der Firma BLOOM's GmbH entwickelten Marketing-Konzept der ⇢ Lebenswelten wird mit Modern die Lebenswelt für ausdrucksvolle Individualisten beschrieben:
Menschen bzw. Kunden, die man der Lebenswelt Modern zuordnen kann, pflegen eine dynamische Lebensweise mit Niveau. Das schöne Haus, die geschmackvolle Wohnung sind für sie keine Endstationen, denn Beruf und Karriere können jederzeit einen Standortwechsel notwendig machen. Sie sind dort zu Hause, wo sie gerade ihr berufliches Tätigkeitsfeld gefunden haben. Dort richten sie sich designorientiert und/oder avantgardistisch, in jedem Fall individuell ein. Hochwertige Materialien und erlesene Einzelstücke bestimmen den Wohnstil. ⇢ Bauhaus und Moderne sind prägend. Räumliche Leere und Weite, in der jeder Gegenstand einen

klar zugewiesenen Platz erhält, gelten als Luxus. Pflanzen und Blumen gehören dazu, müssen aber hohe Anforderungen erfüllen, vor allem pflegeleicht und genügsam sein. Dafür darf es dann auch einmal ein raumprägendes Großexemplar sein. Kleines tritt andererseits ⇢ mono und in Menge auf. Die Gefäße sind schlicht und einfarbig, ohne Muster und Schnörkel. ⇢ Keramik, ⇢ Glas und ⇢ Aluminium oder Edelstahl spielen eine Rolle. Auch im Outdoor-Bereich gilt, dass geradliniges, schlichtes Mobiliar ohne Muster und Schnörkel, meist in klaren Uni-Farben, das ⇢ Ambiente bestimmt. Die Bepflanzungen der schlicht gehaltenen Kübel, Kästen oder Töpfe lassen eine zurückhaltende Eleganz und die Betonung von Form und Farbe erkennen.
Warenpräsentationen für diese Zielgruppe sollten gut strukturiert sein und die Produkte werden als ⇢ Solitär oder in größerer Zahl geblockt eingefügt. Die Warenträger sind kubisch und einfarbig. So erregen ⇢ Reduktion und Plakativität die Aufmerksamkeit modern eingestellter Kunden für das hochwertige Sortiment.

⇢ Avantgarde ⇢ Design ⇢ Marketing

Moderne

Als Moderne bezeichnet man die ⇢ Stilepoche bzw. den ⇢ Stil, die oder der unter anderem auf das ⇢ Bauhaus zurückgeht und dort im Wesentlichen entwickelt wurde.

Modul

Tischschmuck aus modularen Gestecken

Bei einem Modulsystem bzw. einer modularen Gestaltung besteht das Gesamtergebnis aus mehreren Teilen, den Modulen, die frei gegeneinander austauschbar und miteinander kombinierbar sind. Durch Vervielfachung der Teile ist eine beliebige Erweiterung möglich. Dabei können die Module gleich oder verschieden sein. Entscheidend ist, dass die jeweiligen Ansatz- oder Erweiterungsstellen so gestaltet sind, dass man beliebig, idealerweise sogar unmittelbar, anfügen kann. Die End- oder Eckmodule müssen eventuell entsprechend als Abschlüsse gearbeitet werden. Vorteile des Modulsystems sind Serienfertigung, schnelle und unkomplizierte Erweiterung, leicht mögliche Anpassung an verschiedene Gestaltungssituationen und damit erweiterte Einsatzmöglichkeiten. Eine → Reihe von Werkstücken ist mit Modul-Elementen leicht realisierbar. Ein → Tischschmuck hat dementsprechend häufig Modulcharakter.

Modulation, Modellierung

→ Bodengestaltung

Moiré

Als Moiré bezeichnet man in der Textiltechnik ein schimmerndes, an die Maserung von Holz erinnerndes, wellenähnliches Muster bzw. eine → Textur bei → Stoff oder → Schmuckband. Es entsteht durch unregelmäßiges Verschieben der Fäden durch Druckwalzen unter Hitzeeinwirkung. Echtes Moiré wird wie beschrieben hergestellt, unechtes wird dagegen lediglich aufgedruckt bzw. aufgeprägt. Letzteres ist am Rapport, d. h. einer technisch bedingten, genauen Wiederholung des Musters, zu erkennen, während echtes Moiré unregelmäßig ist.

Trauerkranzbänder mit Moiré-Textur

Molton

Molton ist ein meist beidseitig aufgerautes und daher sehr weich erscheinendes Baumwollgewebe, das in Leinenbindung hergestellt wird. Molton-Stoffe werden in der Floristik zuweilen als Dekorationsstoffe eingesetzt.

→ Baumwolle → Bindung, textile → Leinen → Stoff

Mono-, mono-

Mono- ist eine aus dem Griechischen stammende Vorsilbe mit der Bedeutung ein, einzeln, allein. Ein Mono-Strauß oder eine Mono-Pflanzung besteht demnach zwar aus mehreren Blumen oder Pflanzen, diese jedoch nur von einer einzigen Art oder Sorte. Unwesentliche Ergänzungen, z. B. kleine Umrankungen oder Überspielungen mit Zierdraht, sind dabei möglich, solange diese die Mono-Wirkung nicht schmälern. Ein Werkstück, das von einem einzelnen Stiel eines Werkstoffs beherrscht wird, der nur von einigen wenigen sich unterordnenden anderen Werkstoffen begleitet wird, ist dagegen als Solitär-Werkstück zu bezeichnen.

→ herrschend → Solitär

Monosymmetrie

Die Monosymmetrie ist eine → Achsensymmetrie und als Unterart der → Ordnungsart Symmetrie anzusehen. Die monosymmetrische Ordnung zeigt eine → Symmetrieachse, die durch die geometrische → Mitte geht. Hier befindet sich auch der ⇢ Waagepunkt, über dem meist das ⇢ Hauptmotiv als größtes Motiv positioniert wird. Die Nebenmotive werden paarig in gleicher Größe, Form und Farbe sowie in jeweils gleichen Abständen zur Symmetrieachse spiegelbildlich links und rechts davon angeordnet. Man kann daher auch von Spiegelsymmetrie sprechen. Dem ⇢ Hebelgesetz entsprechend ergibt sich gedanklich eine vollkommen ausgeglichene Waage in ⇢ Gleichheitsproportion. Je nach Größe und Abstand zur Mitte haben Nebenmotive unterschiedlichen Rang. Das Hauptmotiv muss nicht in jedem Fall der größte Teil einer monosymmetrischen Ordnung sein. Aufgrund seiner Stellung ist es jedoch das wichtigste Element. Bleibt die Mitte leer, wie z. B. bei einem ⇢ Altar- oder Bühnenschmuck, besteht die monosymmetrische Ordnung nur aus paarigen Motiven. Auch dann wird der Blick jedoch in die Mitte und von dort unter Umständen weiter in den Raum hinein gelenkt. Hier ist dann die nicht zum floristischen Schmuck gehörende Hauptsache oder das eventuell erst später stattfindende, eigentlich wichtige Geschehen zu finden: das Brautpaar, das dort getraut wird, der Redner, der hier auftritt, usw.

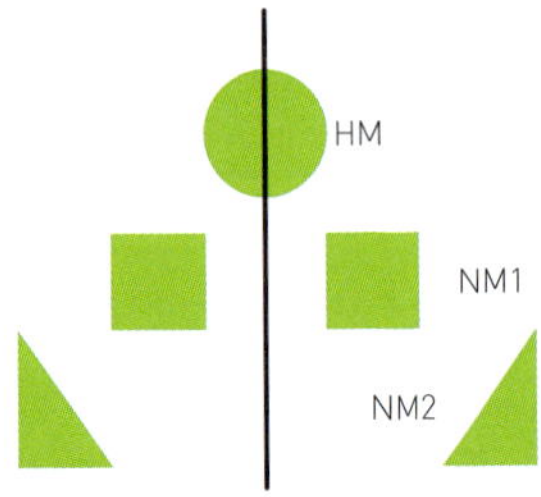

Gleichschenkliges Dreieck, Halbkreis, Kreuz und ⇢ Tropfenform sind monosymmetrische Umrissformen von Werkstücken. Einseitig zu betrachtende Werkstücke lassen sich gut monosymmetrisch gestalten. Beispiele bieten ⇢ Brautstrauß, ⇢ Fahrzeugschmuck, Bühnen- und Altarschmuck sowie der ⇢ Kranz mit symmetrisch-dekorativem Schmuck.

⇢ Kranzschmuck, symmetrisch-dekorativer ⇢ Kreuz ⇢ Motiv ⇢ Nebenmotiv

monoton

Monoton bedeutet eintönig oder gleichförmig und bezieht sich ursprünglich auf einen gleichbleibenden Ton bzw. Klang oder z. B. auf einen unveränderten Tonfall beim Sprechen. Im übertragenen Sinn meint man damit alles Uninteressant-Langweilige, das ohne jede Abwechslung bleibt und damit die Wahrnehmung abstumpfen lässt. Monotonie hat meist eine ermüdende und einschläfernde Wirkung.

Motiv

Unter einem Motiv versteht man einen grundlegenden Gestaltungsteil, sozusagen einen Basisbaustein innerhalb einer konkreten Gestaltung. Die Gesamtgestaltung setzt sich damit aus mehreren Motiven zusammen. Diese Motive können dabei gleich, aber auch verschieden sein. Eventuell unterscheiden sie sich nur in einer Eigenschaft, z. B. der Größe, sind sonst aber gleichartig. Ein Motiv kann sowohl ein Einzelwerkstoff sein als auch eine ⇢ Gruppe von Werkstoffen. In einer Gestaltung aus mehreren Werkstücken sind auch die Einzelwerkstücke ihrerseits als Motive aufzufassen. Der Motiv-Begriff wird vor allem in der theoretischen Betrachtung von Symmetrie und Asymmetrie verwendet, wobei es zur Unterscheidung von

→ Haupt-, → Gegen- und → Nebenmotiv kommt. Schließlich wird der Begriff des Motivs auch im Bereich des Dekors von Gegenständen für die grundlegende Einzelform verwendet, aus der sich das → Dekor aufbaut.

→ Ordnungsart → Ordnungsart Asymmetrie → Ordnungsart Symmetrie

multikulti

Es handelt sich um die schlagwortartige Verkürzung des Begriffs multikulturell. Vermischt man Elemente und/oder Gegenstände, aber auch gedankliche Inhalte und Anschauungen aus verschiedenen Kulturkreisen, so kann man das Ergebnis als multikulturellen Mix bezeichnen. Gestalterisch kann der Reiz hierbei in der Kontrastierung (Exotik mit Gewohntem), in der Verwandtheit (Filigranes aus verschiedenen Welten) aber auch im Souvenirhaften der versammelten Dinge liegen. Multikulturelle Beeinflussung findet man zu allen Zeiten als fruchtbare Erweiterung der gestalterischen Möglichkeiten eines Kulturkreises. In der heutigen Zeit mit dem durch moderne Medien eröffneten, nahezu unbeschränkten Zugang zu anderen Kulturkreisen, dem fast unbegrenzten Warenaustausch und den Reisemöglichkeiten kommt diesem Gestaltungsthema eine besondere Bedeutung zu.

→ Ethno- → Folklore

Muranoglas

Murano ist ein auf einer Insel gelegener Stadtteil von Venedig. Hier entwickelten sich bereits im ausgehenden → Mittelalter bedeutende Glasmanufakturen, die in der → Renaissance und im → Barock zu besonderer Blüte fanden. Venezianische Spiegel sind z. B. vielfach aus Muranoglas hergestellt. Dieses Glas zeichnet sich durch hohe Lichtbrechungseigenschaften und, bei farbigen Varietäten, durch eine strahlend reine Farbigkeit aus. Muranoglas wird auch in opaker, d. h. in undurchsichtiger Ausprägung hergestellt. Es wird sowohl in besonderer Dicke, z. B. bei Gefäßen, verarbeitet als auch sehr feingliedrig, teils fädig geformt. Tierfiguren und Blüten aus diesem Glas sind für eine filigrane Verarbeitung entsprechende Beispiele.

→ Filigran → Gefäß → Glas → opak

Muschel

Muscheln sind im Wasser lebende Weichtiere. Sie bilden paarige, meist komplementarsymmetrische, zuweilen auch asymmetrische Schalen aus. Diese oft vereinfacht als Muscheln bezeichneten Schalen werden als natürliche, organische Formen und nichtpflanzliche → Gestaltungsmittel eingesetzt. Häufig werden, allerdings falsch, auch die Gehäuse von Schnecken als Muscheln bezeichnet.

→ Form, organische → Komplementärsymmetrie

Myrtendraht

→ Wickeldraht

N

Nachbarschaftsfarbe

Farben, die in einem Farbsystem, wie dem → Basisschema der Farbenlehre nach H. Küppers, nebeneinander liegen, bezeichnet man als benachbart. Sie sind einander in ihrem Buntsein ähnlich. Bezüglich der → Harmonie benachbarter Farben bedeutet dies, dass im 24-teiligen, äußeren Ring des Basisschemas der Farbenlehre nicht mehr als sechs nebeneinander liegende Farbnuancen beteiligt sein sollten. In der 12-strahligen → Farbensonne sollten maximal vier benachbarte Nuancen ausgewählt werden.

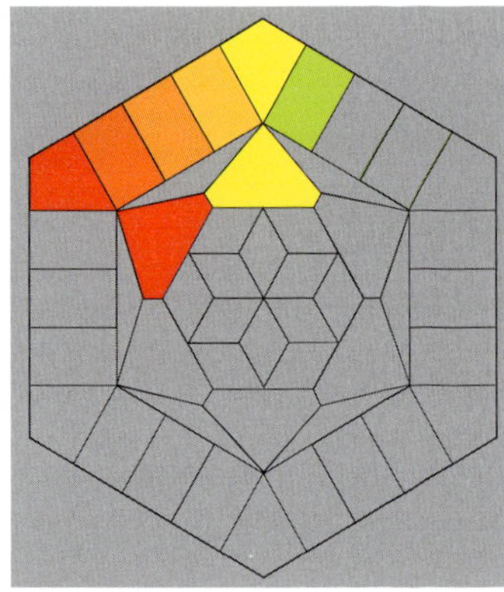

→ Farbharmonie → Küppers, Harald

Nah-Fern-Kontrast

→ Entfernungskontrast → Farbkontrast, subjektiver

Nährelement

Pflanzen sind letztendlich aus chemischen Elementen (in Klammern die chem. Zeichen) aufgebaut, die der Pflanze für ihr Wachstum zugeführt werden müssen. Diese werden als Nährelemente bezeichnet, die von Pflanzen weitgehend in Form positiv oder negativ geladener Ionen aufgenommen werden. Man unterscheidet nach der Bedeutung für die Pflanze bzw. der Menge im pflanzlichen Gewebe verschiedene Elementgruppen:

Hauptnährelemente

Sie sind für Pflanzen unverzichtbar und haben den bedeutendsten Anteil am Aufbau des Pflanzenkörpers. Dazu gehören:

- Kohlenstoff (C), Sauerstoff (O) und Wasserstoff (H), die hauptsächlich aus Luft und Wasser aufgenommen werden und zur grundlegenden Fotosynthese des Traubenzuckers notwendig sind.
- Stickstoff (N), Phosphor (P) und Kalium (K), die auch als Kernnährelemente bezeichnet werden. Diese hervorhebende Bezeichnung erhalten sie, weil sie die wichtigste Rolle in der Düngung spielen.
- Magnesium (Mg), Calcium (Ca) und Schwefel (S) sind weitere wichtige Hauptnährelemente, die unter anderem beim Chlorophyll-, Zellwand- und Eiweißaufbau erforderlich sind.

Spurenelemente
Dies sind Elemente, die in sehr geringen Mengen in Pflanzen vorkommen, jedoch nicht ganz verzichtbar sind. Ihre Bedeutung ist teilweise noch ungeklärt. Beispiele: Eisen (F), Mangan (Mn), Zink (Zn), Kupfer (Cu), Bor (B), Molybdän (Mo).

Nützliche Elemente
Dazu gehören Natrium (Na), Aluminium (Al), Silizium (Si), Chlor (Cl), Kobalt (Co). Sie sind für Pflanzen zwar verzichtbar, fördern jedoch deren Wachstum oder bedingen bestimmte Eigenschaften (z. B. Blaufärbung von Hortensienblüten).

→ Düngemittel → düngen → Ion → Kernnährelement

Naturbast

→ Bast

Nebenmotiv

Gestalterisches Motiv, das im Vergleich zu anderen Motiven in einer Gesamtgestaltung eine untergeordnete Rolle spielt. Nebenmotive zeigen oft eine geringere Größe als andere Motive. Dies trifft insbesondere in asymmetrischen Gestaltungen zu, wo zu → Hauptmotiv und → Gegenmotiv als kleinstes das Nebenmotiv tritt und die Gestaltung vervollständigt. Hierbei verhalten sich Größen und Abstände im Idealfall nach Goldenem Schnitt. Selten ist ein noch kleineres → Rückseitenmotiv vorhanden.
In der Symmetrie ist, statt der Größe, die aus der Mitte heraus verschobene Position von Nebenmotiven entscheidend. Selbst wenn hierbei Nebenmotive das Hauptmotiv an Größe übertreffen, behalten sie ihre untergeordnete Nebenrolle.

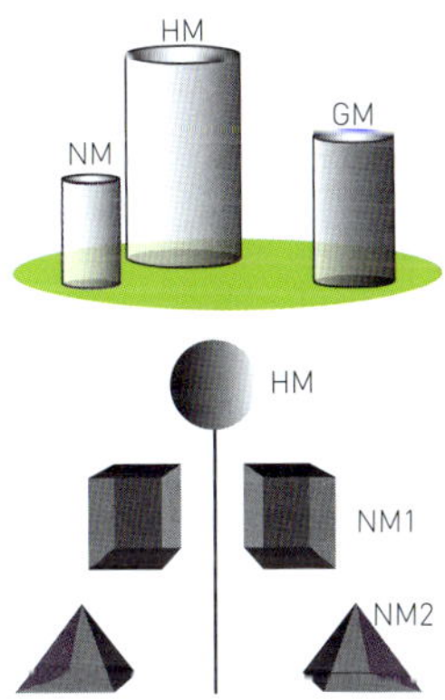

Schemata zur Positionierung von Hauptmotiven (HM) und Nebenmotiven (NM) in Asymmetrie und Symmetrie, in der Asymmetrie zusätzlich eines Gegenmotivs

→ Goldener Schnitt → Motiv → Ordnungsart Asymmetrie → Ordnungsart Symmetrie

Netzhaut

→ Auge, Anpassungen des Sehorgans → Auge, Bau des Auges → Auge, Funktionsweise des Auges

Neusilber

Als Neusilber oder Hotelsilber bezeichnet man eine silberfarbene → Metalllegierung aus → Kupfer, Nickel und → Zink. Hotelbesteck, Tee- und Kaffeekannen in der Gastronomie sowie Schmuckgefäße, die auch in der Floristik vorkommen, werden daraus gefertigt. Der Vorteil von Gefäßen oder Accessoires aus diesem Material ist ein im Vergleich zu → Silber günstiger Preis. Neusilber ist außerdem kaum anfällig für den Oxidationsprozess, den man beim Silber als schwärzliches Anlaufen kennt. Der Hochglanz von Neusilber kommt dem des echten Silbers nahe. Früher wurde Neusilber auch als Alpaka bezeichnet.

→ Accessoire → Gefäß

Neuzeit

Historisch wird die Zeit ab etwa 1500 n. Chr. als Neuzeit bezeichnet. Die Entdeckung Amerikas, Luthers Reformation, die Erfindung des Buchdrucks und die daraus folgende, schnellere Wissensverbreitung sowie die Entwicklung humanistischen Denkens sind Beispiele für Ereignisse, die den Wechsel vom → Mittelalter zur Neuzeit bewirkt haben. Die erste Epoche, die zur Neuzeit zählt, ist die → Renaissance, die in Italien schon etwa 70 bis 100 Jahre früher einsetzte und deren Ideen und Errungenschaften sich von dort verbreiteten.
Renaissance, → Barock und → Rokoko, → Klassizismus mit → Empire und → Biedermeier, → Historismus, → Jugendstil, → Moderne und → Postmoderne sowie die Jetztzeit gehören zur Neuzeit. Teils wird die Zeit ab dem Jugendstil auch als neueste Zeit bezeichnet. Innerhalb der Neuzeit hat sich bezüglich des floristischen Werkstoffs Pflanze sowohl das naturwissenschaftliche Interesse und Wissen entwickelt als auch seine gestalterische Bedeutung. In dieser Zeit sind zunächst die Orangerien an Fürstenhöfen, dann Zierpflanzengärtnereien entstanden und ab der zweiten Hälfte des 19. Jahrhunderts auch die Blumenbinderei oder Floristik als berufliche Tätigkeit im heutigen Sinn.

→ Binderei → Orangerie → Stilepoche → Stilkunde → Werkstoff

Nichtfarbe

→ Farbe, unbunte

nichtfloral, nonfloral

Die Begriffe nichtfloral und nonfloral sind gleichbedeutend und werden zur genaueren Bezeichnung von Gestaltungsmitteln verwendet, die nicht pflanzlichen Ursprungs sind. Insofern sind diese Begriffe auf den Gestaltungsmittelbegriff → Material im Gegensatz zum floralen, pflanzlichen → Werkstoff anwendbar. Auch die Schreibweisen nicht-floral bzw. non-floral sind üblich, während eine Schreibweise in zwei getrennten Worten in bestimmten Zusammenhängen missverständlich ist, da das Wort „nicht" dann im Sinn von „keine" gelesen werden kann.

→ floral → Gestaltungsmittel

Nostalgie

nostalgisch wirkender Biedermeierstrauß

Nostalgie bedeutet eine Rückwendung zu früheren Zeiten mit ihren Vorstellungen, Handlungsweisen, Stilformen etc. Häufig ist sie sehnsuchtsvoll-romantisch und verklärt die in der Realität meist gar nicht so schöne „gute alte Zeit". Die nostalgische Sehnsucht nach dem Altbekannten und Bewährten entspringt z. T. dem Bedürfnis nach Sicherheit in einer als bedrohlich und unbeherrschbar empfundenen Jetztzeit.

Nostalgie kann in diesem anheimelnden Sinn auch eine Geschmacksausprägung sein oder einen → Trend darstellen, in dem die Farb- und Formgestaltung, die Musik, die Sprache früherer Zeiten besonderen Gefallen finden. Besonders Blumen, die oft eine Ausstrahlung haben, als gehörten sie einer scheinbar heilen, gewaltlosen Welt an, verbinden sich gut mit nostalgischem Gefühl. Floristisch nostalgisch sind z. B. der klassische → Biedermeierstrauß, ein traditionell geschmückter → Adventskranz, → Schmuckband mit Motiven aus alter Zeit und ein → Wasserfallbrautstrauß nach alten Vorbildern aus der → Gründerzeit um 1900 n. Chr.

→ Romantik → Tradition

O

Obelisk

Obelisken sind ursprünglich aus einem Block gehauene (monolithische) Steine, die zunächst im antiken Ägypten zur Ehre des Sonnengottes aufgestellt wurden. Die hohen, freistehenden, sich nach oben verjüngenden, pfeilerähnlichen Gebilde mit quadratischer Grundfläche haben eine pyramidenförmige Spitze. Diese war bei den Ägyptern oft mit Goldblech verkleidet und erstrahlte beim Aufgehen der Sonne. Vor allem in der → Renaissance, im → Klassizismus und im → Historismus wurden Obelisken erneut verwendet und als Denkmäler meist mit Inschriften versehen. Auch heute sind sie z. B. aus → Terrakotta, Blech oder → Beton als Dekorationsartikel üblich.

→ Antike → Pfeiler → Stilepoche

Oberflächenstruktur

Oberflächenstrukturen sind die Formausprägungen der Oberflächen von Werkstoffen und Materialien. Ihre theoretische Betrachtung sowie die Entwicklung von Bezeichnungen für verschiedene Oberflächenstrukturen gehören zur → Formenlehre.

Eigentlich wird mit dem Begriff Struktur der innere Aufbau einer Sache angesprochen. Diese strukturellen Gegebenheiten bestimmen jedoch auch die äußere Form einer Sache. Da allerdings hauptsächlich die äußeren, relativ dünnen Gewebeschichten des Pflanzenkörpers für die Oberflächenstruktur entscheidend sind, wird inzwischen der treffendere Begriff → Textur (= Gewebe, Faserung) verwendet, der die Formausprägung eines flächigen Körpers durch Verweben und Verflechten von Elementen verdeutlicht. Auch die → Stofflichkeit steht mit der Oberflächenstruktur in engem Zusammenhang. Falsch ist allerdings die Verwendung des verkürzten Begriffs → Struktur, der nur im anfangs erläuterten Sinn des inneren Gefüges zu verstehen ist.

opak, Opazität

Ein opaker Gegenstand ist undurchsichtig bzw. lichtundurchlässig. Der Grad der Opazität ist damit ein Maß für die Lichtundurchlässigkeit. Eine volle Opazität haben die meisten Keramiken. → Porzellan ist → transluzent und hat somit eine geringere

Opazität. → Papier ist ebenfalls nicht vollständig opak. Ist ein Gegenstand vollkommen → transparent, hat er keinerlei Opazität. Der Begriff spielt vor allem in der Materialkunde eine Rolle, wenn ein Stoff, der in der Regel als durchsichtig bekannt ist, in opaker Ausführung vorliegt, z. B. opakes → Glas (siehe Abbildung).

→ Material → Materialkenntnis

optisch

→ Gewicht, optisches → Gleichgewicht, optisches

Orangerie

Im → Barock entstanden an den Fürstenhöfen und Schlössern vielfach Sammlungen exotischer, meist tropischer und subtropischer Pflanzen aus fernen Ländern. Die Räume, in denen solche Pflanzen untergebracht wurden, bezeichnete man als Orangerien, da Orangenbäume vielfach zu den Sammelobjekten gehörten. In der Zeit ihrer Entstehung galten Orangerien und die enthaltenen, seltenen Pflanzen als Prestige-Symbol für die fürstlichen Besitzer und Sammler. Eigentlich handelt es sich bei Orangerien um Gewächshäuser. Die heutigen Wintergärten, in denen pflanzeninteressierte Menschen ihre Zimmerpflanzen-Sammlungen halten und pflegen, gehen auf diese Orangerien zurück.

→ Prestige → Symbol → Zimmerpflanze

Orangerot

Die Grundfarbe Orangerot (R von engl. red) entspricht als Farbempfindung dem maximalen Aufnahmepotenzial eines der drei Zapfen-Sehzellentypen des menschlichen Auges. Orangerot wird daher von H. Küppers als → Urfarbe bezeichnet und gehört zu den sechs bunten Grundfarben.

→ Auge, Funktionsweise des Auges → Basisschema der Farbenlehre → Farbname → Grundfarbe → Küppers, Harald → RGB

Orchideenröhrchen

→ Wasserröhrchen

Ordnung, freie

→ Ordnungsart Asymmetrie

Ordnung, strenge

→ Ordnungsart Symmetrie

Ordnungsart

Die Ordnungsarten beschreiben das gestalterische Ordnen im Hinblick auf die Positionierung der Einzelteile innerhalb einer Gesamtgestaltung. Diese Teile, d. h. Einzelelemente, Motive oder Gruppen, werden im Verhältnis zueinander und im Bezug auf mögliche Raumachsen bzw. -ebenen oder Bezugspunkte wie Mittel- und → Waagepunkt betrachtet. Zwei Ordnungsarten werden unterschieden:

- → Ordnungsart Symmetrie oder strenge Ordnung mit Gleichheitsproportionen von wenigstens zwei Einzelmotiven und einer Betonung der Mitte. Die Verteilung der Motive oder Teile erfolgt im Bezug auf Symmetrieachsen bzw. -ebenen oder/und einen Mittelpunkt. Zur Symmetrie existieren mehrere Ausprägungen bzw. Unterarten.
- → Ordnungsart Asymmetrie oder freie Ordnung mit einer ungleichen Verteilung der Gruppen bzw. Motive und → Gestaltungsmittel. Die Verteilung erfolgt hauptsächlich nach Goldenem Schnitt und unter Beachtung des Hebelgesetzes. Jedoch wird in modernen floristischen Gestaltungen auch eine frei proportionierte Asymmetrie erarbeitet.

→ Gleichheitsproportion → Goldener Schnitt → Gruppe → Hebelgesetz → Motiv → Positionierung → Proportion → Symmetrieachse → Symmetrieebene

Ordnungsart Asymmetrie

Mit Asymmetrie oder freier Ordnung wird die nicht spiegelgleiche Positionierung von gestalterischen Teilen, Motiven oder Gruppen von Gestaltungsmitteln bezeichnet. Die Wirkung entsprechender Gestaltungen ist frei, natürlich, spannungsreich, dynamisch und ungezwungen. Man unterscheidet:

Asymmetrische Gestaltung nach Goldenem Schnitt
Bei dieser Form der Asymmetrie verhalten sich einerseits die Motivgrößen, andererseits die Abstände der Motive zueinander nach Goldenem Schnitt. Dabei ist das → Hauptmotiv als größtes, dominierendes Motiv aus der geometrischen Mitte heraus verschoben und seine Position ist durch den Goldenen Schnitt im Goldenen Punkt z. B. eines Gefäßes festgelegt. Die → Gruppenachse der gesamten asymmetrischen Gruppierung verläuft durch das Hauptmotiv. Auf der anderen Seite der geometrischen Mitte ist, am weitesten vom Hauptmotiv entfernt, das → Gegenmotiv als zweitgrößtes Motiv angeordnet. Das → Nebenmotiv steht als drittgrößtes, meist kleinstes Motiv neben dem Hauptmotiv auf der Seite, die dem Gegenmotiv abgewandt ist. Wenn die drei Motive nicht entlang einer geraden Linie positioniert werden, entsteht als Grundriss die Beziehungsfigur eines ungleichseitigen Dreiecks. Bei allseitig zu betrachtenden Werkstücken muss zur Vermeidung einer ungestaltet wirkenden Rückseiten-Wand ein zusätzliches, nochmals kleineres Rückseitenmotiv hinter dem Hauptmotiv erarbeitet werden. Der → Waagepunkt befindet sich bei völlig ausgeglichen asymmetrisch gruppierten Gestaltungen in der geometrischen Mitte (siehe Schema). Variiert man die Asymmetrie und weicht

von einer allzu strengen und schematischen Positionierung nach Goldenem Schnitt ab, verschiebt sich der Waagepunkt in den meisten Fällen zum Hauptmotiv hin. Für die Ausgewogenheit solcher Gestaltungen müssen jedenfalls das optische Gewicht und das → Hebelgesetz zusätzlich beachtet werden, damit harmonische Proportionen zwischen den Motivgrößen und den Motivabständen entstehen. Ein genaues Abmessen ist nicht erforderlich, das Augenmaß entscheidet.

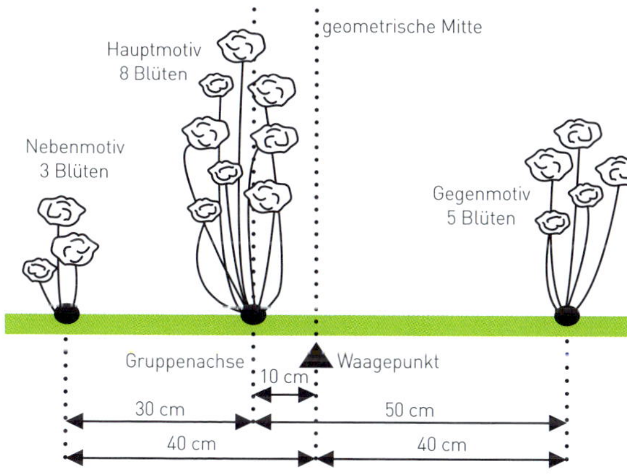

Schematische Waage für theoretische Überlegungen zur Ausgewogenheit asymmetrischer Gestaltungen nach Goldenem Schnitt

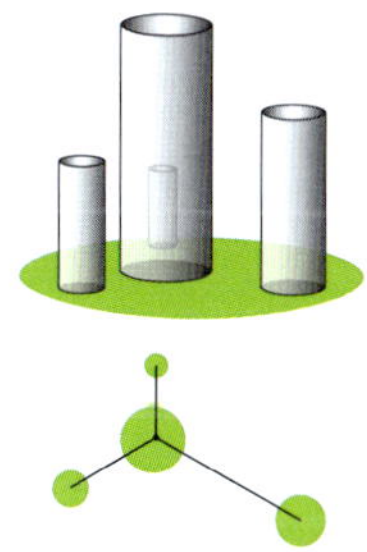

Grundschema asymmetrischer Gestaltung nach Goldenem Schnitt mit Haupt-, Gegen-, Neben- und Rückseitenmotiv

Frei proportionierte asymmetrische Gestaltung

Bei frei proportionierter Asymmetrie wird bewusst vom Goldenen Schnitt abgewichen. Die Proportionen werden dabei bezüglich des größeren Teils überstreckt. Das bedeutet gleichzeitig in Relation zu diesem größeren Teil eine Stauchung des kleineren Teils. So entstehen z. B. Proportionen von 2:6 oder von 1:9 usw. Eine weitere Möglichkeit solche Proportionen zu entwickeln, besteht in der gestalterisch bewussten Übernahme der durch die Werkstoffe vorgegebenen Größenrelationen. Auch wenn der Goldene Schnitt in der Natur nachweisbar ist, so ist er doch nicht allgegenwärtig und weniger bedeutend als in der Gestaltungslehre oft angenommen. So sind die natürlichen Proportionen z. B. von riesigen Sonnenblumenblüten zu relativ viel kleineren, anderen Werkstoffen, z. B. Rosen, durchaus harmonisch, da sie der natürlichen Wahrnehmung entsprechen. Entsprechende gestalterisch überzeugende Ungleichgewichte sind demnach möglich, ohne dass sich eine Unausgewogenheit der Werkstücke ergibt. Ein gutes, durch Naturbeobachtung geschultes Gefühl für die natürlichen Proportionen ist dazu erforderlich.

→ Gestaltungsmittel → Gewicht, optisches → Gleichgewicht, optisches → Goldener Schnitt → Gruppe → Mitte, geometrische → Motiv → Positionierung → Proportion

Ordnungsart Symmetrie

Mit Symmetrie oder strenger Ordnung wird im Allgemeinen eine Positionierung von gestalterischen Teilen, Motiven oder Gruppen von Gestaltungsmitteln bezeichnet, die bezüglich einer oder mehrerer Symmetrieachsen bzw. -ebenen oder eines Mittelpunkts Gleichheitsproportionen zeigen. Man unterscheidet von diesen Symmetrien, die sich auf ein Mittelelement beziehen, weitere Symmetrien, die nicht mittenorientiert sind.

Mittenbezogene Symmetrien sind aufteilbar in:

- Achsensymmetrie mit den Unterarten
  - Monosymmetrie
  - Disymmetrie
  - Radiärsymmetrie
- Punktsymmetrie mit den Unterarten
  - Rotationssymmetrie
  - Disymmetrie und Radiärsymmetrie können wegen des mittigen Schnittpunkts der Achsen ebenfalls hier eingestuft werden. Man kann sie sogar als besondere Formen der Rotationssymmetrie auffassen.

Nicht mittenbezogene Symmetrien sind:

- Translationssymmetrie
- Komplementärsymmetrie

Für die mittenbezogenen Symmetrien gilt:

- Spiegelgleiche Aufteilung aller Elemente bezogen auf eine oder mehrere Symmetrieachsen oder punktbezogen gleiche Verteilung bei einem Mittelpunkt.
- Eine einzelne Symmetrieachse ist gleichzeitig Gruppenachse, sonst geht die Gruppenachse durch den Mittelpunkt.
- Der Waagepunkt befindet sich auf der Symmetrieachse oder im Mittelpunkt.
- Das Hauptmotiv befindet sich in der Mitte. Es muss nicht das größte, wohl aber das bedeutendste Element sein.
- Eine Symmetrie ohne Hauptmotiv, also mit leerer Mitte, ist möglich. Hierbei bleibt die Mitte wichtig und wartet auf Sinnfüllung (z. B. zwei umrahmende Gestecke auf einer noch leeren Bühne).
- Nebenmotive mit gleichem Rang sind jeweils gleichartig und in gleichem Abstand zum mittigen Bezugselement Achse oder Mittelpunkt positioniert.
- Einzelne Nebenmotive können in sich asymmetrisch sein, müssen aber spiegelbildlich oder gedreht wiederholt werden.

Für alle symmetrischen Gestaltungen gilt, dass sie klar, festlich, ausgewogen, zuweilen streng und würdevoll wirken. Genaues Abmessen ist nicht erforderlich, Augenmaß entscheidet, leichte Abweichungen wirken natürlicher.

→ vergleiche Einzeleinträge zu allen Unterarten der Symmetrie und weiteren genannten Begriffen

Organza

Organza ist die Bezeichnung für sehr dünne, leichte, durchscheinende Stoffe aus Natur- oder Kunstfaser, die oft seidenartig schimmern. Sie sind in Leinenbindung gewebt. In der Floristik wird Organza sowohl als Bandaccessoire oder ⇢ Stoff in Werkstücken verarbeitet als auch in breiten Stoffbahnen bei großen Dekorationen eingesetzt. Organzastoffe müssen vorsichtig behandelt werden, denn er knittert schnell und Verschiebungen der Fäden sind leicht möglich. Diese fallen dann störend im sonst gleichmäßigen Gewebe auf.

⇢ Bindung, textile ⇢ Gewebe ⇢ Kunstfaser ⇢ Leinen ⇢ Textilfaser

Ornament

florale Kugel als Trauergabe mit aufgestecktem Wappenlilien-Ornament

Ein Ornament (lat.: ornare = schmücken, zieren) ist ein schmückendes, verzierendes Element. Ornamente werden einem Gegenstand, z. B. einem ⇢ Gefäß oder einem ⇢ Werkstück, hinzugefügt und haben mit seiner Funktion in der Regel nichts zu tun. Daher wurden sie in der Moderne, die auf das ⇢ Bauhaus und die dort vertretene Lehre zurückgeht, weitgehend abgelehnt. Stoffe, Bänder, Tapeten usw. werden mit Ornamenten bemalt oder bedruckt, an Möbeln findet man sie als geschnitzte Verzierungen. Neben Einzelmotiven sind es oft auch sich wiederholende, abstrakte Muster, wie das Mäandermotiv eines Frieses an einem Bauwerk. Wo Ornamente zur zusätzlichen Verzierung angebracht werden, müssen sie stilistisch zur Gestaltung des damit geschmückten Gegenstands passen, um ihre Schmuckwirkung harmonisch zu entfalten. Ein Ornament muss gut erkennbar sein und sich demnach, z. B. durch Farbe, plastische Hervorwölbung oder als eigenständiges ⇢ Accessoire, vom Hintergrund abheben. In der Floristik werden Ornamente z. B. als Accessoires, in Form von ornamentierten Bändern und häufig als Symbolformen verwendet.

⇢ Dekor ⇢ Fries ⇢ Mäander ⇢ Schmuckband ⇢ Stil ⇢ Stoff, textiler ⇢ Symbol

P

Palmette

Ein ⇢ Ornament, das fächerförmig einem Palmblatt nachgebildet ist, nennt man Palmette. Werden diese Palmetten in stetiger ⇢ Reihe aneinandergefügt, entsteht ein Palmetten-Fries. Diese architektonischen Zierelemente wurden bereits in der ⇢ Antike gearbeitet und sind später in ⇢ Renaissance, ⇢ Barock und ⇢ Klassizismus zu finden.

⇢ Fries ⇢ Reihe, stetige ⇢ Stilepoche

Panaschierung

panaschierte Dieffenbachien-Blätter

Unter Panaschierung versteht man die Ausbildung von weißgrünen, gelbgrünen und/oder weißen Bereichen zwischen den normal grün gefärbten Flächen von Blättern. Es entsteht eine Fleckung oder eine Art Marmorierung. Diese kann regelmäßig (z. B. Streifenbildung bei manchen Sorten von Drachenbäumen) oder unregelmäßig (z. B. bei Efeu-Sorten) ausgebildet sein.

Bei der Pflege von panaschierten Pflanzen muss vor allem ein erhöhter Lichtbedarf berücksichtigt werden, da in den hellen bzw. weißen Blattbereichen weniger oder gar kein Chlorophyll vorhanden ist. Hier kann demnach keine oder nur wenig Fotosyntheseleistung erbracht werden, so dass diese keinesfalls noch zusätzlich durch zu wenig Licht eingeschränkt werden darf. Ansonsten vergrünen panaschierte Pflanzen unter Umständen. Das bedeutet, dass die Zellen in den ursprünglich hellen Bereichen versuchen, Chlorophyll nachzubilden, um den Lichtmangel auszugleichen. Jedoch wird gleichzeitig in den an sich normal grün gefärbten Bereichen eher Chlorophyll abgebaut, so dass insgesamt keine Verbesserung der Lichtausbeute und damit der Fotosynthesebilanz erfolgt. Die Blätter bleiben somit insgesamt chlorotisch, d. h. sie zeigen Vergilbung.

⇢ Pflegeanspruch

Pannesamt

Pannesamt ist ein Samtstoff, dessen Flor panniert, d. h. flachgebügelt wurde. Dabei legen sich die Florfasern in verschiedene Richtungen, wodurch ein spiegelnder Schimmer des Stoffs entsteht, der daher auch Spiegelsamt genannt wird. Pannesamt wird in der Floristik als Dekorationsstoff eingesetzt.

⇢ Samt ⇢ Stoff, textiler

Papier

Der Begriff Papier stammt vom griechischen Wort papyros, dem Namen für die Staude, aus deren Stängeln Papier im Altertum hergestellt wurde. Papier und ⇢ Pappe werden in der Floristik in vielfältiger Weise und in verschiedenen Arten eingesetzt. Als Verpackungsmaterial sind einfache, glatte Papiere üblich, die in Bogenform oder auf Rollen erhältlich sind. Schmuckpapiere und Bastelkartons sind als ⇢ Gestaltungsmittel einsetzbar. Sie können z. B. in ganzen Bahnen als Dekorationsmittel im ⇢ Raumschmuck dienen. In kleine Stückchen gerissenes Papier lässt sich ⇢ andrahten und in eine texturbetonte Gestaltung integrieren, Gefäßoberflächen können mit Papier beklebt und so gestalterisch verändert werden, Papier ist in Laminierfolie einschweißbar, Karten aller Art werden daraus hergestellt usw. Papierbögen sind in ihrer dünnen Flächigkeit Blättern ähnlich und lassen sich gestalterisch oft vergleichbar einsetzen. Außerdem ist Papier Vorbild für die Bennennung und Beschreibung der papierenen ⇢ Textur von Werkstoffen.

Rohstoffe zur Herstellung von Papier sind ⇢ Zellulose, Holzschliff, Hadern (textile Lumpenfasern), Altpapier und teils Chemiefasern. Für bestimmte Eigenschaften, z. B. Weißgrad und eine glatte Oberfläche, sind weitere Zusätze und Füllstoffe erforderlich, z. B. ⇢ Kaolin, Talkum, Gips. Leimstoffe verhindern das Eindringen und Durchschlagen von Druckfarben. Die jeweiligen Bestandteile werden in Wasser geweicht und gemahlen. Danach wird dieser so genannte Ganzstoff in der Papiermaschine zu Papier geformt. Dies erfolgt, vereinfacht beschrieben, durch Verteilen der Masse auf Sieben, die durch Rütteln ein Verfilzen der Papierfasern bewirken. Das Wasser tropft ab, die Trocknung erfolgt auf filzbespannten und beheizten Walzen, Glättwalzen schaffen die gewünschte, glatte Oberfläche. Wasserstoffbrückenbindungen ergeben im Wesentlichen die nötige Festigkeit.

Papiere sind in sehr großer Vielfalt erhältlich, vom glatten Schreibpapier bis zum relativ rauen und dicken, handgeschöpften Papier, vom transluzenten ⇢ Pergamin bis zur dicken Pappe bzw. dem Bastelkarton.

⇢ Filz ⇢ Karton ⇢ Laminat ⇢ Textur, papierene ⇢ transluzent ⇢ Verpackung

papierartig

⇢ Textur, papierartige

Papierschere

Eine Papier- bzw. Bandschere dient zum Schneiden von ⇢ Papier, ⇢ Folie, ⇢ Stoff und ⇢ Schmuckband. Außerdem sind dünne Blattwerkstoffe, Sisalfasern, Wolle und Ähnliches gut damit zu zerteilen.

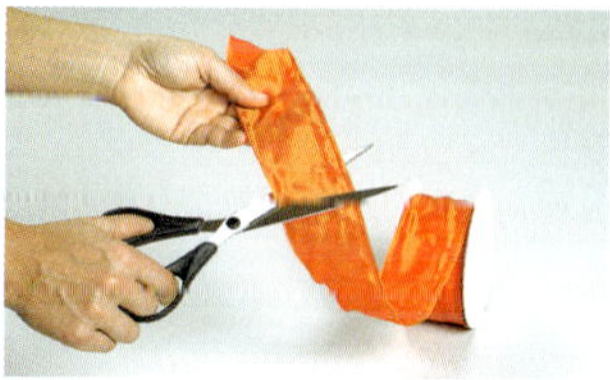

⇢ Sisal ⇢ Werkzeug, floristisches

Pappe
Als Pappe wird dickeres, steiferes ⇢ Papier mit einem Quadratmetergewicht von mindestens 200 g bezeichnet.

⇢ Karton

Paraffin

⇢ Kerze

Parallelität, parallel

⇢ Anordnungsart, parallele ⇢ Paralleltechnik ⇢ Parallelwerkstück

Parallelperspektive
Eine perspektivische Darstellung, bei der alle tatsächlich parallelen Linien auch in der Zeichnung parallel wiedergegeben werden, also nicht auf einen ⇢ Fluchtpunkt zulaufen, entsteht durch Parallelprojektion. Diese vereinfachte Möglichkeit des Skizzierens ermöglicht demnach eine räumliche Darstellung, ohne die teils komplizierten Verkürzungen in der Tiefe des Raums realistisch wiederzugeben und ohne dass parallele Linien scheinbar in der Ferne auf einen Punkt zustreben. Je nachdem welche Maße, d. h. Länge, Breite oder Höhe, verkürzt oder unverkürzt wiedergegeben und wie die Winkel geschrägt werden, unterscheidet man verschiedene Arten der Parallelperspektive bzw. der ⇢ Axonometrie:

Grundriss-Axonometrie, bei der die Draufsicht mit realistischen Winkeln, jedoch gedreht, wiedergegeben wird. Senkrechte Linien, also die Höhen, werden verkürzt. Vergleiche dazu auch ⇢ Vogelperspektive.

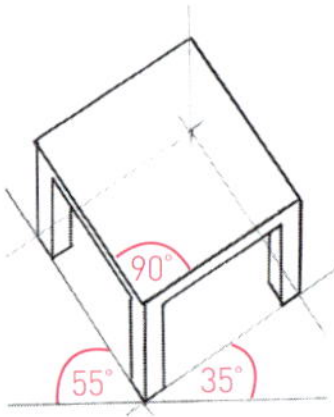

Aufriss-Axonometrie, bei der die senkrechte Vorderansicht, also die Front, winkelgetreu und rechtwinklig quer zum Betrachter stehend wiedergegeben wird. Die nach hinten in den Raum reichenden Linien, also die Tiefen, werden verkürzt dargestellt. Vergleiche dazu auch ⇢ Frontalperspektive.

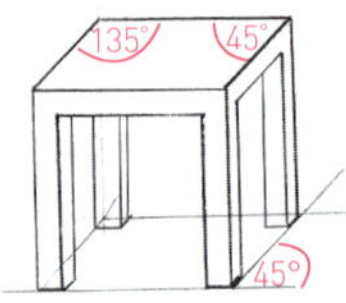

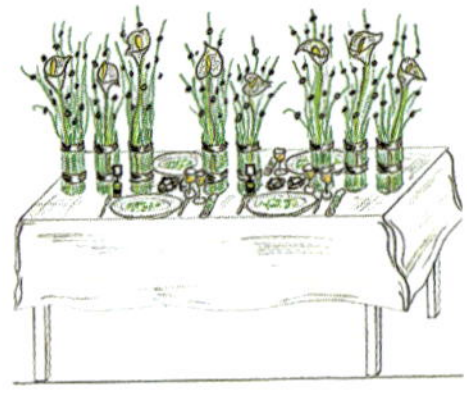

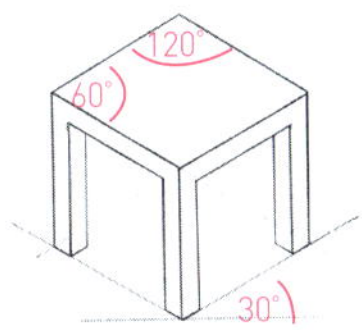

Isometrische Axonometrie, bei der alle Raumrichtungen den gleichen → Maßstab haben und alle rechten Winkel in 60° bzw. 120° geschrägt dargestellt werden. Vergleiche dazu auch → Übereckperspektive.

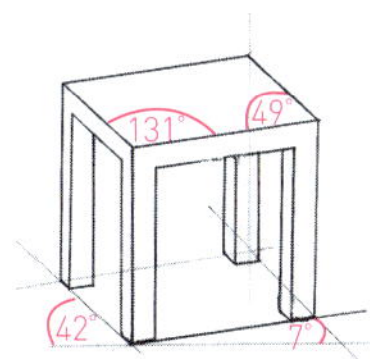

Dimetrische Axonometrie, bei der eine Seite nur leicht schräg zum Betrachter dargestellt wird, während die beiden anderen Seiten tief in den Raum ragen und stark verkürzt dargestellt werden. Diese Darstellung vereint Wiedergabeeigenschaften der technisch günstigen, aber unrealistischen, frontalen Aufriss-Axonometrie mit einer der Realität eher entsprechenden Schrägansicht, jedoch ohne das Zulaufen von Linien auf zentralperspektivische Fluchtpunkte. Vergleiche auch hierzu → Übereckperspektive.

→ Perspektive → Planzeichnen → Skizze → Zentralperspektive

Paralleltechnik

Wenn die Werkstoffstiele innerhalb eines Werkstücks zwar parallel aneinander gelegt sind, optisch aber Radialität entsteht, weil sich die Stiele im oberen Werkstückbereich voneinander weg entfalten, spricht man statt von der parallelen Anordnungsart besser von einer Paralleltechnik. Insbesondere ergibt diese handwerkliche Vorgehensweise keine Parallelsträuße an sich, sondern lediglich Stiele- und Bindestellenbereiche, die parallel ausgeformt sind. Paralleltechnik ist jedoch Voraussetzung für die Umsetzung der parallelen Anordnungsart.

→ Anordnungsart, parallele → Anordnungsart, radiale → Bindestelle
→ Parallelwerkstück → Stehstrauß

Parallelwerkstück, Parallelstrauß, Parallelgesteck

Ein Werkstück, das in der parallelen Anordnungsart gestaltet ist, kann als Parallelstrauß bzw. -gesteck bezeichnet werden, zur Abgrenzung von den häufiger zu findenden radial gestalteten Werkstücken. Parallelpflanzungen und Parallelkränze sind ebenfalls vorstellbar, jedoch seltener. Bei den Pflanzungen schränkt der entfaltende Wuchs der meisten Pflanzen die Möglichkeiten ein. Kränze werden in ihrer Ringform wahrgenommen, auch wenn diese Parallelitäten enthalten kann. Lediglich wenn die Werkstoffe im Kranzkörper selbst senkrecht und parallel angeordnet sind, entsteht ein starker Aspekt von Parallelität.

→ Anordnungsart, parallele → Anordnungsart, radiale → Bündelung
→ Paralleltechnik

Paravent

Der Paravent wird auch Windschirm oder Spanische Wand genannt. Es handelt sich ursprünglich um eine leichte, transportable, zuweilen mehrteilige Wand aus Holz oder aus stoffbespannten Rahmen. Die Teile lassen sich gegeneinander abwinkeln, wodurch Standfestigkeit entsteht. Einteilige Formen haben entsprechende Füße oder können an der Decke aufgehängt werden. Paravents lassen sich floristisch attraktiv und vielfältig als → Raumschmuck gestalten. Sie sind z. B. als Sicht- und Windschutz verwendbar oder als mehr oder weniger transparenter Raumteiler einsetzbar. Sie können als Werkstücke den Kunden angeboten werden und auch der Raumgliederung und Warenpräsentation im Geschäftslokal dienen.

floraler Paravent auf Basis einer Baustahlmatte

Pastellfarbe

Mit Pastellfarben bezeichnet man im technischen Sinn die in der Pastellmalerei verwendeten, puderigen Farben, die eine schwache Bindung an die meist raue Papieroberfläche haben. Sie ergeben einen samtig-matt schimmernden, fast staubig-puderigen Farbeffekt. Da die Aufnahmefähigkeit des Papiers bei Pastellfarben schon beim ersten Farbauftrag gesättigt ist, sind sehr helle Farbtöne häufig, denn das Weiß des Papiers scheint durch. Davon abgeleitet werden stark verweißlichte und sehr helle Farben allgemein als Pastelltöne bezeichnet. Als Abweichungen von den reinen Buntarten gehören Pastellfarben, da sie Verweißlichungen darstellen, zu den Farbtrübungen.

→ Buntart → Farbe, trübe → Helligkeit → Verweißlichung

Patchwork

Mit Patchwork (engl.: Flickenarbeit) wird in der Textilgestaltung ein Aneinanderfügen von Stoffstücken bezeichnet. Dabei werden gesammelte Reste zu Decken, Kleidungsstücken, Taschen, Vorhängen usw. verarbeitet. Heute wird der Begriff auch im übertragenen Sinn dort verwendet, wo zunächst nicht zusammengehörende Einzelteile eine neue Einheit bilden (z. B. Patchwork-Familie). In der Floristik ist der Begriff bei flächigen Gestaltungen mit unterschiedlichen Teilflächen und bei Arbeiten im → Raumschmuck angebracht, die an Patchwork-Decken bzw. -Vorhänge erinnern. → Stoff, → Papier und haltbare florale Werkstoffe sind dabei einsetzbar.

Patenthafte

→ Hafte

Patina, patiniert

Als Patina oder Grünspan bezeichnet man den durch Oxidation entstehenden Überzug von Gegenständen aus → Kupfer oder Kupferlegierungen. Im übertragenen Sinn werden auch andere, das Alter und eine gewisse Abnutzung von Gegenständen zeigende Überzüge als Patina bezeichnet, z. B. der Überzug aus Kalk und Moos bzw. Algen von im Freien stehenden Gefäßen aus → Terrakotta. Diese Patina muss nicht als negativ angesehen werden, sondern kann auch als Zeichen edel wirkender Alterung aufgefasst werden.

→ Bronze → Gefäß → Impruneta-Keramik → Messing → Metalllegierung

Peddigrohr

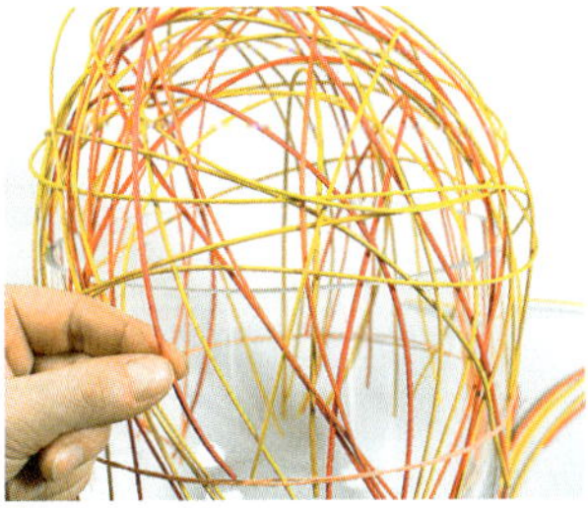

Peddigrohr oder Rattan wird aus den Sprossen der Rotang-Palme, *Calamus rotang*, gewonnen. Häufig wird es in der Stuhl- und Korbflechterei eingesetzt. Die in der Floristik verwendeten Formen entstehen durch Spalten der Sprosse und Hobeln der noch rohen Stränge. Erhältlich sind neben rundem Peddigrohr und flachen, oft noch ungehobelten Rattan-Schienen auch dicke, ungeschälte Triebe und Rattan-Litze mit der glänzend-glatten Außenhaut natürlicher Triebe. Die Färbung erfolgt durch → Beizen. Feuchtigkeit bzw. bei dicken Sprossen heißer Wasserdampf macht Rattan besonders biegsam. Die Begriffe Rattan und Rotang kommen aus dem Malaiischen, peddig oder paddik ist niederdeutsch und bedeutet Pflanzenmark.

→ Korb

Pergamin

Als Pergament bezeichnet man durchscheinend dünne, bearbeitete Tierhaut, auf der im Altertum und im Mittelalter geschrieben wurde. Ein im Aussehen daran erinnerndes, transluzentes oder auch transparentes → Papier nennt man Pergamin. Es besteht aus feingemahlenem Zellstoff, ist fettdicht, aber nicht nassfest. Es wird besonders geglättet (satiniert) und eignet sich z. B. für Briefsichtfenster, Fotoschutzhüllen, Lebensmittelverpackungen und gut zum Durchpausen von Vorlagen beim → Entwurfszeichnen. In der Floristik lässt es sich als gestalterisches

Material vielfältig verwenden. Seine zart und leicht wirkende → Textur verbindet sich gut mit der Feinheit von Blütenblättern.

→ Textur, papierartige → transluzent → transparent

Pergola
Einen Pfeiler- oder Säulengang, der nicht durch Gebälk und Dach überdeckt, sondern von Pflanzen überrankt wird, nennt man Pergola. Floristischer Schmuck lässt sich wegen der ohnehin vorhandenen Pflanzen gut in eine Pergola integrieren.

→ Pfeiler → Säule

Persönlichkeitsausdruck, Persönlichkeitswirkung einer Pflanze

→ Geltungsanspruch → Wesen

Perspektive
Mit Perspektive ist eine Blickrichtung bzw. der Blickwinkel auf eine Sache gemeint. Im Entwurfs- und → Planzeichnen muss die Perspektive auf der ebenen Fläche des Skizzenpapiers wiedergegeben werden, um eine scheinbar räumliche Darstellung von Körpern zu erreichen.
Eine realistische, perspektivische Darstellung erfordert die entsprechend verkleinerte Wiedergabe von Gegenständen, je weiter diese vom Betrachter entfernt in der Tiefe des Raums angeordnet sind. In der Realität parallele Linien laufen dann auf einen oder mehrere Fluchtpunkte zu. Außerdem wird neben der Verkürzung von Maßen und Größen eine Verzerrung von Winkeln erforderlich. Diese Form der realitätsnahen Darstellung ist zentralperspektivisch und entspricht dem Bild, das der Betrachter von der dargestellten räumlichen Umgebung wahrnimmt. Man kann von Perspektive im Sinn von Blickwinkel und Augenschein sprechen.

Bei planparallelen Projektionen dagegen bleiben parallele Linien auch in der Skizze parallel und es gibt keine Fluchtpunkte. Eine realistische Perspektivendarstellung entsteht so nicht. Dafür ist diese Form der zeichnerischen Wiedergabe leichter herzustellen und bietet maßstäblich direkt an der Skizze zu messende Größeninformationen zu den dargestellten Gegenständen. Hierbei können verschiedene Raumrichtungen allerdings verschiedene Maßstäbe aufweisen. Vergleiche dazu die verschiedenen Arten der Parallelperspektive.
Wichtige Darstellungsformen beim floristischen → Entwurfszeichnen sind:

→ Zentralperspektive
→ Parallelperspektive
→ Frontalperspektive
→ Übereckperspektive
→ Vogelperspektive
→ Froschperspektive

→ Fluchtpunkt → Maßstab → Planzeichnen → Skizze

Pfeiler

Pfeiler sind, ähnlich wie Säulen, freistehende Gebäudestützen. Während Säulen jedoch einen runden Querschnitt aufweisen und nach oben hin in der Regel etwas schlanker werden, zeigen Pfeiler vorrangig einen viereckigen Querschnitt und sind an allen Stellen gleich dick. Man findet außerdem jedoch auch Pfeiler mit angesetzten Halbsäulen, → Bündelpfeiler, solche mit kreuzförmigem Querschnitt und Rundpfeiler, die zwar einer Säule ähneln, aber im Ganzen gleichmäßig dick und insgesamt breiter sind. Nicht freistehende Pfeilerformen, die einer Wand angefügt sind, bzw. daraus plastisch hervortreten, nennt man Pilaster. Pfeiler weisen, ähnlich wie Säulen, in den meisten Fällen ein Kopf- und ein Fußstück, also → Kapitell und Basis auf. In Gebäuden aller Stilepochen sind Pfeiler zu finden, oft im so genannten Stützenwechsel. Darunter versteht man einen Wechsel zwischen Pfeilern und Säulen. Dabei stehen zwischen zwei einzelnen Pfeilern jeweils mehrere Säulen. Die Architekturform der → Arkade ist in dieser Weise häufig gebaut worden.

→ Basis, attische → Plastik → Säule → Stilepoche

pflanzen, Pflanztechnik

Unter dem Vorgang des Pflanzens versteht man das Einsetzen von Pflanzen in passende Pflanzerde bzw. in passendes → Substrat. Für Floristen kommt insbesondere das Bepflanzen von Schalen in Betracht. Nach Auswahl der Schale und der Pflanzen sind folgende Arbeitsschritte erforderlich:

- Dränmaterial in die Schale füllen
- Dränschicht mit einem Vlies bedecken, das Wasser durchlässt und ein Einschlämmen des Substrats in die Drainage verhindert
- Pflanzerde entsprechend der Pflegeansprüche der Pflanzen auswählen
- Erde soweit einfüllen, dass die Wurzelballen darin schon Halt finden können
- zuvor gewässere Pflanzen einsetzen und im Substrat fest andrucken, ohne die Wurzeln zu beschädigen
- Substrat zwischen den Pflanzen auffüllen
- einen → Gießrand belassen
- Bodenfläche modellieren bzw. gestalten
- fertige Schale angießen, damit eine Erstversorgung mit Wasser besteht und sich Wurzelballen und Erde gut verbinden
- zuletzt die Schale säubern und evtl. die Pflanzen von Erde oder Staub befreien

→ Bodengestaltung → Dränung → Pflanzschale → Pflanzung
→ Wasserabflussloch

Pflanzensoziologie

Floristisch wichtig ist die Pflanzensoziologie in der vegetativen Gestaltungsart. Die Pflanzensoziologie als Teilgebiet der Botanik untersucht, welche Arten von Pflanzen in einem → Lebensraum gemeinsam vorkommen, Pflanzengemeinschaften bilden und wie die jeweiligen Lebensformen miteinander verflochten sind. Alle Lebensbedingungen, Klima, Bodenverhältnisse, Wasserverfügbarkeit, Tiere mit ihrem Verhalten, die Auswirkungen der jeweiligen Pflanzen aufeinander usw. beeinflussen diese Pflanzengesellschaften, d. h. ökologische Aspekte im weitesten Sinn sind mit der Pflanzensoziologie verbunden. Es lassen sich Lebensräume mit einer für sie typischen Artengemeinschaft aller Lebewesen eingrenzen. Diese Lebensräume nennt man Biotope.

→ Gestaltungsart, vegetative

Pflanzgefäß

Als Pflanzgefäß bezeichnet man, unabhängig von Form, Material und Gestaltung, jedes Gefäß, in das Pflanzen eingepflanzt sind oder werden.

→ pflanzen → Pflanzschale → Pflanzung

Pflanzschale

Der Begriff der Pflanzschale wird in abweichenden Bedeutungen verwendet. Man versteht darunter in eindeutiger Weise das → Pflanzgefäß, in welches Pflanzen eingepflanzt werden oder bereits sind. Solche Gefäße müssen sich technisch für diesen Einsatzbereich eignen, also als Zimmerpflanzschalen dicht sein und eine Dränschicht im Inneren aufweisen. Als Freilandpflanzschale müssen sie wenigstens ein → Wasserabflussloch aufweisen.

In einer umfassenderen, jedoch fachlich ungenauen Bedeutung wird auch das gesamte, fertige, gepflanzte Werkstück, wenn es in einer Schale gefertigt wurde, häufig als Pflanzschale bezeichnet. In gleicher Weise spricht man auch z. B. vom Pflanzkorb. Besser und genauer ist hier der Begriff der bepflanzten Schale bzw. der → Pflanzung in einem Gefäß.

→ Dränung → Korb → pflanzen

Pflanzsubstrat

Der Begriff Substrat bedeutet Unterlage. Er ist gebildet aus lat.: sub = unter, unterhalb und lat.: sternere = bedecken, hinlegen. Mit Pflanzsubstrat bezeichnet man den Stoff, in den bei Pflanzungen die ausgewählten Pflanzen eingesetzt werden. Das Substrat muss weitgehend auf die Pflegebedürfnisse der Pflanzen ausgerichtet sein. Daher sind verschiedene Erdmischungen als Substrate erhältlich, z. B. die für viele Bereiche einsetzbare Einheitserde, verschiedene Anzuchterden, Orchideenerde, Sukkulentenerde, die auch als Kakteenerde gehandelt wird, Torfkultursubstrate (TKS) für verschiedene Einsatzbestimmungen usw. Auch → Blähton und → Seramis® sind als Substrate zu bezeichnen.

Die Aufgabe aller Substrate ist es, den Pflanzen Halt zu geben. Je nach Substrat-Typ und Pflanzeneinsatz kommen Aufgaben hinzu, wie Nährstoffbereitstellung mit entsprechender → Pufferung der Nährsalzionen, Wasserhalt und Wasserleitung zwischen den Substratpartikeln, Porosität mit entsprechender Fähigkeit zur Luftzufuhr an die Wurzeln. Diese Aufgaben, die ein Substrat zu erfüllen hat, zeigen, dass nur ein entsprechend sorgfältig ausgewähltes Qualitätsprodukt die Anforderungen so erfüllen kann, dass dies dem → Pflegeanspruch der Pflanzen gerecht wird.

→ Ion → Nährelement → pflanzen → Pflanzung → Sukkulenz

Pflanztisch

Ein → Arbeitstisch, der speziell für das Anfertigen von Pflanzungen oder zum → Umtopfen eingerichtet ist, wird als Pflanztisch bezeichnet. Insbesondere bietet er Platz für eine ausreichende Menge an → Substrat, hat hinten und seitlich hohe Kanten bzw. Ränder, damit das Substrat nicht herabrieselt, und weist eine Oberfläche auf, die sowohl Feuchtigkeit als auch Schmutz und das Kratzen von Schalen- und Topfböden gut verträgt. Verzinkte Bleche sind hier häufig zu finden. Unter dem Pflanztisch sollte Platz sein für Pflanzgefäße, Gießkannen, → Düngemittel, → Gestaltungsmittel für die → Bodenmodulation, weitere Substratreserven und eventuell eine Abfallwanne.

→ pflanzen → Pflanzgefäß → Pflanzung → Zink

Pflanzung

Nicht nur die Vorgehensweise, sondern auch jedes Werkstück, das in der Technik des Pflanzens hergestellt wird, ist als Pflanzung zu bezeichnen. Hiermit kann selbstverständlich auch jede landschaftsgärtnerische oder landwirtschaftliche Pflanzung gemeint sein. Im floristischen Sinn ist allerdings in aller Regel eine Schalen- oder Gefäßbepflanzung, allenfalls einmal eine Grabbepflanzung und selten eine Großpflanzung, z. B. als Architekturausstattung, gemeint. Grundsätzlich sind bei allen Pflanzungen die Pflegebedürfnisse der verwendeten Pflanzen zu beachten bzw. diese Pflanzen sind von vorneherein nach den Bedingungen am Einsatzort der Pflanzung auszuwählen. Darauf ist auch das verwendete → Substrat abzustimmen.

vegetative Pflanzung mit Regenwald-Anmutung

→ pflanzen → Pflanzgefäß → Pflanzschale → Pflegeanspruch

Pflegeanspruch

Pflegeansprüche sind in der Floristik auf alle Arten von Waren zu beziehen.

Die Pflegeansprüche von Pflanzen lassen sich im Wesentlichen von den Lebensbedingungen am natürlichen Herkunftsort der jeweiligen Pflanzenart ableiten. Sie beziehen sich auf die Wachstumsfaktoren:

- Licht: Bedarf grob unterteilbar in schattig, halbschattig, eher hell, voll sonnig

- Wasser: Bedarf bezogen auf Wassermenge, zeitlichen Abstand der Wassergaben (inkl. Ruheperioden) und eventuelles Übersprühen
- Boden: Bedarf bezogen auf die Art des Substrats und die nötigen Nährstoffe
- Luft: Bedarf bezogen auf unverschmutzte Luft und die Vermeidung von Zugluft bei Zimmerpflanzen
- Temperatur: Wärme- und eventuell Kältebedarf, je nach Pflanzenart bzw. Herkunft der Pflanzen, bezogen auf die Temperatur der Luft, des Gießwassers und damit des Substrats

Die Pflegeansprüche von Schnittware beziehen sich auf eine optimale Entwicklung nach dem Schnitt und eine möglichst lange Haltbarkeit. Hierher gehören somit viele der oben bereits genannten Aspekte. Wichtig ist vor allem ein guter Anschnitt, gute Wasserversorgung, die richtige Wassertemperatur und eventuell der Einsatz von Blumenfrischhaltemitteln.

Im Bereich der Materialien sind die jeweiligen Pflegeanforderungen von → Schmuckband, → Stoff, → Keramik, Korbwaren, Kerzen und der verschiedenen technischen → Hilfsmittel zu erfüllen. Oft handelt es sich hierbei um eine trockene, zuweilen dunkle Lagerung, die Beachtung von Bruch- und Kratzempfindlichkeit, Rost- und Schimmelanfälligkeiten usw.

→ Blumenfrischhaltemittel → Kerze → Korb → Substrat

Pigment

Ein Pigment ist eine unlösliche farbgebende Substanz. Pigmente können organisch oder anorganisch sein. Sie schweben als kleinste, durchsichtige oder undurchsichtige Teilchen unlöslich in einer Flüssigkeit. Als Dispersionsfarbe aufgetragen bilden sie eine Farbschicht, welche die Körperfarbe des angestrichenen Gegenstands verändert. Alle Pigmentkörnchen besitzen Reflexions- und Absorptionseigenschaften bezüglich der auf sie treffenden Lichtstrahlen.

→ Farbe → Körperfarbe

Pilaster

→ Pfeiler

Pinholder

In der Floristik bezeichnet der Begriff Pinholder (engl.: pin = Nadel, Nagel oder Stift; holder = Halter) aufklebbare Kunststoffhalter mit vier Stiften oder mit einer aus zwei rechtwinklig sich kreuzenden Flächen bestehenden, kurzen Pfeilspitze. Pinholder dienen zum Fixieren von Steckschaumblöcken sowohl in flachen Gefäßen als auch auf Flächen, z. B. Sargdeckeln. Dazu werden diese Halter auf die jeweilige Grundfläche aufgeklebt, die dazu glatt, trocken und fettfrei sein muss. Danach kann der Steckschaum auf die Stifte bzw. die Kreuzpfeilspitze gespießt werden. Pinholder weisen teils bereits eine Klebefläche unter dem Fuß auf, ansonsten werden sie mit Knetkleber fixiert. Allerdings enthält der Knetkleber Öle, so dass er nicht auf offenporigen Untergründen verarbeitet werden darf. Das Öl würde z. B. in unlackiertes Holz und in den porösen → Scherben von Gefäßen aus → Terrakotta eindringen und Flecken verursachen. Pinholder können, statt in Gefäße, auch an Werkstoffe, z. B. Trockenfrüchte, und Materialien, z. B. Kerzen, geklebt werden, um diese ihrerseits damit auf einer Steckschaumbasis zu fixieren.

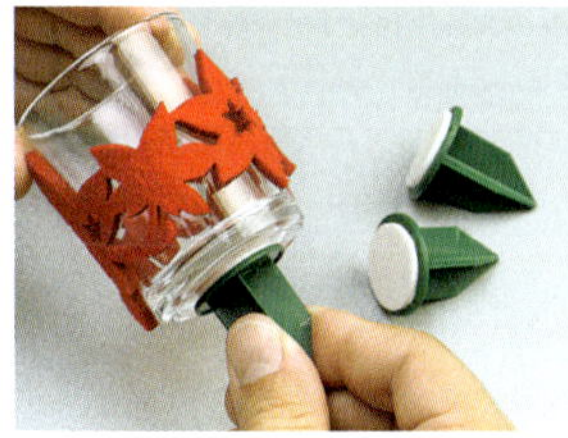

Ein Pinholder mit Pfeilspitze dient zur Fixierung eines Glases für ein Teelicht im Steckschaum.

Hinweis: Häufig ist zu beobachten, dass Pinholder unnötigerweise in Gefäße eingeklebt werden, die bereits einen ausreichend hohen Rand für den Halt des Steckschaums aufweisen. Dies verursacht vermeidbare, also betriebswirtschaftlich schädliche Kosten.

→ Klebstoff → Steckschaum

Pinienzapfen

Pinienzapfen, also die verholzten weiblichen Blütenstände von Nusskiefern, sind schon seit der → Antike als Fruchtbarkeitssymbole bekannt und wurden als zierendes architektonisches → Ornament, z. B. aus → Marmor und → Terrakotta, gefertigt. Auch als Bekrönung des → Thyrsos oder Thyrsosstabs ist der Pinienzapfen überliefert.

Planzeichnen

Der Begriff des Planzeichnens beinhaltet einerseits die Erstellung eines zeichnerisch fixierten Plans zu einer noch auszuführenden Aufgabe. In diesem Sinn ist das Skizzieren einer beabsichtigten floristischen Gestaltung eine Planzeichnung. Andererseits ist damit genauer das technische Zeichnen von Gebilden mit Hilfe der Parallelprojektionen gemeint. Der Wortteil plan bedeutet dabei flach oder eben. Das heißt, in einer Planzeichnung wird ein körperhafter Gegenstand durch gedachte parallele Linien auf eine ebene Fläche projiziert und dort dargestellt. Wenn solch ein Gegenstand vollständig erfasst werden soll, müssen wenigstens die drei Ansichten → Aufriss, → Seitenriss und → Grundriss gezeigt werden. Sind die Seiten verschieden, müssen mehrere Seitenrisse gezeichnet

Planzeichnung eines Tischschmucks mit Auf- und Grundriss

werden. Für eine vereinfachende räumliche bzw. perspektivische Darstellung können diese Ansichten in axonometrischen Parallelperspektiven vereint werden, wobei allerdings Winkelverzerrungen erfolgen. Vergleiche dazu ⇢ Axonometrie und ⇢ Parallelperspektive.

⇢ Entwurfszeichnen ⇢ Skizze

Plastik, plastisch, Bauplastik

Ist ein Gegenstand nicht flach, sondern wölbt sich vor oder zeigt Einbuchtungen, so bezeichnet man ihn als plastisch, d. h. formbar, geformt oder körperhaft. Als Plastik bezeichnet man demnach geformte, körperhafte Gegenstände. Beispiele sind eine künstlerisch oder kunsthandwerklich geschaffene ⇢ Statue, ein ⇢ Relief und ein ⇢ Fries in körperhafter Ausführung. Sind sie architektonisch eingesetzt, werden sie auch Bauplastik genannt. Plastiken, die als Bildhauerarbeit aus Stein gefertigt bzw. herausgeschnitten (skulptiert) sind, bezeichnet man auch als Skulpturen. Außerdem werden Plastiken z. B. aus ⇢ Bronze gegossen, aus Metallblech getrieben bzw. gehämmert, aus Holz geschnitzt, in ⇢ Stuck modelliert sowie frei aus der Hand z. B. als ⇢ Keramik geformt. Neben diesen klassischen Methoden und Rohstoffen sind heute auch andere Materialien, wie z. B. ⇢ Draht, ⇢ Kunststoff und ⇢ Beton (Zement), mit den entsprechenden Techniken im Einsatz.
Der Begriff Plastik wird umgangssprachlich auch für Gegenstände aus Kunststoff sowie für die Kunststoffe selbst aufgrund der Formbarkeit, also der plastischen Eigenschaften, verwendet.

Plüsch

Als Plüsch bezeichnet man einen Samtstoff, dessen Flor im Vergleich zu normalem ⇢ Samt längere Fasern (4 mm und mehr) aufweist.

⇢ Stoff, textiler

Point-of-Sale, P.O.S.

Der Begriff kommt aus dem Englischen und bezeichnet den Ort, an dem der nachfragende Konsument direkten Kontakt zur angebotenen Ware erhält, der tatsächliche Kaufentschluss entsteht, die Ware also verkauft wird. Übersetzt bedeutet er: Punkt des Verkaufs. Hier muss das aktuelle Angebot stimmen, ansprechend präsentiert und vollständig sein, denn hier wird der Kunde durch optische Wahrnehmung überzeugt. Es ist auch die richtige Stelle für das Anbieten sinnvoller Zusatzartikel und -leistungen. Der P.O.S. unterscheidet sich je nach Art, Bestimmung und Charakter der

Freilandware am Point-of-Sale

Ware. So gehört z. B. Freilandware nach draußen, preiswerte Bundware in den Eingangsbereich, beratungsintensive Produkte in einen ruhigeren Ladenbereich etc.

→ Warenpräsentation

Polsterpflanze

Als Polsterpflanze wird eine Pflanze bezeichnet, die mit ihrem Wuchs ein dichtes, kissenartiges Polster bildet. Sie eignet sich besonders gut als bodenbedeckender Werkstoff in einer → Pflanzung.

Pomander

Der Pomander (franz.: pomme d'ambre = Ambra-Apfel), auch Bisamapfel genannt, bezeichnet ursprünglich Duftstoffzubereitungen mit Zutaten wie Ambra oder Moschus (Bisam), die in tragbaren, meist kugelförmigen Behältern aufbewahrt wurden. Pomander wurden bis zum 17. Jahrhundert zu medizinischen Zwecken verwendet und dienten gleichzeitig als Schmuck und Parfümbehälter.
Davon abgeleitet kann man die aus eventuell sogar duftenden Blüten gestalteten Brautkugeln auch als Braut-Pomander bezeichnen. Sie beinhalten gleichzeitig die Symbolik der → Kugelform.

→ Brautkugel → Formsymbolik → Symbol

Pompon

Als Pompon bezeichnet man ein aus Textilfäden oder schmalen Bandstücken gebildetes, weiches Bällchen. Davon abgeleitet werden entsprechende Blütenformen, z. B. bei Dahlien und Chrysanthemen, als Pomponblüten bezeichnet. Meist handelt es sich botanisch um Körbchen-Blütenstände. Sie zeigen eine lagernde oder aufstrebend-lagernde Bewegungsform.

→ Bewegungsform, aufstrebend lagernde → Bewegungsform, lagernde

Portal

Als Portal (lat.: porta = Türe, Tor) bezeichnet man einen besonders großen und großzügig gestalteten, teils monumentalen Eingangsbereich bzw. die entsprechende Eingangstür eines Bauwerks. Schlösser haben zuweilen freistehende eigene Portalbauten. Eigenständige, prächtige Portalbauten der → Antike sind die römischen Triumphbögen, durch die siegreiche Herrscher und Heerführer in Rom einzogen und mit denen sie sich ein Denkmal setzten. In späteren Zeiten, die sich auf antike Vorbilder bezogen, wurden solche Triumphportale ebenfalls errichtet, z. B. der Arc de Triomphe in Paris in der Zeit des → Empire.
Floristisch geschmückte Portale gehören zum → Raumschmuck. Dabei ist auf den Stil der Architektur zu achten und selbstverständlich darf nichts beschädigt werden. Da deswegen oft kein direktes Anbringen am Gemäuer möglich ist, muss der florale Schmuck häufig freistehend vor dem Portal aufgestellt werden.

→ Baustil → Stilepoche

Porzellan

transluzente Porzellan-Gefäße der Firma ASA Selection GmbH

Porzellan ist eine Hartkeramikart, die aus einem Gemisch von → Kaolin, → Feldspat und → Quarz besteht. Die Formgebung geschieht mit Hilfe von Gipsformen durch Ein- oder Überdrehen, teils durch Stanzen. Die entstandenen Rohlinge werden getrocknet, bis sie als lederhart bezeichnet werden können. Dabei verlieren sie ein Sechstel ihres Volumens. Nach der Trocknung erfolgt der → Rohbrand ohne → Glasur, wodurch so genanntes Biskuitporzellan entsteht, oder der → Glattbrand, bei dem die Glasur bereits aufgetragen ist. Diese verschmilzt bei Porzellan, im Gegensatz zu anderen Keramikarten, vollständig mit dem → Scherben. Dünnwandiges Porzellan ist → transluzent. Eine Fülle von Farben ist bei der → Glasurmalerei möglich, wobei Auf-, In- und Unterglasurtechniken unterschieden werden. Das → Dekor kann, neben der Malerei und eingeprägtem → Relief, auch aus angarnierten Verzierungen aus Porzellanmasse bestehen, z. B. aufgesetzte Blüten, Ornamente, Figuren etc. Porzellanähnliche Keramik gibt es in China schon seit dem 4. Jh. n. Chr., echtes Porzellan seit dem 13. Jh. Es wurde seit dem 16. Jh. nach Europa importiert. 1707 gelang J. F. Böttger die Erfindung des europäischen Porzellans. Daraufhin entstand die Meissener Porzellanmanufaktur und in der Folge viele weitere, berühmte Marken, so dass Formen aus → Barock, → Rokoko und → Klassizismus, später auch im Stil der → Moderne bei Porzellan zu finden sind.
Porzellan muss, trotz großer Kratzfestigkeit und relativ hoher Härte, vor allem wegen der Bruchgefahr vorsichtig behandelt werden. Gestalterisch muss die Stil- und Farbgebung berücksichtigt werden und es ist auf die Reinheit, Feinheit und Zartheit in der Wirkung zu achten.

→ Garnierung → Hartkeramik → Keramikarten → Ornament → Stilepoche

porzellanartig

→ Textur, porzellanartige

Porzellanrohstoffe

→ Porzellan

Posament

Als Posamente bezeichnet man zierende Besatzartikel in der Raumausstattung, an Möbeln, teils auch an Kleidung. Dazu zählen z. B. → Schmuckkordel, schmales

→ Schmuckband, → Gimpe, → Litze, Borte, Quaste, Franse etc.
Vergleiche den ähnlich geschriebenen Begriff → Postament mit anderer Bedeutung.

Positionierung, Positionierungsart

Oft verwendet man Begriffe wie anordnen oder ordnen, ohne dass hierbei schon eine gestalterische Bedeutung vorliegen muss. Es geht also lediglich um einen Ausdruck für das einfache Einfügen einer Blume in ein Werkstück. Beispielsatz: Die Blumen werden nun im Gefäß angeordnet.
Schwierig wird dies, wenn man sich fragt, was hierbei angeordnet bedeutet, bzw. ob damit auch schon eine bestimmte → Anordnungsart oder eine → Ordnungsart im gestaltungstheoretischen, floristischen Sinn gemeint ist und, wenn ja, welche. Beispielsatz: Die Blumen werden nun im Gefäß in radialer Anordnung symmetrisch geordnet und in Gruppen angeordnet.
Um diesen sprachlich verwirrenden Satz und die Begriffsungenauigkeit zu vermeiden, kann man auf das Fremdwort positionieren zurückgreifen, wenn es lediglich um einen Ausdruck für die Zuweisung eines Platzes für ein Gestaltungsmittel geht. Der Beispielsatz lautet jetzt: Die Blumen werden nun im Gefäß in radialer Anordnung symmetrisch geordnet und in Gruppen positioniert.
Geht man jedoch noch einen Schritt weiter, lässt sich aus dem Vorgang des Positionierens der Begriff der Positionierungsarten als Beschreibung der gestalterischen Prinzipien Reihung, Gruppierung und Streuung entwickeln. Diese Definition unterscheidet sich sachlich-inhaltlich deutlich von den Begriffen Ordnungsart und Anordnungsart.
Der Begriff des Einfügens bleibt dabei schließlich ohne besondere Bedeutungsdefinition für alle Fälle frei, in denen weder Anordnungsart noch Ordnungsart noch Positionierungsart gemeint sind.

→ Gruppierung → Positionierungsart, gruppierende → Positionierungsart, reihende → Positionierungsart, streuende → Reihe → Streuung

Positionierungsart, gruppierende

Zum Begriff der Positionierungsart siehe zunächst unter → Positionierung.

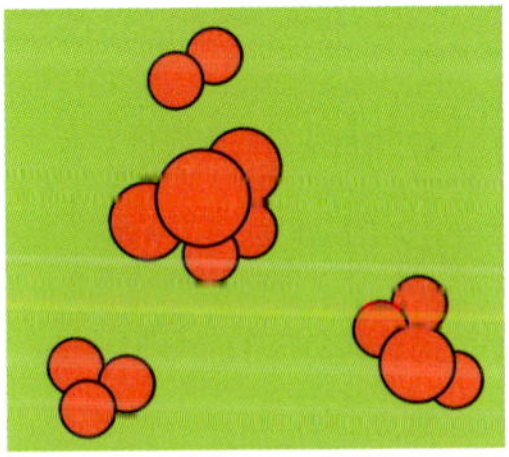

In der gruppierenden Positionierungsart werden die Gestaltungsmittel zu Gruppen verdichtet, d. h. in relativ enger Nähe zueinander positioniert, während gleichzeitig zwischen den Gruppen Freiräume bleiben oder andere Werkstoffe eingefügt werden können. Die Anordnung kann radial, parallel, ungeordnet oder flächig erfolgen. Gruppierungen sind außerdem in symmetrischer und asymmetrischer Ordnung möglich.

→ Anordnungsart, mit allen Einträgen → Gruppe → Gruppengesetz → Gruppierung → Ordnungsart Asymmetrie → Ordnungsart Symmetrie

Positionierungsart, reihende

Zum Begriff der Positionierungsart siehe zunächst unter → Positionierung.

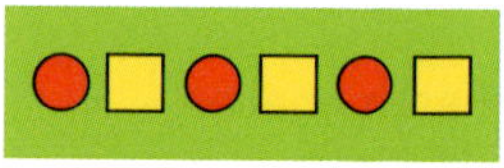

In der reihenden Positionierungsart werden die Gestaltungsmittel in Reihen positioniert, d. h. entlang einer gedachten Linie aufgereiht. Die Anordnung der Werkstoffe kann parallel oder ungeordnet in der Richtung der Stiele und innerhalb von Reihenelementen sogar radial erfolgen. Reihungen sind außerdem in symmetrischer und asymmetrischer Ordnung möglich. Es können stetige, rhythmische, ungeregelte oder abgestufte Reihen entstehen.

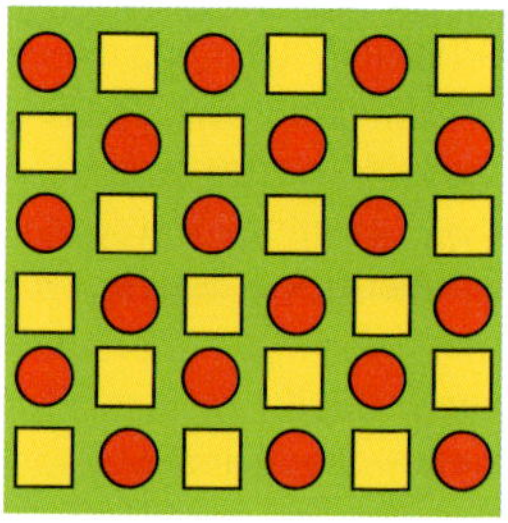

Die reihende Positionierungsart lässt zudem ein Neben- oder Hintereinandersetzen von Reihen zu, wodurch ein Reihenverband bzw. ein blockhaftes Positionieren entsteht. Der Pflanzverband beim Anlegen von Beetbepflanzungen ist ein entsprechendes Beispiel. Diese Form der flächenbezogenen, reihenden Positionierungsart ist von der streuenden Positionierungsart durch die absolute Regelmäßigkeit der Verteilung der Einzelteile deutlich verschieden.

→ Anordnungsart, mit allen Einträgen → Ordnungsart Asymmetrie → Ordnungsart Symmetrie → Reihe → Reihe, abgestufte → Reihe, rhythmische → Reihe, stetige → Reihe, unregelmäßige

Positionierungsart, streuende

Zum Begriff der Positionierungsart siehe zunächst unter → Positionierung.

In der streuenden Positionierungsart werden die Gestaltungsmittel in gleichmäßiger oder zwar unregelmäßiger, aber nicht gruppierter Verteilung positioniert. Die Positionierung wirkt nahezu, als seien die Teile ungewollt verstreut. Es können Verdichtungen entstehen, allerdings noch keine deutlich erkennbaren Gruppen, womit die gruppierende Positionierungsart verwirklicht würde. Das Millefiori-Design beruht auf Streuungen von Blüten. Die Anordnung in einem Werkstück kann radial, parallel, ungeordnet oder flächig erfolgen. Streuungen sind außerdem in symmetrischer, also gleichmäßiger, und in asymmetrischer und damit ungleichmäßiger Ordnung, hier aber ohne Gruppenbildung möglich.

→ Anordnungsart mit allen Einträgen → Design → Gruppe → millefiori → Ordnungsart Asymmetrie → Ordnungsart Symmetrie → Streuung

Postament

Ein Postament ist der Unterbau für eine ⇢ Säule oder eine ⇢ Statue. Vergleiche den ähnlich geschriebenen Begriff ⇢ Posament mit anderer Bedeutung.

Postmoderne

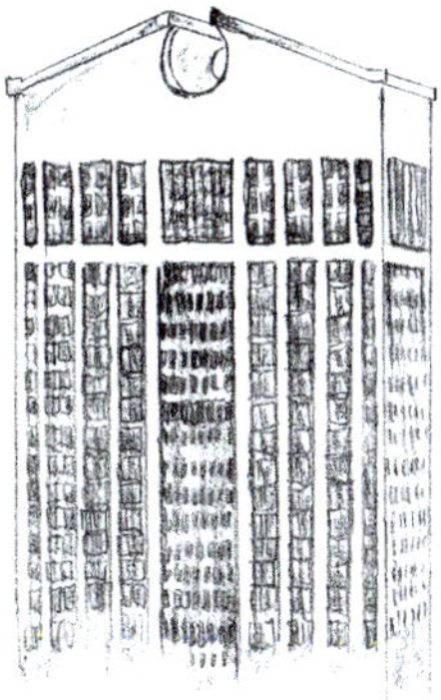

Die funktionale Büro-Hochhaus-architektur des Sony-Building zitiert den antiken Giebel und seine Umformung zum gesprengten, mittig offenen Barockgiebel.

Mit Postmoderne (lat.: post = nach) bezeichnet man philosophisch-künstlerische Entwicklungen, die zwar ihre Ursprünge im 19. Jahrhundert haben, jedoch erst ab ca. 1960 konkret entstanden und bis heute anhalten. Gemeint ist kein einheitlicher Stil, sondern Ausdrucksformen, die als Abkehr von der vernunftorientierten Zweckgebundenheit (Funktionalismus) der Moderne gelten. Die Architektur, die nach dem zweiten Weltkrieg aus den Grundsätzen des Bauhauses entstand, wurde schon früh teils als inhuman und kalt empfunden und als Fehlentwicklung verstanden, z. B. die Plattenbauten-Siedlungen in vielen Stadtrandgebieten. Dies wollten die Vertreter der Postmoderne überwinden, so dass sich ihre Gestaltungen nun nicht nur nach der Funktion richten, sondern auch nach Fantasie und Emotion. Organisch Geschwungenes wird ohne Sachzwang mit Kubischem und Funktionalem kombiniert oder historische Formen werden als Zitate in modern konstruierte Architektur einbezogen, ohne dabei die alten Stile lediglich nachzuahmen. Durch Freiheit in der Wahl der Materialien und Formen entsteht eine Vielfalt der Stile bis hin zum ⇢ Stilpluralismus als Uneinheitlichkeit im Sinn von Zwanglosigkeit. Jüngste Entwicklungen kritisieren dies aber wiederum als Ausdruck stilloser Beliebigkeit.
Für Floristik in postmodernem Sinn gilt ebenfalls die Freiheit der Wahl stilistischer Mittel. Das Einfügen klassischer Ornamente oder emotional wirkender Accessoires in ansonsten moderne Gestaltungen bietet Beispiele. Ein floristisches Werkstück kann sogar selbst zum stilbrechenden, emotionalen Element in einem funktionalen, nüchtern wirkenden Raum werden.

⇢ Accessoire ⇢ Bauhaus ⇢ Ornament ⇢ Raumschmuck, floristischer ⇢ Stilepoche

Pottasche

⇢ Glasrohstoffe

Präsentation

⇢ Warenpräsentation

Prestige

Der Begriff Prestige kommt aus dem Französischen, bedeutet Ansehen, Geltung und lässt sich vielfältig darstellen bzw. ausdrücken. Das entsprechende Fahrzeug, die richtige Kleidung, eine ausgesucht hochwertige Wohnungseinrichtung, auch prestigeträchtige Ehrenämter oder der Besuch entsprechender Veranstaltungen dienen der repräsentativen Darstellung der eigenen Person. Im Allgemeinen wird also mit Prestige die gesellschaftliche Stellung, der Wohlstand aber auch die Bedeutsamkeit einer Person, einer ganzen Gruppe, z. B. einer Familie, oder auch einer Firma bzw. eines Unternehmens erfasst.
Der Begriff wird im Übrigen zur plakativen Benennung der entsprechenden → Lebenswelt von Kundengruppen verwendet.

→ Prestige, Lebenswelt Prestige

Prestige, Lebenswelt Prestige

Im von der Firma BLOOM's entwickelten Marketing-Konzept der → Lebenswelten wird mit Prestige die Lebenswelt für anspruchsvolle Genießer beschrieben:

Die Einrichtungen der Häuser oder Wohnungen von Menschen, die man dieser Lebenswelt zuordnet, sind mit Begriffen wie edles Landhaus, klassische Eleganz oder stilvolle Exklusivität zu beschreiben. Erfolg im Beruf mit entsprechend hohem Einkommen erlaubt größere Ansprüche, so dass diese Kunden ihre Einkäufe mit dem Wissen um Qualität markenorientiert und mit dem Gespür für das Besondere tätigen. Alles muss echt sein, von der Antiquität bis zur Kleidung. Wertvolle und schöne Accessoires geben den perfekt gestylten Wohnräumen eine großzügige Atmosphäre. Die passende Floristik ist hochwertig, meist dekorativ und symmetrisch gestaltet. Wichtig sind zum → Interieur passende Gefäße, die aufwändiges → Dekor, besondere Materialen und Formen aufweisen dürfen. Pflanzen sind ein wesentlicher Teil der Beschäftigung, werden bewusst ausgesucht und dementsprechend wert geschätzt. Vor allem besondere, fremdländische oder als → mediterran zu bezeichnende Pflanzen werden gesammelt und gepflegt. Als Vorbilder dienen dabei prachtvolle Orangerien und parkähnliche Gärten, wie sie in alten herrschaftlichen Anwesen zu finden sind. Auch hier ist alles

stilvoll aufeinander abgestimmt, z. B. das klassisch geformte Gartenornament, eine kleine Steinskulptur, ein amphorenartiger Kübel usw.
Prestige-orientierte Menschen lieben den Luxus und benötigen entsprechende Beratung. Präsentationsaufbauten sollten klassisch-symmetrisch sein, ideal ist die Andeutung von hochwertigem Wohnambiente. Üppige Blütenpracht in dekorativer Gestaltungsart, klassische Formen, harmonisch-dezente Farbwahl, Symmetrie und der Einsatz außergewöhnlicher Werkstoffe locken diese Kundschaft.

→ Accessoire → Amphore → Gestaltungsart, dekorative → klassisch → Marketing → Orangerie → Ordnungsart Symmetrie → Ornament → Skulptur

Primärfarbe

→ Farbrangstufen

Primärkontrast

→ Farbkontrast, objektiver

Prinzip, gestalterisches

Als gestalterische Prinzipien kann man alle Regeln bezeichnen, die beim Gestalten umgesetzt werden bzw. umgesetzt werden können. Die wichtigsten floristischen gestalterischen Prinzipien sind unter den Begriffen → Ordnungsart, → Anordnungsart, → Positionierungsart, → Farbharmonie, → Formeigenschaft und → Werkstoffeigenschaft, → Proportion und schließlich → Gestaltungsart zu finden. In ihrer Summe bilden sie die gesamte floristische Gestaltungslehre. Diese Prinzipien sind nicht immer und nicht in jedem Fall sämtlich zu beachten und einzusetzen, sondern müssen je nach gestalterischer Zielsetzung ausgewählt und sinnvoll realisiert werden. Teilweise kann gerade in der bewussten und gekonnt vorgenommenen Nichtbeachtung der besondere gestalterische Effekt begründet sein. Dadurch werden unter anderem als → experimentell zu bezeichnende Neuentwicklungen und zukunftsweisende Gestaltungen erst möglich, die man der floristischen → Avantgarde zuordnen kann.

Prisma

Als Prisma bezeichnet man ein aus Glas, Kunststoff oder ähnlichen lichtdurchlässigen Materialien gefertigtes, optisches Bauteil, das wenigstens zwei schräg zueinander stehende, meist ebene Außenflächen aufweist. An Kronleuchtern und als gläserne Schmucksteine, die auch in der Floristik eingesetzt werden, sind Prismen zu finden. Prismen reflektieren und/oder brechen die hinein- bzw. hindurchfallenden Lichtstrahlen, wobei Strahlen mit unterschiedlichen Wellenlängen verschieden stark abgelenkt werden. Dadurch wird für das menschliche Auge das → Farbenspektrum sichtbar.

→ Auge, Funktionsweise des Auges → Kronleuchter → Lichtfarbe

Profanbau

Als profan bezeichnet man alles Weltliche in Abgrenzung zum Sakralen, womit das Himmlische, Heilige bzw. Kirchliche bezeichnet wird. Ein Profanbau ist demgemäß jedes weltliche, nichtkirchliche bzw. keiner religiösen Bestimmung dienende Bauwerk.

→ Sakralbau

Profil

Als Profil bezeichnet man die Ausformung der Oberfläche eines Körpers bzw. die Form des Körpers selbst. Man kann auch von der Umrissgestalt oder Kontur, eventuell vom → Relief eines Körpers sprechen. In der Floristik sind Profile vor allem bei Werkstücken der → Formbinderei wichtig. Hier ist das → Kranzprofil als wichtiges Beispiel zu nennen. Kleinteilig ausgeprägte Profile werden in der Floristik mit den verschiedenen Begriffen der → Textur beschrieben.
Im übertragenen Sinn spricht man auch bei der Ausprägung einer Persönlichkeit und den Fähigkeiten einer Person vom Profil dieses Menschen.

Proportion

Der Begriff Proportion stammt aus dem Lateinischen und bedeutet Verhältnis. In der Floristik geht es vor allem um die Entwicklung harmonischer, ausgewogener Proportionen von Mengen, Größen oder Abständen von Einzelteilen oder Gruppen zueinander. Unterschieden werden:

Gleichheitsproportionen
1:1, 2:2 etc. wie sie der → Ordnungsart Symmetrie entsprechen.

Ungleiche Proportionen
Sie kommen vor allem in der → Ordnungsart Asymmetrie vor. Dazu gehören → Goldener Schnitt und freie Proportionen, die überdehnt sein können oder sich nach Naturgegebenheiten richten.

Proportion, freie

→ Ordnungsart Asymmetrie → Proportion

Proportion, überstreckte bzw. gestauchte

→ Ordnungsart Asymmetrie → Proportion

prunkend, Prunkform

Es handelt sich um einen der fünf Geltungsansprüche. Da der Form-Begriff nicht in vollem Sinn zutrifft bzw. unpräzise ist, verwendet man besser die Bezeichnung „Werkstoffe, die prunkend wirken".
Sie sind durch ihre prächtige, üppige Ausstrahlung und Größe den beherrschenden Werkstoffen vergleichbar. Auch wirken sie am besten, wenn sie unter

sich bleiben. Sie müssen jedoch nicht alleine verarbeitet werden, sondern ihre Prunkwirkung wird durch eine Verarbeitung in großer Menge noch gesteigert. Lediglich wenige, sich vollkommen unterordnende Begleiter sind möglich, wenn der Prunkeffekt nicht gestört werden soll. Es zeigt sich, dass das oft vorgenommene Einfügen zwischen den Rangstufen der herrschenden und der geltenden Werkstoffe nicht logisch und sinnvoll ist, da die Mengenverarbeitung einer Forderung an Gemeinschaft liebende Blumen gleichkommt. Beispiele sind Pfingstrosen, Hortensien, großblumige Chrysanthemen.

→ Geltungsanspruch

Pufferung

Als Pufferung bezeichnet man in der Pflanzenpflege die Eigenschaft eines Substrats, die Konzentration von Nährstoffsalzen und ihre chemisch-physikalischen Folgen für das Bodenwasser teils abzufangen bzw. auszugleichen. Dabei lagern sich, vereinfacht ausgedrückt, Nährstoffionen an die Substratpartikel an und werden erst nach und nach, so wie die Pflanze dem Bodenwasser Nährstoffe entnimmt, wieder an das Wasser abgegeben. Damit wird eine Überdüngung und die daraus folgende Umkehr der Osmose in den feinen Wurzelhaaren bis zu einem gewissen Grad abgefangen bzw. gepuffert.

→ Blähton → Düngen → Ion → Substrat

Punktsymmetrie

Punktsymmetrien gehören zur → Ordnungsart Symmetrie und zeigen als Bezugselement einen Mittelpunkt. Die Gleichheit der Teile stellt sich als Drehung um diesen Mittelpunkt oder als Projektion über den Mittelpunkt dar. Die Punktprojektion führt automatisch zu einer Drehung des projizierten Motivs in sich. Wegen der durch gedachte Drehung um den Mittelpunkt bewirkten Wiederholung der Motive spricht man auch von Dreh- oder → Rotationssymmetrie. Die jeweiligen Drehwinkel sind hierbei von der Menge der Motivwiederholungen im Bezug zum Kreiswinkel von 360° abhängig. Drei Wiederholungen bedingen drei Winkel von je 120°, fünf ergeben fünf Winkel von je 72° usw.

Mehrachsige Symmetrien (→ Disymmetrie, → Radiärsymmetrie) können ebenfalls als Punktsymmetrie verstanden werden, wobei der Dreh- oder Mittelpunkt der Achsenschnittpunkt ist. Umgekehrt sind Punktsymmetrien keinesfalls gleichzeitig immer auch achsensymmetrisch.

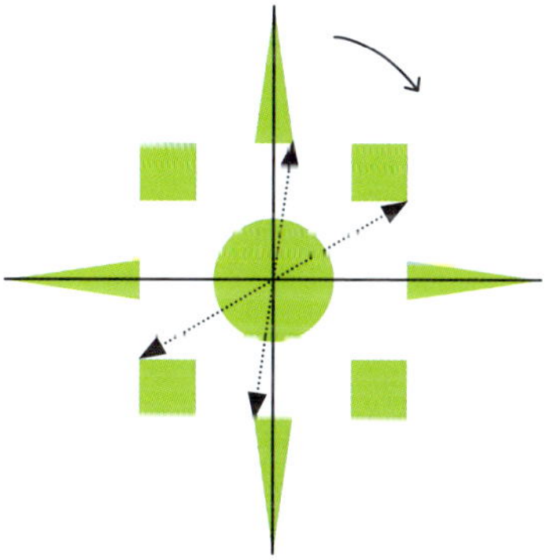

Das Schema vereinigt Punkt-, Achsen- und Drehsymmetrie. Aus Gründen der Übersichtlichkeit sind nur wenige Achsen und Projektionspfeile eingezeichnet.

Botanisch sind Blüten oft punktsymmetrisch. In der floristischen Gestaltungslehre sind Punktsymmetrien bei Werkstücken gegeben, die sich deutlich auf einen Mittelpunkt beziehen, z. B. Adventskränze und manche Sträuße. Bezüglich der ⇢ Stilkunde herrschen vor allem bei Kuppelbauten zuweilen Punktsymmetrien vor.

⇢ Adventskranz ⇢ Kuppel

Putte

Eine Putte (ital.: putto = kleines Kind) gehört zu den plastischen Darstellungen bzw. Skulpturen an einem Baukörper. Es sind zumeist nackte, kleine Knabenfiguren, die mit oder ohne Flügel eine Art Kinderengel darstellen. Aus ⇢ Stuck, ⇢ Holz oder ⇢ Marmor gearbeitet, findet man sie seit der ⇢ Renaissance, vor allem aber im ⇢ Barock und ⇢ Rokoko z. B. an Altären, Kirchendecken, Orgelumfassungen sowie an Wänden und Galerien von Kirchen und Schlössern. Auch als freistehende Statuen kommen sie vor. Oft zeigen sie symbolisch zu verstehende Tätigkeiten.

⇢ Plastik ⇢ Skulptur ⇢ Statue ⇢ Symbol

Honigschlecker-Putto aus der Wallfahrtskirche Neu-Birnau am Bodensee

Q

Qualitätskontrast

Von einem Qualitäts- oder Farbqualitätskontrast spricht man, wenn reine Farben mit getrübten Farben kombiniert werden. Es handelt sich um einen objektiven Farbkontrast, den man auch als Rein-Trüb-Kontrast bezeichnet. Der trübe Farbton eines Qualitätskontrasts kann, muss jedoch nicht aus derselben reinen Farbe abgeleitet sein. Es sind auch verschiedenfarbige Rein-Trüb-Kontraste möglich, z. B. reines Blau mit trübem Braunorange, die zusätzlich eine komplementäre Kontrastwirkung ergeben.

→ Farbe, reine → Farbe, trübe → Farbkontrast, objektiver
→ Komplementärkontrast

Quantitätskontrast

Von einem Quantitätskontrast oder Viel-Wenig-Kontrast spricht man, wenn sich die Flächen, auf denen die beteiligten Farben in einer Gestaltung auftreten, in ihrer Größe deutlich voneinander unterscheiden. Es handelt sich um einen objektiven Farbkontrast. Bei Verwendung möglichst weniger, günstigstenfalls nur zweier Farben, ist die Mengenkontrastwirkung besonders klar. Der Begriff des Quantitätskontrasts sagt nichts über die tatsächlich beteiligten Farben aus. Er ist jedoch umso besser wahrnehmbar, je mehr sich die beteiligten Farben voneinander unterscheiden. Daher wird er oft als → Komplementarkontrast ausgeführt. Der Begriff an sich kann auch formbezogen verstanden und auf die Mengen oder Größen von Werkstoffen und Materialien bezogen werden. Ein farblicher Quantitätskontrast kann sogar durch einen Formquantitätskontrast verstärkt werden, wenn z. B. eine rote Rose als → Akzent einen großen, grünen Blattkranz schmückt.

→ Farbkontrast, objektiver → Formkontrast

Quarz

Quarz ist als kristalline Form des Siliziumdioxids ein gesteinsbildendes Mineral. Es wird unter anderem in Form von Quarzsand als Rohstoff zur Glas- und Porzellanherstellung verwendet. Die vielfältigen Erscheinungsformen von Quarz beinhalten auch besondere Ausprägungen, wie z. B. die Halbedelsteine Bergkristall, Rosenquarz, Amethyst usw.

→ Glas → Porzellan

Querschiff

Den quer zum Hauptraum bzw. zum Haupt- oder → Mittelschiff sich erstreckenden Teil des Kirchenraums nennt man Querschiff. Durch diesen Raumteil erhält der Kirchenbau im Grundriss seine symbolische Kreuzform, die sich in der → Romanik als wesentliches → Stilelement entwickelte und auch in Kirchenbauten der → Gotik zu finden ist. In → Renaissance, → Barock und → Klassizismus wird das Querhaus zwar teilweise ebenfalls entwickelt, ist jedoch seltener und weniger bedeutend. Der Überschneidungsbereich von Langhaus bzw. Hauptschiff und Querschiff wird → Vierung genannt.

→ Kreuz → Seitenschiff → Symbol

R

Radialität, radial

→ Anordnungsart, radiale

Radialtechnik

Werden die Werkstoffstiele innerhalb eines Werkstücks beim Einfügen auf einen → Wuchspunkt ausgerichtet, so kann man handwerklich vom Vorgang der Radialtechnik sprechen. Gestalterisch führt sie zur radialen Anordnungsart. Da es sich um das wohl häufigste und daher als normal angesehene Vorgehen der Werkstoffausrichtung beim floristischen Arbeiten handelt, ist dieser Begriff allerdings eher unüblich. Zur Abgrenzung des beschriebenen Vorgangs von der → Paralleltechnik ist er allerdings sinnvoll. Vor allem beim → Strauß ist das radiale Anlegen der Stiele die grundlegende Technik. Sie führt bei korrekter Ausführung, d. h. die Stiele kreuzen sich nicht in der falschen Richtung, zur annähernd spiralig erscheinenden Stieleausrichtung in der → Bindestelle.

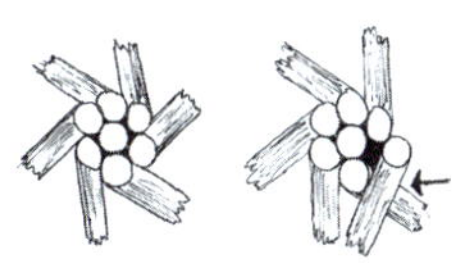

richtig falsch

→ Anordnungsart, parallele → Anordnungsart, radiale

Radiärsymmetrie

Die Radiärsymmetrie ist eine → Achsensymmetrie und als Unterart der → Ordnungsart Symmetrie anzusehen. Eine radiärsymmetrische Ordnung zeigt drei oder mehr Symmetrieachsen, die sich in jeweils gleichen Winkeln kreuzen. Die Winkelgröße hängt von der Achsenanzahl ab. Durch die Achsenkreuzung wird ein Mittelpunkt hervorgehoben. Er ist gleichzeitig → Waagepunkt eines radiärsymmetrischen Werkstücks. Ein → Hauptmotiv ist im Bereich dieses Punkts zu finden. Die → Nebenmotive müssen sich an allen Achsen ausrichten.

Schema einer radiärsymmetrischen Ordnung

Die → Disymmetrie kann als einfachste Form der Radiärsymmetrie angesehen werden, wird aber im Allgemeinen separat betrachtet.

Radiärsymmetrie kann auch als → Rotationssymmetrie oder als → Punktsymmetrie aufgefasst werden. Dann stellt man sich die Motivwiederholung nicht als Spiegelung an einer Achse, sondern als mehrmalige Drehung um den Mittelpunkt vor. Radiärsymmetrische Gestaltungen werden in der Floristik vor allem bei allseitig zu betrachtenden Werkstücken entwickelt. Beispiele sind rund gestaltete Sträuße und Gestecke sowie Tischkränze. Im Bezug zur → Stilkunde und zum floristischen → Raumschmuck sind Kuppelbauten als radiärsymmetrische Architektur z. B. aus → Renaissance und → Klassizismus zu erwähnen.

→ Kuppel → Symmetrieachse

Raffiabast

→ Bast

Rangstufen

→ Geltungsanspruch

Rattan

→ Peddigrohr

Raumschmuck, floristischer

Floristische Werkstücke haben in den meisten Fällen eine Raumschmuckwirkung, da sie letztlich in Räumen aufgestellt werden bzw. Wohnaccessoires sind. → Tischschmuck ist hierfür ein herausragendes Beispiel. Von floristischem Raumschmuck im eigentlichen Sinn spricht man allerdings erst, wenn die Werkstücke eigens zu diesem Zweck hergestellt werden. Dabei muss sich die Gestaltung des Raumschmucks insbesondere nach der gegebenen Gestaltung des Raums richten, also nach dem Stil der Architektur und der Raumdekoration, d. h. der Raumausstattung mit Tapeten, Gardinen, eventuellem → Stuck und Möbeln. Hier liegt im Übrigen ein Grund für die Unterscheidung der Begriffe → dekorieren und → schmücken. Um passenden Raumschmuck gestalten zu können, müssen Kenntnisse über Baustile und Stilepochen mit einbezogen werden.

floristischer Raumschmuck in einem neo-barocken Saal

Ein spezieller Bereich des Raumschmucks ist der floristische → Kirchenschmuck. Auch Bühnen, Festsäle, Wohnräume, Theaterfoyers, Warteräume von Arztpraxen, Kantinen, Eingangshallen z. B. von Banken usw. können floristisch gestalterisch aufgewertet werden. In allen Fällen ist die gewählte Technik auf die Gegebenheiten des Raums abzustimmen, so dass nichts beschmutzt oder beschädigt wird.

Da deswegen oft kein direktes Anbringen am Gemäuer möglich ist, muss der florale Schmuck häufig freistehend aufgestellt werden. Im Übrigen darf die sach- und anlassgemäße Funktion des Raums in keiner Weise eingeschränkt werden, d. h. Laufwege und die Sicht von Gästen müssen frei bleiben, die Bedienung vorhandener Raumtechnik sowie von Türen und Fenstern muss gewährleistet sein usw.

→ Accessoire → Baustil → Stilepoche

Reagenzglas

→ Wasserröhrchen

Rebdraht

→ Rebenbindedraht

Rebenbindedraht

Rebenbindedraht kann zum → Zierdraht gezählt werden. Es ist ein mit Papier ummantelter → Wickeldraht, der zum Befestigen von Weinranken an den Spanndrähten im Weinberg verwendet wird. Die Ummantelung dient dem Schutz der empfindlichen Sprosse vor dem harten, evt. einschneidenden Draht. Für den gestalterischen Bereich sind Drähte mit Papierummantelungen in verschiedenen Farben erhältlich, während die ursprüngliche Farbe das Braunbeige von Pappe ist.

Reduktion, Reduzierung

Reduzierung oder Reduktion bedeutet → Beschränkung, Verringerung oder Zurückführung.
Die Reduzierung der einzusetzenden → Gestaltungsmittel und Techniken auf das zur Erreichung eines gestalterischen Ziels unverzichtbar Erforderliche ist für jedes Gestalten eine wichtige Forderung. Denn alles, was überflüssig ist, mindert das Ergebnis letztlich in seiner Wirkung, da sich die Einzelteile dabei meist gegenseitig stören. Vor allem in der formal-linearen Gestaltungsart, die die Beschränkung auf das Wesentliche und große Freiräume als Kriterien beinhaltet, ist Reduzierung wichtig.
Außerdem ist Reduktion der eingesetzten Ware auch eine betriebswirtschaftlich bedeutende Forderung, da hiermit unnötige Kosten vermieden werden bzw. ein entsprechend gearbeitetes → Werkstück dem Kunden preiswerter angeboten werden kann.

→ Gestaltungsart, formal-lineare

Reduktionsglasur

→ Glasur

Reihe

Unter einer Reihe versteht man das lineare Aneinanderfügen von Gestaltungsmitteln. Unterschieden werden stetige, rhythmische, abgestufte und unregelmäßige Reihe. Das Reihen kann als reihende Positionierungsart aufgefasst werden.

→ Dimension → Formdimension → Gestaltungsmittel → Positionierung → Reihe, abgestufte → Reihe, rhythmische → Reihe, stetige → Reihe, unregelmäßige → Translationssymmetrie

Reihe, abgestufte

Die abgestufte Reihe entsteht, wenn Reihenelemente in ihrer Abfolge schrittweise kleiner oder größer werden. Auch eine schrittweise Änderung der Abstände ist möglich, jedoch dürfen keine großen Lücken entstehen. Mindestens drei, besser mehr Elemente sind für eine gestalterisch überzeugende Ausführung erforderlich.

→ Positionierungsart, reihende → Reihe

Reihe, rhythmische

Bei rhythmischen Reihen werden mindestens zwei, aber auch mehr verschiedene Elemente in gleichbleibender Abfolge positioniert. Die Abstände können ungleich sein und auch diese Abfolge muss dann wiederkehren. Eine wenigstens dreimalige Wiederholung der Gesamtabfolge ist für eine gestalterisch überzeugende Ausführung und die deutliche Wahrnehmung des Rhythmus' erforderlich.

→ Positionierungsart, reihende → Reihe → Rhythmus → Translationssymmetrie

Reihe, stetige

Bei stetigen Reihen werden gleiche Elemente in gleichen Abständen aneinandergefügt. Mindestens drei, besser mehr Elemente sind für eine gestalterisch überzeugende Ausführung erforderlich.

→ Positionierungsart, reihende → Reihe → Translationssymmetrie

Reihe, unregelmäßige

Eine unregelmäßige Reihe enthält unterschiedliche Elemente. Zwar können auch hier wiederkehrende Einzelteile verwendet werden, eine gleichbleibende Abfolge ist aber nicht erkennbar. Auch die Abstände der Elemente zueinander können unregelmäßig variieren. Für eine gestalterisch überzeugende Ausführung müssen deutlich mehr als drei verschiedene Elemente verwendet werden.

→ Positionierungsart, reihende → Reihe

Reihensymmetrie

→ Ordnungsart Symmetrie → Reihe → Translationssymmetrie

Reinheitskontrast

→ Farbkontrast, objektiver → Qualitätskontrast

Rein-Trüb-Kontrast

→ Farbkontrast, objektiver → Qualitätskontrast

Relief

Ein Relief ist eine aus der Hintergrundfläche plastisch vorgewölbte, also körperhafte Darstellung. Mit vielen Materialien ist diese bildhauerische Werkform möglich, z. B. → Holz, → Metall, → Stuck und → Stein. Je nach dem wie stark die Vorwölbung ist, wie wirklichkeitsnah und körperhaft das Dargestellte aus der Fläche heraustritt, unterscheidet man Flach-, Halb- und Hochrelief. Ganze Wände mit Flachreliefs findet man z. B. an altägyptischen Bauwerken. Giebelfelder, Friese und Kapitelle schmückten die Griechen an ihren Tempeln schon vor 2500 Jahren reliefartig. Dieser architektonische Gebäudeschmuck wurde von den Römern übernommen. Auch auf antiken, römischen Sarkophagen findet man → Girlande und → Kranz als Relief und noch heute heißt die entsprechende Kranzform → Römerkranz. Auch floristische Arbeiten können Relief-Charakter haben, z. B. in der → Formbinderei, als friesartige Werkstücke und in Form von Struktur- bzw. Texturgestecken. Darüber hinaus sind Gefäße, Kerzen und Schmuckkarten zuweilen reliefgeschmückt.

→ Antike → Fries → Gefäß → Giebel → Kapitell → Kerze → Plastik → Sarkophag → Strukturstrauß → Tempel → Textur

Renaissance

Ab ca. 1420 n. Chr. verbreitete sich von Italien ausgehend ein neues Weltbild, dass die Epoche der Renaissance bestimmte. Einschneidende, die Welt verändernde Ereignisse dieser Zeit waren die Entdeckung Amerikas, die Erfindung des Buchdrucks, Galileis Erkenntnisse zum Sonnensystem, Luthers Reformation usw. Das alles führte dazu, dass sich die Menschen ihrer jeweiligen Persönlichkeit, ihres Daseins als schöpferische, eigenständige Wesen stark bewusst wurden. Das im Mittelalter vorherrschende Ausgerichtetsein auf das Jenseits wurde von einem verstärkten Blick auf das Diesseits abgelöst. Diese sich in sämtlichen Lebens- und Geistesbereichen vollziehende Kulturwende bezieht das Wiederaufleben antiker

Renaissance-Kirchenfassade

Werte und Stilformen ein, die während der Renaissance wiederentdeckt und im christlichen Sinn umgedeutet wurden. Renaissaance bedeutet also so viel wie die Wiedergeburt der → Antike in neuer Deutung.
Wesentliche Stilelemente der Renaissance sind antike Säulenformen, Rundbogen, Dreiecks- und Segmentgiebel. Der Kreis ist wesentliche Grundrissform in der Architektur und dementsprechend entstanden unter anderem häufig Bauwerke mit Kuppeln. Man gestaltete Gärten in strenger Geometrie als kultivierte Natur. Der → Goldene Schnitt wurde zum Maß vieler künstlerischer Gestaltungen.
Als floristischer → Raumschmuck entsprechen diesem Stil runde, dekorative Gestaltungen und formbinderische Arbeiten wie → Girlande, → Kranz, → Kugelform und → Fries. Passende Gefäße, z. B. die → Amphore, weisen antike Formen auf.

→ Bogen → Formbinderei → Gefäßformen, antike
→ Gestaltungsart, dekorative → Giebel → Kuppel → Säule → Stilepoche

Retro-

Die Vorsilbe Retro- bedeutet soviel wie rück oder zurück und meint daher ein Rückwärts-Gerichtet-Sein des folgenden Wortteils. Die Retrospektive ist also ein Rückblick, z. B. auf das in der Vergangenheit entstandene Werk eines Künstlers. Im Trend-Bereich ist hiermit das Wiederaufleben zeitlich zurückliegender Form- oder Farbdesigns gemeint. Retro-Trends sind z. B. das Wiederaufleben von → Mode und → Design der Fifties, also der 50er Jahre des letzten Jahrhunderts, oder die History-Style-Ausprägungen, die sich auf historische Stile beziehen.

→ Stil → Stilepoche → Trend

RGB

Die Buchstabenfolge RGB repräsentiert das additive Farbmischgesetz und steht für die Farben → Orangerot (R), → Grün (G) und → Violettblau (B). Es sind die bunten Grundfarben, wie sie bei der Farbdarstellung in Fernseh- und Computerbildschirmen vor schwarzem Hintergrund verwendet werden. Für Floristen ist das Wissen um diese Farben und ihre technische Verwendung wichtig, weil es hilft, Farbwahrnehmungen theoretisch zu verstehen. Außerdem kann es bei der Entwicklung eigener Werbemittel, z. B. einer Website, nützlich sein.

→ Basisschema der Farbenlehre → Farbmischung, additive → Farbname

Rhomboeder-Farbenraum

Der Rhomboeder-Farbenraum ähnelt einem auf einer Spitze stehenden Würfel, ist jedoch entlang der senkrechten Diagonalachse längs gestreckt. Daher zeigt das Rhomboeder als Farbenraum 60°- und 120°-Winkel, während ein Würfel 90°-Winkel aufweist. An den acht Ecken des Rhomboeders haben die acht Grundfarben ihren Platz. Die senkrechte Mittelachse stellt den Farbverlauf zwischen den unbunten

Grundfarben ⇢ Schwarz und ⇢ Weiß dar. Sie sind an der unteren und der oberen Spitze positioniert. Die drei Ecken, die dem Weiß am nächsten liegen, zeigen die bunten Grundfarben ⇢ Gelb, ⇢ Cyanblau und ⇢ Magentarot. Die Urfarben oder bunten Grundfarben ⇢ Orangerot, ⇢ Violettblau und ⇢ Grün liegen dem Schwarz am nächsten. Zwischen den acht Ecken mit den acht extrem möglichen Farbempfindungen des Menschen ist die Vielfalt aller wahrnehmbaren Farben logisch und systematisch angeordnet. Jeder geometrische Punkt im Rhomboeder-Farbenraum entspricht einer Farbnuance. Auf den Außenflächen liegen die Buntarten mit ihren Verweißlichungen und Verschwärzlichungen. Im Inneren des Rhomboeders liegen sämtliche Mischnuancen, die aus allen drei Urfarben entstehen. Diagonal sich gegenüber liegende, also komplementäre Farben, ergeben in der Mischung das genau in der Mitte des Farbenraums liegende neutrale Grau.

⇢ Buntart ⇢ Farbnuance ⇢ Grundfarbe ⇢ Unbuntart ⇢ Urfarbe ⇢ Verschwärzlichung ⇢ Verweißlichung

Rhythmus, rhythmisch

Als Rhythmus bezeichnet man die regelmäßige Abfolge oder Wiederkehr von in verschiedene Teile gegliederten Bewegungsabläufen, z. B. Ein- und Ausatmen im Atemrhythmus. Auch die Abfolge von betonten und unbetonten sowie kürzeren und längeren Noten bzw. Klangen oder Tönen in der Musik wird als Rhythmus bezeichnet. Ähnlich kann auch in unbewegten Gestaltungen durch Verschiedenheit der ⇢ Gestaltungsmittel, der Farben und Formen ein Rhythmus erkannt werden, vor allem, wenn das Betrachten in einer nachvollziehbaren Reihenfolge vor sich geht, der Blick also wandert. Ein augenfälliges Beispiel bietet die rhythmische Reihe, besonders, wenn ihre Elemente ein Auf und Ab zeigen, also größere und kleinere Teile enthalten sind. Aber auch in anderen Werkstücken, z. B. in Gestecken, Kränzen und Straußen, ist rhythmische Gestaltung erkennbar, wenn die Werkstoffe entsprechend verteilt, d. h. verdichtet oder locker, gestreut oder gruppiert positioniert sind.

⇢ Positionierung ⇢ Reihe, rhythmische

Ried, Riedstab

Als Ried wird ein mooriges Gebiet bezeichnet. Hier wachsen häufig so genannte Riedgräser, die auch als Sauergräser *(Cyperaceae)* bezeichnet werden. Begriffe wie Schilf und Röhricht sind dafür ebenfalls üblich. Einige dieser Gräser liefern dünne, stabförmige Sprosse, die in der Floristik sowohl frisch als auch getrocknet und eingefärbt als Riedstäbe zu finden sind. Die im Handel erhältlichen, teils frischen, teils trockenen Riedstäbe stammen allerdings oft von den in australischen und südafrikanischen Trockengebieten wachsenden *Restionaceae* und nicht von heimischen Schilf-Arten.

Hinweis: Der ähnlich geschriebene Begriff Riet bezeichnet in der Weberei das Webblatt bzw. den Webkamm am Webstuhl.

Ringelbiedermeier
Der Ringelbiedermeier muss vollständig Ringel-Biedermeierstrauß genannt werden. Siehe dazu → Biedermeierstrauß.

Ringform

→ Kranzform

Rips
Rips ist ein Leinenstoff, der in einer der Leinenbindung ähnlichen Gewebebindung hergestellt wird. Dabei ist entweder der Schussfaden dicker und überkreuzt zwei oder mehr Kettfäden (Querrips) oder die Kettfäden sind dicker und überkreuzen zwei oder mehr Schussfäden (Längsrips). So entsteht eine → Textur mit Rippenoptik im → Gewebe.

→ Bindung, textile → Leinen → Stoff, textiler

Rocaille
Die Rocaille ist namengebendes, asymmetrisch gestaltetes → Stilelement des → Rokoko. Es ist ein floral oder muschelartig anmutendes → Ornament, das häufig als Wand- und Deckenschmuck aus → Stuck besteht oder als Möbelverzierung in → Holz geschnitzt ist.

→ Anmutung

Rohbrand
Als Roh- oder Glüh- bzw. Schrühbrand bezeichnet man den ersten Brand eines keramischen Gegenstands. Durch diesen Brand versintert der zuvor getrocknete, zunächst nur lederharte, jedoch noch nicht ganz feste und noch wasserlösliche → Scherben, so dass er danach wasserunlöslich ist. Der Rohbrand führt bei → Weichkeramik zum zwar festen, jedoch noch porösen Scherben, den man dann auch als teilversintert bezeichnen kann. Bei → Hartkeramik entsteht bereits ein dichter, voll versinterter Scherben. Glasuren werden meist in einem zweiten Brand, dem → Glattbrand, aufgebracht.

→ Glasur → Keramik → Sinterung

Rokoko

Das Rokoko (ca. 1730 bis 1780) ist weniger eine eigene Stilepoche als vielmehr der nach der ⇢ Rocaille benannte Dekorationsstil am Ende des ⇢ Barock. Da die Aufklärung ihre freiheitlichen Gedanken bereits verbreitete und eine Besinnung auf das Natürliche stattfand, kann das Rokoko auch als Zeit der Aufklärung und des Übergangs zum ⇢ Klassizismus gewertet werden. In der Gartengestaltung entstanden die ersten landschaftlich geformten Parks. Das Überladen-Prächtige und die symmetrischen, im Vergleich schwerer erscheinenden Formen des Barock wurden durch verspielte, kleinere Dekorationselemente wie die namensgebende Rocaille und eine pastellige Farbgebung abgelöst. Allerdings wurde alles im einzelnen Asymmetrische in der Gesamtwirkung eines Raums wiederum symmetrisch ergänzt und die Ausstattung blieb weiterhin, zumindest aus heutiger Sicht, überbordend-füllig.

Im floristischen ⇢ Raumschmuck verlangt ein Rokokoraum vorrangig Pastellfarben, Weiß und eventuell Gold sowie eher zarte Einzelformen, aber auch prunkvolle ⇢ Formbinderei ist möglich. Asymmetrie kann in einzelnen Werkstücken verwirklicht werden, sollte aber symmetrisch ergänzt werden. Verwendete Gefäße sollten ⇢ klassisch geformt sein.

⇢ Landschaftsgarten ⇢ Ordnungsart Asymmetrie ⇢ Ordnungsart Symmetrie ⇢ Pastellfarbe ⇢ Stilepoche

Rollwerk

Geschnitzte oder aus ⇢ Stuck geformte Ornamente, die in ihrer Form an aufgerollte Blätter oder Papierbögen erinnern, nennt man Rollwerk. Dieses ist oft z. B. bei Kartuschengestaltungen aus ⇢ Renaissance und ⇢ Barock zu finden.

⇢ Kartusche ⇢ Ornament

Romanik

Als Romanik bezeichnet man in der abendländischen Kunst die Epoche von ca. 950 bis 1250 n. Chr. Von der römischen ⇢ Antike wurden Bauformen, z. B. die ⇢ Basilika, und die entsprechenden architektonischen Elemente wie ⇢ Bogen, ⇢ Säule und Pfeiler übernommen. Die sakralen Bauten erhielten jedoch eine christlich-abendländische Bedeutung. Kreuzförmige Grundrisse von Kirchen symbolisierten den christlichen Glauben, Kirchen wurden als Gottesburgen verstanden, unter dem Altar einer Kirche befand sich oft eine ⇢ Krypta, häufig mit dem Grab eines Heiligen. Diese Fakten und Bedeutungen bestehen und gelten noch heute. Die wichtigsten Stilelemente der Romanik sind Rundbogen, Tonnen- und Kreuzrippengewölbe, Stützenwechsel (⇢ Pfeiler), ein Quadrat als

Romanische Basilika

Grundrisseinheit, mächtige Vierungstürme, geschlossen-burghafte Bauweise mit dicken Mauern. Früh- (bis 1000 n. Chr.), Hoch- (bis 1150 n. Chr.) und Spätromanik werden unterschieden. Ausgehend von Frankreich ab 1150 n. Chr. bildete die Spätromanik bereits den Übergang zur → Gotik. Man findet dementsprechend viele Bauten mit gemischten Stilformen. Im → Historismus des 19. Jahrhunderts wurden Bauformen mit romanischen Stilelementen wieder eingesetzt. Diese Neo-Romanik stellte jedoch meistens ein reines Nachempfinden und kein künstlerisch eigenständiges Schaffen dar.
Stilistisch kann man Bauwerken der Romanik und der Neo-Romanik mit der gleichen Floristik gerecht werden. Gestalterische Kriterien sind vor allem die Verwendung von einfachen, klaren Formen, besonders die Entwicklung von → Formbinderei, die Umsetzung der dekorativen Gestaltungsart, eine klare, überschaubare Farbwahl, oft nur aus den Grundfarben bestehend, Auswahl von Blumen, die im Ausdruck eher bäuerlich-heimisch und nicht exotisch sind.

→ Antike → Bogen → Gestaltungsart, dekorative → Gewölbe → Grundfarbe → Kirche → Sakralbau → Stilepoche → Vierung

Romantik, romantisch

Unter Romantik versteht man allgemein ein durch Gefühl und Fantasie, nicht jedoch von der Realität bestimmtes Verhalten. Auch eine entsprechende Stimmung und stimmungsvolle Umgebung können als romantisch bezeichnet werden. Dabei wird die Realität teils sentimental verklärt und idealisiert. Im künstlerisch-stilistischen Sinn bezeichnet die Romantik vor allem die Auffassungen und Werke in der Literatur und Malerei zwischen 1780 und 1840. Vergleiche dazu → Empire und → Biedermeier. Die Romantik ist zu dieser Zeit in ihrer verklärenden Sichtweise auf das → Mittelalter ein Ursprung für die Stilentwicklungen im → Historismus. Hierfür ist das Schloss Neuschwanstein ein treffendes Beispiel.
Floristik bzw. floristische Gestaltungen werden häufig als romantisch empfunden und bezeichnet, vor allem wenn sie, wie beim → Brautschmuck, mit emotionalen Anlässen verbunden sind. Insgesamt stellt floristisches Gestalten ohnehin oft eine Idealisierung von Real-Natürlichem dar, so dass eine romantische Ausstrahlung vielen Sträußen und Gestecken von sich aus innewohnt. Wird diese → Anmutung jedoch durch übertriebenen Einsatz von Gestaltungsmitteln, z. B. einer zu großen Menge von Bändern mit Blümchen-Muster in einem Blumenstrauß, verstärkt, entsteht dadurch auch in floristischen Werkstücken häufig → Kitsch.

→ Stilepoche

Römer

→ Römerkranz → Strohrömer

Römerhafte

→ Hafte → Römerkranz

Römerkranz

Das floristische Werkstück → Kranz ist als halb- oder dreiviertelrundes → Relief auf Sarkophagen und an Gebäuden aus der Römerzeit bekannt. Zu dieser Zeit war vor allem der aus Blättern gefertigte Kranz als Ehrenzeichen üblich und wurde in Stein bildhauerisch verewigt. Wegen dieser historischen Herkunft werden heute ungeschmückte Kranzkörper, wenn sie mit einem einheitlichen Werkstoff gestaltet sind und ein vollrundes, halbrundes oder dreiviertelrundes → Profil aufweisen, als Römerkranz oder kurz auch als Römer bezeichnet. Runde oder teilrunde Kranzprofile heißen demnach auch → Römerprofil.
Ebenso werden die technischen Unterlagen oft mit Begriffen wie → Strohrömer oder Steckschaumrömer benannt. Infolgedessen sind auch die weiteren Hilfsmittel häufig mit dem Namensteil „Römer" versehen: → Römerhafte, → Römerwickelband. Sogar der Vorgang des Kranzbindens bzw. -wickelns auf einer mit Römerwickelband abgedeckten Strohunterlage wird gelegentlich kurz als Römern bezeichnet.
In der Regel wird der Begriff des Römerkranzes nahezu ausschließlich im floristischen → Trauerschmuck verwendet. In Herstellung, Form und Gestaltung sind aber auch der Türkranz, der Erntekranz und der → Adventskranz letztlich oft Römerkränze.

→ Kranzprofil → Sarkophag → Steckschaum → Türschmuck → wickeln

Römerprofil

Als Römerprofil werden Profile von Kranzkörpern bezeichnet, deren Querschnitte einen Vollkreis oder Kreisteile aufweisen. Halbrunde Profile mit flacher Kranzunterseite sind üblich und bieten optisch eine enge Verbindung mit dem Boden, auf dem sie präsentiert werden. Dreiviertelrunde, auch dreifünftel- oder vierfünftelrunde Profile liegen dem Boden ebenfalls gut, jedoch optisch nicht ganz so dicht an. Dafür erscheinen sie stärker körperhaft und haben eine das Volumen betonende Wirkung. Das vollrunde → Profil eignet sich vorrangig für senkrecht an einer Wand oder Tür und für frei hängende Kränze. Bei den letzteren bestehen viele Möglichkeiten der Ausrichtung im Raum, z. B. eine schräge und eine waagerechte Hängung. Der waagerecht aufgehängte → Adventskranz mit einem → Kranzkörper aus relativ glatt anliegender → Konifere zeigt, dass das Römerprofil nicht ausschließlich auf den → Trauerkranz beschränkt ist.

→ Kranzprofil → Profil → Römerkranz

Römerwickelband, Römerwickelvlies

→ Kranzwickelband → Römerkranz → Vlies

Rondell

Als Rondell bezeichnet man ein z. B. mit Zierpflanzen gestaltetes oder mit Blumen ausgestecktes, rundes Beet.

Rosenentdorner

Ein Rosenentdorner bzw. Rosenabdorner dient zum relativ schnellen und leichten Entfernen der Stacheln und Blätter von Rosen. Dabei muss der Werkstoffstiel einerseits mit dem Werkzeug fest genug gefasst werden, damit allen Stacheln und Blätter in einer Bewegung möglichst vollständig entfernt werden können. Andererseits führt ein zu festes Zusammenpressen der klammerartigen Werkzeugteile eventuell zum Zerdrücken des Stiels und zu Verletzungen seiner Oberhaut. Dies sind später in der Vase Ansatzstellen für Fäulnis, so dass ein Entfernen der Stacheln mit dem → Floristenmesser zwar länger dauert, fachlich aber besser ist. Eine andere Alternative stellt die → Blumenstielputzmaschine dar.

→ Werkzeug, floristisches

Rosenschere

Eine Rosenschere, zuweilen auch Baum- oder Gartenschere genannt, verwendet man zum Zurechtschneiden von Werkstoffen, insbesondere wenn diese holzige Stiele aufweisen. Manche Rosenscheren bieten außerdem tief unten am Klingenansatz eine kleine Einkerbung, die stark genug ist, um hiermit Draht durchzutrennen. Dies darf nicht mit den eigentlichen Schneiden der Schere, am allerwenigsten mit den Schneidenspitzen, erfolgen, da sie dabei schartig und stumpf würden. Hier muss ein → Seitenschneider eingesetzt werden. Hochwertige Rosenscheren lassen sich zerlegen, so dass die losen Klingen gut nachzuschleifen oder eventuell zu ersetzen sind.

→ anschneiden → Werkzeug, floristisches

Rosette

Für die Form und den Begriff der Rosette ist das Vorbild die Blattanordnung der Blütenblätter einer Rose. Davon abgeleitet werden runde, aus entsprechenden Einzelteilen zusammengesetzte Ziermotive und → Ornamente als Rosetten bezeichnet. Auch große Formen, z. B. die riesigen Rosetten-Fenster gotischer Kathedralen, werden mit dem Begriff passend beschrieben. In der Floristik sind neben Pflanzen mit entsprechendem, gestauchtem Wuchs, z. B. Echeverien, auch rosettenförmige Accessoires zu finden. Sogar Werkstücke, beispielsweise eine → Glamelie und ein → Anstecker, können in Rosettenform hergestellt werden.

→ Accessoire → Gotik

Rost

Beim Verrosten von Gegenständen aus Eisen reagieren die Eisenmoleküle der Oberfläche, vor allem beim Vorhandensein von Wasser bzw. Luftfeuchtigkeit, mit dem Sauerstoff in Luft und Wasser. Das Eisen wird durch diese Oxidation chemisch verändert bzw. zerstört und es entstehen Eisen(II)-Oxide und Eisen(III)-Oxide, die allgemein als Rost bezeichnet werden.
Das technische ⇢ Hilfsmittel ⇢ Draht ist von Rost bedroht und muss entsprechend möglichst trocken gelagert werden. Eisengefäße werden zum Schutz vor Rost z. B. mit einer Verzinkung versehen oder lackiert. Rost wird in der Floristik teilweise durchaus toleriert und sogar als schön und wünschenswert angesehen, da er braun und relativ rau ist und daher natürlicher wirkt als das glatte, graue Eisen. Dies gilt z. B. bei manchen Gefäßen und Accessoires aus Eisen sowie bei Gittern als Gestaltungsmittel im ⇢ Raumschmuck.

⇢ Accessoire ⇢ Zink

Rot

Der ⇢ Farbname Rot fasst viele verschiedene Farbnuancen unter einem Begriff zusammen und ist damit eine für farbtheoretische und farbgestalterische Überlegungen meist nicht ausreichende Farbbezeichnung. Genauer sind in der ⇢ Farbenlehre daher ⇢ Magentarot und ⇢ Orangerot zu unterscheiden.

⇢ Basisschema der Farbenlehre ⇢ Grundfarbe ⇢ RGB

Rotationssymmerie

Die Rotations- oder Drehsymmetrie ist eine Unterart der ⇢ Ordnungsart Symmetrie und entsteht durch Drehung von Motiven, die in sich sowohl symmetrisch als auch asymmetrisch sein können, um einen Mittelpunkt. Der Winkel, um den die Motive wiederholend gedreht werden, ergibt sich, indem man die 360° eines Vollkreises durch die Anzahl der Motivwiederholungen teilt (z. B. 360° : 5 = 72°). Insgesamt entsteht eine konzentrische Verteilung von Werkstoffen, Motiven oder Nebenmotiven um den Mittelpunkt, in dem je nach Gestaltung ein ⇢ Hauptmotiv zu finden ist. Auch eine leere Mitte kann vorkommen, z. B. bei einem rotationssymmetrischen ⇢ Kranz. Die Radiärsymmetrie kann man als Sonderfall der Drehsymmetrie verstehen, die allerdings nur geradzahlige Motivwiederholungen mit entsprechenden Winkeln ermöglicht (z. B. 360° : 6 = 60°).

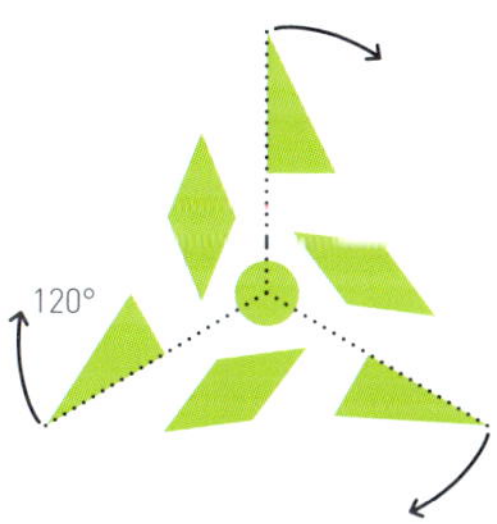

Schema einer rotationssymmetrischen Ordnung mit dreifacher Motivwiederholung

Betrachtet man die Wiederholung von Bereichen bzw. Nebenmotiven nicht als Drehung um den Mittelpunkt, sondern als Spiegelung über diesen Punkt zur anderen Seite hin, spricht man von ⇢ Punktsymmetrie. Diese ist demnach lediglich eine andere Interpretation der Gegebenheiten der Drehsymmetrie.

Rotationssymmetrie findet man in der Natur zuweilen bei Blüten, z. B. von *Vinca minor.* Sie ist floristisch mit einer deutlich ausgeprägten optischen Drehrichtung bei vielen kranzförmigen Gestaltungen gut umsetzbar.

Hinweis: Der Mittelpunkt kann in der Rotationssymmetrie auch als mittige Drehachse aufgefasst werden. Vergleiche dazu ⇢ Symmetrieachse.

⇢ Motiv ⇢ Nebenmotiv ⇢ Ordnungsart Asymmetrie

Rückseitenmotiv

⇢ Asymmetrie ⇢ Motiv

Rundbogen

⇢ Bogen

Rundpfeiler

⇢ Pfeiler ⇢ Säule

Runge, Philipp Otto

Philipp Otto Runge (1777–1810), bedeutender und vielseitiger Künstler der Frühromantik, arbeitete als Maler, Grafiker, Dichter, Kunsttheoretiker, Natur- und Sprachwissenschaftler sowie Gestalter von Gebrauchsgütern. Mit seiner zum Farbkreis von J. W. von Goethe passenden ⇢ Farbkugel schuf er ein dreidimensionales Farbsystem, das J. Itten fast einhundertfünfzig Jahre später noch in seine Farbenlehre einbezog. Heute stellt der ⇢ Rhomboeder-Farbenraum von H. Küppers die Farbenvielfalt entsprechend der zeitgemäßen wissenschaftlichen Erkenntnisse zutreffender dar.

⇢ Itten, Johannes ⇢ Küppers, Harald

Rupfen

Als Rupfen oder Rupfenleinwand wird ein relativ grobes, in Leinenbindung gefertigtes ⇢ Gewebe aus ⇢ Jute bezeichnet. Bei besonders groben Formen spricht man auch vom Sackleinen.

⇢ Bindung, textile ⇢ Leinen

rustikal

Rustikal (lat.: rusticus = Bauer, bäuerlich, ländlich) bedeutet bäuerlich und meint eine ländliche ⇢ Anmutung bzw. Ausstrahlung einer Gestaltung. Als Beschreibung einer ⇢ Textur ist der Begriff zwar üblich, jedoch nur bedingt geeignet. Vergleiche dazu ⇢ Textur, rustikale.

S

Saalkirche
Als Saalkirche bezeichnet man eine einschiffige ⇢ Kirche, die im Gegensatz zu Kirchen mit Haupt- und Seitenschiffen einen nicht weiter unterteilten Kirchenraum, also einen Saal, aufweist.

⇢ Basilika ⇢ Hallenkirche ⇢ Mittelschiff ⇢ Seitenschiff

Sachgerechtigkeit
⇢ Funktionsgerechtigkeit ⇢ Zweckmäßigkeit

Sakralbau
Als sakral (lat.: sacer = heilig) bezeichnet man alles Heilige bzw. Kirchliche oder allgemein Religiöse vor allem in Abgrenzung zum Weltlichen, das als profan bezeichnet wird. Ein Sakralbau ist demgemäß jedes kirchliche oder religiöse Bauwerk, das dem Gottesdienst geweiht ist. Beispiele sind ⇢ Tempel, ⇢ Kirche, ⇢ Kapelle, Synagoge und Moschee.

⇢ Profanbau

Salzglasur
⇢ Glasur ⇢ Steinzeug

Samt
Samt ist ein Gewebe, bei dem bestimmte Fasern bzw. Fäden nicht glatt und stramm, sondern in Schlaufen eingewebt werden. Diese Schlaufen werden anschließend aufgeschnitten, hochgebürstet und geschert. Dadurch erhält echter Samt einen etwa zwei Millimeter tiefen Flor mit Fasern, die in einer Richtung leicht geneigt sind. Samt zeigt daher in einer Blickrichtung betrachtet einen glänzenden Schimmer, während er entgegengesetzt betrachtet dunkel und tief im Flor wirkt. Die Schlaufen können durch Kottfäden oder durch Schussfäden gebildet werden, so dass Samtarten mit entsprechender Richtung des Flors entstehen. Sind die Schlaufen länger, spricht man von ⇢ Plüsch, werden sie flachgebügelt, entsteht ⇢ Pannesamt.

dunkelroter Samt in weihnachtlicher Floristik

Echter Samt ist in der Floristik selten als Dekorationsstoff und → Schmuckband zu finden. Oft wird er durch einfacheren Kunstsamt ersetzt, der lediglich aus einem mit Hilfe von → Klebstoff beflockten → Gewebe besteht. Im Übrigen ist Samt das Vorbild für die Benennung und Beschreibung der samtigen → Textur von Werkstoffen.

→ Bindung, textile → Stoff, textiler → Textilfaser → Textur, samtige

samtig

→ Textur, samtige

Sargdecke

Gelegentlich wird über einen Sarg eine Decke oder eine Fahne gelegt. Während die Fahne eine Ehrung für den Verstorbenen und seine Verdienste darstellt, ist die Decke als symbolischer Schmuck zu verstehen: der Tote soll unter der Decke behütet und geschützt zur letzten Ruhe gebettet werden.

Floristischer → Sargschmuck kann in Form einer Decke gestaltet und in verschiedenen Techniken ausgeführt werden. Beispielsweise kann die Decke an sich aus verwobenen Ranken bestehen, es können Werkstoffe auf eine textile Decke aufgebracht werden oder die Decke entsteht aus Maschendraht, in den die pflanzlichen Werkstoffe eingeflochten sind.

→ Drahtgeflecht → flechten → Stoff, textiler → Symbol → Trauerschmuck, floristischer

Sargschmuck, floristischer

Schmuck für den Sarg des Verstorbenen ist eine der wichtigsten trauerfloristischen Arbeiten. Er muss, wie jeder → Trauerschmuck, dem Anlass an sich gerecht werden, also würdevoll und zurückhaltend gestaltet sein. Von großen, den gesamten Sarg bedeckenden Gestecken über eine → Girlande an den Seiten des Sargs bis hin zur → Sargdecke sowie Kranz- oder Herzformen auf dem Sargdeckel sind viele Gestaltungsmöglichkeiten gegeben. In jedem Fall muss sich der florale Sargschmuck der Form des Sargs anpassen und dessen Farbigkeit bzw. die Eigenheiten des Materials, meist → Holz, berücksichtigen. Im Übrigen darf der Sarg nicht beschmutzt und beschädigt werden. Dies ist besonders zu beachten, wenn der Sargschmuck vor dem Einsenken des Sargs in das Grab entfernt wird. Die Befestigung muss demnach so ausgeführt sein, dass sich der Schmuck rückstandsfrei vom Sarg entfernen lässt, um später auf dem geschlossenen Grab abgelegt zu werden.

→ Herzform → Kranzform

Sarkophag

Als Sarkophag bezeichnet man einen meist aus besonderem Gestein, z. B. → Marmor, prunkvoll gestalteten Sarg. Auch → Holz, → Ton und → Metall sind als Werkstoffe zu finden. Der Begriff Sarkophag (lat.-griech.: Fleischverzehrer) bezieht sich auf eine Gesteinsart (Alaunschiefer), die die Verwesung beschleunigen soll. In der Antike wurden daher Särge daraus gefertigt oder Särge aus anderen Materialien wurden damit ausgelegt. Heute wird der Begriff Sarkophag, von dem das Wort Sarg abgeleitet ist, meist nur im Zusammenhang mit archäologischen oder künstlerischen Betrachtungen von Särgen verwendet, die aus alter Zeit stammen.

Satin, Satinbindung

→ Atlas → Bindung, textile

Säule

Säulen sind runde, senkrechte Stützen in oder an einem Bauwerk, die das Gebälk des Dachs oder des nächsten Stockwerks bzw. auch entsprechende Bögen tragen. Gelegentlich werden sie auch ohne tragende Funktion als Schmuckornament verwendet. Der größte Teil der Säule ist der Säulenschaft, der in seinem Verlauf eine leichte Schwellung zeigt und sich nach oben etwas verjüngt (runde, sehr starke Stützen mit gleichbleibender Stärke heißen Rundpfeiler). Rillen bzw. längs verlaufende Einwölbungen, die den Schaft schlanker und länger erscheinen lassen, nennt man Kannelüren. → Kapitell und Basis haben als Übergänge zu anderen Bauteilen eine Schmuckfunktion. Je nach Entstehungszeit, Stil und Kulturkreis sind vielfältige Säulenformen zu unterscheiden. Stilistisch besonders bedeutend sind die antiken griechischen Formen, da sie im Laufe der Zeit immer wieder gearbeitet und dabei auch variiert wurden. Zum Stützenwechsel zwischen Säulen und Pfeilern siehe → Pfeiler. Zu Säulenreihen siehe auch → Kolonnade und → Arkade.

antike griechische Säulenformen: dorisch, ionisch, korinthisch

→ Antike → Basis, attische → Baustil → Bogen → Pfeiler → Stil → Stilepoche → Tempel

Schale

→ Gefäß

Schalenbepflanzung

Schalenbepflanzung ist ein alternativer und genauerer Begriff zum oft für die fertige → Pflanzung verwendeten Begriff der → Pflanzschale, mit der eigentlich nur das → Pflanzgefäß eindeutig bezeichnet wird.

Schamotte

Schamotte ist einerseits eine Hartkeramikart, die aus einem Gemisch von ungebranntem → Ton und bereits gebranntem, zu Granulat gemahlenem Ton hergestellt wird. Andererseits bezeichnet man auch den bereits gebrannten und dann zerkleinerten, gekörnten Ton als Schamotte. Die Vermischung von frischem und bereits gebranntem Ton vermindert den Schwund des Schamotte-Gegenstands beim Trocknen und Brennen.

Die Zweige greifen die raue Textur der Schamotte-Schale auf.

Auch Trocknungsrisse kommen damit seltener vor. Die Formgebung geschieht mit Hilfe von Formen im Press- und Gussverfahren oder durch freies Formen mit der Hand. Schamotte wird bei 1000 °C bis 1400 °C gebrannt. Es entstehen besonders feste, vollständig versinterte Keramikgegenstände. Häufig werden Schamottesteine im Bau verwendet und für Ausmauerungen, z. B. von Brennöfen und Kaminen, da Schamotte in sehr hohem Grad feuerfest ist.
In der Floristik ist Schamotte-Keramik oft in Form von Pflanzschalen zu finden. Diese sind wegen der Festigkeit und der fehlenden Porosität insbesondere für einen Einsatz im Freien geeignet. Ohne → Glasur weist Schamotte, je nach Anteil des vorgebrannten Granulats, eine relativ raue, typische → Textur auf.

→ Hartkeramik → Keramik → Pflanzschale → Sinterung

Scherben

Der Scherben (nicht: die Scherben, denn damit sind die durch Zerstörung des Scherbens entstehenden Bruchstücke gemeint) ist der nach dem Brand ganz oder teils versinterte Körper eines keramischen Gegenstands. Eine Verformung ist dann nicht mehr möglich und in Wasser löst sich der verwendete → Ton nicht mehr auf. Wasserdurchlässigkeit und Porosität ist beim Scherben von → Weichkeramik noch möglich, bei → Hartkeramik ist der Scherben dicht. Vom Scherben ist die darauf aufgebrachte → Glasur zu unterscheiden. Je nach Keramikart und verwendetem Ton ist der Scherben verschieden gefärbt: grau oder braun bei → Steinzeug, weiß bei

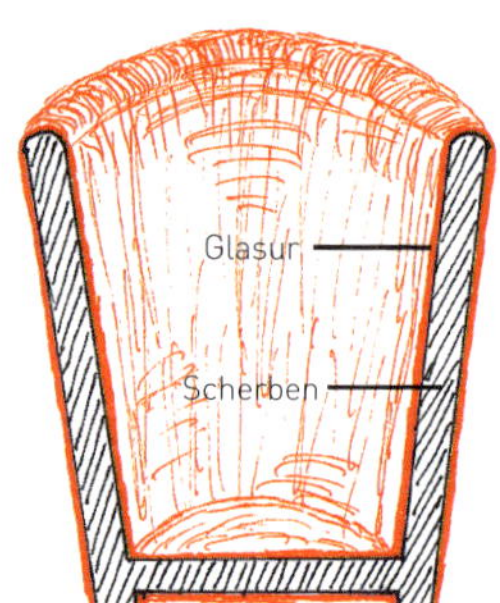

Querschnitt durch einen Keramiktopf

→ Porzellan und → Steingut, creme bis gelblich und bräunlich bei → Fayence oder → Majolika, braun bis rötlich bei → Irdenware und → Terrakotta.

→ Hafnerware → Keramik → Sinterung

schichten, Schichtung

Die Schichtung ist ein sehr enges Übereinanderlegen und/oder durch Verschiebungen teils auch Nebeneinanderstellen von Werkstoffen. Am deutlichsten lässt sich das Schichten mit Blättern durchführen, die eventuell gegeneinander versetzt oder in der Größe abgestuft sein können. Durch gegeneinander versetztes Schichten oder dichtes, z. B. senkrechtes Nebeneinanderschichten lassen sich sogar neue Texturen schaffen. Die Schichtung ist eng mit der → Staffelung verwandt, man kann sie unter Umständen als Staffelung auf engstem Raum verstehen.

Stachys-Blattschichtung bei einem Kranz

→ Stapelung → Textur

schienen

→ stützen

Schlagmetall

Schlagmetall war ursprünglich ausschließlich hauchdünn ausgewalztes → Messing, das als Ersatz für das aus echtem Gold bestehende Blattgold diente. Statt von Schlagmetall spricht man daher auch von Kompositionsgold oder unechtem Blattgold. Heute wird Schlagmetall aus mehreren Arten von → Metall hergestellt. Blattsilber fertigt man z. B. aus → Aluminium. Auch aus → Kupfer und → Bronze sind dünne Blattmetallfolien erhältlich. Je nach Metallart muss das verarbeitete Schlagmetall durch einen Lacküberzug vor Oxidation geschützt werden. Dies gilt insbesondere für Messing, Bronze und Kupfer, während Aluminium zwar matt wird, jedoch silbrig bleibt. Schlagmetall wird in Heften mit mehreren Blättchen und in verschiedenen Größen angeboten. Zum Aufbringen benötigt man so genannte Anlegemilch, die auf die zu veredelnde Fläche aufgetragen wird und anschließend fast vollständig trocknen muss, bevor die Metallblättchen aufgelegt werden. In der Floristik ist oft → Sprühkleber ausreichend. Werkzeuge, die ein Andrücken der Blättchen ermöglichen, müssen relativ flexibel, feinteilig und weich sein, damit die Struktur

Schlagmetall-Veredlung eines Blatts

bzw. ⇢ Textur des Untergrunds und ein eventuell vorhandenes Oberflächenrelief erhalten bleiben. Pinsel und Schwämme werden eingesetzt. Mit dem Finger sind in der Floristik ausreichende Ergebnisse zu erzielen. Besonders effektvoll ist es, wenn ein Untergrund dunkel ist und das Schlagmetall beim Auflegen durch Verschieben feine Risse erhält. So entstehen Farbeffekte, die die Oberfläche beleben und den behandelten Gegenstand wie edel gealtert erscheinen lassen.

Hinweis: Der Begriff des Vergoldens ist im Zusammenhang mit Schlagmetall streng genommen falsch, da es sich nicht um echtes Gold handelt.

⇢ Relief

Schleierschmuck

Floristisch gestalteter Schleierschmuck gehört zum ⇢ Brautschmuck und hierbei genauer zum ⇢ Kopfschmuck der Braut. Er wird meist am ⇢ Stoff des Schleiers angebracht, darf diesen jedoch keinesfalls beschädigen. Gestalterisch müssen Transparenz und Leichtigkeit des Schleiers erhalten bleiben bzw. durch den floralen Schmuck sogar noch betont werden. Bei manchen Gestaltungen ist es auch der florale Kopfschmuck an sich, der seinerseits den Schleier der Braut hält.

⇢ transparent

Schleife

Schleifen werden in der Floristik in der Regel nicht tatsächlich gebunden, sondern nur in Form einer Schleife gefasst und angedrahtet. Hierbei kommt es vor allem auf festen Halt und eine ausreichende Drahtstärke an, damit sich keine Schlaufen lösen und die fertige Schleife fest im ⇢ Werkstück verankert werden kann. Außerdem müssen Schleifen so positioniert werden, dass sie nicht mit Wasser oder der Feuchtigkeit von ⇢ Steckschaum in Berührung kommen. Neben der eigentlichen Schleifenform mit Schlaufen, mittigem Knoten und offenen Bandenden werden auch Tuffs mit vielen Schlaufen und ohne mittigen Knoten oder lang abfließende Gruppen von Bandschlaufen geformt. Auch Pompons, bei denen die Schlaufen aufgeschnitten werden, entstehen mit dieser Technik. Bei Schleifengestaltungen sind verschiedene Proportionen zu beachten, z. B. Bandbreite zu Schlaufengröße, Verhältnisse von verschieden großen Schlaufen zueinander, Größe der Schleife zum Werkstück, in dem die Schleife verarbeitet wird.
Bei Bändern mit Mustern, die zuweilen sogar nur einseitig zu sehen sind, muss bei der Schlaufenbildung auf die Erkennbarkeit des Musters geachtet werden, d. h. die gemusterte Seite muss in den Schlaufen immer nach außen gedreht werden.

⇢ andrahten ⇢ Kranzschleife ⇢ Pompon ⇢ Schmuckband
⇢ Schmuckkordel

Schmalgewebe
Gewobene Bänder entstehen, im Gegensatz zu breit liegendem → Stoff, in der Schmalweberei und werden demgemäß als Schmalgewebe bezeichnet.

→ Bindung, textile → Gewebe → Schmuckband → weben

Schmuckband
Schmuckband ist ein → Schmalgewebe. Es wird mit Webkanten auf der Bandwebemaschine hergestellt. Sind die äußeren Kettfäden Drähte, erhält man leicht formbares Band mit Drahtkante. Als Schnittband gefertigtes Band wird mit heißen Messern aus Kunstseiden-Breitgewebe geschnitten, wobei die Schnittkanten zwar verschmelzen, sich jedoch bei unvorsichtiger Behandlung leicht auflösen können. Je nach → Bindung, Muster, → Farbe, → Textur, Verwendungszweck und verarbeiteter → Textilfaser lassen sich viele verschiedene Bandarten benennen, z. B. Samt-, Satin-, Jute-, Seiden- oder Kunstseidenband, Moiré-, Taft-, Kranzschleifenband, Weihnachtsband usw. Einige dieser Bandarten werden aus Zellulosefasern hergestellt und weisen entsprechende → Verrottbarkeit auf.

Binden eines Schmuckband-Tuffs

Band wird in der Floristik als → Gestaltungsmittel eingesetzt und zählt zum gestalterisch wirksamen → Material. Man kann damit → binden, umschlingen und verbinden, worin teils sogar eine symbolische Bedeutung gesehen werden kann. Neben Farbe und Muster liegt die Schmuckwirkung auch in der Verarbeitungsform, wobei Schleifen, Schlaufen, Knoten, Flechtungen oder Verkordelungen entstehen.

Anforderungen an die Behandlung von Band sind:
- trockene, staubfreie, dunkle Lagerung
- feste Verarbeitung und Einarbeitung im Werkstück
- Schutz vor Verschmutzung, d. h. Verarbeitung mit sauberen Händen
- Schutz vor Wasser (Vasenwasser, Feuchtigkeit von → Steckschaum), wegen möglicher Verfärbungen auch bei wasserfesten Bändern

→ flechten → Jute → Kunstseide → Moiré → Samt → Schleife → Seide → Symbol → Zellulose

Schmuckdraht

→ Zierdraht

schmücken
Schmücken bedeutet, eine Person oder eine Sache in ihrer Art, ihrem Aussehen, ihrer Stilistik zu betonen und zusätzlich zu verzieren. Dagegen versteht man in

der Floristik unter → Dekorieren eine zwar schmückende, aber zugleich den gestalterischen Charakter und die Bedeutung verändernde Gestaltung. In diesem Sinn kann man z. B. einerseits vom → Tischschmuck eines bereits eingedeckten und damit gestalterische Kriterien vorgebenden Tischs sprechen. Andererseits spricht man auch von Tischdekoration, wobei aus einem herkömmlichen, weitgehend ungestalteten Tischmöbel mit Hilfe von Stoffen, Gedecken und dem Blumenschmuck eine Festtafel wird. Eine Raumdekoration schafft dagegen allenfalls der Raumausstatter bzw. Dekorateur mit Farben, Tapeten, Zierleisten, Gardinenstoffen etc. Die Floristik kann einen Raum mit seinen Gegebenheiten meist nur schmücken, schon wegen der im Vergleich zum Raum oft nur geringen Werkstückgrößen. Vergleiche dazu auch → Raumschmuck, floristischer. In ähnlichem Sinn ist auch ein → Kranzschmuck zu verstehen, der die vorhandene Kranzform schmückend verzieren soll, jedoch niemals zu stark verdecken darf.

→ Stil

Schmuckkordel

In der Floristik wird Kordel als technisches → Hilfsmittel und als Schmuckkordel eingesetzt. Bei Schmuck- oder Zierkordel handelt es sich vielfach um Kordeln, deren einzelne Litzen im Kern aus einfacher → Baumwolle gefertigt sind. Diese Litzen werden mit glänzenden, farbigen Kunstseidenfäden umwickelt, bevor sie zur Schmuckkordel verdreht werden, die damit einen Glanz wie Satin (→ Altlasbindung) erhält. Solche Kordeln müssen vorsichtig behandelt werden, da sonst die farbigen Fäden verrutschen und der Baumwollkern störend sichtbar wird. Schmuckkordeln zählen zu den Posamenten. In der Floristik sind auch Kordeln erhältlich, die im Ganzen aus einem zierenden Material bestehen, z. B. Kokosstrick.

Schmuckkordel als Urnenschmuck

Zum Schlagen, also der Herstellung von Kordeln an sich, siehe → Kordel. Bezüglich der Behandlung von Schmuckkordel gelten dieselben Anforderungen wie bei → Schmuckband.

→ Gimpe → Kokosfaser → Litze → Posament

Schneidewerkzeug

→ Werkzeug, floristisches

Schnittband

→ Schmuckband

Schnittblume

Als Schnittblume bezeichnet man, im Gegensatz zu ganzen Pflanzen, jede Blume bzw. jeden Blütenstiel, die bzw. der von der Pflanze abgeschnitten ist, um in einem → Strauß oder einem → Gesteck usw. verarbeitet zu werden. Da es hierbei besonders auf Frische und lange Haltbarkeit nach der Ernte ankommt, spricht man auch von → Frischblume. Handelt es sich um Schnittware, die nicht wegen ihres Blütenschmucks verarbeitet wird, sondern aufgrund des zierenden Werts als Blatt oder Zweig mit Blättern, spricht man genauer von → Schnittgrün.

→ Schnittgehölz → Werkstoff

Schnittgehölz

Der Begriff Schnittgehölz deckt sich weitgehend mit Begriffen wie → Schnittblume und → Schnittgrün, bezieht sich jedoch ausschließlich auf Werkstoffe, die von Gehölzen, also Bäumen, Sträuchern und Halbsträuchern gewonnen werden. Schnittgehölze können blühend, fruchttragend, beblättert bzw. nadeltragend oder unbelaubt sein. Einige Schnittgehölze eigen sich zur → Treiberei. Man bezeichnet diese als Treibgehölze, womit allerdings auch jeweils die ganze Pflanze gemeint sein kann.

Buxus sempervirens ist Schnittgrün und Schnittgehölz.

→ Werkstoff

Schnittgrün

Unter Schnittgrün versteht man generell jeden geschnittenen → Werkstoff, der vorwiegend grüne Farbnuancen zeigt. Solche Werkstoffe tragen in der Regel Blätter, jedoch keine oder nur unscheinbare Blüten. Alternativ sind für das Schnittgrün daher auch die Bezeichnungen → Grünwerkstoff und Blattwerkstoff gebräuchlich und sinnvoll. Im Übrigen bezeichnet man teilweise auch lediglich geschnittene Koniferenzweige im floristischen → Trauer- sowie → Advents- und → Weihnachtsschmuck gezielt als Schnittgrün. Der Schnittgrün-Begriff deckt sich weitgehend mit dem des Beiwerks, der allerdings als ungenau gelten muss. Vergleiche dazu → Beiwerk.

Häufig verarbeitetes Schnittgrün ist *Chamaedorea seifrizii*, im Handel als Chico bezeichnet.

→ Blattwerk → Farbnuance → Konifere → Schnittblume → Schnittgehölz

Schnittreife

Als Schnittreife bezeichnet man den für die jeweilige Pflanzenart und den Pflanzenteil optimalen Entwicklungszustand der Schnittware zum Zeitpunkt des

Schnitts. Dieser durch die erforderliche Schnittreife bestimmte Erntezeitpunkt beeinflusst wesentlich die spätere Haltbarkeit der Schnittware. Schnittreife ist demnach ein wichtiges Qualitätsmerkmal beim → Werkstoff.
Die Schnittreife ist bei bestimmten Arten, z. B. bei Tulpen, im noch grünen, knospigen Zustand der Blüten erreicht. Andere Blumen, z. B. Rosen, müssen knospig, jedoch farblich bereits ausgeprägt sein. Manche Arten, z. B. Gerbera, dürfen nicht mehr knospig, sondern müssen schon voll entwickelt sein, wenn man sie erntet. Im Frühjahr, wenn die meisten Pflanzen im Freien gerade frische Triebe bilden und diese noch nicht ausgereift sein können, ist es vielfach unmöglich, Ware von solchen Pflanzen zu ernten, da Schnittreife noch nicht vorliegen kann. Beispiele hierfür bieten Buchsbaum und Nordmannstanne.

Schrühbrand

→ Rohbrand

Schuss, Schussfaden

→ Bindung, textile

Schwarz

Die Farbempfindung Schwarz (K, vergleiche → CMYK) entsteht beim Menschen, wenn keinerlei Sehzellentypen angeregt werden, also weder die das farbige Sehen ermöglichenden Zapfen noch die für farblose Hell-Dunkel-Unterscheidungen zuständigen Stäbchen. Ein absolutes Schwarz lässt sich mit Farbmitteln nicht darstellen, da sie immer geringste Reflektionen haben und deshalb einen Reiz auf die Sehzellen ausüben. Schwarz ist nach H. Küppers eine der beiden unbunten Grundfarben.

→ Auge, Anpassungen des Auges → Auge, Bau des Auges → Auge, Funktionsweise des Auges → Basisschema der Farbenlehre → Farbe, unbunte → Farbname → Grundfarbe → Küppers, Harald → Unbuntart

Schweifgiebel

→ Giebel → Renaissance

Schwerpunkt

Der Schwerpunkt eines Körpers ist der Punkt, an dem in der Vorstellung die Kraft angreift, die auf diesen Körper einwirkt. Die Erdanziehungskraft (Gravitation) ist in floristischer Hinsicht ausschlaggebend, denn gestalterisch ist der Schwerpunkt die Stelle, an der das optische Gewicht eines Gegenstands kraftauslösend wirksam wird. Einige Beispiele verdeutlichen diese gestalterische Bedeutung:

- In einer aus Blüten auf → Steckschaum gesteckten Kugel decken sich Schwerpunkt, → Wuchspunkt der Werkstoffe und Kugelmittelpunkt.

- Bei einem symmetrisch-dekorativen Strauß liegt der Schwerpunkt auf der Mittelachse oberhalb des Wuchspunkts der Werkstoffe, der sich in der → Bindestelle befindet.
- In symmetrischen Gestaltungen ist der Schwerpunkt in der geometrischen Mitte im → Waagepunkt zu finden oder exakt auf der senkrechten Achse durch den Waagepunkt. Es besteht optisches Gleichgewicht.
- In asymmetrischen Gestaltungen ist bei vollständiger Ausrichtung nach Goldenem Schnitt der Schwerpunkt ebenfalls in der geometrischen Mitte der Gestaltung zu finden. Wird allerdings das → Hauptmotiv in einer asymmetrischen Gestaltung stärker betont, wandern Schwerpunkt und Waagepunkt aus der Mitte heraus in Richtung Hauptmotiv.
- Besonders bei Gestaltungen, die Spannung und → Dynamik vermitteln sollen, ist es günstig, diese so zu entwickeln, dass der Schwerpunkt aus der Mitte heraus verschoben ist. Dann müssen allerdings sowohl statisch-technisch als auch gestalterisch ausgleichende und haltende Elemente in diesem Werkstück enthalten sein. Nur so erfahren die tatsächlich im Schwerpunkt wirksamen Kräfte ausreichende technische Stabilität. Die optisch scheinbar wirksamen Kräfte behalten damit zwar ihre Dynamik, wirken aber nicht unproportioniert.

→ Gestaltungsart, dekorative → Gewicht, optisches → Gleichgewicht, optisches → Goldener Schnitt → Ordnungsart Asymmetrie → Ordnungsart Symmetrie → Werkstoff → Werkstück

Segmentgiebel

→ Barock → Giebel → Renaissance

Segment-Kranzschmuck

Ein → Kranz, dessen → Kranzkörper in einem bestimmten, in der Ausdehnung kleineren Bereich abweichend vom übrigen, größeren Teil des Kranzes gestaltet wurde, weist einen Segment-Kranzschmuck auf. Das abweichend gestaltete Kranzringsegment fügt sich zwar in der Form ohne wesentlichen Unterschied in den Kranz ein, ist jedoch farblich, in der → Textur und vom → Werkstoff her gut abgesetzt und erkennbar. Proportional bleibt

das Segment in den meisten Fällen eher klein, z. B. betrifft es ein Fünftel oder ein Zehntel des Kranzkörpers. Größere Segmente von bis zu einem Drittel des Kranzkörpers sind gestalterisch ohne Weiteres möglich. Zu vermeiden ist jedenfalls eine hälftige Aufteilung, da sie zu einem optischen Zerschneiden der Kranzform führen würde.

→ Garnierung → Kranzform → Kranzproportion → Kranzschmuck

Sehzelle

→ Auge, Anpassungen des Auges → Auge, Bau des Auges
→ Auge, Funktionsweise des Auges

Seide

Seide bezeichnet eine Faser aus Tiergespinsten, hauptsächlich der Raupen des Maulbeerseidenspinners, die sich in einem Kokon einspinnen. Der Kokon wird zur Abtötung der Raupe in heißes Wasser gegeben, danach kann der Faden abgewickelt und zu Seidengarn versponnen werden. Je nach Fadenart und -länge sowie weiterer Behandlung (Verdrehen, Einseifen, Kochen) gewinnt man verschiedene Seiden mit jeweils entsprechender Farbe und unterschiedlichem Glanzcharakter, z. B. gelbliche Ecru-Seide, creme-weiße Wildseide, weiße Cuite-Seide etc. Durch verschiedene Webtechniken entstehen die Seidenstoffe. Da Seidenstoffe wertvoll und teuer sind, entwickelte man chemische Verfahren zur Herstellung von Kunstseide auf der Basis von → Zellulose oder → Kunststoff. Während diese häufig bei → Schmuckband zu finden ist, ist echte Seide, mit der Forderung nach entsprechend vorsichtiger Behandlung, in der Floristik allenfalls beim → Brautschmuck (Kleid, Schleier) oder bei Wohnaccessoires von Bedeutung.

→ Bindung, textile → Kunstfaser → Stoff, textiler → Textilfaser → weben

Seidenblume

→ Textilblume

seidig

→ Textur, seidige

Seitenriss

Mit Seitenriss bezeichnet man in einer Planzeichnung die parallelperspektivische Darstellung einer Sache von einer Seite aus. Die zur vollständigen Wiedergabe eines Körpers wenigstens notwendigen weiteren Ansichten sind der → Aufriss, der dem Seitenriss ähnlich ist, jedoch die Haupt- oder Schauseite eines Gegenstands zeigt, und der → Grundriss, der die Draufsicht wiedergibt.

→ Axonometrie → Parallelperspektive → Perspektive → Planzeichnen → Skizze

Seitenschiff

Die rechts und links vom → Mittelschiff in einer Kirche sich befindenden, in der Regel durch Säulen- und Pfeilerreihen abgetrennten Teile eines Kirchenraums werden Seitenschiffe genannt. In einer → Basilika sind sie niedriger als das Mittelschiff, in einer → Hallenkirche haben sie dagegen die gleiche Höhe wie das Mittelschiff. In sehr großen Kirchen sind auch mehrere Seitenschiffe auf jeder Seite des Mittelschiffs zu finden, so dass z. B. fünf Kirchenschiffe den Kirchenraum bilden.

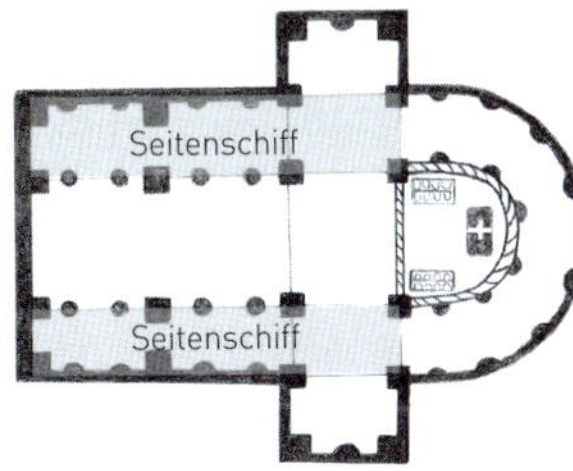

→ Kirche → Pfeiler → Querschiff → Säule

Seitenschneider

Seitenschneider ermöglichen ein genaues Zuschneiden von Drähten. Ihre Schneiden sind wesentlich stärker als die einer → Rosenschere, die zum Drahtschneiden nicht eingesetzt werden sollte.

→ Werkzeug, floristisches

Sekundärfarbe

→ Farbrangstufen

Sekundärkontrast

→ Farbkontrast, subjektiver

Seramis®

Seramis® ist der Markenname für ein Tongranulat, das als → Substrat in der Topfpflanzenpflege eingesetzt wird. Im Gegensatz zum dichten und sehr harten → Blähton ist Seramis®-Granulat zwar strukturstabil, lässt sich aber mit Druck zu Pulver zerreiben und ist porös, so dass es Wasser aufnimmt und dieses nach und nach an die Wurzeln abgibt. Die hohe Wasseraufnahmefähigkeit des Granulats verhindert bis zu einem gewissen Grad die Bildung von → Staunässe durch falsches

Gießen. Zusätzlich hilft hierbei ein Feuchtigkeitsanzeiger (Hygrometer), der in den Erdbereich gesteckt wird und durch Umfärbung eines enthaltenen Vliesstreifens von Blau nach Rot den Zeitpunkt für ein erneutes Gießen anzeigt. Man kann also von einem Gießanzeiger, nicht jedoch von einem Wasserstandsanzeiger sprechen, wie er in der → Hydrokultur zu finden ist.

Seramis® verbindet Gießvorteile der Hydrokultur mit der Möglichkeit der Weiterverwendung von Pflanzen mit Wurzel-Erde-Ballen, die der Kunde bereits besitzt und deren Pflege er sich erleichtern möchte.

Die in Seramis® umzutopfenden Pflanzen benötigen einen im Vergleich zum bisherigen Topf um einiges größeren Topf, der wasserdicht sein muss. Im neuen Topf wird Seramis® zunächst auf den Boden gefüllt. Die Pflanze positioniert man darauf mit dem → Wurzelballen. Schließlich wird das → Granulat um den Wurzelballen herum in den Topf gefüllt und auch die Oberseite des Ballens wird bedeckt. Nun erfolgt das erste Gießen mit einer Wassermenge, die etwa einem Viertel des Topfvolumens entspricht. Spezieller, an die Eigenschaften von Seramis® angepasster Dünger wird nach Bedarf der Pflanze zum Gießwasser gegeben.

→ gießen → Ton → umtopfen → Vlies

Serienfertigung

Bei der Serienfertigung werden von einer Gestaltungsidee viele Ausfertigungen, also Kopien ein und desselben Werkstücks, hergestellt. Mit dem Ziel einer schnellen und preiswerten Fertigung zerlegt man den handwerklich-technischen Vorgang dabei in sinnvolle Schritte, die jeweils für eine größere Menge von Werkstücken zugleich bzw. unmittelbar nacheinander ausgeführt werden. Erst danach folgt der nächste Fertigungsschritt. Am Beispiel einer Gesteckidee, die z. B. in zwanzig Gestecken angefertigt werden soll, bedeutet dies:

Gestecke-Serie zu Muttertag

1. Schritt: Einfüllen von → Steckschaum
2. Schritt: Ausstecken der Basis mit Grünwerkstoffen
3. Schritt: Hauptblüten einstecken
4. Schritt: Zwischenräume mit feineren Werkstoffen füllen
5. Schritt: Bänder oder sonstige Accessoires einstecken
6. Schritt: Endkontrolle, Gefäßsäuberung, Preisauszeichnung

Selbstverständlich kann man, wo dies im Einzelnen sinnvoll erscheint, einige dieser Schritte auch bei der Serienfertigung zusammen erledigen. Oder man fertigt die Serie mit mehreren Mitarbeitern parallel, quasi wie am Fließband. Jedenfalls hat man die Vorteile, nicht alle Werkstoffe und Materialien zugleich für die Gestecke auf dem → Arbeitstisch liegen zu haben, sich auf den jeweiligen Arbeitsschritt besser konzentrieren zu können und schließlich das Gesamtarbeitsaufkommen für die Serie zu minimieren. Auch bei der Anfertigung von Werkstückserien bleibt das Individuelle von floristischen Gestaltungen erhalten, da jede Blüte, jedes Blatt kleine Abweichungen aufweist. Außerdem kann das ein oder andere ohne Weiteres getauscht und z. B. die Hauptblüten in anderer Farbe, ein Band mit anderem Design eingefügt werden. Schließlich ist Serienfertigung für eine konkurrenzfähige Floristik unverzichtbar und das Produktaufkommen an verkaufsstarken Tagen ohne dieses Vorgehen kaum sinnvoll zu bewältigen.

→ Accessoire → Basis, gestalterische → Basis, technische → Schmuckband

Silber, Versilberung

Silber ist ein Edelmetall, das in der Floristik eher selten vorkommt. Zuweilen ist es z. B. in Form von Kerzenleuchtern beim → Tischschmuck zu finden oder es werden Gefäße gefüllt, die jedoch meist nicht im Ganzen aus Silber bestehen, sondern versilbert sind. In der Regel werden in der Floristik lediglich silberfarbene Gestaltungsmittel aus preiswerteren Metallen oder Metalllegierungen eingesetzt. Versilberungen in der Floristik erfolgen ebenso nicht mit echtem Silber, sondern mit Hilfe von → Schlagmetall.
Werden silberne oder versilberte Gegenstände verwendet, ist insbesondere auf die Kratz- und eventuell die Biegeempfindlichkeit von Silberblech zu achten.

→ Gefäß → Metall

Silberdraht

Silberdraht ist ein besonders feiner, etwa zwanzig Zentimeter langer → Stützdraht, der in der Brautfloristik häufiger eingesetzt wird. Es handelt sich nicht tatsächlich um → Silber, sondern um verzinkten Eisendraht, der silberfarben ist.

→ Brautschmuck, floristischer → Eisen → Zink

Simultankontrast

Simultan bedeutet gleichzeitig und bezieht sich hier auf die physiologisch bewirkte, gleichzeitige Empfindung von komplementären Kontrastfarben. Dabei wird eine der Farben durch das Auftreffen von Licht in entsprechender Wellenlänge auf dem Bereich der Netzhaut ausgelöst, der als Bild der Form der wahrgenommenen Farbfläche entspricht. Die andere Farbempfindung ist alleine eine Reizreaktion des Auges und des Gehirns. Als Beispiel kann ein gelbes Quadrat dienen. Entsprechend der Funktionsweise und Anpassungsfähigkeit des Auges entsteht nach kurzer, intensiver Betrachtungszeit am Rand der Farbfläche ein schmaler, flimmernder Streifen in der Komplementärfarbe Violettblau. Dieser Streifen ist deutlich sichtbar, wenn das gelbe Quadrat auf einem weißen oder hellgrauen Hintergrund steht. In der Wahrnehmung wird eine Mischung der tatsächlichen Umgebungsfarbe und der physiologischen Reaktion des Auges bewirkt. Die Farbempfindungen überlagern sich. Entsprechend sind diese Kenntnisse bei jeder Farbkombination wichtig, da sich nebeneinander stehende Farben den erläuterten Zusammenhängen folgend immer beeinflussen. Hieraus erklärt sich auch die Wirkungssteigerung von nebeneinander stehenden Komplementärfarben.

→ Auge, Anpassungen des Auges → Auge, Funktionsweise des Auges
→ Farbkontrast, objektiver → Farbkontrast, physiologischer
→ Farbkontrast, subjektiver → Komplementärkontrast → Sukzessivkontrast

Sinterung

Unter Sinterung bzw. Versinterung versteht man den beim Brennen stattfindenden Übergang vom weichen Zustand einer keramischen Masse in die unumkehrbare, harte und feste Form. Die winzigen Partikel des keramischen Körpers bzw. der → Keramikrohstoffe werden dabei zum festen → Scherben verbacken. Es sind komplexe Vorgänge, die hier nur vereinfacht erklärt werden können. Versinterung ist insbesondere ein Prozess, bei dem der Übergang vom weichen in den festen Zustand ohne eine dazwischen liegende Schmelzphase mit flüssiger Konsistenz der Masse stattfindet. Sinterungsprozesse verlaufen unterschiedlich, abhängig vom keramischen Rohstoffgemisch, der Brenntemperatur und -dauer, und sie führen zu unterschiedlichen Ergebnissen. Je nach dem Grad der Versinterung entstehen dabei verschiedene Keramikarten. Man unterscheidet vor allem die feste, aber noch poröse → Keramik, die man als teilversinterte → Weichkeramik bezeichnet, und die vollständig versinterte, absolut dichte → Hartkeramik. Vollversinterung erfolgt je nach Rohmasse erst bei Temperaturen zwischen etwa 1200 °C und 1450 °C.

Sisal

Als Sisal bezeichnet man die Fasern, die aus den Blättern der Sisal-Agave gewonnen werden. Sie sind in der Floristik in gebleichten und gefärbten Ausführungen als Trockenwerkstoff weit verbreitet und zeigen eine faserige oder wollige, teils sogar drahtig wirkende → Textur. Sisalfasern werden außerdem zur Herstellung z. B. von Teppichen, Kordeln, Stoffen usw. verwendet.

Sisalfasern eignen sich gut zum Abdecken von Trockenblumen-Steckschaum.

→ Kordel → Stoff, textiler → Textilfaser
→ Textur, wollige

Skizze

Unter einer Skizze versteht man eine das Wesentliche erfassende Zeichnung, die mit angemessen einfachen Mitteln relativ schnell angefertigt werden kann. Häufig ist damit die Bleistiftzeichnung gemeint, aber auch farbige Skizzen z. B. mit Filzstift oder nachkolorierte Ausführungen sind üblich. In der Regel geht es bei einer Skizze nicht um große Detailgenauigkeit, sondern darum, die Wirkung einer beabsichtigten Gestaltung vorab sichtbar zu machen. Daher kommt eher eine stark abstrahierte als eine naturalistische Darstellung in Betracht. Floristen dient die Skizze als Entwurfszeichnung, als verdeutlichendes Hilfsmittel bei der Kundenberatung oder als schnelle Möglichkeit, mehrere Ideen zu fixieren und so aufzubewahren. Oft bilden dabei eine → Legende und der → Maßstab der Zeichnung sinnvolle und notwendige weitere Angaben.

kolorierte Entwurfsskizze für einen Trauerkranz

→ Entwurfszeichnen → Planzeichnen

Skulptur

→ Plastik

Soda

→ Glas

Solitär

Der Begriff Solitär (lat.: solis = allein) ist eine Bezeichnung für ein allein stehendes Einzelstück. Sie ist allgemein üblich für große, einzeln gefasste Edelsteine und für außerhalb des Walds freistehende Bäume. Im floristisch-gärtnerischen Bereich lässt sich die Bezeichnung sinngemäß dort verwenden, wo eine einzelne Pflanze oder Blüte eine entsprechende gestalterische Wirkung hat, z. B. bei einem Solitärstrauß. Der betreffende Werkstoff wird dann einzeln und allein (solo) verarbeitet oder er überragt und dominiert als einzelner Werkstoff andere, jedoch sehr zurückhaltend wirkende Werkstoffe. In der Regel erhält der Solitär dabei einen großen Freiraum um sich herum und weitere Gestaltungsmittel werden allenfalls untergeordnet hinzugefügt. Diese Verarbeitung wird dem Geltungsanspruch „Blumen, die herrschen wollen" gerecht. Entscheidend für die Eignung als Solitär sind zunächst Eigenschaften wie Größe, besondere Form, außergewöhnliche Farbgebung oder exotische Wirkung. Grundsätzlich kommt es jedoch auf die konkrete Zusammenstellung der Werkstoffe an. So kann auch eine wenig dominant wirkende Pflanze in entsprechender Kombination solitär auftreten, z. B. eine Stiefmütterchen-Blüte auf einem Schleierkraut-Bett.

solitäre Orchideenblüte in einem Brautstrauß aus Blattrollen

→ Geltungsanspruch → herrschend

Souvenir

Mit Souvenir (franz.: Andenken) bezeichnet man einen Gegenstand, der an ein Ereignis, einen Menschen, ein Erlebnis oder einen Ort erinnert. Bringt man ein Souvenir in eine Gestaltung ein, dient es als Verweis auf das erinnerte Ereignis oder den bezogenen Ort bzw. den Menschen.
In diesem Sinn bitten Kunden zuweilen darum, einen Gegenstand in ein → Werkstück einzuarbeiten, das sie verschenken wollen. Auch das gesamte Werkstück kann Souvenircharakter haben, z. B. ein Proteenstrauß, der an eine Reise nach Südafrika erinnert, und ein Gesteck mit karibischen Helikonien. Souvenircharakter haben im Übrigen viele Accessoires, die von Bedarfsartikelherstellern angeboten werden. Beispiele sind Muscheln und Schnecken, kleine Schiffs- oder Fischformen, Bänder mit folkloristischem Design, asiatische Bambus-Essstäbchen usw. Souvenirs betonen die symbolhaften Aspekte und erhöhen die emotionale Wirkung entsprechender floristischer Gestaltungen.

→ Accessoire → Folklore → Muschel → Schmuckband → Symbol

Spanndraht

Spanndraht ist ein relativ starker, lang laufender Draht, der zwischen den Pfählen eines Zauns gespannt wird, bevor man daran z. B. Maschendraht als Zaungeflecht befestigt. In der Floristik ist Spanndraht als technisches Hilfsmittel dort einsetzbar, wo besondere Anforderungen an die Festigkeit des Drahts gestellt werden bzw. wo es auf starken Halt der daraus geformten, technischen Basis ankommt. Er ist verzinkt und mit → Kunststoff ummantelt erhältlich.

→ Zink

Spatha

→ Hochblatt

Spektralfarbe

→ Farbenspektrum

Sphinx

Als Sphinx wird ein Steinbild, eine → Skulptur in Löwengestalt mit Menschenkopf bezeichnet. Sphingen sind in der antiken ägyptischen Architektur zu finden, wo sie ein Sinnbild für den König bzw. Pharao waren. Sie tauchen als Schmuckform zuweilen in Gestaltungen des → Empire, in denen teils auf ägyptisch-antike Stilformen zurückgegriffen wurde, erneut auf. Sphingen stehen symbolisch auch für Rätselhaftes. Dies ist aus der griechischen Mythologie abgeleitet, wo von einem geflügelten Löwen mit Frauenkopf in der Stadt Theben erzählt wird.

→ Antike → Stil → Stilepoche

Spiegelgleichheit

Spiegelgleichheit mit Gleichheitsproportionen besteht offensichtlich zwischen der rechten und der linken Seite einer Gestaltung in der ⇢ Monosymmetrie. Auch alle weiteren Formen der ⇢ Achsensymmetrie zeigen Spiegelgleichheit. Sie herrscht jedoch nicht in jeder Ausprägung der ⇢ Ordnungsart Symmetrie. Siehe dazu ⇢ Punktsymmetrie, ⇢ Rotationssymmetrie, ⇢ Komplementärsymmetrie und ⇢ Translationssymmetrie.

⇢ Gleichheitsproportion

Spindel

Eine Spindel ist eigentlich lediglich der zum Verdrehen der Fasern und zum Aufwickeln des Fadens dienende Stab beim Spinnen. War der Faden bei der ursprünglichen Handspinnerei fest genug verdrillt und ausreichend dick, wurde er auf diese Spindel aufgewickelt und es entstand die typische, in der Mitte bauchige und zu den Enden hin dünn auslaufende Form, die man heute insgesamt oft als Spindel bezeichnet. Als floristische Gestaltung ist die Spindelform demnach besonders überzeugend und interessant, wenn sie auch die fädige ⇢ Struktur tatsächlicher Spindeln zeigt. Sie ist meist als ⇢ Brautspindel zu finden.

spindelförmige Stielummantelung bei einer Anthurie als Brautschmuck

⇢ Brautschmuck, floristischer

Spitzbogen

⇢ Bogen ⇢ Gotik

Splittstab

Splittstäbe sind aus Bambus durch Aufsplitten der Sprosse gewonnene und rundgeschliffene bzw. gehobelte Stäbe. Sie werden z. B. zum Abstützen von Topfpflanzentrieben, als haltgebende, eingebohrte Stiele an Trockenwerkstoffen oder als stabilisierende technische ⇢ Hilfsmittel eingesetzt. Knickt man solche Splittstäbe, zerfasert die Knickstelle bzw. das jeweilige Stabende, so dass durch die Schärfe der Bambusfasern eine Schnittgefahr besteht.

Spritzglasur

⇢ Glasur

Sprühfarbe

⇢ Farbspray

Sprühkleber

Als Sprühkleber bezeichnet man einen Kleber, der in einer unter Druck stehenden Dose erhältlich ist. Er tritt durch Drücken des Sprühkopfs aus und ist somit leicht aufzutragen. Er ist für flächiges Kleben und für das Kleben von aufgestreuten, kleinen Teilen besonders geeignet. Der Sprühkleber-Nebel (Aerosole) darf nicht eingeatmet werden.

→ kleben → Klebstoff

Staffelung, staffeln

Von einer Staffelung spricht man, wenn die Blüten von Werkstoffen relativ dicht entlang einer gedachten Achse aufgrund unterschiedlicher Stiellängen in verschiedenen Höhen in ein Werkstück eingefügt sind. Traubige Blütenstände sind die Vorbilder dafür. Die zentrale, gedachte Bewegungslinie, die eine Staffelung durchzieht, kann sowohl senkrecht als auch seitwärts oder abwärts führen. Unterschieden werden:

Einfache, ruhig wirkende Staffelung, bei der alle Blüten etwa gleich groß sind und gleiche Abstände zueinander haben

Gesteigerte, dynamisch wirkende Staffelung, bei der Abstände und Größen variieren können und häufig nach Goldenen Schnitt vorgenommen werden. Dabei bestehen folgende Möglichkeiten:

- Verdichtung bzw. Schwerpunktbildung nahe der Basis bzw. dem → Wuchspunkt

- Verdichtung bzw. Schwerpunktbildung zur Spitze hin verlagert

- lockere, unregelmäßige bzw. rhythmische Abfolge mit mehreren Verdichtungen

→ Basis, gestalterische → Dynamik → Goldener Schnitt → Schwerpunkt

Stapelung, stapeln

Als Stapelung bezeichnet man ein unmittelbares, dichtes Übereinanderlegen von Gestaltungsmitteln ohne wesentliche Zwischenräume. Es ist gestalterisch mit dem Schichten, bei dem jedoch meist relativ flache Gestaltungsmittel, z. B. Blätter, verwendet werden, weitgehend gleichzusetzen und mit der → Staffelung verwandt.

→ schichten

Statik, statisch

In der Statik werden, vereinfacht gesagt, die Kräfte bzw. die Gewichtsverhältnisse bei unbewegten Massen oder Gegenständen beschrieben, während → Dynamik sich auf bewegte Gegenstände bezieht. Beides sind Teilgebiete der Mechanik in der Physik. Als statisch kann man in der Gestaltung demnach einerseits einen ruhenden, unbewegt daliegenden bzw. stillstehenden Gegenstand bezeichnen. Andererseits ist bezüglich des optischen Gleichgewichts in einer Gestaltung von einer statischen Ausgewogenheit zu sprechen. Bei einer symmetrischen Gestaltung herrscht ausgewogene Statik durch Gleichheit. Bei einer asymmetrischen, dynamisch bzw. bewegt wirkenden Gestaltung müssen die wirksamen statischen Kräfte ebenfalls einen sicheren Stand des Werkstücks gewährleisten. Statik ist gestalterisch demnach vom optischen Gewicht her zu beurteilen. Technisch muss die Statik aller Werkstücke bezüglich der Standfestigkeit stimmen.

→ Gewicht, optisches → Ordnungsart Asymmetrie → Ordnungsart Symmetrie → Raumschmuck, floristischer

Statue

Eine Statue, auch Standbild genannt, ist die vollplastische, meist freistehende, bildhauerische Darstellung einer Figur. Meist werden Menschen dargestellt, allerdings sind auch Tierfiguren, oft zusammen mit Menschen, oder Fantasie- und Fabelwesen als Statuen zu finden. Beispiele sind Reiterstandbilder, Engel- und Götterstatuen und die scheinbar in einer Bewegung erstarrten, vielgestaltigen Statuengruppen aus Tieren, Menschen und Fantasiewesen im Mittelpunkt barocker Brunnen. Bewegungsloses Verharren in einer Körperhaltung nennt man auch statuarisch. Statuen können reale Personen darstellen oder in Form der gezeigten Figur symboli-

Statue eines Engels auf einem Grab

sche bzw. allegorische Inhalte versinnbildlichen. So steht eine Herkulesstatue für Stärke, die Statue der Justitia mit verbundenen Augen und einer Waage in der Hand für die unparteiische Gerechtigkeit.
Statuen zeigen entsprechend der → Stilepoche, in der sie entstanden sind, eine jeweils typische Ausprägung. In manchen Epochen sind sie häufiges → Stilelement von Bauwerken, z. B. die auf die → Antike verweisenden Statuen in Schlössern aus → Renaissance und → Barock.

→ Allegorie → Barock → Plastik → Skulptur → Symbol

Staunässe

Staunässe nennt man eine anhaltende Nässe in Töpfen und Schalen im Bereich der → Wurzelballen der darin befindlichen Pflanzen. Die Staunässe wird durch übermäßiges → Gießen hervorgerufen. Sie ist in jedem Fall zu vermeiden, da die Wurzeln sonst nicht mehr genug belüftet werden und schließlich faulen. Oberirdisch vertrocknet die Pflanze, da sie kein Wasser und somit auch keine Nährstoffe mehr aufnehmen kann.

Stearin

→ Kerze

Steckbasis

→ Basis, technische

Steckdraht

Unter dem technischen → Hilfsmittel Steckdraht versteht man Drahtstücke aus → Eisen, die in bündelartigen Stangen zu 2,5 kg, wiederum gepackt in Paketen zu 10 kg, angeboten werden. Er wird für die erforderliche Biegefähigkeit blaugeglüht und gegen → Rost leicht geölt. Steckdraht ist im Vergleich zum → Stützdraht dicker und an einer Seite angespitzt. Er wird in verschiedenen Stärken und Längen hergestellt. Gängig sind die Größen 1,2/350 mm, 1,4/400 mm, 1,6/450 mm und 1,8/500 mm. Stärke und Länge des auszuwählenden Steckdrahts richten sich nach der Stärke und dem Gewicht des Werkstoffs, der angedrahtet werden soll. Steckdraht muss im Werkstück ganz, mindestens aber so weit wie möglich verdeckt werden.

Mit starkem Steckdraht werden die *Clematis*-Ranken in Kranzform fixiert.

→ blauglühen → kaschieren

stecken, Stecktechnik

Unter Stecken versteht man das Fixieren von Werkstoffen in einem → Steckhilfsmittel. Damit ist sowohl das Einfügen von Blüten und Blättern mit dem eigenen Stiel gemeint als auch das Einstecken zuvor angedrahteter Floralien. Als Steckbasis dient bei Gestecken meist der industriell hergestellte → Steckschaum. Alternative Steckhilfsmittel, oft gestalterisch einsetzbar, sind z. B. Zweigstücke oder Glasperlen.

Stecken in Steckschaum

Angedrahtete Werkstoffe werden häufig in → Strohrömer gesteckt.
In der Regel kommt es beim Stecken auf die feste Verankerung der Werkstoffe im Hilfsmittel an, damit sie einerseits gut halten, also die Wasseraufnahme aus dem Steckschaum optimal ist, andererseits ihre Position beibehalten. Die Ausnahme bilden alternative Steckhilfsmittel, in denen ein vollkommen fester Halt nicht immer möglich ist.

Stecken angedrahteter Werkstoffe

→ andrahten → Steckhilfsmittel, alternatives

Steckhilfsmittel

Grundsätzlich bezeichnet man jedes technische Hilfsmittel, mit dem man → Werkstoff in einem → Werkstück befestigt, als Steckhilfsmittel. Allgemein gebräuchlich ist industriell hergestellter → Steckschaum. Außerdem findet man vielerlei alternative Steckhilfsmittel.

→ Steckhilfsmittel, alternatives

Steckhilfsmittel, alternatives

Alle von der am häufigsten verwendeten Form, dem industriellen → Steckschaum, abweichenden Hilfsmittel zur mehr oder weniger festen Einbringung des Werkstoffs in ein Gefäß nennt man alternative → Steckhilfsmittel. Sie haben meist einen zusätzlichen Nutzwert, z. B. → Verrottbarkeit (Moos), Wiederverwertbarkeit (Maschendraht, Glasperlen, Kiesel) und gestalterischer Wert (Zweigabschnitte, Steine). Als alternative Steckhilfen gelten natürliche und nichtnatürliche Materialien wie → Drahtgeflecht, Ranken, Wäscheleine, → Papier, Sand, Steine

und vieles mehr. Der ⇢ Blumensteckigel, auch Kenzan genannt, ist im Ikebana bekannt und findet auch in der Floristik gelegentlich Verwendung.

Steckhilfsmittel, industrielles
Als industrielles bzw. industriell hergestelltes Steckhilfsmittel ist ⇢ Steckschaum allgemein gebräuchlich.

Steckmasse
Steckmasse ist fachsprachlich korrekt als ⇢ Steckschaum zu bezeichnen.

Steckschaum
Steckschaum ist das am weitesten verbreitete und am häufigsten verwendete ⇢ Steckhilfsmittel. Es ist ein industriell hergestellter Schaum auf der Grundlage Erdöl verarbeitender Kunststofftechnologie. Je nach Einsatzzweck unterscheidet man Trockenblumensteckschaum und Frischblumensteckschaum, die es je nach den zu verarbeitenden Werkstoffen wiederum in verschiedenen Härten gibt. Neben Steckschaumziegeln, die jeweils passend für den Einsatzzweck bzw. für das zu füllende Gefäß zurechtgeschnitten werden, gibt es viele Sonderformen, z. B. Kugeln, Kränze, Kreuze, Balken. Daneben werden in verschiedene Gitterformen eingepasste Steckschaumprodukte angeboten, z. B. ⇢ Brautstraußhalter, Autoschmuckbasisformen etc. Besonders starker Hartsteckschaum ist sowohl für das Einstecken von Trockenwerkstoffen üblich, als auch als Tragbasis von größeren Steckschaumformen, z. B. Kranzunterlagen. In gleicher Weise sind auch ⇢ Biolit® und verschiedene Holzunterlagen zu finden.

Frischblumen- und Trockenblumensteckschaum

Hinweis: Frischblumensteckschaum wird, entgegen dem alltäglich vielfach üblichen Sprachgebrauch, nicht eingeweicht, denn er wird ja nicht weich. Stattdessen ist vom Wässern des Schaums zu sprechen. Dies darf keinesfalls durch Untertauchen der Steckschaumteile erfolgen, da hierbei im Innern des Schaums luftgefüllte, also trockene, nicht gewässerte Bereiche verbleiben.

⇢ Kranzunterlage ⇢ Kunststoff ⇢ Verrottbarkeit

Steckschaum, farbiger
Frischblumensteckschaum wird außer in der rein technisch zu verarbeitenden und daher zu kaschierenden, grünen Ausführung auch in speziellen Farben angeboten, z. B. in Rot, Orange und Gelb. Dieses technische ⇢ Steckhilfsmittel soll

Gestaltung mit farbigem Steckschaum

gestalterisch mitwirken und darf daher nicht völlig verdeckt werden. Es kann, wo dies gestalterisch sinnvoll erscheint, das zeitaufwändige Verdecken der Steckbasis überflüssig machen. Umgekehrt ist der Einsatz farbigen Frischblumensteckschaums nicht sinnvoll, wenn der Schaum ohnehin verdeckt wird, zumal er in aller Regel teurer ist als der normale Schaum.

→ kaschieren → Steckschaum

Steckschaumformteile

Alle im Gegensatz zum Ziegel speziell oder anders geformten Steckbasen aus → Steckschaum, z. B. Kugeln, Kränze, Kreuze, Balken, können als Steckschaumformteile bezeichnet werden.

Stehstrauß

Als Stehstrauß kann jeder → Strauß bezeichnet werden, der im fertigen Zustand allein auf seinen Stielen aufgestellt wird, also auch ohne haltendes Gefäß stehen bleibt. Oft wird der Begriff lediglich auf die Form des Parallelstraußes bezogen, jedoch begünstigen radial gespreizte Stiele sogar in besonderer Weise die Aufstellung eines Straußes z. B. in einer flachen Schale. Allerdings ergibt die Bezeichnung letztlich nur dann Sinn, wenn die Aufstellung des Straußes tatsächlich beabsichtigt ist und damit die gestalterische Mitwirkung der Stiele ein wesentliches gestalterisches Ziel darstellt.

Bei Stehsträußen, die in flachen Gefäßen aufgestellt werden, ist besonders darauf zu achten, dass die Werkstoffe eine ausreichende Wasserversorgung erhalten. Das bedeutet, dass Werkstoffe ausgewählt werden, die auch einen niedrigen Wasserstand tolerieren, und dass das Gefäß nicht zu flach sein darf. Im Übrigen muss relativ häufig Wasser aufgefüllt werden.

Hinweis: Im Grunde muss jeder handwerklich perfekt gebundene Strauß ein Stehstrauß sein, der allein auf seinen Stielen aufgestellt werden könnte. Diese Form des Aufstellens beweist seine Ausgewogenheit und die Festigkeit seiner → Bindestelle.

→ Anordnungsart, parallele → Anordnungsart, radiale → Paralleltechnik → Parallelwerkstück

Stein

Stein ist ein mineralischer Stoff, der in vielerlei Weise im Laufe der Erdentwicklung entstanden ist und dementsprechend in vielen Formen und Zusammensetzungen existiert. Sedimentgesteine sind von vulkanischen Gesteinen, kristalline von kalkigen, zusammengesetzte, verbackene Gesteinsarten (Konglomerate) von reinem Material zu unterscheiden.

In der Floristik kommt Stein als Gefäßmaterial vor, ist als Boden- und Wandbelag zu finden, wird in Form von Kieseln z. B. als alternatives Steckhilfsmittel eingesetzt und ist Material für die ⇢ Bodenmodulation in Pflanzungen. Auch ⇢ Kunststein ist z. B. in Form von Beton-Pflanzschalen und Steckgefäßen nicht selten. Allgemein ist Stein sehr widerstandsfähig und hart. Dennoch muss, je nach Gesteinsart, auf Bruch- und Kratzempfindlichkeit und chemische Beeinträchtigungen (siehe ⇢ Marmor) geachtet werden. Außerdem ist beim Einsatz von Steinen darauf zu achten, dass man mit den Steinen selbst nichts anderes beschädigt, z. B. eine Schale oder die Werkstoffe an sich.

⇢ Gefäß ⇢ Pflanzschale ⇢ Pflanzung ⇢ Steckhilfsmittel, alternatives

Steingut

Steingut ist wegen der weißen Farbe des Scherbens ein Keramikprodukt, das dem ⇢ Porzellan äußerlich ähnlich ist. Im Gegensatz zu diesem ist es jedoch nicht ⇢ transluzent und hat als ⇢ Weichkeramik einen porösen ⇢ Scherben, den erst die ⇢ Glasur abdichtet. Das Gemisch aus ⇢ Ton, ⇢ Quarz, ⇢ Feldspat und Kalkspat wird mit Hilfe von Gipsformen überformt, eingedreht oder durch Roll- und Gusstechnik geformt. Der ⇢ Rohbrand des Scherbens erfolgt bei 1100 °C bis 1300 °C. Nachdem eventuell ein farbiges ⇢ Dekor und jedenfalls die farblose, abdichtende Glasur aufgebracht sind, erfolgt der ⇢ Glattbrand bei 900 °C bis 1000 °C. Die Unterglasur- oder Aufglasurfarben sind wegen der relativ niedrigen Brenntemperatur besonders vielfältig und farbstark. Glasur und Farben verschmelzen nicht vollkommen mit dem Scherben, so das Steingut stoßempfindlicher als Porzellan ist. Als eigentlicher Erfinder und erster industrieller Produzent von Steingut gilt der Engländer Josiah Wedgwood (1730–1795). Heute ist diese Keramikart eine der bedeutendsten und dominiert im Sanitärbereich (Waschbecken, Kacheln etc.). Steingutgeschirr ist häufig, Steingutvasen und -übertöpfe bestimmen das Keramikangebot für Floristen. Technisch gesehen ist auch das sogenannte Delfter Porzellan ein Steingut, gestalterisch wird es der ⇢ Fayence zugeordnet.

Steingut-Schalen der Firma ASA Selection GmbH

⇢ Delfter Fayence ⇢ Keramik ⇢ Sinterung

Steinzeug

Steinzeug wird in Europa seit ca. 700 Jahren, in China schon seit 1000 Jahren hergestellt. Es wird bei ca. 1200 °C gebrannt, so dass der ⇢ Scherben vollständig versintert. Damit zählt Steinzeug zur ⇢ Hartkeramik, die auch ohne ⇢ Glasur dicht ist. Mit dem weichkeramischen ⇢ Steingut, das teilversintert ist und einen porösen Scherben hat, darf es also nicht verwechselt werden. Bekannt ist graues Westerwälder Steinzeug mit durchsichtiger Salzglasur und teils mit blauer Bemalung. Diese Glasur entsteht, indem Salz bei hoher Temperatur in den Brennofen gegeben wird, wo es sofort verdampft. Durch chemische Verbindung mit Tonbestandteilen schlägt sich eine durchsichtige, glasartige Schicht auf dem Scherben nieder. Die Glasur macht das Steinzeug pflegeleicht, da sie glatt und leicht zu reinigen ist. Andere Steinzeug-Erzeugnisse tragen eine rotbraune ⇢ Engobe als Oberflächenveredlung, z. B. Dreihäuser Steinzeug. Enthält diese Engobe auch glasierende Stoffe, spricht man von Sinter-Engobe, die glasartig-dicht ausbrennt. Vorratsgefäße und Krüge sind typische Steinzeugprodukte, die oft eine rustikale Ausstrahlung haben. Feinsteinzeug wird z. B. als Baukeramik in Form von Kacheln verwendet.

Steinzeuggefäß mit rustikaler Werkstoffauswahl

⇢ Keramik ⇢ rustikal ⇢ Sinterung

Sternform

Die Sternform ist als Licht- bzw. Erleuchtungssymbol und als Leitstern-Symbol zu verstehen. Als Wegweiser waren Sterne für Seefahrer und Reisende von jeher tatsächliche Hilfe und demgemäß auch ein Symbol für das Finden des richtigen Wegs. Beide Bedeutungen finden im floristischen ⇢ Advents- und ⇢ Weihnachtsschmuck vielfachen Ausdruck. Hier sind sie im christlichen Sinn auf den Stern von Bethlehem zurückzuführen, der den Heiligen Drei Königen den Weg zur Krippe anzeigte und ihnen erleuchtende Gotteserkenntnis brachte. Auch über das christliche Verständnis hinaus ist die Sternform als Himmelssymbol zu verstehen. Entsprechend der glitzernden Sterne am Nachthimmel sind Sternformen oft in Verbindung mit silber- und goldfarbenen Materialien sowie mit Kerzen zu finden.

⇢ Formsymbolik

Stieleanordnung

⇢ Anordnungsart

Stil, stilistisch

Als Stil bezeichnet man die Gesamtheit der eindeutig erkennbaren und unterscheidbaren gestalterischen Eigenschaften von Werken einer ⇢ Stilepoche,

eines Volkes, einer Nation oder auch eines einzelnen Künstlers. Aus einem Stil in diesem Sinn entsteht jeweils ein einheitlicher gestalterischer Ausdruck.
In der Floristik sind die Bau- und Kunststile verschiedener Stilepochen von Bedeutung und besonders beim → Raumschmuck zu beachten.

Hinweis: Um begriffliche Verwechslungen zu vermeiden und zur Abgrenzung spricht man besser von der → Gestaltungsart statt vom Gestaltungsstil. So bleibt der Begriff Stil der Baustilkunde einerseits und andererseits der Beschreibung bzw. Benennung des Stils z. B. einzelner, besonders hervorragender Floristen vorbehalten.

→ Baustil → Stilkunde

Stilelement

Mit dem Begriff des Stilelements bezeichnet man typische, häufig wiederkehrende, gestalterische Einzelteile in den Werken einer → Stilepoche, eines Volkes, einer Nation oder auch eines Künstlers. In ihrer Summe prägen diese Elemente den Stil. Dieser ist umso sicherer erkennbar, je mehr eindeutige Stilelemente sich z. B. in einem Bauwerk, einem Möbel- oder Kleidungsstück finden. Elemente eines Stils stehen in einem geistig-gestalterischen Zusammenhang. So findet man z. B. in der → Gotik aufstrebende, himmelwärts ins Jenseits weisende Formen. Vom → Bauhaus entwickelte Stilelemente folgen der zweckbestimmten Formreduktion und den Materialeigenschaften. Beispiele für typische Stilelemente in den Arbeiten von Künstlern sind van Goghs Pinselführung und Farbauftrag und die Hell-Dunkel-Wirkung in Rembrandts Gemälden.

Hinweis: Der Begriff des Stilelements zeigt, dass der Begriff Gestaltungsstil besser durch → Gestaltungsart ersetzt wird, da sonst die Kriterien der jeweiligen Gestaltungsarten bzw. -stile ebenfalls als Stilelemente bezeichnet werden müssten, was sie aber in obigem Sinn keinesfalls sind. Die für eine Fachsprache notwendige Eindeutigkeit wäre damit nicht gegeben. Vergleiche auch → Stil, stilistisch.

→ Reduktion

Stilepoche

In der europäisch-westlichen Kunst kann man bestimmte historische Stilepochen unterscheiden. Es sind Zeiträume, in denen einheitliche geistige und weltanschauliche Vorstellungen zu vergleichbaren bzw. ähnlichen gestalterischen Lösungen, also Kunstwerken, führten. Malerei, Bildhauerei und → Baustil dieser Zeiten waren inhaltlich-stilistisch eng miteinander verwandt.
Die wesentlichen Stilepochen in zeitlicher Abfolge:

Im → Altertum war aus heutiger Sicht vor allem die griechisch-römische → Antike (ca. 500 vor Chr. bis ca. 500 nach Chr.) stilbildend.

Darauf folgten im → Mittelalter die → Romanik (ca. 950 bis ca. 1250 nach Chr.) und die → Gotik (ca. 1250 bis ca. 1500 nach Chr.).

In der ⇢ Neuzeit wurden antike Formen zunächst in der ⇢ Renaissance (ca. 1450 bis ca. 1650 nach Chr.) wiederbelebt und nachfolgend im ⇢ Barock (ca. 1650 bis ca. 1780 nach Chr.), im ⇢ Rokoko und im ⇢ Klassizismus weiterentwickelt. Teils werden diese Epochen heute insgesamt als klassizistisch angesehen, da ihre stilistischen Ausprägungen ursprünglich sämtlich auf die klassische Antike zurückzuführen sind. Zum Klassizismus sind auch kurzlebigere oder in verschiedenen Bereichen nebeneinander existierende Stilentwicklungen zu rechnen, vor allem ⇢ Biedermeier und ⇢ Empire.

Nun folgten, ebenfalls noch zur Neuzeit gerechnet, die stilistischen Entwicklungen des ⇢ Historismus, der Stilformen der alten Zeit oft in romantisierender Weise nachbildete, jedoch ohne ihre ursprünglich umfassende innere Sinnbedeutung. Die Zeit der ⇢ Romantik ist mit ihren Vorstellungen eng mit dem Historismus verbunden.

Die folgende Zeit wird zuweilen ebenfalls noch zur Neuzeit gerechnet, zur Abgrenzung aber auch als neueste Zeit bezeichnet. Als bewusste Abwendung vom Historischen entwickelte sich ab ca. 1895 der ⇢ Jugendstil, der jedoch noch vor dem ersten Weltkrieg, spätestens aber 1914, sein Ende fand.

Nun entstand, vorrangig durch das ⇢ Bauhaus geprägt, die Moderne. Ihre auf Sachlichkeit und Funktionalität ausgerichteten Gestaltungen verbreiteten sich vor allem nach dem Ersten Weltkrieg ab 1920.

Schon seit dem Ende des 19. Jahrhunderts kann man eigentlich nicht mehr von einem einheitlichen, alle Länder und alle Kunstformen betreffenden ⇢ Stil sprechen, sondern es bestanden und bestehen verschiedene Stile nebeneinander. Man spricht von ⇢ Stilpluralismus.

Auf die reine, heute teils als kalt und zu nüchtern empfundene reine Sachlichkeit der Moderne folgte ab etwa 1960 die ⇢ Postmoderne, in der auch nichtfunktional begründete, rein zierende Ornamentik wieder Einzug in die Gestaltungen fand. Auch die Postmoderne ist in weiten Teilen als stilpluralistisch anzusehen.
Heute sind weiterhin viele stilistische Ausprägungen nebeneinander zu finden und manches wird sich erst in einigen Jahren oder sogar Jahrzehnten eventuell als ein abgrenzbarer, eigens zu definierender Stil erweisen.

Floristik ist in den meisten Fällen notwendigerweise ⇢ Raumschmuck oder wird auf Möbelstücken platziert, die in einem bestimmten Stil gestaltet sind. Als gestaltendes Dienstleistungsgewerbe für Wohnaccessoires und Blumenschmuck im Wohnumfeld muss sich Floristik demnach mit den wichtigsten Gestaltungen und Stilelementen der Stilepochen befassen, um passend gestalten zu können. Vergleiche dazu ⇢ Stilgerechtigkeit.

Hinweis: Die oben genannten Jahreszahlen sind nicht als genaue Angaben zu verstehen, sondern stellen als relativ leicht zu merkende, ungefähre Angaben eine Vereinfachung dar. Die Übergänge von einer zur folgenden Stilepoche waren ohnehin jeweils fließend und erfolgten in verschiedenen Gegenden Europas bzw. der Welt teils auch zeitlich versetzt. Im Übrigen ist mancher heutige Stilbegriff bzw. die Definition einer Stilepoche nicht in der entsprechenden Zeit, sondern viel später entstanden, zuweilen sogar erst in jüngerer Zeit.

→ klassisch → Ornament → Stilelement

Stilgerechtigkeit

Als stilgerecht bezeichnet man eine Gestaltung, wenn sie in Form und Farbe sowie in ihrem gestalterischen Ausdruck den Bedingungen und typischen Ausprägungen des entsprechenden Stils entspricht. In der Floristik bezieht sich die Stilgerechtigkeit in der Regel auf den → Baustil bzw. den Einrichtungsstil eines zu schmückenden Raums. Beim → Tischschmuck ist vorrangig der Stil von Gedecken und Tischwäsche zu beachten. Allgemein muss die florale Füllung eines Gefäßes, das sichtbar bleibt, dem Stil dieses Gefäßes entsprechen. Zusammen mit der Beachtung von → Funktionsgerechtigkeit, → Werkgerechtigkeit, → Materialgerechtigkeit, → Werkstoffgerechtigkeit und → Zweckmäßigkeit führt die Erfüllung der Stilgerechtigkeit zur → Wahrhaftigkeit einer guten Gestaltung.

→ Raumschmuck, floristischer → Stil → Stilepoche

Stilkunde

Stilkunde wird in der Floristik in der Regel vorrangig auf die Kenntnis der Baustile bzw. Stilepochen bezogen. Hiermit steht der entsprechende Einrichtungsstil jedoch in enger Verbindung. Die gestalterischen Ausprägungen der jeweiligen Stilepochen mit ihren Stilelementen sind Grundlage für entsprechende floristische Gestaltungen, vor allem beim floristischen → Raumschmuck. Innerhalb dieses Arbeitsgebiets ist stilkundliches Wissen wiederum beim → Kirchenschmuck besonders bedeutend.

Die wesentlichen Stilepochen sind → Antike, → Romanik, → Gotik, → Renaissance, → Barock, → Rokoko, → Klassizismus, → Empire, → Biedermeier, → Historismus, → Jugendstil, → Moderne und → Postmoderne.

→ Baustil → Stil → Stilelement → Stilepoche → Stilgerechtigkeit → Stilpluralismus

Stillleben

Unter einem Stillleben versteht man in der Malerei die Darstellung unbewegter Gegenstände, die nach künstlerisch-gestalterischen, ästhetischen bzw. stilistischen Kriterien angeordnet und zusammengefügt werden. Sie sind nach dekorierend-schmückenden Gesichtspunkten meist außerhalb ihres gewohnten bzw. passenden Umfelds wiedergegeben. Dennoch ging es den Malern um eine besonders genaue, naturgetreue Darstellung, oft mit symbolischer Bedeutung. Berühmte Blumenstillleben hat z. B. Jan Brueghel der Ältere (1568 bis 1625) geschaffen, der daher auch Blumen-Brueghel genannt wird.

Die Warenpräsentation wirkt wie ein Stillleben.

In die Floristik übertragen könnte man jedes Werkstück auch als Stillleben auffassen, da es ähnlichen gestalterischen Gesichtspunkten gehorcht. Allerdings verwendet man den Begriff besser und genauer dann, wenn mehrere verschiedene Einzelteile versammelt werden und ein Ensemble bilden, z. B. ein kleines Gesteck, dazu eine getrocknete Blüte, wenige passende Gefäße, Wohnaccessoires wie Kerzenleuchter etc., alles auf einem niedrigen Schrank oder der Fensterbank arrangiert. Die einzelnen Gegenstände sollten dabei möglichst einen sinnvollen Zusammenhang bzw. gestalterische Gemeinsamkeiten erkennen lassen oder sich stilistisch ergänzen. Sie können z. B. farbliche Verwandtschaft zeigen, zu ein und demselben Anlass passen, jahreszeitlich gemeinsame Bezüge aufweisen oder derselben → Stilepoche entstammen. Warenpräsentationen sind in dieser Weise überzeugend aufzubauen und zu gestalten.

→ Accessoire → dekorieren → schmücken → Stil → Symbol

Stilmerkmal

→ Stilelement

Stilpluralismus

Spricht man von Stilpluralität (lat.: plures = mehrere), ist eine Mehrzahl von Stilen gemeint, die nebeneinander existieren. Dieses Nebeneinander unterschiedlicher Stile in der Kunst, der Architektur, der Malerei, der Wohnungseinrichtung usw. ist nach dem Ende der großen, in Europa und der westlichen Welt weitgehend einheitlichen Stilepochen ab dem 19. Jahrhundert zu beobachten. Impressionismus, Expressionismus, Dadaismus, Kubismus, Funktionalismus usw. bestehen gleichzeitig und gleichwertig oder mit verschieden starker Bedeutung nebeneinander. Vielfach beeinflussen sie einander auch.

Unter dem Begriff des Stilpluralismus ist jedoch teils mehr zu verstehen als bloßes Nebeneinander. Der Anhang „-ismus" zeigt, dass die Mehrzahl und Vielartigkeit von Stilen zum Gestaltungsprinzip an sich erhoben werden kann. Das heißt, in einem Kunstwerk oder einem Werkstück werden bewusst Merkmale mehrerer Stile vereint. Dabei kommt es zu belebenden Kontrasten, zitierenden Verweisen auf historische Stile und Neudeutungen tradierter, d. h. überlieferter Stilelemente. Es wird sozusagen sinnfrei oder „nutzlos", aber umso menschlicher gestaltet, nämlich die Freude am Spiel mit den gestalterischen Möglichkeiten und deren Wirkungen gesucht. In diesem Sinn ist in der → Postmoderne, die sich von

der rationalen Funktionalität der Moderne abwendet, der Stilpluralismus wesentliches Merkmal des Gestaltens.
Auch die Floristik kann so gestalten, z. B. indem in eine Biedermeierform streng parallel-lineare Werkstoffbewegungen kontrastierend integriert werden. Oder es werden in einen nüchternen, modernen Raum dekorative, in barocker Üppigkeit gestaltete, florale Werkstücke als → Raumschmuck integriert. Damit hier nicht wahllose Beliebigkeit entsteht, muss allerdings mit Stilkenntnis und Fingerspitzengefühl gestaltet werden.

→ Barock → Bauhaus → Funktion → Gestaltungsart, dekorative → Stil → Stilelement → Stilepoche → Stilkunde → Tradition

Stoff, textiler

Stoffe werden in der Floristik hauptsächlich in Form von → Schmuckband und, z. B. im → Raumschmuck und bei der Warenpräsentation, als Dekorationsstoffe eingesetzt. → Atlas bzw. Satin, → Samt und Kunstsamt, → Seide, → Leinen, → Rips, → Molton und → Organza sind unter anderem zu finden. Stoffe wirken in floristischen Gestaltungen durch ihre Farbe, ihre Muster und durch die jeweilige → Textur.
Grundsätzlich ist auf die Schmutz- und Wasserempfindlichkeit von Stoffen zu achten sowie darauf, bei der Verarbeitung, z. B. durch Dornen oder Draht, keine Fäden zu ziehen. Diese Gesichtspunkte sind auch dort besonders wichtig, wo Stoffe zwar nicht Bestandteil der Floristik sind, die floristischen Werkstücke jedoch mit Stoffen in Berührung kommen, wie z. B. bei Brautkleidern und Tischwäsche.

→ Bindung, textile

Stofflichkeit

Die Stofflichkeit wird, da es sich um einen scheinbaren optischen Eindruck und nicht um die tatsächliche stoffliche Beschaffenheit handelt, besser als die stoffliche Erscheinung von Werkstoffen bezeichnet. Sie wird wegen ihrer Ähnlichkeit mit allgemein bekannten Materialien durch entsprechende Adjektive beschrieben. Die stoffliche Erscheinung einer Blüte wird z. B. als wächsern, die eines Blatts als ledrig bezeichnet. Neben farblichen Einflüssen ist vor allem die Oberflächenbeschaffenheit entscheidend, die als → Textur oder als → Oberflächenstruktur beschrieben wird. Beide Begriffe werden daher als Alternativbegriffe zur stofflichen Erscheinung verwendet, obwohl sie sachlich nicht in vollem Maße zutreffen. Eine Stofflichkeit im vollen Sinne des Begriffs

Trockene Blütenstands-Böden von Proteen weisen eine hölzerne Stofflichkeit auf, die sowohl haptisch als auch optisch wahrnehmbar ist.

bezieht außer den sichtbaren auch die fühlbaren Eigenschaften eines Gegenstands mit ein, so dass z. B. eine metallische Stofflichkeit auch eine tatsächliche Härte des so beschriebenen Materials oder Werkstoffs bedingt. → Haptik und visueller Eindruck müssen also übereinstimmen.

Stofflichkeitskontrast

→ Formkontrast → Stofflichkeit → Texturkontrast

Stola

→ Brautstola

Strauß, Straußarten

Als Strauß bezeichnet man ein → Werkstück, bei dem die Werkstoffstiele mit der Hand zusammengefasst und an dieser Stelle mit → Bast oder Ähnlichem gebunden werden. Das → Binden ist demnach der entscheidende technische Vorgang. Vom einfachen → Bündel unterscheidet sich der Strauß durch die wesentlich weitergehende Gestaltung. Ein Strauß weist in der Regel nur eine zentrale → Bindestelle auf, in der alle Stiele der den Strauß bildenden Werkstoffe zusammengefasst sind. Sind mehrere gleichrangige Bindestellen vorhanden, spricht man zur Abgrenzung besser vom gebundenen Werkstück. Vergleiche dazu → Werkstück, gebundenes. Sträuße kann man nach verschiedenen Gesichtspunkten in unterschiedliche Straußarten einteilen.

- Gestaltungsaspekte: z. B. Parallelstrauß, Biedermeierstrauß, Texturstrauß, formal-linearer Strauß etc.
- Formaspekte: z. B. Bogenstrauß, Kuppelstrauß, aufgelockerter Strauß etc.
- Anlassaspekte: z. B. Brautstrauß, Geburtstagsstrauß, Osterstrauß, Trauerstrauß, Kondolenzstrauß, weihnachtlicher Strauß etc.
- Saisonaspekte: z. B. Frühlingsstrauß, Sommerstrauß etc.
- Funktions- und Bestimmungsaspekte: z. B. Ansteckstrauß, Handstrauß, Grabstrauß etc., auch Stehstrauß, Liegestrauß, Wurfstrauß usw.
- Aspekte des Stils und der Wirkung: z. B. barocker Strauß, rustikaler Strauß, repräsentativer Strauß
- Werkstoffaspekte: z. B. Rosenstrauß, Tulpenstrauß etc., auch Solitärstrauß, Mono-Strauß usw.
- Technikaspekte: Obwohl Sträuße an sich in Bindetechnik entstehen, spricht man neben dem gebundenen Strauß auch vom gesteckten Strauß. Hiermit kann ein Strauß gemeint sein, bei dem die Blütenstiele in eine vorgefertigte Straußbasis aus Grünwerkstoffen gesteckt werden, um letztlich aber gebunden zu werden. Es kann jedoch auch ein straußförmiges Gesteck damit bezeichnet werden, wie es in der Trauerfloristik vorkommt. Vergleiche dazu → Trauergesteck, Trauerstrauß.

→ siehe viele der oben genannten Begriffe unter ihren Einzeleintragungen

Strauß-Kranzschmuck

Ein ⇢ Kranzschmuck, der die Form eines Straußes aufweist und so wirkt, als sei dieser auf den Kranzkörper aufgelegt, wird als Strauß-Kranzschmuck bezeichnet. Handwerklich wird dieser Kranzschmuck in der Regel jedoch in Stecktechnik hergestellt, der Strauß ist also nicht wirklich aufgelegt. Allerdings kann die scheinbare Bindestelle dennoch von Band umschlossen sein, so dass der Strauß aussieht, als sei er auf den Kranzkörper gebunden. Der Strauß-Kranzschmuck muss sich, wie jeder andere Kranzschmuck, dem Kranzkörper möglichst eng anschmiegen, damit eine gestalterische Einheit entsteht. Eventuell folgen die Bewegungsformen der Straußwerkstoffe sogar dem Rund des Kranzkörpers. In seiner Ausdehnung sollte der Strauß-Kranzschmuck, ähnlich dem dekorativen Kranzschmuck, nicht mehr als zwei Fünftel des Kranzkörpers überdecken. Kleinere Varianten bis hin zu Formen, die dem ⇢ Akzent-Kranzschmuck nahe kommen, sind möglich.

⇢ Bewegungsform, floristische ⇢ Kranzproportion ⇢ Schmuckband ⇢ stecken

Strebewerk, Strebebogen, Strebepfeiler

Als Strebewerk bezeichnet man die Gesamtheit aus Strebepfeilern und Strebebögen an gotischen und neugotischen Kirchen. Vereinfacht kann man sagen, dass diese Bauweise mit frei an und neben den Wänden stehenden Pfeilern und durch den freien Raum zur Wand führenden Bögen eine Art Gerüstbauweise darstellt, die den Architekten der ⇢ Gotik im Vergleich zur ⇢ Romanik dünneres Mauerwerk und höhere Räume sowie die riesigen Fenster ermöglichte. Funktional dient das Strebewerk dabei zur Abstützung der Wände und zum Auffangen der Last von Gewölbe und Dach. Die Strebebögen sind einhüftig, d. h. es sind halbseitige Bögen. Die Oberseiten der Bögen sind oft mit Kriechblumen verziert, während die Strebepfeiler von Fialen bekrönt werden.

⇢ Bogen ⇢ Fiale ⇢ Historismus ⇢ Kriechblume

Streublumen

Als Streublumen bezeichnet man die Blüten, Blütenteile und Blätter, die in der Regel beim Auszug der Brautleute aus der Kirche und bei Prozessionsanlässen und Umzügen auf den Weg gestreut werden. Die Streublumen werden dazu meist in Streukörben mitgeführt, die ihrerseits floristisch geschmückt werden können. Meist sind es Kinder, denen man Streukörbe in die Hand gibt, damit sie die Blumen streuen.

→ Hochzeitsschmuck, floristischer

Streukorb

→ Korb → Streublumen

Streuung

In einer Streuung werden die → Gestaltungsmittel in leicht unregelmäßiger Verteilung verstreut bzw. positioniert, so dass die Verteilung zufällig und ungewollt erscheint. Es können sich leichte Verdichtungen ergeben, jedoch dürfen dabei keine deutlich erkennbaren Gruppen entstehen. Gelegentlich können allerdings auch gleichgroße, jedoch relativ kleine Blütengruppen ihrerseits gestreut auf einer Fläche verteilt werden. Das Millefiori-Design beruht auf Streuungen von Blüten.

Das gestreute Platzieren von Werkstoffen bzw. die Streuung kann auch als streuende Positionierungsart verstanden werden.

Streuung von Früchte-Werkstoffen auf einem Kranz

→ Design → Kranzschmuck, überspielender → millefiori → Positionierung → Positionierungsart, streuende

Stroh

Stroh besteht aus den Halmen von Getreide und ist gröber als → Heu. Sowohl Heu als auch Stroh sind als Rohstoffe zur Bildung von floristischen Grundformen, z. B. Kränze und Erntekronen, einsetzbar. Stroh ergibt dabei meist Formen, die als technische → Basis dienen und nachfolgend überwickelt oder besteckt werden. Aus sogenanntem Langstroh, besonders langen, ungehäckselten Halmen, werden → Strohrömer hergestellt. Als gestalterisches, alternatives Steckhilfsmittel sind Strohwülste oder -zöpfe in der Trockenfloristik einsetzbar. Sollen sie für Frischblumen dienen, müssen in das Stroh → Wasserröhrchen eingefügt werden.

Strohrömer

Als Strohrömer bezeichnet man die aus Langstroh hergestellte technische → Kranzunterlage.

→ Römerkranz

Struktur
Der Begriff Struktur bezeichnet den inneren Aufbau bzw. das bestimmten Regeln gehorchende Bildungsgefüge einer Sache. Diese aufbauende Struktur ist ihrerseits aus mehreren Einzelelementen zusammengesetzt. Die genetisch bedingte Struktur einer Pflanze bezeichnet demnach ihren Bau aus Zellen, Geweben, Spross, Blättern usw., und bedingt ihre Verzweigungsform, ihre Blatt- und Blütenansätze und -formen, ihren Wurzelaufbau usw. Die Struktur schlägt sich insgesamt im Habitus der Pflanze nieder.
Soll mit dem Struktur-Begriff allerdings, wie in der Floristik vereinfachend oft üblich, die optisch wahrnehmbare Oberflächenbeschaffenheit, also deren Form, beschrieben werden, muss korrekt von → Oberflächenstruktur oder von → Textur gesprochen werden. Auch der Begriff der → Stofflichkeit ist üblich, geht aber über die optisch wahrnehmbare Oberflächenbeschaffenheit hinaus.

Strukturkontrast
→ Texturkontrast

Strukturstrauß, Strukturgesteck

Es handelt sich um stark vereinfachende Begriffe für Sträuße oder Gestecke, deren gestalterischer Reiz insbesondere durch die Oberflächenstrukturen der verwendeten Werkstoffe und Materialien hervorgerufen wird. Genauer und damit richtiger sind entweder die vollständigen Begriffe, wie z. B. Oberflächenstrukturstrauß, oder die Begriffe Texturstrauß, Texturgesteck usw. Da neben der → Textur selbstverständlich auch andere Gestaltungselemente in ein solches Werkstück einfließen, ist insgesamt die noch genauere Bezeichnung als texturbetontes Werkstück sinnvoll. Damit der texturbetonte Effekt gut zum Tragen kommt, müssen einerseits die jeweiligen Flächen ausreichend groß und gut voneinander unterscheidbar sein, so dass Texturkontraste entstehen. Andererseits dürfen keine stark voneinander abweichenden Farben enthalten sein, da die Farbigkeit vorrangig wahrgenommen wird und den Textureffekt überlagert. Vorzuziehen ist demnach eine → Farbharmonie der Ähnlichkeiten.

→ Oberflächenstruktur → Texturkontrast

Stuck
Unter Stuck versteht man ein Gemisch aus Gips, Kalk und Sand, das gut formbar, also plastisch ist. Mit der heißen Kelle kann er geglättet werden, härtet schnell aus und schimmert schließlich nahezu wie polierter, weißer → Marmor. Auch

gefärbter, marmorierter Stuck wird und wurde, vor allem im → Barock und im → Rokoko, verwendet, um z. B. Holzsäulen zu überziehen, die dann wie aus Marmor gearbeitet erscheinen. Aus Stuck lassen sich Ornamente, so genannte Stuckaturen, formen, die wiederum in Barock und Rokoko zu finden sind. Auch Statuen und freistehende Putten sind damals aus Stuck entstanden. Marmorierter und/oder strukturierter Wandputz aus Stuck ist auch heute teilweise üblich.

→ Ornament → Plastik → Putte
→ Statue

Stuck verziert den Übergang zwischen Wand und Decke und betont die Deckenmitte mit der Leuchterbefestigung.

Stützdraht

Unter dem technischen Hilfsmittel Stützdraht versteht man Drahtstücke aus → Eisen, die man zum → Stützen von Werkstoffen verwendet. Sie werden in bündelartigen Stangen zu 2,5 kg, wiederum gepackt in Paketen zu 10 kg, angeboten. Es ist sowohl blaugeglühter als auch zusätzlich grün lackierter Stützdraht erhältlich. Die Lackierung dient dem Schutz vor → Rost und hilft dabei, dass der Draht zwischen den grünen Werkstoffen wenig auffällig bleibt. Stützdraht ist im Vergleich zum → Steckdraht dünner und nicht angespitzt. Er wird in verschiedenen Längen (meist 20 cm bis 50 cm) und Stärken (meist 0,5 mm bis 1,0 mm) hergestellt. Besonders feiner Stützdraht ist als → Silberdraht im Handel. Länge und Stärke des auszuwählenden Stützdrahts richten sich nach der Stärke des Blumenstiels bzw. Blatts, der oder das gestützt werden soll. Wie alle technischen Hilfsmittel, muss Stützdraht im Werkstück möglichst weitgehend verdeckt werden.

Grün lackierter Stützdraht zur Stielverstärkung bei Rose und Freesie

→ blauglühen → Draht → Hilfsmittel, technische → kaschieren

stützen, Stütztechnik

Ein Blumenstiel wird gestützt, indem ein → Stützdraht in wenigen, spiraligen Windungen um den Stiel geführt wird. Damit bekommt dieser zusätzlichen Halt bzw. kann gebogen werden. Den Draht wählt man in einer Stärke aus, die dem Werkstoffstiel und der Schwere des Blütenkopfs entspricht. Ist er zu dünn, versagt die stützende Wirkung. Ist er zu dick, wird evtl. der Stiel um den Draht gewunden, der Draht lässt sich nicht so gut kaschieren und das Werkstück wird unnötig schwer. Stützdrähte variieren passend zu ihrer Stärke auch in der Länge

und können entsprechend ausgewählt werden. Ein Stützdraht muss am gestützten Stiel nur so weit herunterreichen, dass er bis in die ⇢ Bindestelle beim Strauß oder bis in den ⇢ Steckschaum beim ⇢ Gesteck reicht. Ist der Draht länger, muss er ohnehin später abgeschnitten werden. Das Bewickeln gestützter Stiele mit Kautschuktape dient zusätzlich der festen Verbindung von Draht und Stiel.

Das Schienen entspricht dem Stützen insofern, als der Draht einem Werkstoffstiel in einem Bereich Halt gibt, in dem der Stiel gebogen werden soll. Der Draht ermöglicht und fixiert dabei die Biegung. Er wird dazu lediglich im beabsichtigten Biegebereich in Form von zwei links und rechts des Stiels angelegten Stücken eingesetzt, die mit Tape fest aufgewickelt werden.

⇢ Draht ⇢ Floraltape ⇢ Kautschuk

Stützenwechsel

⇢ Arkade ⇢ Pfeiler ⇢ Säule

Substrat

⇢ Pflanzsubstrat

Sukkulenz, Sukkulente

Crassula mit Stamm- und Blattsukkulenz

Manche Pflanzen, die man auch Xerophyten nennt, haben im Laufe der Evolution verschiedene Anpassungen entwickelt, um in Trockengebieten als ⇢ Lebensraum überleben zu können. Eine bedeutende Anpassung ist die Sukkulenz (lat.: suculentus = saftvoll, kräftig), d. h. die Bildung von verdicktem Gewebe, in dem Wasser für Trockenzeiten gespeichert werden kann. Man bezeichnet diese Pflanzen als Sukkulenten und unterscheidet drei Arten der Sukkulenz. Kakteen und viele Euphorbien zeigen Stammsukkulenz. Agaven haben Blattsukkulenz. *Crassula ovata* zeigt beide Sukkulenztypen. Wurzelsukkulenz ist eher selten, z. B. bei manchen *Haworthia*-Arten, zu finden und nicht mit der Nährstoffspeicherung von Rüben und Wurzelknollen zu verwechseln. Sukkulenten benötigen im Vergleich zu anderen Pflanzen wenig Wasser bzw. seltenere Wassergaben und verlangen oft ein spezielles → Substrat.

→ Xerophyt

Sukzessivkontrast

Sukzessiv bedeutet folgend oder in Folge und bezieht sich hier auf die physiologisch bewirkte, aufeinander folgende Empfindung von komplementären Kontrastfarben. Dabei wird zunächst ein Farbreiz durch das Auftreffen von Licht in entsprechender Wellenlänge auf dem Bereich der Netzhaut ausgelöst, der der Form der wahrgenommenen Farbfläche als Bild entspricht. Schließt man die Augen oder wendet den Blick ab, nimmt man ein Nachbild als folgende (sukzessive) Farberscheinung wahr. Sie ist ausschließlich eine Reizreaktion des Auges und des Gehirns. Als Beispiel kann ein orangerotes Quadrat dienen. Nach einer ausreichend langen und intensiven Betrachtungszeit bei genügend Licht wendet man den Blick vom Quadrat ab und betrachtet eine weiße oder hellgraue Fläche. Durch die physiologisch erklärbare Reaktion des Auges wird die Wahrnehmung eines cyanblauen Quadrats auf oder vor dieser eigentlich unbunten Fläche ausgelöst. Wichtig ist diese Kenntnis für jede Farbgestaltung, da besonders jede intensive und längere Wahrnehmung von leuchtenden Farben die Wahrnehmung weiterer und angrenzender Farben verändert. Vergleiche dazu den → Simultankontrast.

→ Auge, Anpassungen des Auges → Auge, Funktionsweise des Auges
→ Farbkontrast, objektiver → Farbkontrast, physiologischer
→ Farbkontrast, subjektiver → Komplementärkontrast

Symbol, Symbolik

Ineinander verschlungene Ringe als Brautfahrzeugschmuck symbolisieren Verbundenheit.

Unter Symbolik versteht man die Übertragung eines Sinninhalts auf eine Sache oder ein Lebewesen, z. B. wird die weiße Lilie sinnbildlich mit Reinheit gleichgesetzt. Man verknüpft dabei dinglich wahrnehmbare Eigenschaften mit geistigen bzw. vorstellbaren Inhalten. So steht die Ringform ohne Anfang und Ende für die Unendlichkeit, ineinander gefügte Ringe symbolisieren Verbundenheit, eine Kerze versinnbildlicht Licht und Wärme, da sie brennend beides

ausstrahlt. Persönliches Empfinden, tradierte Überzeugungen, kulturhistorische Überlieferungen, aber auch modische Beeinflussungen bestimmen dabei die Symbolaussage. Wichtig ist, dass eine Mehrheit von Menschen diese Symbolik akzeptiert und versteht. Daraus ergibt sich, dass die Symbolik nicht unveränderlich feststeht, sondern im Laufe der Zeit variieren kann.
In der Floristik sind symbolische Bedeutungen häufig und gestalterisch wichtig. Beispiele liefern vor allem der floristische → Trauer- und der → Hochzeitsschmuck sowie der → Advents- und → Weihnachtsschmuck.

→ Allegorie → Farbsymbolik → Formsymbolik → Materialsymbolik → Tradition → Werkstoffsymbolik

Symmetrie

→ Ordnungsart Symmetrie

Symmetrieachse

Als Symmetrieachse bezeichnet man das mittige Element, an dem sich in Gedanken vorstellbar die spiegelbildliche Gleichheit einer symmetrischen Gestaltung zu beiden Seiten hin ausrichtet (→ Monosymmetrie). Wenn diese Gestaltung flächig ist, z. B. als Zeichnung auf Papier, ist diese Achse gut als lange, schlanke Linie erkennbar bzw. sogar einzuzeichnen. Wegen dieser leichten gedanklichen Vorstellbarkeit spricht man meist auch dann von einer Symmetrieachse, wenn es sich eigentlich um eine → Symmetrieebene handelt, also eine räumliche statt einer flächigen Spiegelgleichheit vorliegt. In diesem vereinfachten Sinn ist der Begriff der Symmetrieachse sowohl umgangssprachlich als auch in der Floristik üblich.

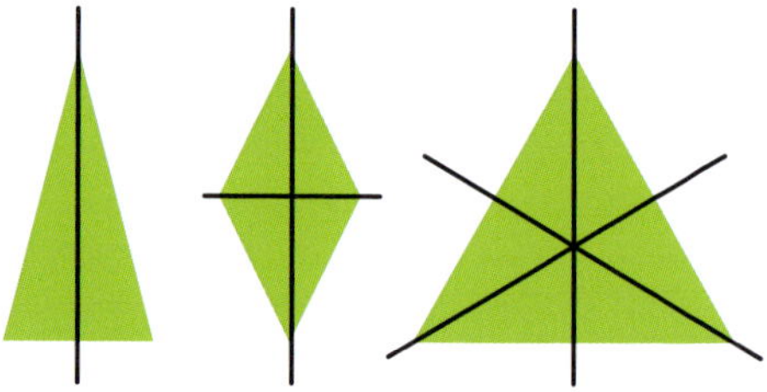
Symmetrieachsen bei flächigen Gestaltungen

Andererseits ist der Begriff Symmetrieachse bei vielen Fällen der → Rotationssymmetrie zu verwenden, in denen die Motivwiederholung tatsächlich als Drehung um eine mittige Achse erfolgt. Da hierbei aber die flächige Darstellung ebenfalls wieder leichter vorstellbar ist als die räumliche, wird diese Achse meist ihrerseits auf einen Mittelpunkt reduziert und man spricht von Punktsymmetrie bzw. vom Mittelpunkt.

→ Motiv → Ordnungsart Symmetrie

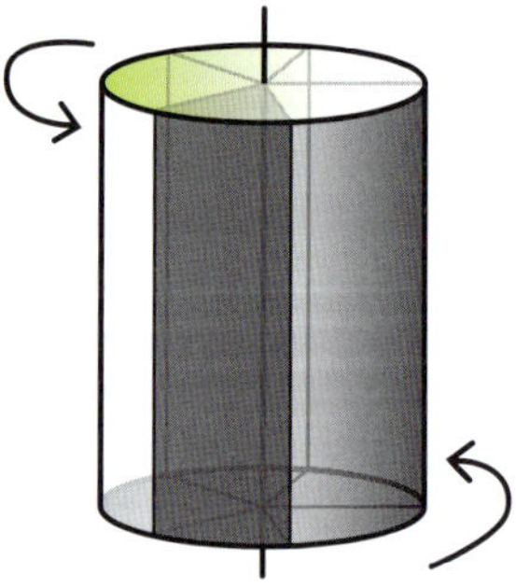
Symmetrieachse bei der Rotationssymmetrie

Symmetriearten, Symmetrieunterarten

→ Ordnungsart Symmetrie

Symmetrieebene

Der Begriff der Symmetrieebene ist sachlich bei räumlichen Symmetrien vielfach zwar richtiger, dennoch wird er meist durch den Begriff der → Symmetrieachse ersetzt, da die flächige Darstellung mit einer mittigen Linie als Achse leichter vorstellbar ist.

Symmetrieebenen in der Monosymmetrie, der Disymmetrie und in den drei Raumdimensionen eines Würfels

→ Disymmetrie → Monosymmetrie → Ordnungsart Symmetrie

T

Tacker

Als Tacker werden Heftgeräte bezeichnet, mit denen man Materialien mit Hilfe von Haften auf einer Unterlage oder einem Untergrund fixieren kann. Teils werden auch Hefter zum Zusammenheften z. B. von ··· Papier und ··· Folie mit Hilfe von Heftklammern als Tacker bezeichnet. Beim Zusammenheften werden die Klammern mit ihren Spitzen durch das zu heftende Material gestochen und ihre Schenkel dann umgebogen. Hier sind in der Floristik vorrangig im Bereich der ··· Verpackung Handheftgeräte im Einsatz.

Beim Aufheften werden die in einen Tacker eingefüllten Haften durch das aufzuhaftende Material mit hoher Geschwindigkeit und Kraft in eine relativ feste Unterlage, z. B. Holz, gedrückt. Mechanische Geräte arbeiten mit einer durch einen Handbügel gespannten Feder oder durch einen Schlag mit dem gesamten Gerät, einem so genannten Schlagtacker. Elektrisch betriebene Geräte schießen die Hafte mit hoher Energie durch das Material in die Unterlage. Teils erfolgt die Kraftübertragung durch Druckluft. Die Schlagkraft von Tackern kann meist z. B. durch eine Schraube verstellt und damit an das Material bzw. den Werkstoff angepasst werden. Einige Tacker haben einen Fühler an der Austrittsstelle der Klammern, der durch das Anpressen des Tackers eingedrückt wird. Erst danach kann solch ein Tacker ausgelöst werden, so dass das versehentliche und gefährliche Verschießen von Klammern vermieden wird. Die Haften bzw. Heftklammern werden zu mehreren zu sogenannten Klammerstäben zusammengeklebt angeboten und können so in das Magazin des jeweiligen Tackers eingelegt werden.

Neben dem Einsatz von Tackern beim Verpacken und dem Anbringen z. B. von Dekorationsstoffen, werden teils auch florale Werkstoffe mit Tackern fixiert. Dabei muss jedoch auf ihre Empfindlichkeit Rücksicht genommen werden. Relativ weiche Werkstoffe eignen sich also nicht für diese Verarbeitung. Vergleiche daher auch ··· Hafte.

Taft, Taftbindung

Taft ist ein Gewebe aus ⇢ Seide oder Kunstseide, das in Leinenbindung (auch Taftbindung genannt) entsteht. Dabei werden die Kettfäden sehr dicht gespannt, so dass sich eine sehr feine Rippung des Stoffs ergibt. Taft aus Kunstseide, weich fallendem, glänzendem Futtertaft ähnlich, ist in der Floristik als Dekorationsstoff zu finden.

⇢ Bindung, textile ⇢ Leinen ⇢ Stoff, textiler

Tape, tapen

⇢ Floraltape

Taufbecken, Taufstein

Ein Taufbecken ist in christlichen Kirchen zu finden und enthält das Taufwasser. Hier erhält jeder Täufling das Sakrament der Taufe, mit dem er in die christliche Gemeinschaft aufgenommen wird. Das Taufbecken ruht oft auf einem Sockel. Becken und Sockel sind meist kunstvoll, bei alten Taufbecken im Stil der jeweiligen Entstehungszeit, aus Stein gestaltet. Daher spricht man auch vom Taufstein. Häufig sind Sockel und Becken aus einem einzigen Steinblock herausgehauen, d. h. sie sind monolithisch (griech.: ⇢ mono = einzeln, allein und lithos = Stein). Im floristischen ⇢ Raumschmuck gehört der Taufstein zu den Einrichtungstellen einer Kirche, die vor allem bei entsprechenden Feierlichkeiten häufiger geschmückt werden. Hierbei muss auf die stilistischen Gegebenheiten Rücksicht genommen werden. Außerdem darf das Taufbecken in keiner Weise beschmutzt oder gar beschädigt werden. Die Handlungen bei einer Taufe dürfen vom floralen Schmuck nicht beeinträchtigt werden.

Das Taufbecken ist als reiner Raumschmuck gestaltet. Für eine Taufe müsste der Kranz unvollständig bleiben, denn eine ungeschmückte Stelle ist für die Taufhandlung erforderlich.

⇢ Baustil ⇢ Kirche ⇢ Stilepoche ⇢ Stilkunde

Technik, englische

Als englische Technik bezeichnet man eine ursprünglich vor allem in England häufig angewandte Herstellungstechnik von Brautsträußen bzw. Brautschmuck, bei der alle Werkstoffstiele weitgehend entfernt und sämtliche Blüten und Blätter angedrahtet werden.

Die gedrahteten Werkstoffe werden entlang einer zentralen Drahtachse meist dicht an dicht in Tropfen- oder Bogenform zum Brautschmuck zusammengefügt,

der in dieser Form bzw. Technik auch englischer Brautstrauß genannt wird. Vorteilhaft ist die Leichtigkeit des so gefertigten Brautschmucks, da in aller Regel die Drähte leichter sind als die natürlichen Stiele. Außerdem sind sehr filigrane Gestaltungen möglich, da die Drähte biegsamer und dünner sind als die Stiele. Dementsprechend bestehen bei dieser Technik, im Gegensatz zu allen anderen Brautschmucktechniken, so gut wie keine gestalterischen Einschränkungen. Schließlich dient das Entfernen aller Stiele und unnötigen Blätter der Verringerung der Verdunstungsfläche der Werkstoffe, so dass sie keine zusätzliche Wasserversorgung, z. B. durch ⇢ Wattieren, benötigen und dennoch ausreichend lange halten. Allerdings ist der Vorbereitungsaufwand wegen der Drahtungen, die teils auch getapt werden, zeitlich meist größer als bei anderen Vorgehensweisen.

⇢ andrahten ⇢ Bogenstrauß ⇢ Brautschmuck, floristischer ⇢ Brautstrauß ⇢ Brautstrauß, englischer ⇢ Brautstraußtechnik ⇢ Draht ⇢ Filigran ⇢ Floraltape ⇢ Tropfenform

Technik, floristische

Jede in der Floristik eingesetzte bzw. angewandte Technik kann als floristische Technik bezeichnet werden. Die wesentlichen, wichtigsten und ursprünglichen floristischen Techniken sind ⇢ Binden, ⇢ Wickeln, ⇢ Stecken und ⇢ Pflanzen sowie die vorbereitenden Techniken ⇢ Anschneiden, ⇢ Stützen und ⇢ Andrahten. ⇢ Kleben und ⇢ Beizen, der Einsatz von ⇢ Laminat und ⇢ Lasur, das ⇢ Flechten und das ⇢ Trocknen von Werkstoffen sind weitere der vielfältigen Möglichkeiten.

Tellerstrauß

Als Tellerstrauß bezeichnet man Sträuße, deren oberer Teil nicht kuppelförmig oder locker sich entfaltend gebildet ist, sondern dicht und tellerförmig flach. Riesige, repräsentative Tellersträuße wurden in der späten Gründerzeit und zum Jahrhundertwechsel um 1900 gefertigt. Sträuße im eigentlichen Sinn waren darunter nicht immer zu verstehen. Eher handelte es sich um Drahtkonstruktionen, die die kurzgestielten Blüten und Blätter in Position hielten. Teils waren diese Werkstoffe nicht natürlich, sondern aus ⇢ Stoff und ⇢ Papier gefertigt oder diese Materialien wurden zusätzlich verarbeitet. Tellersträuße ähnelten gestalterisch in gewisser Weise überdimensionalen Biedermeiersträußen, zumal sie wie diese zuweilen in konzentrischen, kreisförmigen Reihen positionierte Blüten zeigten.

⇢ Biedermeier ⇢ Biedermeierstrauß ⇢ Draht ⇢ Historismus

Tempel

Unter einem Tempel (lat.: templum) versteht man ein Gebäude bzw. ein Heiligtum, in dem sich eine Kultstätte befindet, die der Verehrung einer Gottheit dient. Dem entsprechend ist jeder Tempel ein ⇢ Sakralbau. Der Tempel ist Ausdruck der Religion, in deren Überzeugungen und Glauben er errichtet wurde, und hat vielfältigen Bezug zur verehrten Gottheit. Tempel wurden und werden dabei oft als Wohnstatt der Götter oder des Gottes angesehen.

Der griechische Tempel, in vieler Hinsicht Vorbild und stilprägende Bauform, ist als Haus für das Bild des Gottes gedacht. Die Verehrung fand vor dem Tempel statt. Im Laufe der klassischen ⇢ Antike entwickelten sich die dorische, ionische und korinthische Ordnung beim Tempelbau der Griechen. Diese Tempelformen sind im Zusammenhang mit ⇢ Stilkunde und floristischem ⇢ Raumschmuck von Bedeutung.

Römische Tempel gleichen weitgehend den griechischen Vorbildern. Als das Christentum unter der Herrschaft Kaiser Konstantins des Großen ca. 345 n. Chr. zur anerkannten Religion im römischen Reich wurde, entwickelte sich die ⇢ Basilika zur Bauform der Kirchen im frühen Christentum

Christliche Gotteshäuser werden heute in der Regel nicht als Tempel bezeichnet, sondern als Kirchen. Dies geschieht auch zur Abgrenzung von Gotteshäusern anderer Religionen. In früherer Zeit wurde mit ⇢ Kirche (griech.: ecclesia) eher die Gemeinschaft der Gläubigen an sich bezeichnet, eine Bedeutung, die neben der Bezeichnung für das Gebäude einer Kirche weiterhin gilt. Einige christliche Gemeinschaften nennen wegen dieser Doppelbedeutung ihre Gotteshäuser auch heute noch Tempel.

⇢ Säule

Temperaturkontrast

Der subjektive Temperaturkontrast wird auch als Kalt-Warm-Kontrast bezeichnet und beruht auf der Kombination von temperaturbezogenen Umwelterfahrungen mit der farblichen Wahrnehmung von Dingen, die diese Temperaturen ausstrahlen. Erklärende Beispiele sind wärmende, orangerote Flammen und die Abendsonne, bläulich schimmerndes Eis und kühles, grünlich-blaues Wasser. Entsprechend können objektive Komplementärkontraste, die aus Farbnuancen der Bereiche ⇢ Orangerot und ⇢ Cyanblau bestehen, als Temperaturkontraste empfunden werden. Darüber hinaus kann aber auch ein grünliches, helles Zitronengelb erfrischend und kühl wirken, während ein Sonnengelb warm erscheint. Bestimmte Farbkombinationen können individuell zu unterschiedlichen Empfindungen führen, denn nicht jeder Betrachter empfindet die scheinbare Temperatur von Farben gleich.

⇢ Farbharmonie der Gegensätze ⇢ Farbkontrast, objektiver
⇢ Farbkontrast, subjektiver

Terrakotta

Unter Terrakotta (ital.: gebackene Erde) versteht man eine meist unglasierte ⇢ Keramik. Die Farbe des Scherbens variiert je nach Tonart von Graubraun bis Rotbraun. Er ist nicht voll versintert, also porös und damit wasser- und luftdurchlässig. So erklärt sich die Frostempfindlichkeit von Terrakotta: Zu Eis frierendes Wasser dehnt sich in den Poren aus und der ⇢ Scherben wird zerstört, er zerbröckelt. Neben Gefäßen können auch Skulpturen oder Baukeramiken sowie Dekorationsgegenstände verschiedener Form aus Terrakotta bestehen. Meist bezeichnet man allerdings lediglich gestaltete, z. B. mit ⇢ Relief versehene Keramiken mit dem Begriff, um sie von der schmucklosen ⇢ Irdenware, z. B. einfachen Tontöpfen, zu unterscheiden. Qualitätsunterschiede entstehen durch die Rohtonqualität, die Formgebung (gestanzte Industrieware oder handgeformte Stücke), den Brand (Dauer und Temperatur) und die gestalterische Schönheit. Höchste Qualität hat die bei höheren Temperaturen gebrannte und damit oft vollversinterte, relativ frostbeständige ⇢ Impruneta-Keramik.

⇢ Sinterung ⇢ Skulptur ⇢ Ton

Terrazzo

⇢ Beton

terrestrisch

Ausschnitt aus einer vegetativ gestalteten Schalenbepflanzung, die man als terrestrisch bezeichnen kann.

Terrestrisch (lat.: terra = Erde) bedeutet die Erde betreffend oder von der Erde stammend. Man kann den Begriff auf den Planeten Erde insgesamt, aber auch auf die Unterscheidungsbereiche Erde und Wasser beziehen. Betrachtet man dabei die Pflanzen, sind alle Landpflanzen im Gegensatz zu aquatischen, also im Wasser lebenden Pflanzen als terrestrisch zu bezeichnen. Damit gehören im Grunde auch die Epiphyten zu den terrestrischen Pflanzen. Jedoch wachsen sie nicht direkt im oder auf dem Erdboden. Daher ist eine Abgrenzung zwischen epiphytischen Pflanzen (Aufsitzerpflanzen) einerseits und terrestrischen Pflanzen andererseits üblich. In dieser Definition bezieht man die Unterscheidung auf das ⇢ Subs-

trat Erde, in dem die terrestrischen Pflanzen verwurzelt sind und aus dem sie ihre Nährstoffe ziehen. Diese Bezeichnungsweise ist unter Floristen und Gärtnern verbreitet.
Die weitaus meisten pflanzlichen Werkstoffe des Floristen sind terrestrischen Ursprungs, d. h. sie stammen von Pflanzen, die in Erde wachsen. Pflanzungen als Werkstücke sind demnach ebenfalls meist als terrestrisch zu bezeichnen. Das gilt nicht für sogenannte Epiphythen-Stämme sowie für wasserbetonte Sumpfpflanzungen, die einen Übergang zwischen terrestrischer und aquatischer Lebensweise von Pflanzen nachbilden.

→ epiphytisch → Gestaltungsart, vegetative → Nährelement → Pflanzung

Tertiärfarbe

→ Farbrangstufen

Textilblume

Textilblumen sind Nachbildungen von Blumen mit Hilfe von textilen Geweben, wie Kunstseide. Hinzu kommen bei der Herstellung meist → Draht, → Kunststoff und teils natürliche, trockene Pflanzenteile, z. B. Stiele. Entsprechend geformt, bedruckt und appretiert, stellen textile Blumen und Pflanzen in heute verfügbarer Qualität eine optisch überzeugende Alternative zu lebenden Blumen und Pflanzen dar. Denn wo Pflegeansprüche (z. B. Licht- und Wasserbedarf) nicht ausreichend erfüllbar sind, wo mit Materialkombinationen gestaltet wird, die sich mit Frischblumen nicht realisieren lassen, und wo ein Werkstück deutlich länger halten soll, als mit natürlichen Werkstoffen möglich ist, bietet sich der Einsatz textiler Blumen an. Bei der Verarbeitung nutzt man die Vorteile der Pflegeleichtigkeit, Langlebigkeit und die speziellen gestalterischen Möglichkeiten. Insofern müssen Werkstücke entstehen, bei denen die gestalterischen Eigenheiten der natürlichen Werkstoffe zur Geltung kommen, obwohl sie hier in ihrer künstlichen Nachbildung eingesetzt werden.

überzeugende textile Nachbildung einer Schwertlilie

→ Dauerfloristik → Gewebe → Pflegeanspruch

Textilfaser

Die Natur bietet Fasern verschiedener Herkunft. Moderne Fasern werden aus vielen künstlichen oder chemisch veränderten Grundstoffen hergestellt. Die daraus gesponnenen Fäden bilden durch Verweben und Verflechten Stoffe, Bänder und Kordeln. Durch Verfilzen entstehen Filzstränge, Filzmatten und durch anschließendes Schneiden Filzbänder. Diese in der Floristik häufigen Materialien unterscheiden sich aufgrund der verwendeten Textilfasern bezüglich Wert, Haltbarkeit, ⇢ Verrottbarkeit, Färbbarkeit, ⇢ Textur usw. Die folgende Liste gibt einen Überblick:

Pflanzliche Fasern
- Samenfasern, z. B. *Gossypium herbaceum* (⇢ Baumwolle), *Ceiba pentandra* (Kapok)
- Bastfasern, z. B. *Linum usitatissimum* (Flachs), *Corchorus capsularis* (⇢ Jute), *Cannabis sativa* (Hanf)
- Hartfasern, z. B. *Agave sisalana* (⇢ Sisal), *Musa textilis* (Manilafaser)
- Fruchtfasern, z. B. *Cocos nucifera* (⇢ Kokosfaser)

Tierische Fasern
- Wolle (Haare von Schaf, Alpaka, Kamel, Angora-Kaninchen, Kaschmir-Ziege, Mohair-Ziege etc.)
- Seide (Kokongespinst des Seidenspinners)

Mineralische, anorganisch-chemische Fasern
- Mineralwolle (Glasfasern in Stoffen, zur Kunststoffverstärkung, für Kabel, Feuerschutz und Dämmstoffe, Asbestfasern)
- Kohlenstofffasern (Kunststoffverstärkung und technische Textilien)
- Metallfasern (feinster ⇢ Draht, ⇢ Lahnband und Drahtkanten in Bändern)

Chemische Fasern
- Fasern aus chemisch veränderten Naturstoffen (Kunstseiden-Viskose aus ⇢ Zellulose, verrottbar)
- synthetische Fasern (z. B. Polyester, Polyamid, Polyacryl aus Erdöl durch Polymerisation, Polykondensation oder Polyaddition etc.)

⇢ Bast ⇢ Filz ⇢ flechten ⇢ Gewebe ⇢ Kordel ⇢ Kunststoff ⇢ Schmuckband ⇢ Schmuckkordel ⇢ Seide ⇢ Stoff, textiler ⇢ weben

Textur

Der Begriff Textur bezeichnet Formausprägungen der Oberflächen von Werkstoffen und Materialien und gehört zur ⇢ Formenlehre. Er ersetzt in der modernen Floristik den Begriff der ⇢ Oberflächenstruktur, der jedoch weiterhin als Alternativbegriff Verwendung findet. Teils wird auch der Begriff der ⇢ Stofflichkeit verwendet, der aufgrund der unten stehenden, beschreibenden Textur-Begriffe durchaus sinnvoll erscheint, jedoch eigentlich über den Texturbegriff hinausgeht. Texturen gehören zu den Formausprägungen der Gestaltungsmittel und somit gestaltungstheoretisch zur Formenlehre. Unterscheidbare Texturen sind zunächst durch grobe Einteilungen von Oberflächenbeschaffenheiten mit den Gegensatzpaaren definierbar, z. B.:

- rau – glatt
- hart – weich
- grob-fein

Die genaueren floristischen Begriffe für verschiedene Texturen beschreiben mit Hilfe alltäglicher und leicht vorstellbarer Materialien bzw. Stoffe die optische Erscheinung pflanzlicher und nicht-pflanzlicher Oberflächen. Unterschieden werden meist folgende Texturformen:

- metallisch
- porzellanartig
- gläsern
- wächsern
- seidig
- samtig
- wollig
- brokatartig
- ledrig
- hölzern
- lackartig
- papierartig

Hierbei ist der Begriff „brokatartig" insofern speziell, als Brokat mit samtigen und seidigen Bereichen sowie Metallfäden bereits mehrere andere Texturen beinhaltet. Weitere Begriffe wie z. B. sandig, pelzig, drahtig, faserig, flusig usw. sind denkbar. Diese werden gegenüber den üblichen Begriffen jedoch nur dann verwendet, wenn damit sinnvoll eine genauere Vorstellung von der Oberflächenstruktur vermittelt werden kann. Andererseits kann unter den üblichen Begriffen zusätzlich eine genauere Aufteilung sinnvoll sein, z. B. metallisch-glänzend und metallisch-rau bis metallisch-rostig. Eine exakte Zuordnung ist zuweilen auch von der Farbigkeit des Werkstoffs abhängig. So wirkt eine rote Anthurien-Spatha eher lackartig, eine weiße dagegen porzellanartig.

Hinweis: Der Begriff rustikal ist als Texturbezeichnung ungenau. Vergleiche dazu die Erläuterung unter ⇢ Textur, rustikale.

⇢ Form, flächige ⇢ Textur, mit den wesentlichen, oben genannten Adjektiven
⇢ Texturkontrast ⇢ Werkstoffeigenschaft

Textur, brokatartige

Beschreibende Bezeichnung für eine an ⇢ Brokat erinnernde ⇢ Textur oder Oberflächenbeschaffenheit von Werkstoffen oder Materialien. Brokatartig erscheinen z. B. die mehrfarbigen Blätter von *Begonia*-Sorten der Rex-Cultorum-Gruppe. Für eine brokatartige Textur-Erscheinung ist Mehrfarbigkeit erforderlich und es sind samtig, seidig und metallisch erscheinende Bereiche oder Flächen enthalten. Vergleiche auch den Begriff der ⇢ Stofflichkeit.

Textur, gläserne

Beschreibende Bezeichnung für eine an durchscheinendes → Glas erinnernde → Textur oder Oberflächenbeschaffenheit von Werkstoffen oder Materialien. Gläsern erscheinen z. B. die grünlichen Beeren von *Vitis vinifera.* Für eine gläserne Textur-Erscheinung sind helle Farben, vor allem Grünnuancen, und ein Durchschimmern günstig. Vergleiche auch den Begriff der → Stofflichkeit.

Textur, hölzerne

Beschreibende Bezeichnung für eine an → Holz erinnernde → Textur oder Oberflächenbeschaffenheit von Werkstoffen oder Materialien. Hölzern erscheinen z. B. die trockenen Fruchtkolben von *Papaver orientale.* Für eine hölzerne Textur-Erscheinung sind bräunliche Farbnuancen günstig. Oft wird der Begriff hölzern mit rustikal gleichgesetzt oder kombiniert. Siehe hierzu auch den Hinweis unter → Textur, rustikale. Vergleiche auch den Begriff der → Stofflichkeit.

Textur, lackartige

Beschreibende Bezeichnung für eine an Lack erinnernde → Textur oder Oberflächenbeschaffenheit von Werkstoffen oder Materialien. Wie mit rotem Lack überzogen erscheint z. B. die Spatha von roten *Anthurium* Cultivar. Für lackartige Textur-Erscheinungen sind glänzend-glatte Oberflächen erforderlich und eher kräftige Farben günstig. Oft werden solche Werkstoffe als metallisch bezeichnet, jedoch bedingen manche Farben, dass man eher an lackiertes Metallblech denkt als an Metall. Vergleiche auch den Begriff der → Stofflichkeit.

Textur, ledrige

Beschreibende Bezeichnung für eine an Leder erinnernde → Textur oder Oberflächenbeschaffenheit von Werkstoffen oder Materialien. Ledrig erscheinen z. B. die festen Blätter von *Hedera canariensis.* Für eine ledrige Textur-Erscheinung ist eine relative Festigkeit erforderlich. Unter Umständen muss zwischen Texturen, die Glattleder einerseits und Wildleder andererseits ähneln, unterschieden werden. Vergleiche auch den Begriff der → Stofflichkeit.

Textur, metallische

Beschreibende Bezeichnung für eine an ⇢ Metall erinnernde ⇢ Textur oder Oberflächenbeschaffenheit von Werkstoffen oder Materialien. Metallisch erscheinen z. B. die Blätter von *Alocasia sanderiana,* wobei die Blattadern grau-metallischem ⇢ Aluminium ähneln, die übrige Blattfläche eher an glänzende Metalle erinnert.

Auch eine rote Anthurien-Spatha wird oft als metallisch bezeichnet, obwohl sie genauer als lackartig zu beschreiben ist. Viele Blätter, denen eine metallische Textur zugeschrieben wird, sind eher als glatt-ledrig zu bezeichnen, zumal ihnen die metallische Härte fehlt. Vergleiche auch den Begriff der ⇢ Stofflichkeit.

Textur, papierartige

Beschreibende Bezeichnung für eine an dünnes ⇢ Papier erinnernde ⇢ Textur oder Oberflächenbeschaffenheit von Werkstoffen oder Materialien. Papierartig oder papieren erscheinen z. B. die trockenen Kelchblätter von *Physalis alkekengi*-Früchten, die die innen befindliche, lackartige Beere umhüllen. Für eine papierartige Textur-Erscheinung sind eine sehr geringe Dicke des Werkstoffs bzw. Materials und ein weitgehend trockener Zustand erforderlich. Vergleiche auch den Begriff der ⇢ Stofflichkeit.

Textur, porzellanartige

Beschreibende Bezeichnung für eine an zartes ⇢ Porzellan erinnernde ⇢ Textur oder Oberflächenbeschaffenheit von Werkstoffen oder Materialien. Porzellanartig erscheinen z. B. die weißen Blüten von *Lilium longiflorum.* Für eine porzellanartige Textur-Erscheinung sind helle Farben, vor allem Weiß, günstig. Vergleiche auch den Begriff der ⇢ Stofflichkeit.

Textur, rustikale

Der Begriff rustikal ist als Texturbezeichnung ungenau und ungeeignet, da er vom lateinischen Ursprung her bäuerlich bedeutet und damit eine Anmutung und einen stilistischen Ausdruck beschreibt, nicht aber die hier eigentlich gemeinte raue oder derbe Formausprägung einer Oberfläche. Allenfalls in begrifflicher Verbindung wie in rustikal-hölzern und damit als Wirkungsbeschreibung einer Textur ist er sinnvoll.

⇢ Textur

Textur, samtige

Beschreibende Bezeichnung für eine an dichten, dickeren ⇢ Samt erinnernde ⇢ Textur oder Oberflächenbeschaffenheit von Werkstoffen oder Materialien. Samtig erscheinen z. B. die Blüten und Blätter von *Saintpaulia ionantha.* Für eine samtige Textur-Erscheinung sind dunkle Farben günstig. Vergleiche auch den Begriff der ⇢ Stofflichkeit.

Textur, seidige

Beschreibende Bezeichnung für eine an ⇢ Seide erinnernde ⇢ Textur oder Oberflächenbeschaffenheit von Werkstoffen oder Materialien. Seidig erscheinen z. B. die Blüten von *Papaver nudicaule.* Für eine seidige Textur-Erscheinung sind helle oder reine Farben und Pastelltöne günstig. Vergleiche auch den Begriff der ⇢ Stofflichkeit.

⇢ Pastellfarbe

Textur, wächserne

Beschreibende Bezeichnung für eine an ⇢ Wachs erinnernde ⇢ Textur oder Oberflächenbeschaffenheit von Werkstoffen oder Materialien. Wächsern erscheinen z. B. die Blüten von *Hyacinthus orientalis.* Eine wächserne Textur-Erscheinung kann sich sowohl auf knetbar weiches als auch auf eher sprödes Wachs beziehen. Vergleiche auch den Begriff der ⇢ Stofflichkeit.

Textur, wollige

Beschreibende Bezeichnung für eine an Wolle erinnernde ⇢ Textur oder Oberflächenbeschaffenheit von Werkstoffen oder Materialien. Wollig erscheinen z. B. die Fruchtstände von *Clematis vitalba.* Für eine wollige Textur-Erscheinung ist eine gewisse Weichheit erforderlich. Im Übrigen kann weiter zwischen wollig-faseriger Textur und wollig-dichten Flächen, wie sie beim Weben, Stricken oder Häkeln entstehen, unterschieden werden. Vergleiche auch den Begriff der ⇢ Stofflichkeit.

Texturkontrast

Der Texturkontrast wird häufig unter dem Begriff Strukturkontrast als ein Farbkontrast bezeichnet, da sich die Reflexionseigenschaften einer rauen von der einer glatten Oberfläche unterscheiden und somit die farbliche Erscheinung eines Körpers beeinflussen. Einerseits ist der entstehende Farbunterschied aber vergleichsweise gering und muss ohnehin richtiger als Farbdifferenz benannt werden. Andererseits liegt die Kontrastursache eben in der → Oberflächenstruktur oder → Textur, also einer Formausprägung, und nicht in der Farbigkeit des Körpers. Daher ist der Texturkontrast als → Formkontrast zu bezeichnen. Deutliche Kontraste in den Texturen zeigen die Begriffsgegensätze rau und glatt sowie weich und hart an. Die genaueren in der Floristik üblichen Bezeichnungen für Texturen sind in ihrer Gegensätzlichkeit nicht immer so offensichtlich, sogar Ähnlichkeiten können vorwiegen. Beispiele für gut erkennbare Texturkontraste geben die Begriffspaare metallisch – wollig und gläsern – hölzern sowie seidig – drahtig. Die Beispiele zeigen, dass mit der optischen Texturerkennung eine scheinbare → Stofflichkeit wahrgenommen wird, so dass auch vom Stofflichkeitskontrast gesprochen werden kann.

Thyrsos, Thyrsosstab

Der Thyrsos oder Thyrsosstab ist ein mit Bändern, Ranken und Blattwerk geschmückter und von einem → Pinienzapfen bekrönter Stab, der bei Festlichkeiten im antiken Griechenland als Fruchtbarkeitssymbol getragen wurde.

→ Antike → Schmuckband

Tischform

Die Form des Tischs und seine Größe sind bei jeder Art von → Tischschmuck wichtige vorgegebene und unabdingbar zu beachtende Faktoren. Sowohl die technischen als auch die gestalterischen Entscheidungen werden davon betroffen. Der Platz für jedes einzelne → Gedeck, der verbleibende Platz für den Tischschmuck und mögliche Gefäßgrößen für Tischgestecke sind davon technisch und gestalterisch ebenso abhängig, wie die Form des fertigen Tischschmucks. Runde Tische erfordern andere gestalterische Lösungen als längliche oder U-förmig aufgestellte Tafeln. Die Tischform bedingt auch, wo und wie viele Gäste am Tisch Platz finden, so dass ebenfalls die Menge der Gedecke davon abhängig ist. Dies wirkt sich wiederum auf die Floristik aus. Wichtige Tischformen sind:

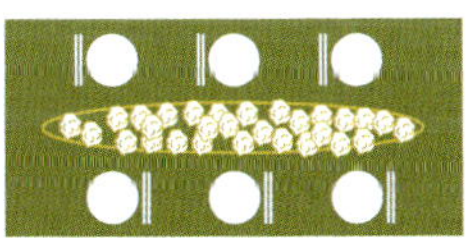

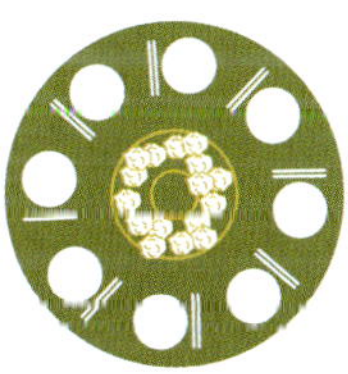

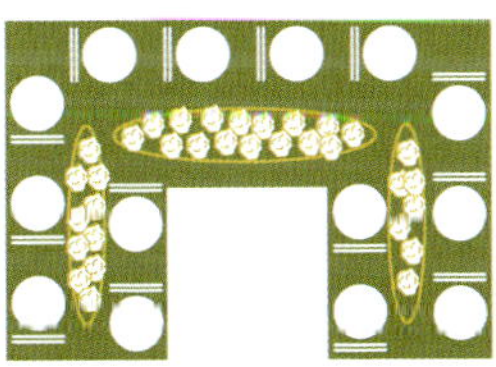

Tischkranz

Unter einem Tischkranz ist ein floristischer ···> Tischschmuck in ···> Kranzform zu verstehen. In der Profilform muss er sich der Tischfläche gut anschmiegen. Gestalterisch, insbesondere farblich, ist auf den Tisch bzw. die Tischwäsche und das Geschirr Rücksicht zu nehmen. Auf runde Tische passen Tischkränze als floraler Schmuck besonders gut.

···> Kranzprofil

Tischschmuck, floristischer

Als floristischen Tischschmuck bezeichnet man den Schmuck von Tischen und Tafeln mit Blumen, Blättern, Zweigen sowie Kerzen, Bändern usw. Er soll einen Tisch gestaltend aufwerten und zur festlichen Tafel für alle Gäste machen. Z. B. kann er einen Konferenztisch aus der nüchternen Geschäftsatmosphäre angenehm herausheben oder er dient auf einem ···> Büfett als repräsentativer Tafelaufsatz. Dabei sind einige Anforderungen zu beachten.
In technischer Hinsicht darf Tischschmuck weder Tisch noch Tischwäsche verschmutzen oder beschädigen. Die Pflege, z. B. durch Nachwässern, muss dennoch problemlos möglich sein. Der Blumenschmuck darf nicht stören, d. h. er darf die Sicht und das Gespräch der Gäste nicht behindern, das Auftragen und Servieren der Speisen nicht beeinträchtigen, nicht störend duften sowie nicht zuviel Platz auf dem Tisch einnehmen. Hier müssen vor allem die Bestandteile eines vollständigen Gedecks für jeden Gast ausreichend Platz finden. Die Höhe der Werkstücke ist aus den angeführten Gründen unterhalb von 25 cm zu halten oder die Werkstoffe dürfen sich, z. B. gesteckt in Gefäße mit schlanken, hohen Stielen, erst oberhalb von ca. 60 cm über der Tischfläche entfalten.
Gestalterisch haben die genannten Anforderungen selbstverständlich ebenfalls Bedeutung, da sie wesentlich die Form jedes Tischschmucks beeinflussen. Außerdem müssen die Gegebenheiten von Tischwäsche, Geschirr, Stil des umgebenden Raums und der Möbel, der spezielle Anlass und eventuell die Lichtverhältnisse in Betracht gezogen werden. Bei einigen der genannten Gestaltungsaspekte wird deutlich, dass floristischer Tischschmuck auch immer eine Funktion als ···> Raumschmuck beinhaltet.

···> Gedeck

Ton

Ton ist ein natürlich vorkommender, mineralischer, formbarer Stoff bzw. eine Bodenart mit besonders feiner Körnung. Er dient zur Herstellung von Keramik, wobei er zunächst vorbereitet, d. h. homogenisiert und gereinigt wird. Es folgt eventuell eine Beimischung weiterer Bestandteile. Dann wird die Tonmasse zum keramischen Gegenstand geformt. Nach einer ausreichenden Trocknungszeit wird die Keramik schließlich gebrannt. Unter Umständen wird sie zusätzlich mit einer ⇢ Glasur versehen. Je nach Verarbeitung, jedoch auch je nach Art des verwendeten Tons, entstehen verschiedene Keramikarten. Beim Brennen versintern die Tonpartikel und es entsteht ein fester, nicht mehr plastisch verformbarer ⇢ Scherben. Vergleiche zusätzlich auch ⇢ Farbton.

⇢ Blähton ⇢ Kaolin ⇢ Keramik ⇢ Plastik ⇢ Sinterung

Ton-in-Ton

Der Begriff Ton-in-Ton bezieht sich im Allgemeinen auf Farbkombinationen, die aus Farben bestehen, die einander ähnlich sind. Insofern versteht man darunter vor allem jede ⇢ Farbharmonie der Ähnlichkeiten. Insbesondere werden die ⇢ Harmonie benachbarter Farben und die ⇢ Harmonie verwandter Farben vereinfachend so bezeichnet. Für Laien, also die meisten Kunden, ist die Bezeichnung griffig und gut verständlich. Als Fachbegriff sollte sie vermieden werden, da der Begriff Farbton, hier nur Ton genannt, jede ⇢ Farbnuance bedeuten kann. Damit wäre aber jede beliebige Farbkombination als Ton-in-Ton-Gestaltung zu bezeichnen. Im Übrigen kann eine Farbnuance, ein Ton, nicht in einem anderen Ton enthalten sein, lediglich können beide einige gemeinsame Anteile besitzen. Der Begriff ist demnach fachlich als ungenau einzustufen bzw. muss als Begriff ohne konkrete Aussage gelten.

sogenannte Ton-in-Ton-Farbigkeit bei einem Tischkranz

Tonkinstab

Als Tonkinstab (auch Tongkingstab geschrieben) bezeichnet man die relativ schlanken Bambusstäbe aus den Sprossen einer im vietnamesischen Norden beheimateten Bambusart. Diese Region oder Provinz wurde von den Franzosen der Kolonialzeit Tonkin oder Tongking genannt, nach dem alten Namen für die heutige vietnamesische Hauptstadt Hanoi. Tonkinstäbe werden als Pflanzenstützstäbe, als technische ⇢ Hilfsmittel und zuweilen auch als gestaltender ⇢ Werkstoff eingesetzt.

Tonnengewölbe

⇢ Gewölbe

Topfpflanze

Jede Pflanze, die in einen Topf eingesetzt vermarktet und eventuell weiterhin darin gepflegt wird, kann als Topfpflanze bezeichnet werden. Genauer lassen sich Topfpflanzen in Freilandpflanzen und Zimmerpflanzen unterscheiden. Bei den Freilandpflanzen findet man außerdem sogeannte Kontainerware, die in viereckigen Kulturtöpfen angeboten wird und zum Auspflanzen nach dem Kauf bestimmt ist.

→ Freilandpflanze → Zimmerpflanze

Tradition

Die Sitten und das Brauchtum eines Kulturkreises, eines Volkes oder einer bestimmten gesellschaftlichen Gruppe werden als deren Tradition aufgefasst. Dabei kann sich der Begriff einerseits auf materielle Dinge beziehen, z. B. das → Design eines Gefäßes, die fertige Ausgestaltung eines Werkstücks. Andererseits ist auch Immaterielles so zu bezeichnen, z. B. die Art und Weise, ein Fest zu feiern, eine technische Vorgehensweise oder ganz generell eine Lebenseinstellung. Kurz gesagt bezeichnet man mit Tradition also Überliefertes, Ererbtes, schon lange Zeit Gebräuchliches. Kunden, die in einem traditionell geprägten Umfeld leben und sich mit entsprechend gestalteten, evtl. alten, ererbten Dingen umgeben, kann man einer → Lebenswelt zuordnen, die mit dem Begriff Tradition zu beschreiben ist. Floristik für diesen Kundenkreis muss sich darauf einstellen und teils Altes und Wiederverwendbares einbeziehen sowie traditionelle Gestaltungsformen aufgreifen.

→ Tradition, Lebenswelt Tradition

Tradition, Lebenswelt Tradition

Im von der Firma BLOOM's entwickelten Marketing-Konzept der → Lebenswelten wird mit Tradition die Lebenswelt für liebevolle Bewahrer beschrieben:

Ordnung ist für Kunden, die man dieser Lebenswelt zuordnen kann, wichtig, denn alles hat seinen Platz und das Leben geht seinen gewohnten und geregelten Gang. Das große Schützenfest einmal im Jahr oder die Hochzeit der Tochter stellen die Höhepunkte im Jahr und im Leben dieser Menschen dar. Sie sind strebsam, verlässlich und fleißig im Beruf. In ihrem Umfeld und Bekanntenkreis sind sie beliebt, angesehen und fest integriert. Eine schöne Wohnung oder ein nettes Reihenhaus, das liebevoll gepflegt wird, ist Lebenszentrum. In der Einrichtung finden Erbstücke ebenso ihren Platz wie ein neuer, gemütlicher Fernsehsessel, auf den lange gespart wurde. Die Wohnung wird gerne in traditioneller, altbekannter Weise geschmückt. Auf der Kommode stehen die Karten mit Urlaubsgrüßen der Nachbarn neben den gerahmten Portraits der ganzen Familie. Auf den Fensterbänken stehen hinter der Gardine im

Wohnzimmer, im kühlen Schlafzimmer, im Flur und in der Küche liebevoll gepflegte Pflanzen, allesamt z. B. im Übertopf aus Salzglasur-Steingut oder im polierten Messingtopf. In einer Ecke auf dem Biedermeier-Schränkchen finden sich vielleicht ein paar Seidenblumen. Die große Bodenvase wird stets mit frischen Blumen gefüllt, möglichst aus dem eigenen, kleinen Garten. Ein Seidenblumen-Kränzchen auf dem Tisch oder an der Wand rundet den Blütenschmuck in der guten Stube ab. Mit der gleichen Sorgfalt wie drinnen, wird auch die Blütenpracht im Freien rund ums Haus, auf Balkon und Terrasse bedacht.
Wenn es um kaufanregende Präsentationen für diese Zielgruppe geht, muss die gute alte Zeit mitschwingen. Traditionelle Feste ergeben Themen für entsprechende Warenpräsentationen. Bekannte, heimische Materialien, vom Erntekorb bis zu Klinkersteinen in rustikaler Optik, gehören dazu. Floristik für diesen Kundenkreis muss sich darauf einstellen und teils Altes und Wiederverwendbares einbeziehen sowie traditionelle Gestaltungsformen aufgreifen.

→ Brauchtumsbinderei → Korb → Marketing → Messing → rustikal → Steingut → Tradition

Translationssymmetrie

Translationssymmetrie ist eine Unterart der → Ordnungsart Symmetrie. Translation bedeutet hier Versetzung oder Verschiebung und meint die Wiederholung gleichförmiger Motive durch versetztes, aufgereihtes Positionieren. Insofern kann man auch von Reihensymmetrie sprechen, die sich bei stetigen Reihen am deutlichsten zeigt, aber auch bei rhythmischen Reihen vorliegt. Die Motive bzw. Elemente der Reihe oder der Translationssymmetrie können in sich asymmetrisch geformt sein, entscheidend bleibt die gleichförmige Wiederholung.

stetige, gerichtete Reihe

rhythmische, gerichtete Reihe

In der Floristik können Tischschmuckformen und Girlanden reihensymmetrisch entwickelt und gestaltet werden. Auch kreisförmige Reihungen, die letztlich zu Kranzformen führen, sind translationssymmetrisch möglich.

→ Girlande → Kranz → Motiv → Positionierungsart, reihende → Reihe → Reihe, rhythmische → Reihe, stetige → Tischschmuck, floristischer

transluzent

satiniertes Glas ist transluzent

Satiniertes ⇢ Glas, mancher ⇢ Kunststoff und auch Pflanzenteile, etwa die Fruchtblätter von *Lunaria biennis*, werden als transluzent bezeichnet. Das bedeutet, dass zwar Licht hindurchschimmert, jedoch so gestreut wird, dass man einen Gegenstand durch das transluzente Material hindurch nicht deutlich erkennen und sehen kann. Je nach Dichte des Materials ist die Transluzenz unterschiedlich stark. So ist bei ⇢ Papier und dünnem ⇢ Porzellan das Durchdringen von Licht an sich gerade noch erkennbar. Bei satiniertem Glas sind dagegen beim Hindurchsehen Gegenstände zwar nicht völlig klar, aber in Umrissen erkennbar. Der Übergang von ⇢ opak über transluzent bis ⇢ transparent ist demnach fließend. Erst bei vollständig frei hindurch gehendem Blick spricht man von Transparenz. Einer hohen Transluzenz entspricht eine geringe Opazität und umgekehrt.

transparent

Transparentes Glas lässt den Blick auf alle Einzelheiten, hier die Stiele eines Straußes, frei.

Transparent bedeutet blickdurchlässig und somit in vollem Maße durchsichtig. Licht dringt vollständig und nur unwesentlich abgelenkt hindurch, so dass ein Gegenstand durch ein transparentes Medium betrachtet vollständig erkennbar und allenfalls in der Form verzerrt ist. Klares, teils auch farbiges ⇢ Glas und ⇢ Klarsichtfolie werden als transparent bezeichnet. In ähnlicher Weise gilt eine Gestaltung als transparent, wenn durch das Werkstück bzw. zwischen den Werkstoffen hindurch gesehen der Bereich dahinter noch gut wahrnehmbar ist. Vergleiche auch ⇢ transluzent und ⇢ opak.

Trauergesteck, Trauerstrauß

gedenkfloristisches Trauergesteck in Form eines Trauerstraußes

Gestecke und Sträuße, die als Trauerspende oder zum Gedenken an Verstorbene gefertigt werden, bezeichnet man als Trauergestecke bzw. Trauersträuße. Technisch verlangen diese Werkstücke in aller Regel eine gute Haltbarkeit und meist eine Werkstoffauswahl, die das Verbleiben auf einem Grab, also im Freien, ermöglicht. Daher sind auch die Begriffe Grabgesteck und Grabstrauß üblich. Ein

Trauerstrauß, den man ins Haus des Verstorbenen bzw. zu den Hinterbliebenen bringt, wird allerdings oft auch drinnen aufgestellt und als → Kondolenzstrauß bezeichnet. Im Übrigen erfordern Trauergestecke und -sträuße eine gestalterisch und bezüglich der symbolischen Bedeutung zum Anlass passende Werkstoff- und Farbenauswahl. In ihrer Form müssen sie zum Niederlegen auf einem Grab geeignet sein, also eine flache Unter- bzw. Rückseite aufweisen. Speziell Trauersträuße zeigen oft nur die Form eines Straußes, werden technisch jedoch häufig als Gesteck gefertigt. Siehe auch → Bukett.

→ Trauerschmuck, floristischer

Trauerkranz

Die → Werkform Kranz ist als Trauerkranz eine der wichtigen Gestaltungen im Arbeitsgebiet des floristischen Trauerschmucks. Er ist Ausdrucksform sowohl der eigenen Trauer als auch des Mitleids mit den Hinterbliebenen. Ebenso dient er als Zeichen der Achtung vor dem Verstorbenen.
Jeder Trauerkranz beinhaltet vielfältige symbolhafte Bedeutungen. Die Ringform versinnbildlicht den Lebenskreislauf im Allgemeinen und für alle Gläubigen die Hoffnung auf das ewige Leben nach dem Tod. Der grüne, dauerhafte → Werkstoff, aus dem der → Kranzkörper meistgefertigt wird, ist ebenfalls ein Lebens- und Hoffnungssymbol. Die Blumen des Kranzschmucks sollen trösten und je nach konkreter Auswahl weitere sinnbildliche Bedeutungen vermitteln. Rote Rosen stehen z. B für die Liebe des Ehepartners oder der Kinder, die über den Tod hinausreicht. Schließlich zeigen am Kranz angebrachte Trauerbänder Verbundenheit mit dem Verstorbenen an.
Diese Bedeutungen verlangen sowohl eine technisch perfekte Ausführung als auch eine durchdachte Gestaltung mit entsprechenden Proportionen und sorgsam gestaltetem → Kranzschmuck.

→ Immergrün → Kranzform → Kranzprofil → Kranzproportion
→ Kranzschleife → Kranzunterlage → Kranzware → Kranzwickelband
→ Symbol → Trauerschmuck, floristischer

Trauerschmuck, floristischer

Zum floristischen Trauerschmuck zählt man alle Werkformen bzw. Werkstücke, die im Zusammenhang mit Beisetzungen, als → Grabschmuck bzw. zum Gedenken an Verstorbene angefertigt werden. Alle diese Werkstücke müssen, zumal es sich bei Trauerfällen immer um einen emotional sehr sensiblen Bereich menschlichen Lebens handelt, sowohl technisch als auch gestalterisch besonders sorgsam gefertigt werden. Hierzu gehört für Floristinnen und Floristen, neben den allgemeinen Fachkenntnissen, das Wissen um vielfältige symbolische bzw. traditionelle Bedeutungen von Werkstoffen, Materialien, Farben und Formen.

Die trauerfloristischen Werkformen umfassen hauptsächlich → Sargschmuck, → Urnenschmuck, → Trauerkranz, → Trauergesteck und Trauerstrauß. Auch

→ Grabschmuck und → Gedenkfloristik gehören dazu. Unter Umständen wird floristischer → Raumschmuck ebenfalls als Trauerschmuck gefertigt, z. B. bei der Ausstattung einer Trauerhalle oder -kapelle.

→ Farbsymbolik → Formsymbolik → Materialsymbolik → Symbol → Tradition → Werkform → Werkstoffsymbolik → Werkstück

Trauerstrauß

→ Trauergesteck

Treiberei

Als Treiberei bezeichnet man das mit gärtnerischen Mitteln bewirkte Antreiben des Wachstums- bzw. Reifungsprozesses von Pflanzen bzw. von Schnittware, damit ein gegenüber der normalen Entwicklung in freier Natur verfrühtes Austreiben oder Blühen erfolgt. Somit ist die entsprechende Ware früher zu vermarkten und Kunden können sich schon im Winter über Frühlingsblüher freuen. Geeignete Treibgehölze sind z. B. Weide, Flieder, Birke, Forsythie und Kirsche. Kirschzweige werden gemäß alter Tradition nach der ersten Kälteperiode am Barbaratag (4. Dezember) geschnitten und ins Warme geholt. Man nennt sie daher Barbarazweige und sie blühen zu Weihnachten, was als eine Art Wunder und als → Symbol für die Ankunft Christi auf Erden verstanden wurde. Stauden, vor allem Zwiebelpflanzen, eignen sich ebenfalls zum Treiben. Beispiele sind Tulpen, Narzissen, Hyazinthen und Christrosen.

Die Kätzchenweide ist ein typisches Treibgehölz.

Primeln eignen sich als Treibstauden.

Allgemein und kurz formuliert ist die Treiberei eine Blühinduktion (Auslösung der Blütenbildung) durch Temperaturwechsel. Grundlage dieser gärtnerischen Technik ist die natürliche Vernalisation, das Auslösen des Wachstums der Pflanzen durch Wärme nach einer ausreichend langen Kälteperiode im Winter. Entscheidend ist für die Pflanzen also die Kälte- bzw. Ruhephase, die abgeschlossen sein muss, bevor diese der antreibenden Wärme ausgesetzt werden.

Trend

Als Trend bezeichnet man eine im Zeitverlauf sich entwickelnde, deutlich wahrnehmbare Veränderung der Art und Weise, wie sich Menschen verhalten. In der Mode ist dies gut zu beobachten. Viele Entwickler und Anbieter von Konsumgütern versuchen durch ⇢ Trendforschung, teils durch den Einsatz von so genannten Trendscouts, die kommenden Konsumtrends frühzeitig zu erkennen und mit dem entsprechenden Warenangebot darauf zu reagieren und davon zu profitieren. In der Floristik sind Mode- und demzufolge ebenfalls Konsumtrends für die Anpassung bzw. Entwicklung eines aktuellen Angebots wichtig.

⇢ Megatrend ⇢ Trendscout ⇢ Trendsetter

Trendforschung

Die Trendforschung geht der Frage nach, wie sich die Kundenvorlieben für bestimmte Produkte und deren Design in Zukunft tendenziell entwickeln werden. Um einen ⇢ Trend zu erkennen, beobachten Trendforscher, teils mit Hilfe von Trendscouts, den Markt. So wird einerseits das Konsumverhalten von Verbrauchern analysiert und andererseits werden Angebotspolitik sowie Produktentwicklung der großen Firmen beobachtet. Wichtig sind auch die jeweiligen Vorlieben von Personen mit starker Präsenz in der Öffentlichkeit. Häufig bestimmen diese Stars und Idole als ⇢ Trendsetter das Verhalten großer Kauferschichten. Daher werden solche Personen von den Anbietern, die ein Trendsetting betreiben wollen, in deren Werbung entsprechend eingesetzt bzw. ihre Öffentlichkeitswirksamkeit wird vermarktet.
Aus der Analyse all dieser Fakten und Möglichkeiten entwickelt die Trendforschung mehrere, z. T. parallele Trendvorhersagen z. B. für verschiedene Konsumentengruppen bzw. ⇢ Lebenswelten. Neben den kurzfristigen Trends beschreibt die Trendforschung in der Regel auch einen langfristigen, übergeordneten ⇢ Megatrend, der meist allgemein gilt, also die Grenzen von bestimmten Konsumentengruppen überschreitet.

⇢ Kundengruppen ⇢ Trendscout

Trendscout

Ein Trendscout beobachtet in einem Berufsfeld, einer Branche, einem Industriezweig bzw. in einem Markt oder Marktsegment als Kenner der Szene die aktuellen Tendenzen hinsichtlich gesellschaftlicher oder konsumorientierter Veränderungen. Daraus gewinnt er Erkenntnisse, aus denen sich Vorhersagen für die künftigen Entwicklungen im beobachteten Markt ableiten lassen. Es geht darum, heute zu wissen, was morgen von Kunden gefragt ist. So können einer Branche frühzeitig ausformulierte Trends als Planungsgrundlage zur Entwicklung der zukünftigen Produkte zur Verfügung gestellt werden. Damit ist die Tätigkeit eines Trendscouts innerhalb der ⇢ Trendforschung weniger wissenschaftlich bzw. statistisch analysierend als vielmehr mit Fingerspitzengefühl suchend und zusammenstellend. Zukünftige Trends werden so bereits bei oder sogar vor ihrer konkreten Ausformung erkannt. Dazu gehört eine große Kenntnis des Marktes und der Kundenzielgruppe.

⇢ Kundengruppen ⇢ Lebenswelten ⇢ Trend ⇢ Trendsetter

Trendsetter

Wer mit seinen Aktivitäten die Entwicklung in einem bestimmten Ressort oder Bereich beeinflussen kann, wird als Trendsetter bezeichnet. Solche Ressorts können Mode, Einrichtungsstil, Design, Musik oder auch die technische Entwicklung sein. Wie stark der Einfluss eines Trendsetters ist, hängt von mehreren Faktoren ab. Dazu zählen Marktbeherrschung, hoher Bekanntheitsgrad, Kontakt zu den entsprechenden Kommunikationsmedien oder zu den für das jeweilige Produkt wichtigen Firmen und Entscheidungsträgern. Neben Firmen, die groß und am Markt stark genug sind, um als Trendsetter agieren zu können, sind oft auch bekannte Persönlichkeiten, Stars und Idole die Trendsetter. Oder diese weithin bekannten Personen werden von Firmen, die ein Trendsetting beabsichtigen, in der Öffentlichkeit als Werbeträger entsprechend eingesetzt.

Zu den Vorarbeiten für ein Trendsetting zählen intensive Markt- bzw. → Trendforschung, die Erforschung und Entwicklung zukünftiger technischer Möglichkeiten, genaue Interpretation der erkennbaren gesellschaftlichen Strömungen und Ausrichtungen in der jeweiligen Verbrauchergruppe etc.

Die Floristik hat in aller Regel keine Trendsetter-Funktion, sondern ist ihrerseits von Einrichtungs-, Mode- und Designtrends abhängig. Sie kann keine davon losgelösten, eigenen Trends entwickeln, stattdessen müssen ihre Produkte zu bestehenden oder kommenden Konsumtrends passen.

→ Trend → Trendscout

Treppengiebel

→ Giebel → Gotik

Triptychon

Als Triptychon bezeichnet man eine dreiteilige Bildtafel. Solche Bildtafeln findet man meist als Altarbilder oder -aufsätze, deren Seitenteile als Flügel gefertigt sind, so dass sie vor das mittlere Bild geklappt werden können. In dieser Weise werden Altarbilder in der Fastenzeit geschlossen, damit nur die meist einfacher gestalteten Außenseiten der Flügel des jeweiligen Altaraufsatzes zu sehen sind.

Die Form des Triptychons ist als floristischer → Altarschmuck mit einer entsprechend haltenden bzw. tragenden Technik herstellbar.

Triumphbogen

→ Portal

Trockenblume

Trockenblume ist ein häufig allgemein für viele Arten von → Trockenwerkstoff verwendeter Begriff. Genauer können im Grunde lediglich trockene Werkstoffe, die tatsächlich eine Blüte aufweisen, als Trockenblumen bezeichnet werden.

Trockenblumensteckschaum

→ Steckschaum

Trockenwerkstoff

Als Trockenwerkstoff bezeichnet man jeglichen pflanzlichen → Werkstoff, der in trockenem Zustand verarbeitet wird. Dazu gehören sowohl künstlich getrocknete Blumen, die demnach oft → Trockenblumen genannt werden, als auch natürlicherweise trockene bzw. trocknende Zapfen, Früchte, Sprosse etc. Viele Trockenwerkstoffe werden zusätzlich behandelt. → Beizen, → Färben, Zurechtschneiden, Umformen unter heißem Dampf sind Beispiele für eingesetzte Techniken. Zuweilen wird der Trockenwerkstoff dabei soweit verändert, dass er nicht mehr als natürlicher → Werkstoff, sondern als → Material erscheint, d. h. als künstlich erzeugtes → Gestaltungsmittel. Hier ist → Peddigrohr als Beispiel zu nennen.

aus Trockenwerkstoffen gefertigtes, florales Raumobjekt

trocknen

Neben Werkstoffen, die von Natur aus trocken vorliegen, z. B. Zapfen, ist auch das Trocknen von Frischware in der Floristik häufig zu finden. Teils wird der → Trockenwerkstoff bereits fertig eingekauft, teils wird Ware erst im jeweiligen Floristik-Betrieb getrocknet. Letzteres erfolgt oft, um diese Ware noch verwenden zu können, statt sie entsorgen zu müssen.

Angewandte Trocknungsverfahren sind:

- Trocknung mit Heißluft, die vor allem industriell in großen Trocknungskammern zur Herstellung von fertig erhältlichen Trockenblumen eingesetzt wird. Die Ware trocknet schnell, so dass die Farbe besser erhalten bleibt.
- Trocknung an der Luft, wobei Farben oft verblassen, die Festigkeit der Ware leidet und oft Schimmelbildung einsetzt.
- Trocknung durch Einlagerung in Silikongranulat, das die Ware umhüllen muss. Die Technik ist aufwändig und nur für wenige, relativ kleine Teile geeignet.
- Gefriertrocknung, mit der auch Ware zu trocknen ist, die sich für andere Verfahren nicht eignet, da sie dabei eher faulen bzw. zerfallen würde. Das Verfahren ist technisch aufwändig und teuer. Daher ist die Ware ebenfalls im Vergleich teuer und zugleich relativ empfindlich, da sie leicht Feuchtigkeit aufnimmt und zuweilen sehr brüchig ist.

Das Einstellen von Frischware in Glycerol, wobei die Wasserfeuchte in den Zellen durch das Glycerol, einen Alkohol auf Fettbasis, nach und nach ersetzt wird, ist demzufolge kein Trocknungsverfahren. Es erfolgt aber ähnlich wie beim Trocknen ein Stabilisieren der Form und weitgehend auch der Farbe. Ein lebender Werkstoff liegt dann nicht mehr vor, auch wenn ein relativ natürlich-lebendiger Anschein lange Zeit erhalten bleibt.

→ Granulat → Trockenblume

Tropfenform

Die Form eines umgekehrten Tropfens findet man in der Floristik häufig bei Brautsträußen. Damit diese Form gut proportioniert erscheint, ist die entsprechende Umrisslinie sauber und weitgehend ohne Knicke oder Einkerbungen zu entwickeln. Außerdem muss der → Schwerpunkt des Tropfens sowohl technisch als auch gestalterisch unmittelbar über der haltenden Hand, etwa mittig an der breitesten Stelle des Tropfens liegen.

Auch beim → Trauergesteck ist die Tropfenform zu finden, wobei der Tropfen hier symbolisch eine Träne darstellt. Form und → Proportion sind ebenso sorgfältig zu gestalten wie beim beschriebenen Brautstrauß.

Jedes tropfenförmige → Werkstück kann sowohl symmetrisch als auch leicht asymmetrisch geschwungen gestaltet werden, wobei die Asymmetrie jedoch nicht zu extrem ausgeprägt sein darf.

→ Brautstrauß → Ordnungsart Asymmetrie → Ordnungsart Symmetrie

Tüll

Die Bezeichnung Tüll geht auf die französische Stadt Tulle (ausgesprochen wie Tüll) zurück, die früher für die Herstellung dieser Stoffart besonders bekannt war. Echter Tüll ist ein netzartiges → Gewebe, bei dem die Kettfäden nach jeder Durchführung des Schussfadens verdreht werden. Dadurch ist Tüll netzartig durchsichtig und wirkt sowohl fein als auch besonders leicht. An Brautkleidern und als → Stoff für Brautschleier ist Tüll oft zu finden.

Tüll in einem Brautführerstrauß

Unechter Tüll wird aus netzartig gepresstem → Kunststoff hergestellt, ist also kein Gewebe. Bei diesem Dekorations- oder Karnevalstüll kann jedoch, im Gegensatz zu den Fäden bei echtem Tüll, kein Verschieben oder Ziehen von Fäden vorkommen. Außerdem ist der unechte Tüll unempfindlich gegen Wasser. Daher ist er in der Floristik als Dekorationsstoff und als Material für die ⇢ Manschette beim ⇢ Biedermeierstrauß häufig zu finden.

⇢ Bindung, textile ⇢ Brautkleid ⇢ Kopfschmuck ⇢ Schleierschmuck

Türschmuck, floristischer

Floristischer Türschmuck gehört zum Arbeitsbereich ⇢ Raumschmuck. Die entsprechenden Werkstücke werden an der Tür oder im unmittelbaren Umfeld angebracht, z. B. an der Türzarge oder der angrenzenden Wand. Formen wie ⇢ Girlande, Türkranz, Türbogen und Zweiggestaltungen sind als traditionelle Brauchtumsbinderei zu finden und teils bereits im ⇢ Altertum nachweisbar. In früheren Zeiten hatte solcher Türschmuck in der Regel eine symbolische Funktion. Die Menschen stellten sich vor, dass die frischen Werkstoffe vor bösen Dämonen schützen. Technisch ist beim Türschmuck die Vermeidung jeglicher Beschädigung ebenso wichtig wie eine sichere Befestigung. Außerdem muss auf eine störungsfreie Funktion der Tür bzw. des Durchgangs geachtet werden. Gestalterisch sind formbezogene, stilistische und farbliche Gegebenheiten der Tür und des Türbereichs, letztlich also des Gebäudes zu beachten. Ein Türschmuck, der eine Außentür ziert, hat notwendig auch eine Wirkung als Fassadenschmuck und muss der Witterung standhalten können.

⇢ Brauchtumsbinderei ⇢ Fassade ⇢ Stil ⇢ Stilkunde ⇢ Tradition

U

Überdüngung

→ Düngemittel → düngen

Übereckperspektive

Bei der Übereckperspektive stehen weder die Front noch eine Seitenansicht des dargestellten Gegenstands genau rechtwinklig quer zum Betrachter, sondern eine Ecke liegt vorn und die beiden an diese Ecke angrenzenden Seiten sind schräg in den Raum hineinragend dargestellt. Die Übereck-Darstellung kann mit zwei Fluchtpunkten und Linienverkürzung in der Raumtiefe zentralperspektivisch erfolgen. Einfacher ist die Ausführung als parallelperspektivische Übereck-Axonometrie. Diese kann in verschiedenen Blickwinkeln ausgeführt sein. Vergleiche dazu → Axonometrie und → Parallelperspektive.

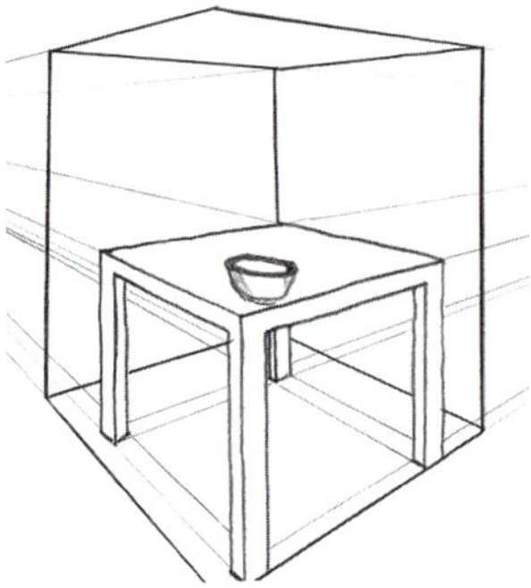

→ Fluchtpunkt → Perspektive → Planzeichnen → Zentralperspektive

Überschneidung

Beim floristischen Gestalten sind Überschneidungen als Kreuzungen von Linien in vielfältiger Weise zu finden. Linear erscheinende Werkstoffe kreuzen sich z. B. in einem Werkstück in frei-ungeregelter Anordnungsart, wobei die → Positionierung der Kreuzungspunkte wesentliches → Gestaltungsmittel ist. Bei Verflechtungen und Verschlingungen sind vielfältige Über- und Unterschneidungen sowohl technisch erforderlich, als auch wesentliches gestalterisches Element dieser Arbeiten (siehe Abb.). Oft kreuzen Werkstoffe die Umrisslinie eines Kranzes oder Gefäßes, so dass ihre Stellung im Werk-stück entsprechend überlegt erfolgen muss. Überschneidungen sind in vielen Werkstücken allerdings kein herausragendes gestalterisches Element. Wenn sie dann aber aus Zufall unüberlegt oder gar störend in einem Werkstück enthalten sind, handelt es sich nicht um gute Gestaltung.

→ Anordnungsart, frei-ungeregelte → flechten

Übertopf

Als Übertopf bezeichnet man den schmückenden Topf, in den man eine Pflanze mit ihrem schmucklosen Kulturtopf einstellt. Die Schmuckwirkung eines Übertopfs ergibt sich aus seiner Farbe und Form, einem eventuell vorhandenen ⇢ Dekor oder Muster, worin eventuell auch eine bestimmte Stilistik zu finden ist. Ein Übertopf muss sowohl zur eingestellten Pflanze als auch zum jeweiligen Wohnumfeld passen, in dem er aufgestellt wird. Der Kulturtopf erfüllt die technisch-pflegerischen Notwendigkeiten, wie Haltgeben für Erde und Wurzelwerk, und bietet Wasserabflusslöcher für überschüssiges Gießwasser. Eben diese letzte Funktion wird vom Übertopf funktional ergänzt, indem darin das ausfließende Wasser aufgefangen wird und sich nicht frei über die Aufstellfläche ergießt. Allerdings darf das Wasser nicht längere Zeit im Übertopf stehen bleiben, da sonst ⇢ Staunässe im ⇢ Wurzelballen der eingestellten Pflanze die Folge wäre.

⇢ gießen ⇢ Stil

Umgebungsfarbe

Als Umgebungsfarbe oder Umfeldfarbe bezeichnet man jede Farbe oder Farbfläche, die eine andere Farbe oder Farbfläche umgibt. Dabei müssen diese beiden Farbflächen nicht in derselben Ebene liegen, sondern die Umgebungsfarbe ist oft die Hintergrundfarbe.

Aufgrund der Anpassungsleistungen des Auges an die jeweilige Situation der Farbwahrnehmung beeinflussen sich vor allem dicht nebeneinander stehende Farben bzw. Farbflächen. Der ⇢ Simultankontrast verdeutlicht diese kontraststeigernde Anpassungsleistung des Auges. Die Beeinflussung wirkt besonders stark, wenn eine Farbfläche die andere vollständig umgibt, also Umgebungsfarbe ist.

Dieselbe rote Farbnuance wird wegen der Umgebungsfarben unterschiedlich wahrgenommen.

⇢ Auge, Anpassungen des Auges ⇢ Farbkontrast mit allen Einträgen

Umrissform

Umrissformen floristischer Werkstücke sind in der ⇢ Formbinderei, also bei relativ dicht gearbeiteten Werkstücken, besonders zu beachten. Das bedeutet, dass die Außenlinie sowohl bei Betrachtung von oben als auch von der Seite sauber und gleichmäßig erarbeitet sein muss, damit eine ausgewogene, harmonische Formgestaltung entsteht. Gute Beispiele sind der dicht gebundene, kuppelförmige ⇢ Strauß und der ⇢ Kranzkörper. Beide Werkformen dürfen keine störenden Löcher, Einbuchtungen oder Auswölbungen haben, da hierdurch der Eindruck eines gut geformten Umrisses gestört würde. Bei locker gestalteten Werkstücken ist der Umriss vielförmig gewunden und gebogen, unterbrochen oder weit ausgreifend. Hier zählt weniger der konkrete Umriss als vielmehr die Ausgewogenheit der frei in den Raum ragenden Werkstoffe.

→ Werkform

Umtopf

Der Begriff Umtopf wird häufig anstelle des Begriffs → Übertopf verwendet. Zur Abgrenzung gegenüber dem Begriff des Umtopfens, wobei kein Umtopf, sondern ein neuer Kulturtopf verwendet wird, ist der Begriff Übertopf vorzuziehen.

umtopfen, eintopfen, topfen

Wenn eine → Topfpflanze aufgrund ihres Wachstums für ihren Topf zu groß geworden ist, die Wurzeln kaum noch Platz finden, die Erde ausgelaugt ist und es an Nährstoffen mangelt, muss umgetopft werden. Die Arbeitsschritte sind:

- Zunächst einen passenden neuen Kulturtopf wählen, der im Durchmesser größer ist als der bisherige Topf. Bei kleinen Töpfen reichen meist 3 bis 6 cm mehr Durchmesser, bei großen Exemplaren können es auch 10 bis 15 cm mehr sein.
- Evtl. kann nun als → Dränung eine Schicht → Blähton oder Bimsstein eingefüllt werden, wobei das → Wasserabflussloch frei bleiben muss. Ohne Dränmaterial kann eine gebogene Tontopfscherbe helfen, dieses Loch frei zu halten.
- Die unterste Erdschicht so hoch einfüllen, dass der später eingesetzte → Wurzelballen mit seiner Oberseite unter dem Topfrand verbleibt und noch eine dünne Schicht neuer Erde darüber gefüllt werden kann.

Neuer Tontopf, Dränmaterial, Erde und Gießwasser stehen zum Umtopfen einer Pflanze bereit.

- Die Pflanze aus dem alten Topf nehmen, verbrauchte Erde abschütteln und abgestorbene Wurzeln entfernen.
- Ein eventuelles Auflockern des Wurzelballens darf nur so vorsichtig erfolgen, dass die feinen Wurzelhaare nicht beschädigt werden, denn hauptsächlich mit diesen nimmt die Pflanze Wasser und Nährstoffe auf.
- Die Pflanze einsetzen und neues → Substrat bzw. neue Erde um den Wurzelballen füllen. Die Erde gut aber nicht zu fest andrücken. Die Substratoberfläche muss unterhalb des Topfrandes bleiben, so dass ein ausreichender → Gießrand vorhanden ist, der das → Gießen erleichtert.
- Zuletzt die Pflanze gut angießen, damit eine Erstversorgung mit Wasser besteht und sich Wurzelballen und Erde gut verbinden.

→ Seramis®

Unbuntart

Unter Unbuntart versteht man einerseits jede unbunte Farbe an sich, also Weiß, Schwarz und die Graunuancen. Andererseits bezeichnet der Begriff eines der vier Farbqualitätsmerkmale, die jeder Farbe zugeordnet werden können. Die Unbuntart einer ⇢ Farbnuance ist die konkrete Art des Unbuntseins, die in dieser Farbe enthalten ist. Sie ergibt sich aus der Mischung der Farben Weiß und Schwarz, die als Teilmengen in einer konkreten Farbnuance enthalten sein können. Reine bunte Farben besitzen die Farbqualität der Unbuntart nicht. Alle anderen Farbnuancen, die unbunte Anteile enthalten, sind getrübte oder verweißlichte oder verschwärzlichte Farbnuancen.

⇢ Farbe, trübe ⇢ Farbe, unbunte ⇢ Farbmischung, integrierte
⇢ Farbqualitätsmerkmal ⇢ Verschwärzlichung ⇢ Verweißlichung

Unbuntfarbe

⇢ Farbe, unbunte ⇢ Unbuntart

Unbuntgrad

⇢ Buntgrad

Ungleichheitsproportion

⇢ Ordnungsart Asymmetrie ⇢ Proportion

Unikat

Der Begriff Unikat bezeichnet einen in seiner Erscheinung, also Gestaltung einmaligen Gegenstand. Einzigartig, und damit als Unikate zu bezeichnen, sind in aller Regel Kunstwerke, selbst dann, wenn sie in mehreren Ausfertigungen, z. B. Drucke von einer einmaligen Druckplatte, vorhanden sind. Kleine Abweichungen, im genannten Fall auch die Nummerierung einer limitierten Auflage, machen die Einzigartigkeit aus.

In der Floristik wird gelegentlich ein ⇢ Gefäß gefüllt oder eine ⇢ Kerze verarbeitet, die jeweils Unikate sind. Zwei Umstände machen jedes floristische Werkstück letztendlich zu einem Unikat: Zum einen ist lebender Werkstoff mit unumgänglichen, kleinen Abweichungen die Basis der Gestaltungen und zum anderen wird jedes Werkstück einzeln von Hand und nicht maschinell bzw. automatisiert gefertigt. Hierin liegt eine der wesentlichen Besonderheiten floristischen Arbeitens. Gegenüber anderen Branchen, die Wohnaccessoires, Geschenke, Lifestyle-Güter usw. anbieten, ist der Unikat-Charakter floristischer Werkstücke ein wichtiger vermarktbarer Wettbewerbsvorteil.

unterordnend

⇢ Geltungsanspruch ⇢ Gemeinschaft liebend

Urfarben

In der Farbenlehre von H. Küppers werden die drei den Zapfen-Sehzellen zugehörigen Empfindungskräfte des Sehorgans, nämlich die Farbempfindungen ⇢ Violettblau, ⇢ Grün und ⇢ Orangerot, als Urfarben bezeichnet. Sie gehören gleichzeitig zu den sechs bunten Grundfarben als extreme Empfindungsmöglichkeiten des Sehorgans.

⇢ Auge, Bau des Auges ⇢ Auge, Funktionsweise des Auges ⇢ Basisschema der Farbenlehre ⇢ Grundfarbe ⇢ Küppers, Harald ⇢ Primärfarbe

Urne

Unter einer Urne versteht man ein Behältnis mit einer besonderen Bedeutung bzw. Bestimmung. In der Floristik sind Bestattungsurnen zu schmücken, die aus vielen verschiedenen Materialien gefertigt sein können, z. B. Metallblech, ⇢ Marmor, Granit, ⇢ Holz und emailliertes ⇢ Metall.

⇢ Emaille ⇢ Trauerschmuck, floristischer ⇢ Urnenschmuck, floristischer

Urnenschmuck, floristischer

Floristischer Urnenschmuck muss, wie jeder ⇢ Trauerschmuck, dem Anlass gerecht werden, also würdevoll und zurückhaltend gestaltet sein. Im Übrigen sind besonders das Material, die Farbigkeit und der ⇢ Stil der ⇢ Urne in der floristischen Gestaltung zu beachten. Die Urne darf nicht durch den Schmuck bzw. die eingesetzte Befestigungstechnik beschädigt werden. Für die Dauer der Beisetzungsfeier muss diese Befestigung den Blumenschmuck an der Urne sicher halten. Unter Umständen ist das Entfernen des Schmucks von der Urne, bevor diese eingesenkt wird, zu ermöglichen.

zurückhaltend gestalteter Urnenschmuck, der die Urne lediglich akzentuiert

V

variierend

Variierend bedeutet sich verändernd.

→ Harmonie variierender Einfarbigkeit

vegetativ

→ Gestaltungsart, vegetative

vergolden, versilbern

→ Schlagmetall

Verkäufer, Anforderungen an Verkäufer/-innen

Kompetenz und eine positive Ausstrahlung sind für Floristinnen und Floristen, die immer auch Verkäufer bzw. Verkäuferinnen sind, unerlässlich. Daraus ergeben sich verschiedene Anforderungen, die für die optimale Erfüllung aller verkäuferischen Aufgaben wichtig sind:

- Äußere Erscheinung
  - ansprechendes, gepflegtes Äußeres
  - berufsgerechte, gepflegte Kleidung
  - aktiv-leistungsbereite Körperhaltung
- Verkäuferverhalten
  - freundliches, offenes Verhalten
  - sicheres Auftreten
  - deutliche, verständlich formulierte Sprache
  - aktive Hilfsbereitschaft
- Innere Einstellung
  - positive Einstellung zum Produkt
  - Identifikation mit dem Unternehmen
  - hilfsbereite Offenheit gegenüber Kunden
- Berufliche Fähigkeiten
  - fundiertes beruflich-floristisches Wissen
  - gute wirtschaftlich-verkäuferische Kenntnisse
  - sicheres berufliches Handeln
  - berufsbezogen erforderliche, körperliche Leistungsfähigkeit
  - ausreichende Allgemeinbildung für das Kundengespräch

→ Kundengruppen → Kundentypen → Lebenswelten → Verkaufsgespräch

Verkaufsgespräch

Das Verkaufsgespräch ist ein auf den Abschluss eines Kaufvertrags zielendes Gespräch zwischen Kunde und Verkäufer. Je genauer der Kundenwunsch dabei ermittelt wird, und je besser sich der Kunde verstanden fühlt, desto zufriedener wird er sein. Reklamationen werden so vermieden. Das Verkaufsgespräch hat folgende Phasen:

- Eröffnung mit Begrüßung, Kontaktherstellung und offener Frage nach dem Kundenwunsch.
- Bedarfsklärung mit Erfragen aller Informationen, die der Kunde zu seinem Wunsch geben kann. Hier muss der Verkäufer an alles denken, z. B. Anlass, Farbwünsche, Lieferdatum, Lieferort.
- Präsentation und Beratung mit Angebot und Erläuterung/Erklärung floristischer Lösungen. Dabei sollte der Florist fachlich mit dem jeweiligen Nutzen argumentieren, Einwände sofort aufgreifen und sachlich entkräften oder neue Lösungen vorschlagen. Wichtig: Das Preisgespräch erfolgt erst am Ende dieser Phase, denn erst dann besteht die notwendige gemeinsame Informationsbasis.
- Abschluss mit Zusammenfassung und Bestätigung der guten Wahl des Kunden. Durch Zustimmung kommt hier der Kaufvertrag rechtlich bindend zustande.
- Verabschiedung mit Dank an den Kunden.

→ Kundengruppen → Kundentypen → Lebenswelten → Verkäufer

vermittelnd

→ geltend → Geltungsanspruch

Verpackung

Verpackung erfüllt in der Floristik mehrere Funktionen:

Sie schützt die Ware beim Transport vor Beschädigungen. Hier ist insbesondere die Witterung wichtig. Hitze und Kälte müssen weitgehend von der frischen Ware, d. h. Blumen und Pflanzen, fern gehalten werden. Bei Verpackungen von Werkstücken für den Transport durch den Kunden ist speziell die Verpackung mit → Klarsichtfolie diesbezüglich oft ungünstig.

Die Verpackung verhindert des Weiteren, dass die verpackte Ware ihrerseits etwas verschmutzt oder beschädigt. Dies ist bei Blumen und Pflanzen besonders im Hinblick auf die Kleidung von Kunden und auf deren Transportfahrzeug besonders zu beachten.

Als dritte Aufgabe von Verpackung ist eine mögliche Funktion als Werbeträger zu nennen. Aufgedruckte Werbebotschaften und der Name des Betriebs, der die verpackte Ware hergestellt hat, sind üblich. Bei einer Verpackung in Klarsichtfolie kann die Ware an sich werbewirksam gut sichtbar bleiben.

Als vierte Funktion kann eine entsprechend gestaltete Verpackung den verpackten Gegenstand zusätzlich aufwerten. Sie kann damit sogar als Teil der Gestaltung eines floristischen Werkstücks gelten.
Im zuletzt genannten Sinn ist floristisch gestaltete Verpackung teilweise ein eigenes Angebotssegment von Blumenfachgeschäften.

Zu den Verpackungsmitteln zählen im Wesentlichen verschiedene Arten von → Papier, → Folie, Klebefilm, → Band bzw. Ringelband und Heftklammern, die mit einem → Tacker angebracht werden.

gestalterisch aufwertende Verpackung einer Glockenblume

Verrottbarkeit

Verrottbarkeit ist eine wesentliche Eigenschaft floristischer Werkstoffe und damit nahezu der kompletten Werkstücke. Im Sinn einer rückstandsfreien Entsorgung ist sie, bezogen auf die Umwelt, besonders wichtig und positiv zu bewerten. Im Bereich der Trauerfloristik wird die weitgehende Verrottbarkeit der Werkstücke auf manchen Friedhöfen sogar vorgeschrieben.
Das Verrotten, d. h. die Zersetzung der Ware, erfolgt durch Mikroorganismen, z. B. Pilze und Bakterien, sowie Kleininsekten, Würmer usw. Es entsteht Kompost und Humus aus den pflanzlichen Stoffen, die schließlich so weit zersetzt werden, dass sie als Nährstoffe wieder von Pflanzen aufgenommen werden können. Der Stoffkreislauf ist so im Idealfall geschlossen.
Aus → Biolit® sind verrottbare Pflanzschalen erhältlich. Auch viele weitere technische Hilfsmittel verrotten schließlich, z. B. Naturbast und → Draht aus → Eisen, der durch Verrosten zerfällt.

→ Bast → Nährelement → Rost → Trauerschmuck, floristischer

Verschulen

→ ballieren → Wurzelballen

Verschwärzlichung

Man spricht von Verschwärzlichung, wenn einer Farbnuance Teilmengen der unbunten Grundfarbe Schwarz hinzugefügt werden. Dabei nimmt der → Buntgrad der Farbe ab, der Unbuntgrad nimmt zu und zwar ohne Beteiligung der Unbuntart Weiß. Oft wird hier auch falsch bzw. ungenau von → Abdunklung gesprochen.

Das ⇢ Farbqualitätsmerkmal ⇢ Helligkeit ist zwar betroffen, jedoch neben dem Schwarzanteil auch von der Helligkeit der jeweiligen Buntart abhängig, da verschiedene Buntarten für das menschliche Auge unterschiedliche Helligkeiten besitzen.

⇢ Buntart ⇢ Farbnuance ⇢ Unbuntart ⇢ Verweißlichung

Versinterung

⇢ Sinterung

Verweißlichung

Man spricht von Verweißlichung, wenn einer Farbnuance Teilmengen der unbunten Grundfarbe Weiß hinzugefügt werden. Dabei nimmt der ⇢ Buntgrad der Farbe ab, der Unbuntgrad nimmt zu und zwar ohne Beteiligung der Unbuntart Schwarz. Oft wird hier auch falsch bzw. ungenau von ⇢ Aufhellung gesprochen.

Das ⇢ Farbqualitätsmerkmal ⇢ Helligkeit ist zwar betroffen, jedoch neben dem Weißanteil auch von der Helligkeit der jeweiligen Buntart abhängig, da verschiedene Buntarten für das menschliche Auge unterschiedliche Helligkeiten besitzen.

⇢ Buntart ⇢ Farbnuance ⇢ Verschwärzlichung

Verzinkung

⇢ Zink

Viel-Wenig-Kontrast

⇢ Farbkontrast, objektiver ⇢ Quantitätskontrast

Vierung, Vierungsturm

Der Überschneidungsbereich von ⇢ Mittelschiff und ⇢ Querschiff einer Kirche wird Vierung genannt. Bei gleicher Breite von Lang- und Querhaus entsteht das Vierungsquadrat als Raumflächenelement. Es ist Basismaß für den Grundriss und die Wandflächen für eine Raumarchitektur im so genannten gebundenen System. Dieses Architektursystem, in dem alle weiteren Raumteile in ihrer Größe und ihren proportionalen Beziehungen zueinander aus dem Vierungsquadrat entwickelt werden, findet sich vor allem in der ⇢ Romanik. Die Vierung

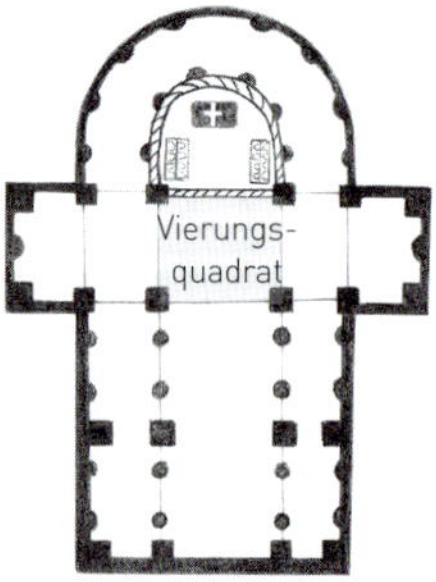

als zentraler Raum einer Kirche wird dabei oft vom Vierungsturm gekrönt bzw. bedeckt.

→ Proportion

Violettblau

Die Grundfarbe Violettblau (B von engl. blue) entspricht als Farbempfindung dem maximalen Aufnahmepotenzial einer der drei Zapfen-Sehzellen des menschlichen Auges. Es wird daher von H. Küppers als Urfarbe bezeichnet und gehört gleichzeitig zu den sechs bunten Grundfarben.

→ Basisschema der Farbenlehre → Farbname → Grundfarbe → RGB

Viskose

→ Folie → Kunstfaser → Zellulose

Vlies, Vliesstoff

Als Vlies bezeichnet man zunächst die noch zusammenhängende, unverarbeitete Masse der abgeschorenen Wollhaare eines Schafs. Stellt man sich vor, dass diese Wollmasse flachgedrückt wird, lässt sich davon der Begriff Vlies für ein faseriges, flaches Gebilde ableiten, in dem die Fasern wirr in- und umeinander verschlungen sind. Sie sind jedoch keinesfalls verwoben, also stoffartig in konkreter Richtung miteinander verbunden. Die Verbindung zum festeren Vlies entsteht, ähnlich wie beim → Filz, durch Pressen und Walken in Trocken- oder Nassverfahren. Vlies und Filz sind einander sehr ähnlich, jedoch spricht man vom Vlies in der Regel bei den dünneren Gebilden.

gestalterischer Einsatz von gärtnerischem Bewässerungsvlies

Im Gegensatz zum noch recht lockeren Vlies ist ein Vliesstoff verstärkt, die Fasern sind fester verbunden. Der Unterschied zum sehr kurzfaserigen → Papier besteht in den längeren Vliesfasern und im Fehlen der das Papier verfestigenden Wasserstoffbrückenbindungen.

Vlies wird aus tierischen, pflanzlichen, mineralischen und chemischen Fasern hergestellt. In der Floristik sind vor allem Dekorationsvlies, Vlies in Bandform und das Römerwickelvlies zum Bewickeln von Strohrömern gebräuchlich.

→ Gewebe → Römerwickelband → Stoff, textiler → Strohrömer → Textilfaser

Vogelperspektive

Von einer Vogelperspektive spricht man, wenn der → Fluchtpunkt in einer Skizze im oberen Bereich zu finden ist. Das entspricht vorstellungsgemäß dem Blickwinkel eines über das Dargestellte hinweg fliegenden Vogels, so dass auch der → Augpunkt des Betrachters weit oben positioniert ist. Die einfachste Form ist eine Darstellung in → Parallelperspektive als Grundriss-Axonometrie ohne Fluchtpunkt und ohne Linienverkürzung in der Raumtiefe. Bei einer Ausführung als → Zentralperspektive existieren, je nach Ausrichtung der dargestellten Gegenstände im Raum, ein, zwei oder drei Fluchtpunkte. Beim Planen floristischer Werkstücke für einen → Tischschmuck kann die Vogelperspektive sinnvoll sein, um den optischen Eindruck der beabsichtigten Gestaltung im Voraus zu veranschaulichen. Hierbei ist vor allem die Verteilung der Gedecke und Werkstücke gut zu zeigen.

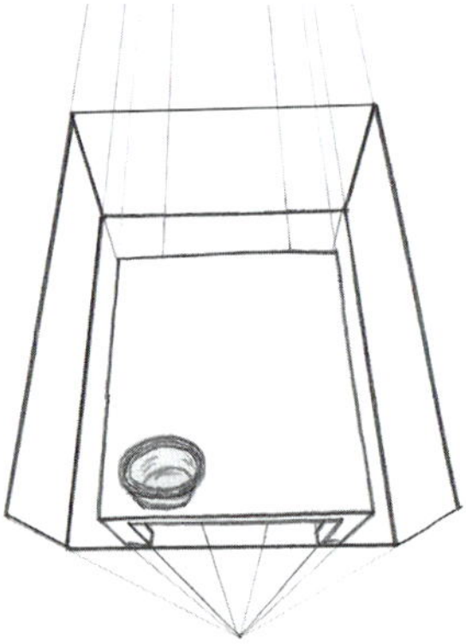

Vogelperspektive als Zentralperspektive

→ Axonometrie → Perspektive → Planzeichnen

Volute

Eine Volute (lat.: volutum = gerollt) ist ein schneckenförmiges, wie aufgerollt erscheinendes Bauelement. Das ionische → Kapitell enthält Voluten und in → Renaissance, → Barock sowie → Klassizismus wurden sie z. B. zur Gestaltung von Eckübergängen, also zwischen senkrechten und waagerechten Teilen der Architektur verwendet. So vermitteln sie den Eindruck, das Senkrechte abzustützen. Voluten erinnern als Ornamente an → Rollwerk oder Schweifwerk.

Voluten an einem Renaissancegiebel

→ Ornament

Vorderansicht

→ Perspektive → Planzeichnen

W

Waagepunkt

Der Waagepunkt ist der gedachte Punkt innerhalb einer Gestaltung, auf den bei der Ausgewogenheit eines Werkstücks Bezug genommen wird. Er trennt die beiden Seiten des Werkstücks wie die Seiten einer Waage, die in ein optisches ⇢ Gleichgewicht gebracht werden sollen. In symmetrischen Werkstücken ist das leicht zu bewerkstelligen, da die Seiten jeweils gleich sind. In der Asymmetrie müssen die Werkstoffmengen bzw. Gruppen optisch gewichtet werden und auf der Basis des Hebelgesetzes entsprechend unterschiedliche Abstände eingehalten werden. Zusätzlich wird der Goldene Schnitt angewendet, damit eine harmonische Gesamtgestaltung entsteht.

Waagepunkt in einem asymmetrischen Gesteck

⇢ Gewicht, optisches ⇢ Goldener Schnitt ⇢ Hebelgesetz ⇢ Ordnungsart Asymmetrie ⇢ Ordnungsart Symmetrie ⇢ Schwerpunkt

Wachs

Wachs ist eine natürliche oder synthetische Substanz bzw. ein Substanzgemisch, dessen Konsistenz stark von der Temperatur abhängig ist. Je nach Art ist das Wachs brüchig bis knetbar bei etwa 20 °C und wird bei ca. 40 °C flüssig. Wachsarten können tierisch (z. B. Bienenwachs), pflanzlich (z. B. Karnaubawachs) oder mineralisch (z. B. Ceresin) sein. Wachsarten werden unter anderem zur Herstellung von Kerzen verwendet. Sie sind brennbar und leicht zu entzünden.

⇢ Kerze

wachsen, einwachsen

Das Auftragen eines Wachsüberzugs durch Eintauchen, Einpinseln oder Übergießen kann als Einwachsen oder Wachsen bezeichnet werden. Der Überzug kann eine Schutzfunktion haben (z. B. gewachstes ⇢ Holz), abdichten (z. B. gewachster ⇢ Ton), die Haltbarkeit von Werkstoffen verlängern, indem er die Verdunstung verhindert (z. B. gewachste

Früchte), oder Schnittflächen verschließen (z. B. gewachste Kallaschäfte). Gestalterisch erzielt man mit Wachs eine schimmernde, glatte Oberfläche, die je nach Wachsfärbung auch → transluzent sein kann. Man spricht auch von der wächsernen Textur bei manchen Werkstoffoberflächen.

→ Textur, wächserne

wächsern

→ Textur, wächserne

Wachstumspunkt

→ Wuchspunkt

Wahrhaftigkeit

Unter der Wahrhaftigkeit einer Gestaltung versteht man eine in allen Teilen und allen Aspekten überzeugende Darstellung und Wirkung. Dazu müssen die Kriterien der → Material- bzw. → Werkstoffgerechtigkeit, der → Stilgerechtigkeit, der → Funktionsgerechtigkeit, der → Zweckmäßigkeit und der → Werkgerechtigkeit erfüllt sein. Der Gegensatz zur Wahrhaftigkeit einer Gestaltung ist der → Kitsch.

→ Ästhetik

Wandschmuck, floristischer

Floristischer Wandschmuck gehört zum Arbeitsbereich → Raumschmuck. Formen wie → Girlande und Wandkranz oder Wandfries sind häufig. Technisch ist die Vermeidung jeglicher Beschädigung der Wand ebenso wichtig wie eine sichere Befestigung. Gestalterisch sind stilistische und farbliche Gegebenheiten der Wand bzw. des Raums zu beachten.

→ Fries → Kranz → Stilkunde

Wappenlilie

Die Wappenlilie ist eine heraldische, d. h. als symbolhaftes Wappenzeichen verwendete, schematisierte Darstellung einer Lilie. Sie ist seit dem → Mittelalter das Zeichen der französischen Könige aus dem Hause der Bourbonen. Heute wird diese Bourbonenlilie vielfach als schmückendes → Ornament bzw. als → Motiv in einem → Dekor oder → Design verwendet.

→ Symbol

Warenkunde

Die Warenkunde umfasst in der Floristik das Wissen um pflanzliche Werkstoffe, die Kenntnis von Materialien, also den nichtpflanzlichen Gestaltungsmitteln, und die Informationen zu technischen Hilfsmitteln. Siehe im einzelnen unter ⇢ Gestaltungsmittel, ⇢ Hilfsmittel, technisches, ⇢ Material, ⇢ Materialkenntnis, ⇢ Werkstoff, ⇢ Werkstoffeigenschaften und ⇢ Werkstoffkenntnis.

Warenpräsentation

Warenpräsentation für einen modern eingestellten, eher städtisch orientierten Kundenkreis

Das Anbieten, die Darstellung und das Vorlegen einer Ware bzw. eines Werkstücks nennt man Warenpräsentation. Diese erfolgt am besten mit Unterstützung durch passende gestalterische Mittel und in einem stimmigen Umfeld. Die Präsentation unterstützt somit wesentlich das ⇢ Verkaufsgespräch und fördert die Attraktivität der Ware. Entsprechende Warenträger, Untergrund bzw. Hintergrund, Umgebungsfarbigkeit und Ausleuchtung, eine ansprechende Positionierung der Ware sind wichtige Präsentationsmittel. Diese müssen einerseits auf die Ware, andererseits auf die jeweilige ⇢ Kundengruppe bzw. die ⇢ Lebenswelten von Kunden ausgerichtet sein. Hinzu kommen bei der Warenpräsentation im direkten Kundengespräch die persönlichen Verhaltensweisen des Verkaufspersonals. Gemeint sind eine sachlich und fachlich passende Sprache mit guter Aussprache sowie Gestik und Mimik des Verkäufers oder der Verkäuferin und ein sorgsamer, wertschätzender Umgang mit der dem Kunden gezeigten und vor Augen gehaltenen Ware.

⇢ Positionierung ⇢ Verkäufer

Waschbeton

⇢ Beton

Wasserabflussloch

Pflanzschalen, die draußen aufgestellt werden, müssen in ihrem Boden wenigstens ein Wasserabflussloch aufweisen, damit Regenwasser und überschüssiges Gießwasser gut abfließen können und keine ⇢ Staunässe entsteht. Bei Zimmerpflanzschalen darf diese Öffnung selbstverständlich nicht vorhanden sein. Hier muss vorsichtiger gegossen werden und besonders sorgfältig eine Dränschicht eingefüllt sein. Bei einer Einzelzimmerpflanze gilt, dass sie mit ihrem Kulturtopf in einen wasserdichten ⇢ Übertopf gestellt werden muss, da Kulturtöpfe ihrerseits immer wenigstens ein Wasserabflussloch aufweisen.

⇢ Dränung ⇢ pflanzen ⇢ Pflanzschale

Wasserfallbrautstrauß

Brautsträuße, die in üppiger, ausladender Weise, oft unter Verwendung vieler Drahtungen, lang herabfließend gestaltet sind, erinnern in ihrer Form an einen Wasserfall. Diese prächtige, prestigeträchtige Brautstraußform entwickelte sich in der → Gründerzeit als repräsentative Darstellungsform für den Wohlstand der Brautfamilie. Damals wurden diese Brautsträuße oft mit viel Grünwerkstoff, z. B. *Asparagus,* und nur einer Blütenart, z. B. Nelken, gearbeitet. Heute findet man vielfach Gestaltungen mit einer Fülle verschiedener Werkstoffe. Auch schlanker gefasste und dafür teils bis hinunter zum Boden reichende Wasserfallbrautsträuße sind technisch problemlos herstellbar.

→ andrahten → Brautstrauß → Draht → Prestige

Wasserröhrchen

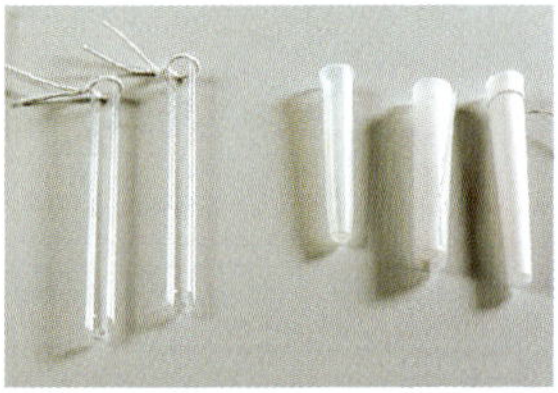

Wasserröhrchen sind kleine, zylindrische Gefäße mit geschlossenem, spitzem oder rundem unteren Ende. Sie werden auch als Orchideen-Röhrchen bezeichnet und sind in unterschiedlichen Größen erhältlich. Ihr Einsatz erfolgt dort, wo eine direkte Wasserversorgung durch Einstellen in ein → Gefäß oder → Stecken in → Steckschaum nicht möglich ist. In der hochwertigen Glasausführung entsprechen sie einem Reagenzglas und können, z. B. mit farbigem Wasser gefüllt, interessante Gestaltungsmöglichkeiten bieten. Die preiswertere Variante besteht aus → Kunststoff und wird mit einem Verschlussdeckel mit Loch geliefert, durch das der Blumenstiel in das Röhrchen gesteckt wird. Dichtes Anliegen des Deckels am Stiel ermöglicht eine Wasserversorgung des Werkstoffs auch in Schräglage. Überkopf darf man die Röhrchen jedoch nicht einsetzen, da dann die enthaltene Luftblase die Schnittstelle des Stiels von der Wasserzufuhr trennt. Das → Kaschieren der Kunststoff-Röhrchen erfolgt z. B. durch Umwickeln mit Blättern, → Schmuckband, → Kordel, → Zierdraht, → Sisal usw.

Wasserspeier

Wasserspeier, aus denen das auf einem Dach sich sammelnde Regenwasser von den Dachkanten weg zum Boden herunterfällt, findet man häufig an den Dächern von Kirchen. Besonders in der → Gotik sind sie fantasievoll in Form furchterregender Dämonen gestaltet. Als → Symbol betrachtet, halten sie das Böse außerhalb einer → Kirche .

gotischer Wasserspeier in Dämonengestalt

Wasserstandsanzeiger

→ Hydrokultur

wattieren, Watte

Wird ein pflanzlicher → Werkstoff an der Schnittstelle mit feuchter Watte versehen, spricht man von Wattieren. Damit das Wasser hier verbleibt und keine Verschmutzungsgefahr vom Werkstoff ausgeht, wird die wattierte Stelle anschließend mit Kautschukband relativ dicht umwickelt.
Das Wattieren ermöglicht zunächst also eine kurzfristige Wasserversorgung des Werkstoffs. In vielen Fällen ist dieser Effekt jedoch so gering, dass der Aufwand sich nicht lohnt. Sinnvoller ist die weitgehende Einschränkung der Verdunstung von Wasser aus dem Werkstoffgewebe z. B. durch Kühlung, Übersprühen und das Entfernen überflüssiger Blatt- bzw. Verdunstungsfläche.
Bedeutender ist der Einsatz von Watte zum Schutz empfindlicher Stiele z. B. von Orchideenblüten vor dem → Andrahten. Auch die Abpolsterung von Drahtungsstellen ist so möglich, damit diese glatter und weniger technisch aussehen sowie, z. B. beim Brautstraußgriff, eine angenehmere → Haptik aufweisen.

→ Baumwolle → Floraltape → Kautschuk

weben

Als Weben bezeichnet man bei der Herstellung von → Gewebe, → Stoff und → Schmuckband das regelmäßige Verbinden bzw. Verschlingen von Fäden, die sich dabei in bestimmter Weise rechtwinklig über- und unterkreuzen. Dabei unterscheidet man die langlaufenden Kettfäden vom querenden, hin und her geführten Schussfaden. Je nach Form und Rhythmus der Kreuzungen unterscheidet man verschiedene Bindungen, die jeweils andere Muster und Effekte ergeben. Die grundlegenden Bindungsarten sind Leinen-, Köper- und Atlasbindung.
In der Floristik ist das Weben als handwerkliche Technik mit gestalterischem Wert z. B. mit bandartigen Blättern, Gras, weichen Zweigen, Bändern usw. einsetzbar. Mit dem Weben ist das → Flechten verwandt, wobei allerdings eher ein schräges und teils auch unregelmäßiges Verkreuzen der Stränge oder Fäden erfolgt

→ Atlas → Bindung, textile → Köperbindung → Leinen

Weichkeramik

Unter Weichkeramik versteht man, im Gegensatz zur → Hartkeramik, alle Keramikarten, die einen nicht vollständig versinterten, also porösen und damit wasser- und luftdurchlässigen → Scherben aufweisen. Hierbei ist allerdings kein Hindurchfließen des Wassers gemeint, sondern das Eindringen der Wassermoleküle in den Scherben und eine Verdunstung aus dem Scherben heraus. Weichkeramiken werden erst durch eine im ⇢ Glattbrand aufgebrachte ⇢ Glasur dicht oder sie bleiben unglasiert, wie z. B. Tontöpfe. Zur Weichkeramik zählen vor allem ⇢ Irdenware, ⇢ Steingut, ⇢ Fayence und ⇢ Majolika.

⇢ Hafnerware ⇢ Irdenware ⇢ Keramik ⇢ Sinterung

Weidenreifen

Weidenreifen bestehen aus Abschälungen von der Außenseite von Weidenästen. Diese bandartigen Abschälungen aus Holz mit Rinde haben im Querschnitt die Form eines Kreissegments und sind etwa ein bis zwei Zentimeter breit. Sie werden zu Ringen bzw. Reifen zusammengefasst und gebunden. So dienen sie als technische, haltgebende ⇢ Basis für die Herstellung von Kränzen.

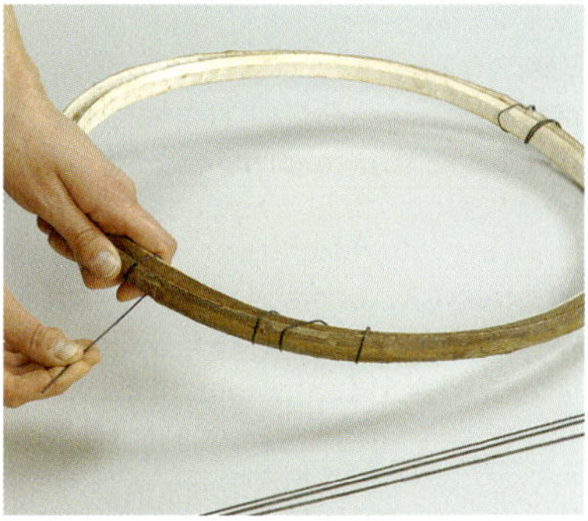

⇢ Kranz ⇢ Wulst

Weihnachtsschmuck, floristischer

Im floristischen Weihnachtsschmuck wird in aller Regel nicht zwischen den eigentlichen weihnachtlichen Werkstücken und den Werkstücken für die vorhergehende Adventszeit unterschieden. Vergleiche dazu auch ⇢ Adventsschmuck, floristischer. Die passende Floristik ist im Wesentlichen durch die Verwendung entsprechender Werkstoffe und Materialien gekennzeichnet. Dies sind vor allem Koniferengrün, immergrüne Laubgehölze, unbelaubte Zweige, Früchte und Zapfen als typisch winterliche Werkstoffe sowie Kerzen und viele Materialien mit weihnachtlicher Ausstrahlung, wie Sternformen, Glaskugeln, Bänder mit passendem ⇢ Design, ⇢ Zierdraht usw. An Farben finden sich vor allem Weiß sowie Gold und Silber als Symbolfarben für himmlischen Reichtum und göttliche Reinheit. Grün- und Rottöne, die eigentlich der vorhergehenden Adventszeit zuzuordnen sind, kommen hinzu. Ein typischer Aspekt beim floristischen Weihnachtsschmuck ist die Symbolik der ⇢ Gestaltungsmittel, z. B. die Wärme und Licht bringende Kerze, der durch die Nacht führende, leuchtende Stern usw. Außerdem sind viele Werkformen auf eine traditionelle ⇢ Brauchtumsbinderei und einen religiös begründeten Ursprung zurückzuführen. Dazu gehören Leuchterformen, ⇢ Adventskranz, Baumgestaltungen und ausgeschmückte Zweige.

⇢ Farbsymbolik ⇢ Formsymbolik ⇢ Immergrün ⇢ Leuchter ⇢ Schmuckband ⇢ Sternform ⇢ Symbol ⇢ Tradition ⇢ Werkform ⇢ Werkstoffsymbolik

Weiß

Die Farbempfindung Weiß (W) entsteht beim Menschen, wenn alle drei Sehzellentypen, also die das farbige Sehen ermöglichenden Zapfen, mit gleicher, maximaler Intensität angeregt werden. Weiß ist nach H. Küppers eine der beiden unbunten Grundfarben.

→ Auge, Anpassungen des Auges → Auge, Bau des Auges → Auge, Funktionsweise des Auges → Basisschema der Farbenlehre → Farbe, unbunte → Farbname → Grundfarbe → Küppers, Harald → Unbuntart

Werkform

Mit der Werkform bezeichnet man die Gesamtheit aller Werkstücke, die einer konkreten Arbeitsform zugeordnet sind, bzw. die Arbeitsform selbst. Diese ist meist technisch bedingt, aber auch die endgültige Gesamtform ergibt den Namen mancher Werkform. Die wichtigsten Werkformen nach der Arbeitstechnik heißen: → Strauß, → Gesteck und → Pflanzung. Nach der Form benennt man z. B. die Werkformen → Kranz und → Girlande. Genauere oder zusätzliche Bezeichnungen führen zu Werkform-Namen, die die Zweckbestimmung enthalten: → Brautstrauß, → Trauerkranz, → Adventskranz, Tischgesteck usw.

Werkgerechtigkeit

Eine dem technischen Werkvorgang in allen Aspekten angepasste Vorgehensweise und eine zweckmäßige Durchführung bezeichnet man als werkgerecht. In die Werkgerechtigkeit fließen demnach sowohl die → Zweckmäßigkeit und die → Funktionsgerechtigkeit als auch die → Werkstoff- und die → Materialgerechtigkeit ein. Es entsteht die so genannte → Wahrhaftigkeit einer Gestaltung. Besonders wenn die eingesetzte Technik und der technische Vorgang an sich im fertigen Werkstück noch sichtbar und nachvollziehbar sind, ist Werkgerechtigkeit bei guter Ausführung gegeben. Beispiele sind der Einsatz alternativer → Steckhilfsmittel, gestalterisch wirksamer → Bindehilfsmittel, sichtbarer Wicklungen und Verflechtungen.

Werkstoff

Unter Werkstoff versteht man alle pflanzlichen Gestaltungsmittel im Gegensatz zum → Material, wie → Schmuckband, → Keramik und → Kerze. In einigen Fällen (z. B. Körbe aus Weide, Band aus Pflanzenfasern oder Kürbisse als Gefäße etc.) verschwimmt diese Abgrenzung allerdings. Oft werden daher die Begriffe Material und Werkstoff synonym verwendet.

→ Korb → Textilfaser

vorbereitete und bereitgelegte Werkstoffe

Werkstoffeigenschaft

Die vorrangigen Eigenschaften floristischer, also pflanzlicher Werkstoffe sind → Farbe und → Form inkl. → Textur. Hinzu kommt, dass es sich bei floristischen Werkstoffen um Lebewesen oder Teile davon handelt, die nicht frei oder nur teilweise veränderbare → Gestaltungsmittel darstellen und einer entsprechenden Pflege bedürfen. Wasser- und Nährstoffbedarf, die Eigenschaft zu welken oder Licht zu benötigen, sind Beispiele für pflegetechnische Erfordernisse, die auf die Werkstoffeigenschaft „lebend" einzustellen sind.

Gestalterisch sind der Wesensausdruck und der davon abgeleitete → Geltungsanspruch als spezielle Eigenschaften floristischer Werkstoffe zu nennen. Hier fließen ebenfalls symbolische und traditionelle Bedeutungen von Blumen und Pflanzen mit ein.

→ Pflegeanspruch → Symbol → Tradition → Werkstoff → Wesen

Werkstoffgerechtigkeit

Von Werkstoffgerechtigkeit spricht man, wenn Werkstoffe ihren Eigenschaften gemäß und unter Berücksichtigung ihrer Pflegebedürfnisse optimal eingesetzt werden und so verarbeitet sind, dass sie ihre gestalterische Wirkung voll entfalten können. Werkstoffgerechtigkeit ist bei allen floristischen Arbeiten eine unverzichtbare Grundvoraussetzung.

→ Materialgerechtigkeit → Pflegeanspruch → Wahrhaftigkeit → Werkstoff → Werkstoffeigenschaft

Werkstoffkenntnis

Werkstoffkenntnis ist für den technisch korrekten Einsatz der Werkstoffe und ihre Pflege ebenso wichtig wie für eine gestalterisch überzeugende Verwendung. Hierzu gehören neben der Kenntnis der Pflanzen und Blumen an sich auch das Wissen über erhältliche Farben bzw. Sorten, die zeitliche Verfügbarkeit, also Blüh- und Vegetationsperioden, die Haltbarkeit und spezielle Empfindlichkeiten von Blüten, Blättern etc. Da in der Floristik eine nahezu unüberschaubare und im Sortenbereich ständig sich verändernde Vielfalt an Werkstoffen verarbeitet wird, ist dieses Wissensgebiet sowohl besonders umfangreich als auch ständig zu aktualisieren.

In ähnlicher Weise ist → Materialkenntnis eine wichtige Voraussetzung für fachlich gutes Arbeiten.

→ Pflegeanspruch → Werkstoff → Werkstoffgerechtigkeit

Werkstoffsymbolik

Eine Werkstoffsymbolik, d. h. eine Aussage und Bedeutung im übertragenen Sinn, ist bei vielen floristischen Werkstoffen und in vielen Werkformen von Wichtigkeit und muss gestalterisch beachtet werden. Beispiele sind: die Rose als Liebessymbol, ihre Stacheln, meist als Dornen bezeichnet, als Sinnbild für

Schmerzen, immergrüne Werkstoffe als Hoffnungszeichen und Früchte in winterlich weihnachtlichen Werkstücken als Zeichen für das Überleben und für neues Leben nach dem Winter. In ähnlicher Weise ist die → Materialsymbolik wirksam.

→ Immergrün → Symbol

Werkstück

Mit Werkstück wird das im Moment konkret entstehende bzw. betrachtete Einzelstück bezeichnet, so beispielsweise ein bestimmter → Strauß, ein → Kranz oder ein → Gesteck. Davon zu unterscheiden ist der Begriff der → Werkform.

Werkstück, gebundenes

Der Begriff des gebundenen Werkstücks wird, zum Zweck der Abgrenzung vom → Strauß, insbesondere für Werkstücke mit mehreren Bindestellen sinnvoll verwendet. Ein Strauß enthält dagegen in der Regel nur eine zentrale → Bindestelle, in der alle Stiele der den Strauß bildenden Werkstoffe zusammengefasst sind.

Ein gebundenes Werkstück kann zwar auch allgemein eine in der Technik des Bindens hergestellte floristische Arbeit sein. Oft spricht man so z. B. beim → Kranz und bei der → Girlande vom → Binden. Wiederum zur Abgrenzung und da hierbei ein → Wickeln bzw. Umschlingen mit → Draht oder Faden vorliegt, werden diese Werkstücke nicht unter dem Begriff des gebundenen Werkstücks geführt.

Werktisch

→ Arbeitstisch → Pflanztisch

Werkzeug, floristisches

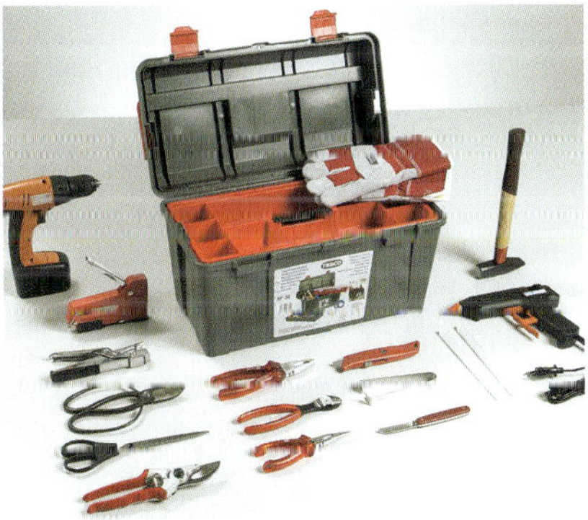

Die wichtigsten floristischen Schneidewerkzeuge sind: → Floristenmesser, → Rosenschere, Band- bzw. → Papierschere und → Seitenschneider. Zusätzlich erleichtern Teppich- und Papiermesser (= Cutter), Blech- und Drahtscheren sowie Sägen viele Arbeitsschritte. Qualitativ hochwertige Schneidewerkzeuge sind ergonomisch geformt und der Hand und ihren Bewegungen angepasst. Fast immer gibt es Ausführungen für Rechts- und

für Linkshänder. Schneidewerkzeuge pflegt man durch Ölen und richtiges, häufig nur einseitiges Nachschleifen. Unsachgemäßer Einsatz beschädigt die Klingen. Einzelteile guter Werkzeuge lassen sich zum Teil austauschen. Bei Gebrauch müssen die Unfallverhütungsvorschriften beachtet werden. Nicht benutzte Werkzeuge sind an einem sicheren Platz zu lagern.
Als weiteres, speziell floristisches Werkzeug ohne Schneidefunktion ist der so genannte → Rosenentdorner zu nennen. Andere vielfach eingesetzte Werkzeuge kommen hinzu, z. B. → Kombizange, Hammer, Säge, Schraubendreher usw.

Wesen, Wesensart, Wesensausdruck

Vielfach verbindet der Betrachter mit bestimmten Pflanzen einen besonderen Ausdruck von Wesensmerkmalen, die eigentlich als menschlich zu bezeichnen sind. Hierbei verleiht man der jeweiligen Pflanze aufgrund ihrer Gesamterscheinung (→ Form, Größe, → Farbe, Habitus), ihres Vorkommens in Gemeinschaft mit anderen Pflanzen und ihrer kulturell bedingten Bedeutung oder → Symbolik eine Art Persönlichkeit. Man stülpt ihr damit im Grunde eine menschliche Sichtweise über und verleiht ihr Eigenschaften, die sie ihrer pflanzlichen Natur gemäß nicht besitzt. So erscheinen Schneeglöckchen mit ihren nickenden Blüten bescheiden, Strelitzien wirken stolz, Rosen strahlen etwas Edles aus und Zinnien vermitteln einen rustikal-geselligen Charakter.
In der floristischen Gestaltung fließt der jeweilige Wesensausdruck in Forderungen ein, die eine entsprechende Verarbeitung der Werkstoffe in Werkstücken bedingen. Diese Forderungen nennt man Geltungsansprüche. Oft werden beide Begrifflichkeiten, Wesensausdruck und Geltung bzw. → Geltungsanspruch, gleichgesetzt. Das ist insofern nicht richtig, als sich der Geltungsanspruch aus dem Wesensausdruck ableitet, also eines die Folge des anderen ist.

Hinweis: Als alternative Begriffe zum Wesensausdruck werden oft Charakterform und Persönlichkeit verwendet. Eine Person kann eine Pflanze jedoch nicht sein, allerdings ist der Begriff Persönlichkeitsausdruck möglich. Ein Form-Begriff führt leicht zu Verwechslungen mit Begrifflichkeiten, die tatsächlich und ausschließlich Formaspekte betreffen. Hier belässt man es besser beim Begriff Charakter, der mit Wesensart annähernd übersetzbar ist. Die Begriffe Wesen, Wesensart usw. sind insofern günstiger, als jede Pflanze tatsächlich ein Lebewesen ist.

→ Pflanzensoziologie → rustikal

Wickeldraht

Langlaufender, auf Spulen oder Holzstäbchen aufgerollter → Draht, der zum Aufwickeln von Werkstoffen auf eine Unterlage dient, wird Wickeldraht genannt. Er ist in verschiedenen Stärken erhältlich:
Der gängigste Wickeldraht hat ca. 0,6 mm Durchmesser. Feinerer, nur 0,3 mm starker Draht wird Myrtendraht genannt, aufgrund seines früher häufigen Einsatzes zur Herstellung von Myrtenringen und Myrtendiademen in der Brautfloristik. Wickeldraht gibt es in verschiedenen Ausführungen. Technische Hilfsmittel sind

der blaugeglühte Wickeldraht in Schwarzgrau und der zusätzlich grün lackierte, der besser vor Rost geschützt und im Werkstück weniger auffallend ist. Darüber hinaus sind farbige Zierwickeldrähte für den gestalterischen Einsatz im Angebot, z. B. gold-, kupfer- und silberfarbene Varianten sowie rot, blau oder grün lackierte mit und ohne Metallic-Effekt.

→ blauglühen → Brautschmuck, floristischer → wickeln → Zierdraht

Einsatz von Wickeldraht bei der Adventskranzherstellung

wickeln, bewickeln, Wicklung

Umschlingt man mit Faden, → Wickeldraht, → Schmuckband oder → Kordel in kreisender bzw. spiraliger Bewegung eine Unterlage, spricht man vom Wickeln. Wicklung nennt man die einzelne Umschlingung oder auch die Technik und die fertige Gestaltung. Das Wickeln kann dazu dienen, einen → Werkstoff auf einer Unterlage zu befestigen, z. B. Koniferengrün mit Wickeldraht auf einem → Strohrömer. Oder ein technisches → Hilfsmittel wird mit Wickelmaterial → kaschiert, z. B. → Steckdraht mit einer Kordelumwicklung.
Häufig wird der Begriff Wickeln mit → Binden gleichgesetzt (Kranzbinden, Kranzwickeln). Genau genommen ist das Umschlingen jedoch ein Wickelvorgang und erst das Zusammenknoten führt zum Binden. Handwerklich ist entscheidend, dass das Wickeln fest und ausreichend dicht vorgenommen wird. Wickelmaterialien sind technische Hilfsmittel wie Wickeldraht und → Floraltape, aber auch gestalterisch einsetzbare Materialien wie Kordel, Band, Tape, → Peddigrohr, Papierstreifen, Fäden, → Sisal, Ranken und bandförmige Blätter.

→ abwickeln → kaschieren → Papier

Wimperg

Ein Wimperg ist ein in der Grundform dreieckiger, spitzer Ziergiebel über Fenstern und Portalen an Gebäuden im Stil der → Gotik. Seine schrägen Kanten sind oft von Kriechblumen besetzt, die Spitze ist von einer → Kreuzblume bekrönt.

→ Giebel → Kriechblume

Wirkungskontrast

Sind die Wirkungen verschiedener Gestaltungen oder von Teilen einer Gestaltung gegensätzlich, spricht man von einem Wirkungskontrast. Dieser beruht in der Regel auf Farbkontrasten, Formkontrasten und/oder Texturkontrasten, die beim Betrachter bestimmte Assoziationen und Anmutungen auslösen, also auf ihn wirken. Beispielpaare sind fein und derb, ⇢ rustikal und edel, exotisch und heimisch, warm wirkend und kalt erscheinend etc.

⇢ Anmutung ⇢ Farbkontrast, objektiver ⇢ Farbkontrast, subjektiver ⇢ Formkontrast ⇢ Texturkontrast

Wischglasur

⇢ Glasur

wollig

⇢ Textur, wollige

Wuchsbewegung

Wuchs- oder Wachstumsbewegungen werden, dem Begriff entsprechend, durch den Wuchs eines Lebewesens bewirkt. In der Floristik wird der Pflanzenwuchs, im Ursprung vom ⇢ Wuchspunkt ausgehend und in eine ⇢ Wuchsrichtung strebend, gestalterisch betrachtet. Obwohl sich der meist langsame Prozess pflanzlichen Wachstums nur schwer unmittelbar als Bewegung beobachten lässt, ist er erkennbar, da er in den entstehenden, natürlichen Formen seinen sichtbaren Ausdruck findet. Aus diesen Gegebenheiten lassen sich die floristischen Bewegungsformen ableiten und definieren.

⇢ Bewegungsform, floristische

wuchshaft

⇢ Gestaltungsart, vegetative

Wuchspunkt, imaginärer

Treffen sich die in Gedanken vorstellbar nach unten verlängerten Linien der Blumenstiele eines Gestecks in einem Punkt unterhalb des Gefäßbodens, spricht man vom imaginären Wuchspunkt. Er ist demnach nicht konkret im Werkstück erkennbar, sondern liegt außerhalb und existiert im beschriebenen Sinn nicht real. Er dient während des Gestaltens jedoch als vorgestellter Punkt, der die Richtung bestimmt, in der die Werkstoffstiele eingesteckt, also angeordnet werden. Gestaltungen mit imaginärem Wuchspunkt gehören somit zur radialen Anordnungsart, auch wenn der Wuchspunkt hier nicht auf den ersten Blick erkennbar ist. Je weiter der imaginäre Wuchspunkt allerdings unterhalb des Gefäßes liegt, umso eher ähnelt die entsprechende Gestaltung einer parallelen Anordnung.

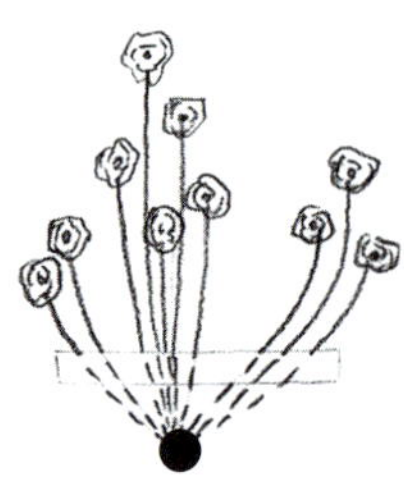

⇢ Anordnungsart, parallele ⇢ Anordnungsart, radiale ⇢ Wuchspunkt

Wuchspunkt, Wuchsmittelpunkt

Der Wuchspunkt ist der Ausgangspunkt einer pflanzlichen → Wuchsbewegung. Hier setzt die Linie an, die schließlich in der floristischen Gestaltungslehre als → Bewegungsform gesehen wird. Beim Erstellen z. B. eines Gestecks werden die einzusteckenden Stiele auf den Wuchspunkt hin gesteckt. Sie wirken dann, als seien sie dort entsprungen. Je nach gestalterischer Absicht und zu entwickelnder → Anordnungsart gibt es in einem Werkstück einen oder mehrere Wuchspunkte.

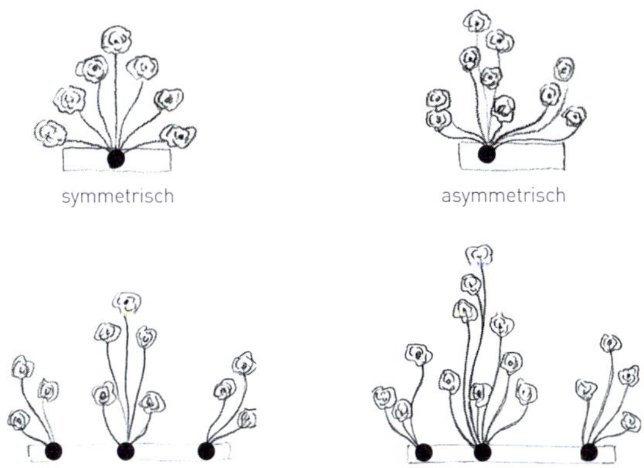

ein Wuchspunkt — symmetrisch — asymmetrisch

mehrere Wuchspunkte — symmetrisch — asymmetrisch

Hinweise: Im botanischen Sinn ist der Wuchspunkt von Pflanzen nicht an deren Basis, sondern an der jeweiligen Sprossspitze zu finden. Er wird als Apex bezeichnet. Gestalterisch ist jedoch die obige Sichtweise aussagekräftiger.
Der Begriff Wuchsmittelpunkt ist insofern ungünstig bzw. teils falsch, als der Wuchspunkt nicht zwangsläufig immer mittig liegt.

→ Gesteck → Ordnungsart Asymmetrie → Ordnungsart Symmetrie → Wuchspunkt, imaginärer

Wuchsrichtung

Die Wuchsrichtung beschreibt die Richtung, in die eine Pflanze, ein Trieb, ein Blatt oder ein Blütenstand gewachsen ist. Die Wuchsrichtung eines Freesien-Blütenstands z. B. ist einseitig gewendet, während der Stiel aufwärts wächst. Da sich Pflanzen mit ihrem Wachstum unter anderem wesentlich auf die Lichtquelle hin orientieren, können einseitig beleuchtete Pflanzen auch eine zwar natürliche, aber dennoch nicht typische Wuchsrichtung haben. Aus den Wuchsrichtungen und den Wuchsbewegungen von Pflanzen bzw. Pflanzenteilen sind die floristischen Bewegungsformen abgeleitet.

→ Bewegungsform, floristische → Wuchsbewegung → Wuchspunkt

Wulst

Unter einer Wulst versteht man eine aufgewölbte, runde Form. Beispielsweise sind die nach außen gewölbten, ringförmig einen Säulenfuß umgreifenden Teile einer attischen Basis wulstförmig. In der Floristik wird die aus Zweigen gefertigte, ringförmige, technische Unterlage für einen → Kranzkörper oft als Wulst bezeichnet, während die wesentlich dickere Strohunterlage → Strohrömer genannt wird.

→ Basis, attische

Würfelkapitell

→ Kapitell

Wurzelballen

Unter dem Wurzelballen versteht man den durch entsprechende Maßnahmen wie Verschulen und → Ballieren gebildeten, festen Wurzel- und Erdbereich einer Pflanze. Er darf niemals völlig austrocknen, muss beim Verpflanzen weitgehend erhalten bleiben und ist in guter Ausprägung ein Zeichen für die gute Qualität einer Pflanze.

gesunder Wurzelballen

X

Xerophyth

Die Bezeichnung Xerophyth stammt aus dem Griechischen und bedeutet soviel wie Trockenpflanze. Gemeint sind jedoch nicht trockene Pflanzen, sondern solche, die in sehr trockenen Regionen leben und an die dort vorherrschenden Lebensbedingungen angepasst sind. Neben der Reduktion von Blattflächen, Dornbildung, Behaarung usw. ist es vor allem die → Sukkulenz, die solche Pflanzen auszeichnet. Xerophythen benötigen dementsprechend weniger bzw. seltener Wasser und verlangen oft ein spezielles → Substrat.

Aloe vera ist ein typischer Xerophyt.

Y

yellow

→ Gelb

Yin-Yang-Symbol

Yin und Yang sind kosmische Grundkräfte und entgegengesetzte, jedoch nicht im sich ausschließenden Sinn gegensätzliche Prinzipien in der chinesischen Naturphilosophie. Dem Yang entsprechen beispielsweise Härte, Aktivität, das Männliche, der Himmel, der Tag, die Stärke, die weiße Farbe und ungerade Zahlen. Dem Yin entsprechen ebenso beispielhaft Weichheit, Passivität, das Weibliche, die Erde, die Nacht, die Nachgiebigkeit, die schwarze Farbe und gerade Zahlen. Yin und Yang haben einen gemeinsamen, absoluten Ursprung und ergänzen einander in ihrer Gegensätzlichkeit. Dies wird im Yin-Yang-Symbol durch die Zusammenfügung zum vollkommenen Kreis dargestellt. Das eine Prinzip kann nicht ohne das andere gedacht werden, so dass im Formsymbol der Linienschwung des hellen Yang gleichzeitig die Begrenzung der Form des dunklen Yin ist. Es besteht → Komplementär- oder → Rotationssymmetrie. Jedes enthält außerdem Anteile des anderen, was in der symbolischen Darstellung durch die farblich dem jeweils anderen Prinzip zugeordneten Kreisflächen in der jeweiligen Symbolform angedeutet wird.

Als Form für floristische Arbeiten ist das Yin-Yang-Symbol in der Trauerfloristik denkbar, wo es für Werden und Vergehen, den Gegensatz von Leben und Tod, die miteinander untrennbar verbunden sind, und den Kreislauf des Seins stehen kann. Darüber hinaus kann es als symbolische Form in der Hochzeitsfloristik die Ergänzung von Mann und Frau in gegenseitiger Liebe darstellen. Generell hat das Symbol aufgrund seiner Herkunft eine asiatische → Anmutung.

→ Formsymbolik → Trauerschmuck, floristischer

Zeichnen, perspektivisches

→ Entwurfszeichnen → Frontalperspektive → Froschperspektive → Parallelperspektive → Perspektive → Planzeichnen → Skizze → Übereckperspektive → Vogelperspektive → Zentralperspektive

Zellulose

Zellulose (auch Cellulose) ist der Hauptbestandteil von pflanzlichen Zellwänden. Materialkundlich ist Zellulose als so genannter Zellstoff in der Papierherstellung, als Viskose (chemisch veränderte Zellulose) in der Bandherstellung von Bedeutung. Hier sind auch → Baumwolle und Leinenfasern von Flachs zu nennen, die sich ebenfalls als Zellulosefasern bezeichnen. Für die Folienherstellung wird Zellulose ebenfalls als Viskose verwendet, wobei das Cellophan entsteht. Eine wichtige Eigenschaft der Produkte, die aus Zellulose gefertigt werden, ist die → Verrottbarkeit. Diese ist floristisch insbesondere dort von Bedeutung, wo die vollständige Verrottbarkeit eines Werkstücks nach Erfüllung seines Zwecks gefordert wird. Dies ist generell bei → Band-Kranzschmuck im → Trauerschmuck und oft bei Folie als technisches Hilfsmittel, z. B. zur Abdichtung, von Bedeutung.

→ Folie → Kunstfaser → Kunststoff → Leinen → Papier → Schmuckband → Textilfaser

Zementschale

→ Kunststein

Zentralperspektive

In einer zentralperspektivischen Darstellung werden alle Gegenstände und Räume so dargestellt, wie sie vom zentralen Blickpunkt eines Betrachters aus perspektivisch wahrgenommen werden. Der Blickpunkt liegt dabei in der Zeichnung auf der gedachten waagerechten Horizontlinie und in der Bildebene exakt dem Auge des Betrachters gegenüber. Er wird demgemäß als → Augpunkt bezeichnet. Dieser Punkt kann in der Zeichnung exakt auf der senkrechten Mittelachse liegen, jedoch auch seitlich versetzt sein. Blickzentrum bleibt er auch im letztgenannten Fall. Im Übrigen laufen alle in der Realität parallelen Linien, die in den Raum und vom Betrachter weg streben, auf einen gemeinsamen → Fluchtpunkt zu. Je nach Situation sind ein oder mehrere Fluchtpunkte möglich und erforderlich:

- Die Zeichnung enthält einen Fluchtpunkt, der sowohl mittig als auch seitlich, oben (→ Vogelperspektive) oder unten (→ Froschperspektive) liegen kann und mit dem Augpunkt übereinstimmt. Die dargestellten Gegenstände stehen mit der Vorderseite exakt rechtwinklig quer zum Betrachter (→ Frontalperspektive).

- Die Zeichnung enthält zwei Fluchtpunkte, da der dargestellte Gegenstand mit einer Ecke am weitesten vorne steht und seine Seiten schräg in den Raum ragen (→ Übereckperspektive). Der Augpunkt liegt auch jetzt zentral, deckt sich jedoch nicht mit einem Fluchtpunkt.
- Die Zeichnung enthält drei Fluchtpunkte, d. h. sowohl die Seiten als auch die Höhe z. B. eines Turms streben schräg in den Raum vom Betrachter weg. Die Fluchtpunkte sind dabei die im Unendlichen liegenden Entfernungspunkte der drei Raumrichtungen Länge, Breite und Höhe, von denen keine im rechten Winkel zur Blicklinie des Betrachters steht.
- Die Gegenstände im dargestellten Raum haben bezüglich ihrer parallelen Begrenzungen viele verschiedene Ausrichtungen, wie z. B. mehrere je schräg zueinander stehende Würfelgefäße auf einem Tisch. Dann hat jeder dieser Gegenstände bezüglich seiner parallelen Seiten je eigene Fluchtpunkte. Bei z. B. drei Würfelgefäßen, die in unterschiedlichen, schrägen Winkeln zum Betrachter stehen, enthält die Zeichnung neben dem zentralen Augpunkt, der als Fluchtpunkt des gesamten Raums fungiert, je Würfel zwei seitlich gelegene Fluchtpunkte. So ergeben sich in diesem Beispiel sieben Fluchtpunkte.

Beim floristischen → Entwurfszeichnen sind in der Regel allenfalls ein oder zwei Fluchtpunkte sinnvoll. Ansonsten kann man alternativ zur Vereinfachung auf die → Parallelperspektive ohne Fluchtpunkte zurückgreifen.

→ Perspektive → Skizze

Zentrifugalkraft, optische

Als Zentrifugalkraft wird die Fliehkraft bezeichnet, die ein Gegenstand erfährt, wenn er auf einer Kurven- oder Kreisbahn bewegt wird. Es ist die Kraft, die man spürt, wenn man z. B. auf einem Karussell sitzt und merkt, dass man vom Kreismittelpunkt weg nach außen stürzen würde, wenn man keinen Halt hätte. In dem auf die Kreisbewegung beschränkten Sinn ist eine optische Zentrifugalkraft in kranz- bzw. ringförmigen Werkstücken wirksam. Hier ist sie für die Entwicklung ausgewogener Proportionen zwischen Kranzöffnung und Dicke des Kranzkörpers von Bedeutung. Denn bei der Betrachtung solcher Werkstücke vollzieht man die Kreisbewegung nach, die das Werkstück bei Drehung um den enthaltenen Kreismittelpunkt ausführen würde. Da keine tatsächliche Bewegung stattfindet, ist die Zentrifugalkraft nur scheinbar, daher spricht man von optischer Kraft. Ist nun ein Kranzkörper in Relation zur Öffnung zu dünn geraten, scheint die optische Zentrifugalkraft zu stark, die entsprechende, entgegen gesetzt wirksame → Zentripetalkraft dagegen zu schwach: Der Kranz hat optisch keinen inneren Halt. Physikalisch gesehen hieße dies, die Drehbewegung wird zu schnell, die Masse des Kranzkörpers kann nicht gehalten werden. Anzustreben ist ein Ausgleich der zentrifugalen und der zentripetalen Kräfte. Dieser liegt vor, wenn das Verhältnis von Durchmesser der Kranzkörperöffnung zu Durchmesser des Krankörpers etwa 1,6 zu 1 beträgt, sich also nach Goldenem Schnitt richtet. Variationen dieser Proportion (meist etwa bis 1:1 bzw. bis 1:2) ergeben sich durch die gestalterischen Eigenschaften der Werkstoffe und Materialien, aus denen der Kranzkörper gefertigt ist. Hierbei sind → Farbe, → Textur, → das optische Gewicht, die entstehende Umrissform und auch der Hintergrund zu beachten, auf dem ein Kranz präsentiert wird.

→ Gewicht, optisches → Goldener Schnitt → Kranzproportion → Proportion

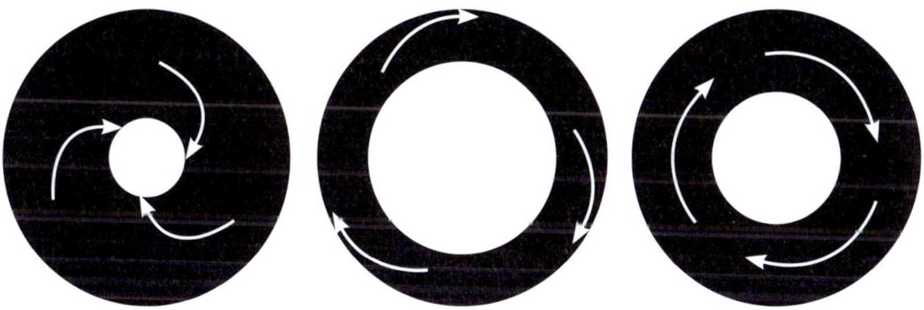

Links ist die Zentrifugalkraft zu schwach, die Zentripetalkraft zu groß, die scheinbare Kreisbewegung stürzt zur Mitte. Im mittleren Beispiel verhält es sich umgekehrt, die scheinbare Drehbewegung lässt den Kranz fast von der Mitte wegstrebend zerfallen. Rechts ergibt der Goldene Schnitt eine Ausgewogenheit der Kräfte.

Zentripetalkraft, optische

Als Zentripetalkraft wird die Kraft bezeichnet, die einen um einen Mittelpunkt kreisenden Gegenstand auf seiner Kreisbahn hält. Sie wirkt in Richtung dieses Mittelpunkts.

In diesem Sinn ist eine optische Zentripetalkraft in kranz- bzw. ringförmigen Werkstücken wirksam. Hier ist sie für die Entwicklung ausgewogener Proportionen zwischen Kranzöffnung und Dicke des Kranzkörpers von Bedeutung. Denn bei der Betrachtung solcher Werkstücke vollzieht man die Kreisbewegung nach, die das Werkstück bei Drehung um den enthaltenen Kreismittelpunkt ausführen würde. Da keine tatsächliche Bewegung stattfindet, ist die Zentripetalkraft nur scheinbar, daher spricht man von optischer Kraft. Ist nun ein Kranzkörper in Relation zur Öffnung zu dick geraten, scheint die optische Zentripetalkraft zu stark, die entsprechende, entgegen gesetzt wirksame Zentrifugalkraft dagegen zu schwach: Der Kranz stürzt optisch in sich zusammen. Physikalisch gesehen hieße dies, die Drehbewegung wird zu träge, die Masse des Kranzkörpers fällt optisch zum Mittelpunkt hin.

Anzustreben ist ein Ausgleich der zentrifugalen und der zentripetalen Kräfte. Siehe dazu → Zentrifugalkraft, optische.

→ Gewicht, optisches → Goldener Schnitt → Kranzproportion → Proportion

Zepter

Das Zepter (griech.: skeptron = Stab, skeptein = stützen) ist ein Stab aus wertvollem Holz und/oder Metall, kunstvoll gestaltet und meist verziert mit Edelsteinen. Es ist als Teil der Krönungszeichen das Symbol der weltlichen Macht eines Herrschers (Kaiser, König).
Floristische Werkformen, wie das → Brautzepter, werden davon in Form und Benennung abgeleitet. Symbolisch herrschend ist hier die Liebe, auf deren Macht sich der Lebensbund stützt.

→ Brautschmuck, floristischer

Zeresin

→ Kerze

Zierband

→ Schmuckband

Zierdraht

Drähte, die neben ihrer technischen Funktion auch gestalterische Wirkung zeigen, werden als Zier-, Schmuck- oder Dekorationsdraht bezeichnet. Sie bestehen aus → Eisen, → Kupfer, → Aluminium oder einer silberfarbenen Legierung und sind darüber hinaus oft farbig lackiert bzw. beschichtet. Es gibt sie in verschiedenen Stärken, wie → Wickeldraht, auf Spulen gewickelt oder ohne Spulenkern schneckenartig aufgerollt. Auch → Bouillondraht und → Rebenbindedraht sind als Zierdrähte anzusehen. Drahtgeflechte sind ebenfalls verkupfert und lackiert erhältlich, so dass sie zum Zierdraht zählen. Je nach gestalterischer Absicht können im Übrigen sonst eher technisch eingesetzte Drähte, wie z. B. verzinktes → Drahtgeflecht, eine schmückende Wirkung haben.

Hinweis: Der Begriff Schmuckdraht ist ungünstig, weil darunter im Allgemeinen der in der Schmuckherstellung verwendete Juwelierdraht verstanden wird. Daher ist der Begriff Zierdraht vorzuziehen.

→ Alu-Maus 😉 → Deko- → Draht → Metalllegierung → Wickeldraht

Zierkordel

→ Schmuckkordel

Zimmerpflanze

Pflanzen, die in Wohnräumen als natürlicher Schmuck Anwendung finden, werden als Zimmerpflanzen bezeichnet. Dabei handelt es sich um tropische Pflanzen, die in den gemäßigten Zonen der Erde nicht oder allenfalls in den sonnig-warmen Wochen des Sommers draußen gepflegt werden können.

Zink

Gegenstände aus → Eisen, die durch Oxidieren verrosten können, werden als Schutz gegen diesen Prozess häufig verzinkt. Dabei wird das Zink (chem. Zeichen Zn) durch das elektrolytische Verfahren des Galvanisierens aufgetragen. Es entstehen silbriggraue, im Neuzustand teils auch glänzende, zuweilen an Eisblumen erinnernde Oberflächen, die zwar robust aber dennoch kratzempfindlich sind. Da Eisen bzw. Eisenblech das eigentliche Material ist, aus dem z. B. solche Gefäße bestehen, sind Benennungen wie Zinkeimer, Zinkwanne etc. im Grunde nur teilweise richtig. Jedoch wird damit auf die zumindest gestalterisch und daher floristisch wichtigere Oberflächenausprägung Bezug genommen. Neben Gefäßen und Accessoires sind auch Drähte und logistische Hilfsmittel, wie z. B. Einkaufskarren und Präsentationswagen für draußen, oft verzinkt.
Zink ist im Übrigen Bestandteil von → Messing.

→ Accessoire → Draht → Drahtgeflecht → Eisen → Gefäß

Zinn

Das chemische Element Zinn (chem. Zeichen Sn) ist ein Schwermetall, das silbrig-weiß glänzt und eine silbrig-graue Oxidationsschicht bildet. Es ist relativ weich, so dass es mit dem Fingernagel geritzt werden kann und Gegenstände aus Zinn vergleichsweise biegeempfindlich sind. Bei Zinn von mittlerer Reinheit kann beim Biegen ein knistriges Geräusch, der so genannte Zinnschrei, wahrgenommen werden, der auf die Kristallstruktur des Zinns zurückzuführen ist. Zinn wurde früher weit verbreitet zur Herstellung von Gefäßen, teils auch Besteck verwendet. Hierbei darf der Anteil des gesundheitsschädlichen Bleis, das zur Verminderung der Gefahr der → Zinnpest jedoch erforderlich ist, nur gering sein. Zinnsoldaten, Accessoires, Modeschmuck und traditionelle Gefäße werden als Ziergegenstände immer noch aus Zinn, meist ebenfalls mit geringer Beimengung von → Blei, hergestellt. Orgelpfeifen bestehen aus Zinn, Lötzinn ist ein wichtiges Material und Zinn bildet zusammen mit → Kupfer die Legierung → Bronze. In der Floristik sind Zinngefäße, meist mit rustikal-traditioneller → Anmutung, verwendbar, wegen der Zinnpest jedoch nur in Verbindung mit Trockenfloralien. Gelegentlich werden Accessoires aus Zinn verarbeitet.

→ Accessoire → Metall → Metalllegierung → rustikal → Tradition

Zinnpest

Bei der Zinnpest wird das beständige silbrig-weiße Zinn in schwarzes, zu Pulver zerfallendes Zinn umgewandelt. Tiefe Temperaturen begünstigen diesen Prozess. Zinngefäße sind daher für Floristik mit Frischblumen wegen des Einfüllens kalten Wassers nicht dauerhaft geeignet. Auch mit feuchter Erde, die außerdem Stoffe enthalten kann, die das Zinn zusätzlich angreifen, dürfen Zinngefäße nicht in Berührung kommen.

Zuwendung

Zuwendung als gestalterischer Begriff meint, dass Werkstoffe oder Werkstoffgruppen in ihrer Ausrichtung innerhalb eines Werkstücks einander zugewandt verarbeitet werden, wodurch ein starker innerer Zusammenhalt im Werkstück optisch wirksam wird. Werkstoffe mit deutlich seitlicher Ausrichtung, z. B. sich seitlich entfaltende Strelitzien und Anthurien, müssen daher mit besonderem Bedacht positioniert werden. Schauen sie sozusagen voneinander weg, benötigen sie anderweitig eine enge Verbindung. Schauen sie einander an, dürfen sich ihre Bewegungsformen nicht gegenseitig stören, zeigen jedoch die entsprechende Zuwendung. Die → Bewegungsform ist demnach entscheidende Werkstoffeigenschaft. In ähnlicher Weise sind auch die Gruppen bzw. Motive bei mehrteiligen Gestaltungen mit ausreichender Zuwendung zu entwickeln, wenn sie einen besonders starken Zusammenhalt zeigen sollen.

Schematische Verdeutlichung der Zuwendung als Gestaltungsfaktor

Zuwendung fehlt,
Gestaltung zerfällt optisch

keine Zuwendung, dennoch
enge optische Verbindung

Zuwendung, aber störende Überschneidung

Zuwendung ohne Störung

Zweckgerechtigkeit

→ Funktionsgerechtigkeit → Zweckmäßigkeit

Zweckmäßigkeit

Zweckmäßigkeit ist vor allem eine Forderung an den Einsatz einer bestimmten Technik bzw. von technischen Hilfsmitteln. Dabei muss sowohl der handwerklich-technische Sinn erfüllt sein, als auch der zeitsparende, betriebswirtschaftlich sinnvolle Einsatz verschiedener Möglichkeiten abgewogen werden.
In gleicher Weise kann man Zweckmäßigkeit auch auf gestalterische Inhalte beziehen und die Zweckerfüllung am Schmuckwert messen. Dies muss im Hinblick auf die → Anlassgerechtigkeit (z. B. Hochzeitsfeier), die zu schmückende Person (hier die Braut) oder auf den zu schmückenden Gegenstand (z. B. Brautfahrzeug und Brauttafel) erfolgen. Vergleiche dazu auch → Funktionsgerechtigkeit.

→ Wahrhaftigkeit

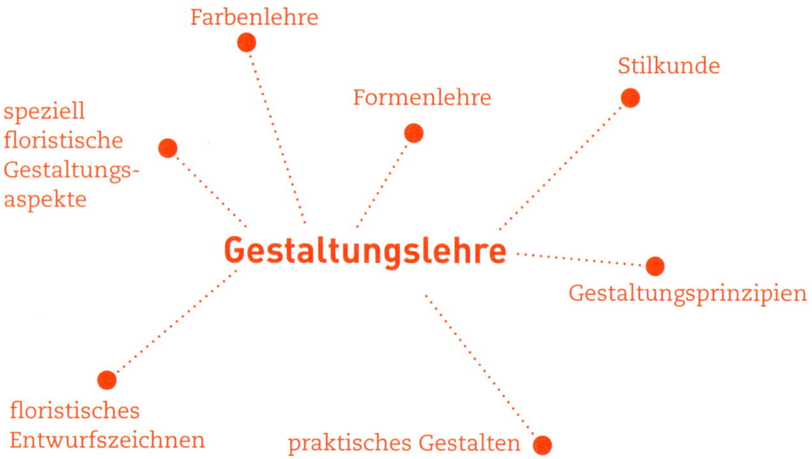
Gestaltungslehre
Farbenlehre
Formenlehre
Stilkunde
speziell floristische Gestaltungsaspekte
Gestaltungsprinzipien
floristisches Entwurfszeichnen
praktisches Gestalten

Materialkunde
Papiere und Folien
Gefäße
Bänder und Stoffe
Accessoires
Kerzen

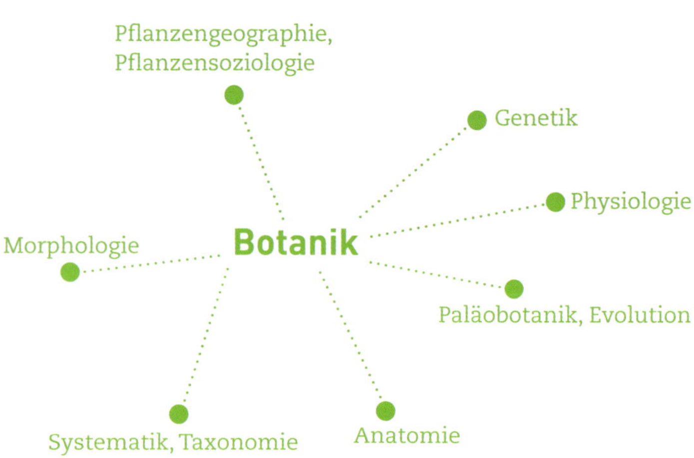
Botanik
Pflanzengeographie, Pflanzensoziologie
Genetik
Physiologie
Morphologie
Paläobotanik, Evolution
Systematik, Taxonomie
Anatomie

Lern- und Wissensgebiete in der Floristik

Florist-Technik

- Arbeitstechniken
- Hilfsmittelkunde
- Werkzeug- und Maschinenkunde
- Unfallgefahren, Unfallschutz

Pflanzenbehandlung

- Pflanzenpflege
- Rechtsgrundlagen
- Pflanzenschutz

Betriebslehre/ Wirtschaftskunde

- Verkaufskunde
- Betriebsorganisation
- Rechtsgrundlagen

Wirtschafts- und Sozialkunde

- volkswirtschaftliche und allgemeine wirtschaftskundliche Grundlagen
- Rechtsgrundlagen
- Politik und Gesellschaft

Herausgeber
BLOOM's GmbH, Ratingen (D)

Konzeption, Text
Karl-Michael Haake

Redaktion
Hella Henckel

Fachliche Begleitung
Sabine Rasmussen

Fachliche Beratung Farbenlehre
Harald Liebedank Küppers

Floristik
Team BLOOM's

Grafische Gestaltung
Carolin Troesser

DTP
Britta Baschen, Gordian Jenal

Druck
Himmer AG, Augsburg (D)

Fotos
Patrick Pantze Images GmbH, Lage (D)
ASA Selection GmbH: S. 258, S. 308
Fährenkämper GmbH & Co. KG: S. 15, S. 54, S. 198

2. Auflage 2015, (Titel der Erstauflage: Floristik-Lexikon)

ISBN 978-3-939868-89-7

Angaben zu Werkstoffen gemäß ZANDER, Handwörterbuch der Pflanzennamen, 18. Auflage, Verlag Ulmer

Am Potekamp 6, D-40885 Ratingen
Telefon: +49 2102 9644-0, Fax: +49 2102 896073
E-Mail: info@blooms.de

www.blooms.de